Dänische Zwillingsformeln in Theorie und Praxis

STUDIEN ZUR MEDIEN-
UND KULTURLINGUISTIK

Herausgegeben von Roman Opiłowski, Józef Jarosz,
Konstanze Marx und Waldemar Czachur

BAND 3

Zu Qualitätssicherung und Peer Review
der vorliegenden Publikation

Die Qualität der in dieser Reihe
erscheinenden Arbeiten wird vor
der Publikation durch die
Herausgeber der Reihe geprüft.

Notes on the quality assurance and peer
review of this publication

Prior to publication,
the quality of the work
published in this series is reviewed
by the editors of the series.

Józef Jarosz

Dänische Zwillingsformeln in Theorie und Praxis

Strukturelle, syntaktische und semantisch-pragmatische Aspekte

Bibliografische Information der Deutschen Nationalbibliothek
Die Deutsche Nationalbibliothek verzeichnet diese Publikation
in der Deutschen Nationalbibliografie; detaillierte bibliografische
Daten sind im Internet über http://dnb.d-nb.de abrufbar.

Die Publikation wurde von der Philologischen Fakultät
der Universität Wrocław gefördert.

Umschlagabbildung:
Kommunikation von der Entfernung, iStockphoto.com
© wildpixel

ISBN 978-3-631-85226-2 (Print)
E-ISBN 978-3-631-86852-2 (E-PDF)
E-ISBN 978-3-631-86853-9 (EPUB)
DOI 10.3726/b19113

© Peter Lang GmbH
Internationaler Verlag der Wissenschaften
Berlin 2022
Alle Rechte vorbehalten.

Peter Lang – Berlin · Bern · Bruxelles · New York ·
Oxford · Warszawa · Wien

Das Werk einschließlich aller seiner Teile ist urheberrechtlich
geschützt. Jede Verwertung außerhalb der engen Grenzen des
Urheberrechtsgesetzes ist ohne Zustimmung des Verlages
unzulässig und strafbar. Das gilt insbesondere für
Vervielfältigungen, Übersetzungen, Mikroverfilmungen und die
Einspeicherung und Verarbeitung in elektronischen Systemen.

Diese Publikation wurde begutachtet.

www.peterlang.com

Motto:
Sproget er vel kun
Digterværkets Overflade; men ved
at lægge sin Finger paa
Huden føler man den bankende Puls,
der angiver Hjerteslaget i det Indre.

Georg Brandes
(2005 [1899]: 82)

Abstract

In der Monographie werden dänische Zwillingsformeln aus zwei Perspektiven betrachtet: Der erste Erkenntniskomplex umfasst die Erforschung der strukturellen, syntaktischen und semantischen Charakteristika anhand einer Belegsammlung von 1122 Einheiten. Im zweiten pragmatisch ausgerichteten Erkenntniskomplex liegt der Schwerpunkt auf der text-, bedeutungs- und terminologiebildenden Fähigkeit der Zwillingsformeln, die in verschiedenen Kommunikationszusammenhängen untersucht werden. Die textbildende Potenz sowie der Beitrag zur stilistischen Textausformung und kommunikativ-pragmatische Funktionen werden am Beispiel von Pressetexten aus den Onlineausgaben führender dänischer Pressetitel näher beleuchtet. Ein anderer Aspekt der textbildenden Potenz wird im Bereich der Namensgebungspraxis anhand 217 Unternehmens- und Produktnamen und 141 Presse- und Buchtitel erforscht, in denen Zwillingsformeln oder paarformelartige Strukturen konstitutive Komponenten sind. Besonderheiten der fachsprachlichen Zwillingsformeln, darunter auch ihre terminologiebildende Funktion, wird in Internettexten im Kommunikationsbereich der Logistik anhand einer Sammlung von 160 Belegen verfolgt. Die Analyse unterschiedlicher Gebrauchskontexte hat deutlich gemacht, dass untersuchte Phraseme aus rhythmisch-rhetorischen Gründen attraktiv und anregend sind, sodass ihre symmetrische Struktur als ein produktives syntaktisches Muster in den untersuchten Gebrauchskontexten gilt.

Keywords: Zwillingsformel, Dänisch, Phraseologie, Fachphraseologie, Internetkommunikation

Inhaltsverzeichnis

Teil I Strukturelle, syntaktische und semantische Charakteristik

1 Einleitung 17
  1.1 Forschungsdesign 18
    1.1.1 Zielsetzung 18
    1.1.2 Untersuchungsmethode 20
    1.1.3 Korpusbeschreibung 22
      1.1.3.1 Grundvoraussetzungen 22
      1.1.3.2 Restriktionen bei der Korpuserstellung 24
      1.1.3.3 Quellentexte 25
  1.2 Forschungsübersicht 25

2 Theoretische Grundlagen 29
  2.1 Phraseologische Grundbegriffe 29
  2.2 ZF als sprachliche Einheiten 31
    2.2.1 ZF im phraseologischen System 31
    2.2.2 Herkunft und Definition 33
    2.2.3 Terminologische Vielfalt 36
    2.2.4 Abgrenzung gegenüber anderen Mehrwortverbindungen 39
    2.2.5 Anzahl der ZF in Sprachen 43

3 Charakteristik der Zwillingsformeln 45
  3.1 Funktionale Einteilung 45
  3.2 Strukturmerkmale 46
    3.2.1 Parallelität und Repetition als strukturelle Grundprinzipien 46
    3.2.2 Analyse der Struktur 48
      3.2.2.1 Strukturelle Vielfalt 48

3.2.2.2 Wortklassenzugehörigkeit der Komponenten 50
3.2.2.3 Typologie und Häufigkeit der Konnektoren 56
3.2.2.4 Strukturelle Stabilität und Variation 61
   3.2.2.4.1 Stabilität als graduierbares Merkmal 61
   3.2.2.4.2 Alternative Schreibweise 63
   3.2.2.4.3 Grammatische Konkurrenzformen der Komponenten 64
   3.2.2.4.4 Substitution im Komponentenbestand 66
   3.2.2.4.5 Erweiterung und Reduktion des Komponentenbestandes 70
3.3 Einflussfaktoren auf die Abfolge der Komponenten 70
  3.3.1 Phonologische Restriktionen 71
    3.3.1.1 Silbenprominenzbeschränkungen 72
    3.3.1.2 Metrische Beschränkungen 74
  3.3.2 Semantisch-pragmatische Beschränkungen (Salienzbeschränkungen) 76
  3.3.3 Hierarchie der Restriktionen 84
  3.3.4 Wortfrequenz 86
3.4 Phonologische Merkmale und ihr rhetorischer Wert 88
3.5 Morphologische Merkmale der ZF 92
3.6 Syntaktische Funktionen und Distributionsmerkmale 100
  3.6.1 Funktionen in Sätzen 100
  3.6.2 Einbettung in den syntaktischen Kontext 106
    3.6.2.1 Syntaktische Kombinatorik der verbalen ZF 107
    3.6.2.2 Syntaktische Kombinatorik der substantivischen ZF .. 109
    3.6.2.3 Syntaktische Kombinatorik der adjektivischen ZF 112
    3.6.2.4 Syntaktische Kombinatorik der adverbiellen ZF 113
    3.6.2.5 Syntaktische Kombinatorik übriger ZF 114
  3.6.3 Satzkontext und Phrasembedeutung 114
3.7 Semantische Charakteristik der ZF 116
  3.7.1 Beziehung der ZF zur Polysemie 116

3.7.2 Idiomatizität der ZF 117
3.7.3 Metaphorik und Bildlichkeit der ZF 119
3.7.4 Paradigmatische Bedeutungsrelationen zwischen ZF 126
3.7.5 Phraseologische Reihen und Verwandtschaft der ZF 130
3.7.6 Semantische Beziehungen zwischen den Basiskomponenten 133

3.8 Stilistische Merkmale der ZF 136
    3.8.1 Stilmarkierungen in *Den Danske Ordbog* 136
    3.8.2 Unikale Lexeme im Komponentenbestand 138

3.9 ZF als Kulturzeichen. Zur Kulturspezifik der ZF 141

3.10 ZF in Texten 145
    3.10.1 Frequenz von ZF in Texten 145
    3.10.2 Korrelation zwischen den ZF und Textsorten im Überblick ... 146

Teil II Text-, stil- und begriffsbildende Potenz der Zwillingsformeln in Internettexten

4 Zwillingsformeln in der Online-Presse 151
4.1 Vorbemerkungen 151
4.2 Textbildende Potenz 151
4.3 Kommunikativ-pragmatische Funktionen 155
4.4 Stilbildende Potenz 177
4.5 ZF als Mittel der Emotionalisierung 181
4.6 Modifikationen und ihre semantische Leistung 184

5. Zwillingsformeln als Konstituenten onymischer Texteinheiten 191
5.1 Zusammenspiel von Phraseologie und Onomastik 191
5.2 Aspekt der Produktivität 192
5.3 Namen von Firmen, Unternehmen und Produkten aus funktionaler Sicht 193

5.4 Dänische Firmonyme 196
5.5 ZF in Handelsnamen 198
    5.5.1 Namen von Kleidungs- und Schuhgeschäften 198
    5.5.2 Namen von Restaurants und Cafés 199
    5.5.3 Namen von Friseursalons 200
    5.5.4 Namen von Reisegesellschaften und Reisebüros 202
    5.5.5 Namen von Fitnesscentern 203
    5.5.6 Namen von Hotels 204
    5.5.7 Namen von Umzugsfirmen 206
    5.5.8 Namen von Klubs und Diskotheken 208
    5.5.9 Namen von Werbeagenturen 209
    5.5.10 Namen von Buchverlagen 210
    5.5.11 Namen von Handels- und Dienstleistungsunternehmen unterschiedlicher Branchen 212
5.6 ZF in Titeln und Überschriften 218
    5.6.1 Namen von Produkten des Kulturbetriebs 218
    5.6.2 Titel und Überschriften in Onlinepresse, Weblogs und auf Websites 223
    5.6.3 Überschriften von Unterseiten. Von okkasionellen zu usuellen Ausdrücken 225

6. Terminologiebildende Potenz in der Fachsprache der Transport-Spedition-Logistik-Branche 229
6.1 Theoretische Grundlagen 229
    6.1.1 Fachkommunikation und Fachphraseologie 229
    6.1.2 Logistik als Wirtschaftsbereich 230
    6.1.3 Logistische Fachphraseologie – methodologische Probleme 231
    6.1.4 ZF als Fachtermini 232
    6.1.5 ZF im Dienst der Wirklichkeitsstrukturierung 232
6.2 Korpusbeschreibung 234
6.3 Strukturelle Typen und ihre Besonderheiten 235
    6.3.1 Wortklassenzugehörigkeit der Komponenten 240

Inhaltsverzeichnis

6.3.2 Typologie von Konnektoren 241
6.3.3 Stabilität der Struktur 241
6.3.4 Abfolgeregeln der Komponenten 243
6.4 Graphematische und morphosyntaktische Spezifik der fachsprachlichen ZF 245
6.5 Anglizismen 250
6.6 Fachsprachliche ZF als onymische Textkomponenten 252
6.7 Zur Semantik von fachsprachlichen ZF 253
    6.7.1 Besonderheiten auf der semantischen Ebene 254
    6.7.2 Semantische Relationen zwischen den Komponenten 256
    6.7.3 Semantische Beziehungen zwischen den ZF und anderen lexikalischen Einheiten 259
    6.7.4 Semantische Referenzen in Bezug auf Branchenspezifik 260
    6.7.5 Fachsprachliche ZF und Metaphorik 261
6.8 Produktivität des syntaktischen Musters 263

7. Schlussteil 269
    7.1 Zusammenfassung 269
    7.2 Schlussbetrachtung und Ausblick 273

Literaturliste 275

Liste der Abbildungen 287

Liste der Tabellen 289

Personenregister 291

Teil I Strukturelle, syntaktische und semantische Charakteristik

1 Einleitung

Phraseologismen sind ein fester Bestandteil der sprachlichen Kommunikation, in der sie ein Bündel von unterschiedlichen Funktionen erfüllen, die sich aus einer Kombination von ihren formalen und semantisch-pragmatischen Merkmalen ergeben. Da die Liste von Erscheinungsformen der phraseologischen Spracheinheiten umfangreich ist, und die Mannigfaltigkeit von kommunikativen Situationen, in die sie eingebettet sein können, enorm und kaum überschaubar, scheint es sinnvoll phraseologische Kategorien einzeln zu untersuchen um ihre semantische, kommunikative und textbildende Leistung unter Berücksichtigung unterschiedlicher theoretisch und pragmatisch fundierter Aspekte möglichst präzise und vollständig zu ermitteln.

Diesbezüglich ist die vorliegende Studie nur einer Gruppe phraseologischer Sprachzeichen gewidmet – dänischen Zwillingsformeln (= ZF). Unter dieser metaphorischen, aber in sprachwissenschaftlichen Untersuchungen vieler Sprachen sehr verbreiteten Bezeichnung (zu Terminologie s. Kap. 2.2.3), versteht man eine phraseologische Kategorie, derer Gebrauch im Germanischen auf die urnordische Zeit zurückgeht und der Status in den Sprachsystemen der germanischen Sprachen schon längst etabliert ist. Die folgenden Ausführungen sollen deren theoretische Beschreibung vor dem Hintergrund des phraseologischen Systems liefern sowie einen Einblick in ihren Gebrauch in verschiedenen Kontexten und Textsorten der Internetkommunikation geben. Zwillingsformeln sind durch eine Kombination von Eigenschaften auf verschiedenen Sprachebenen eine interessante sprachliche Erscheinung. Dies verdanken sie unter anderem sicherlich der sprachlichen Finesse, die u.a. aus dem charakteristischen symmetrischen Aufbau und den prosodisch-rhythmischen Merkmalen sowie aus ihren zahlreichen semantischen Funktionen resultiert. Wenn man noch ihre Vorkommenshäufigkeit, Verbreitung im mündlichen und schriftlichen Sprachgebrauch, sowie eine geringe, aber in der linguistischen Literatur bereits nachgewiesene Produktivität, in Betracht zieht, stellen sie einen vielversprechenden Untersuchungsgegenstand dar.

Darauf aufbauend stehen im Zentrum der vorliegenden linguistischen Reflexion die im Forschungskorpus gesammelten dänischen Zwillingspaare, die aus einer etwa breiteren Perspektive, als die in den bisherigen Studien, betrachtet werden sollen. Die vorliegende monografische Darstellung folgt der im Motto formulierten Botschaft, nach der eine tiefere Betrachtung des Sprachsystems und -verwendung zur Einsicht der eigentlichen Sachverhalte im Sprachgebrauch führt und „den schlagenden Puls der Sprache" im ausgewählten Bereich und im vorgenommenen Umfang entdeckt und beleuchtet. In Bezug auf die Vielfalt von Eigenschaften der ZF äußerten sich am treffendsten Sauer/Schwann „But they are not always repetitive or tautologic, nor are they always formulaic or frozen" (Sauer/Schwann 2017: 84), deren Aussage ich mich anschließe, und demzufolge die Betrachtungsperspektive um weitere Aspekte erweitere. Aufgezeigt werden soll ihre Potenz bei der Bildung onymischer Spracheinheiten, ihr Anwendungsbereich in der Fachkommunikation sowie die Produktivität des syntaktischen Musters von ZF, dank deren neue Paarformeln in unterschiedlichen kommunikativen Kontexten entstehen und sich in der Sprache emanzipieren. Damit wird die bisherige Forschungstradition mit der Berücksichtigung neuer paarformelartigen Konstruktionen (oder der bestehenden in einer neuen Funktion), die „nach der alten Methode" gebildet werden, verknüpft. Die Richtigkeit der Sichtweise und der prognostizierenden Ausführungen wird natürlich durch die Zeit verifiziert.

1.1 Forschungsdesign

1.1.1 Zielsetzung

ZF gehören im Dänischen zu den sprachlichen Ressourcen von auffallender Struktur und einer breiten Distribution in verschiedenen Textsorten, deswegen sind sie als ein komplexes und wichtiges Phänomen zu betrachten. Da es noch keine umfassende sprachwissenschaftliche Bearbeitung vorliegt, soll die vorliegende theoretisch ausgerichtete Auseinandersetzung, die allerdings empirisch stark untermauert ist, diese Lücke schließen. Die Auswahl von den zu untersuchenden Aspekten wurde von dem Anliegen gesteuert, eine möglichst ausführliche Charakteristik der diskutierten phraseologischen Kategorie zu geben. Demzufolge wird auch eine breitere Perspektive bei der Erhebung des Beispielmaterials angenommen – neben den prototypischen Konstruktionen, die aus zwei miteinander verbundenen Komponenten bestehen, denen immer in den bisherigen Untersuchungen eine prominente Stellung zukommt, werden auch Belege mit asymmetrischem Aufbau oder solche, die als Teil größerer Konstruktioner funktionieren, zur Belegsammlung gerechnet.

Als übergeordnetes Ziel der Arbeit gilt eine komplexe, mehrere Aspekte umfassende Darstellung der dänischen ZF in ihren Erscheinungsformen und in ausgewählten kommunikativen Kontexten. Im Rahmen der **formal-semantischen Untersuchung** wird die Repräsentanz der phraseologischen Kategorie ZF in der dänischen Sprache einer komplexen und vielschichtigen Analyse unterzogen. Zunächst geht die Analyse auf die Untersuchung des intra- und interphrastischen Kontextes von ZF ein. Im strukturellen Bereich umfasst das Erkenntnisinteresse die Ermittlung folgender Aspekte (Kap. 3.1 – 3.6):

- strukturelle Varianten,
- Wortklassenzugehörigkeit der Komponenten,
- Typologie der Bindeglieder,
- syntaktische Funktionen,
- syntaktische Distribution und kontextuelle Einschränkungen der Verbindlichkeit,
- Stabilität der Struktur und Faktoren, die die Abfolge der Komponenten beeinflussen,
- Varianz der Gesamtstruktur sowie der einzelnen Komponenten.

Im Anschluss daran werden semantische und ästhetisch-stilistische Charakteristika diskutiert (Kap. 3.7 – 3.10). Im Mittelpunkt der Betrachtung stehen folgende Fragen:

- semantische Beziehungen zwischen den Komponenten,
- Grad der Idiomatizität,
- Vorkommen rhetorischer Mittel,
- unikale Komponenten,
- kulturspezifische Prägung.

In dem pragmatisch ausgerichteten Teil der Arbeit (Kap. 4 – 6) werden der Beitrag zum Textstil sowie text- und terminologiebildende Potenz näher betrachtet. Die Untersuchung soll den Einblick in den Gebrauch und Textfunktionen von dänischen ZF in ausgewählten Internettexten verschaffen, indem folgende Aspekte näher betrachtet werden sollen:

- Korrelation zwischen den ZF und bestimmten Textsorten,
- textbildende und stilistisch-pragmatische Funktionen der ZF in Online-Pressetexten,
- Gebrauch und Funktion von ZF in Eigennamen,
- Stilmerkmale,
- Stellung und Leistung von ZF in der Fachkommunikation am Beispiel der TSL-Branche.

Aus der Untersuchung werden Etymologie sowie translatorische, lexikografische und phraseodidaktische Aspekte ausgeschlossen.

Im Rahmen der theoretischen Zielsetzung wird auch ein **Forschungsdesign** entwickelt, d. h. ein komplexes, mehrstufiges Untersuchungsverfahren, das ermöglicht, das hier dargelegte Forschungsvorhaben durchzuführen.

1.1.2 Untersuchungsmethode

Da die Studie verschiedene Aspekte bei der Beschreibung des einsprachigen Materials berührt, basiert der theoretische Rahmen der Arbeit auf verschiedenen Forschungsansätzen und Methoden zur Analyse der erhobenen Daten. Aus diesem Grund besteht der Forschungsprozess aus einigen kleineren Schritten, die in zwei Phasen unterteilt werden können:

1. formal-semantische Analyse mit Fokus auf den **strukturellen, syntaktischen, semantischen** Aspekten, die zur Ermittlung der Merkmale von ZF als phraseologischer Kategorie und ihrer internen Strukturierung führt,
2. Analyse zum **Gebrauch** von ZF (textpragmatische Ebene) in:
   a. der Onlinepresse,
   b. Eigennamen unterschiedlicher onymischer Kategorien,
   c. der Fachsprache der Logistik.
   Die 2. Phase setzt sich zum Ziel die stilistisch-pragmatische Leistung von ZF sowie ihre text-, stil- und begriffsbildende Potenzen zu beschreiben.

Insgesamt kann das Untersuchungsverfahren folgendermaßen grafisch dargestellt werden (Abb. 1):

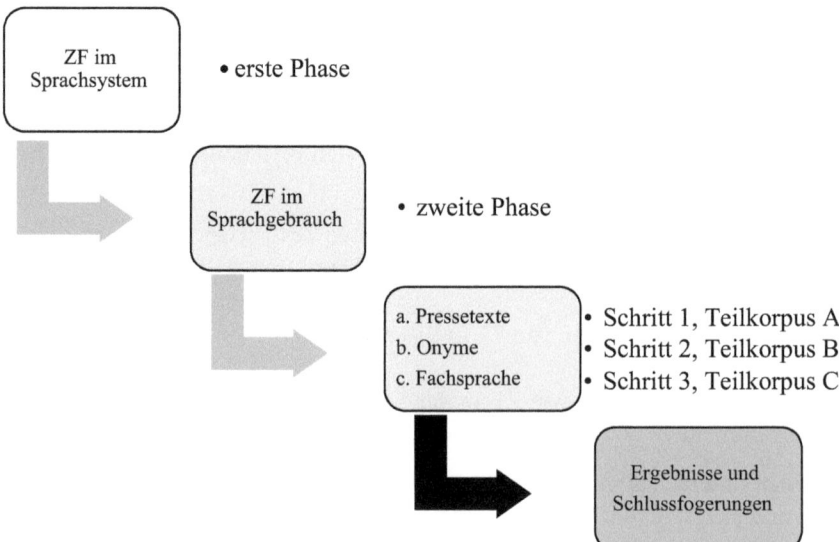

Abb. 1 Grafische Darstellung des Forschungsdesigns und dessen Komponenten

Der erste Schritt umfasst die deskriptive Darstellung der Belegsammlung und zielt darauf ab, ein möglichst komplexes und detailliertes Bild des Sprachphänomens der ZF wiederzugeben. Hier finden die verschiedenen theoretischen und methodischen Ansätze Anwendung, die in bisherigen Studien verwendet wurden. Von besonderer Bedeutung ist die Erforschung der Prinzipien, die die Abfolge der Komponenten determinieren. Um dieses Ziel zu erreichen, wird das Beispielmaterial in Anlehnung an Hypothesen und theoretische Ausführungen von Malkiel (1959), Bolinger (1962), Cooper/Ross (1975) und Müller (1997) untersucht.

Dem pragmatischen Aspekt wird im 2. Teil der Arbeit mehr Aufmerksamkeit eingeräumt, indem ZF in ihren Verwendungszusammenhängen untersucht werden, um ihre sinnbildende Leistungsfähigkeit gewinnbringend in ihren facettenreichen Erscheinungsformen darzustellen. Diese werden jeweils in einem Textbeleg diskutiert, der bei der Aktualisierung jeweiliger Funktion ausschlaggebend ist, weil ohne kontextuelle Einbettung sich keine eindeutige generelle Funktionszuweisung erstellen lässt. Die textpragmatischen Funktionen basieren auf der Typologie von Koller (1977), nach der zwischen der emittenten- und rezipientenbezogenen Funktion unterschieden werden kann (s. Kap. 4.3). Das analytische Verfahren von Eigennamen stützt sich auf die adaptierte Typologie der Produktnamenfunktionen von Janich (2010). Derartige Herangehensweise, die zwischen der produkt-, sender-, empfängerbezogenen Strategien unterscheidet, ermöglicht Benennungsmotive und kommunikative Leistung von paarformelartigen Eigennamen zu ermitteln.

Dank der Zugriffsmöglichkeit auf große Sprachkorpora und Internetressourcen orientiert sich die moderne Phraseologieforschung (inklusive phraseografischer Projekte) immer stärker an authentische Sprachverwendung. Demzufolge wurden in der vorliegenden Arbeit die Durchsuchungsmöglichkeiten digitaler Presseausgaben zur Erhebung von Anwendungsbeispielen ausgewählter ZF genutzt, somit besteht das illustrative Beispielmaterial der Untersuchung größtenteils aus authentischen, jeweils mit Quellenangaben versehenen, Belegen, das durch die von den Lexikografen konstruierten Beispielen ergänzt wird. Somit werden in der vorliegenden Studie die Beschreibung von dem systemorientierten und dem textorientierten Aspekt miteinander kombiniert, um die quantitativ-qualitative Resultate zu erzielen und die Stellung der ZF in den ausgewählten Kontexten der Onlinekommunikation aufzudecken.

Die Beschreibung der sprachlichen Eigenschaften und die Untersuchung der Gebrauchskontexte von ZF werden durch Frequenzangaben aus zwei Sprachkorpora ergänzt: aus KorpusDK (https://ordnet.dk/korpusdk, 10.09.2021) und Sketch Engine (= SkEn: www.sketchengine.eu, 10.09.2021).

1.1.3 Korpusbeschreibung

1.1.3.1 Grundvoraussetzungen

Die vorliegende Studie basiert auf einem einsprachigen Gesamtkorpus, das sich aus drei Subkorpora zusammensetzt:

Teilkorpus A – allgemeinsprachliche ZF,
Teilkorpus B – Eigennamen mit ZF oder paarformelartigen Basiskomponenten,
Teilkorpus C – fachsprachliche ZF aus den sprachlichen Ressourcen der TSL-Branche.

Die Kernsammlung (Teilkorpus A), die materielle Datenbasis im ersten Teil der Arbeit (Kap. 2–4) bildet, beläuft sich auf ca. 1122 Phraseme, die sowohl aus lexikografischen Print- und Internetquellen stammen, teilweise auch aus veröffentlichten Aufsätzen als auch aus authentischen Internettexten, in denen sich das rhetorische Potenzial, pragmatische Züge sowie textbildende Potenz manifestieren.

Zwei weitere Teilkorpora entstanden zur Erzielung der im zweiten Teil der Arbeit gesetzten Forschungsvorhaben: Das Teilkorpus B umfasst 217 Firmennamen (vor allem Handels- und Dienstleistungsunternehmen), sowie 141 Titel von unterschiedlichen Produkten des Kulturbetriebes (Bücher, Filme, CDs und Songs, Websites, Überschriften von Kolonnen, Kapiteln und Unterseiten), in denen Zwillingsformeln oder paarformelartige Konstruktionen als einzige oder begleitende Konstituenten gelten. Deren Gewinnung erfolgte unter Zuhilfenahme des digitalen Informationservice Krak[1] sowie zahlreicher Internetseiten von Unternehmen, Institutionen und Aktionen. Das Teilkorpus C enthält 160 ZF, die in digitalen logistischen Fachtexten vorkommen: Die Belege wurden den Websites von logistischen Firmen, Fachzeitschriften und Portalen für Unternehmer entnommen. Das Beispielmaterial aus dem Bereich Stadtverwaltung und -management stammt aus Websites von dänischen Gemeinden und Städten. Die Internetadressen aller Webseiten, die als Quellentexte dienten, werden jeweils in den Fußnoten angeführt.

Die 1122 Forschungseinheiten zählende Kernsammlung (Korpus A) mit einer ziemlich homogenen formalen Struktur scheint eine optimale und repräsentative Menge von Sprachressourcen in ihrem schriftlichen Gerbrauchmodus zu sein, die als Grundlage zur Ermittlung von unterschiedlichen Aspekten von ZF dienen kann. Das Korpus erhebt keinen Anspruch auf Vollständigkeit,

---

1 Vgl. www.krak.dk (10.07.2021).

obwohl die Sammlung – angesichts der Angaben in unterschiedlichen Publikationen – deren oberen Grenzen der bestehenden Menge im modernen Dänisch nahe zu sein scheint.

Die untersuchten Phraseologismen kommen aus verstreuten Quellen, da es ein ausführliches Lexikon mit dänischen ZF noch nicht gibt. Eine der Hauptquellen von Phraseologismen, einschließlich ZF, sind lexikografische Kompendien wie Bruun (1999) sowie andere ein-, zwei- und mehrsprachige Wörterbücher. Als Klassiker dieser Art gelten hier sicherlich die phraseologischen Nachschlagewerke von Michelsen (1993), Røder (1998) und Andersen (1998). Als eine wichtige Quelle war das Onlinewörterbuch *Idiomordbogen*[2], dessen Bestände Phraseme enthalten, die in anderen Wörterbüchern nicht angefügt worden sind. Viele Belege stammen aus dem Wörterbuch der dänischen Sprache (*Ordbog over det Danske Sprog* = ODS) und dem Dänischen Wörterbuch (*Den Danske Ordbog* = DDO), die unter www.ordnet.dk zugänglich sind, sowie dem *Politikens Nudansk Ordbog* (PNO). Das so zusammengestellte Belegkorpus wurde um Konstruktionen aus dänischen und schwedischen Artikeln (Elbro 1998, 1999, Bönnemark 2003, 2005) sowie das Material aus einer Liste von 5.000 schwedischen und dänischen Wortpaaren erweitert. Die Liste ist ein Auszug aus einem größeren unveröffentlichten Glossar, das von den staatlich autorisierten Übersetzern des Schwedischen von Öresunds Översättningsbyrå erstellt und auf seiner Website[3] veröffentlicht wurde.

Die Korpusbelege weisen einen weitgehend einheitlichen Aufbau auf: **Komponente A + Konnektor + Komponente B,** der im Weiteren aus sprachökonomischen Gründen als „A kon B" bezeichnet wird. Da in der Arbeit von einer sehr weiten Auffassung von ZF ausgegangen wird, werden nicht nur prototypische ZF, d. h. feste, sondern auch (sehr) lockere Wortverbindungen mit symmetrischer Struktur zu Untersuchungseinheiten gerechnet, z. B. *gammel og svag*. Darüber hinaus werden Belege mit leichten Abweichungen in der Phrasenstruktur berücksichtigt, deren Komponenten A und B nicht ausschließlich aus einem Wort bestehen z. B. *guld og grønne skove*.

Außerdem enthält die Sammlung auch weniger typische Wortpaare, eher randständige Mitglieder oder sogar solche, die kaum als feste ZF empfunden werden und demzufolge als Grenzfälle gekennzeichnet werden, z. B. *to skridt frem og et tilbage*.

---

2 Vgl. www.idiomordbogen.dk (20.01.2006).
3 Vgl. www.danska-svenska.se (10.09.2021).

Zur Kontrolle, ob ein Wortpaar, tatsächlich als eine funktionale Einheit in Texten vorkommt, wurde auch die Anzahl der Kookkurenzen in den Beständen der digitalen Sprachkorpora KorpusDK und Sketch Engine zurate gezogen. Da das Anliegen der Arbeit ist, das möglichst breite Spektrum von Strukturen und deren Eigenschaften zu zeigen, enthält das Teilkorpus A Beispiele, die unterschiedlichen Stilschichten angehören. Die Belegsammlung enthält auch gegenwärtig moderne Wortpaare, die sich jedoch noch nicht vollkommen eingebürgert haben oder solche, die nur sporadisch oder kaum Verwendung finden. Schließlich fanden in das Korpus auch stark periphere Belege Eingang, die eine Übergangszone zwischen den okkasionellen, gelegentlichen Kookkurenzen und etablierten Konstruktionen mit stabilen Strukturen, höheren Frequenzen und erkennbaren Erscheinungsformen darstellen, z. B. *angst og usikkerhed*. Vielleicht werden sie sich mit der Zeit zu eigentlichen Phrasemen entwickeln. So eine prognostische Perspektive ist, wie die Sprachentwicklungsgeschichte zeigt, eine sehr vage, sehr langfristig und daher unüberschaubar. Daher werden die Hypothesen über den Status dieser Konstruktionen vorsichtig formuliert.

1.1.3.2 *Restriktionen bei der Korpuserstellung*

Bei der Korpuserstellung mussten klare Einschränkungskriterien und Auswahlprinzipien festgelegt werden (vgl. auch Kap. 2.3.4). Nach Malkiels Vorschlag (1959: 139–142) schließen wir Kombinationen von Wörtern aus, die eher zur Wortbildung gehören, insbesondere kopulative Verbindungen wie z. B. *Lolland-Falster*. Unberücksichtigt bleiben auch lautmalerische **Reduplikationsmuster** wie *tik tak* sowie diverse **satzwertige Repetitionsformeln** mit dem Verb *være*, z. B. *sket er sket*. Aus dem Korpus wurden alle Konstruktionen ausgeschlossen, die drei oder vier koordinierte Komponenten enthalten[4] (d. h. die Drillingsformeln, die Vierlingsformeln) wie *ren, pæn og velhold*. Diese werden nur in der Typologie der ZF (s. Kap. 3.2.2) als mögliche Realisierungsformen genannt. Außerdem werden auch die dänischen pseudokoordinativen Fügungen wie *stå og snakke, ligge og læse* sowie die Konstruktion X *mig her og* X *mig der* und adjektivische Konstruktionen mit zwei koordinierten Komparativformen *mindre og mindre*, nicht in Betracht gezogen.

In das Korpus wurden alle Phraseme mit der Struktur „A kon B" aufgenommen, unabhängig von ihrer syntaktischen Distribution. Gemeint sind hier solche Belege, die eine feste Konstruktion nur mit einem Verb bilden (z. B. *gå*

---

4 Obwohl viele Definitionen von ZF auch Phraseme mit drei Komponenten zulassen (vgl. Busse 2002: 409).

gennem flint og kamp), oder nur als Komponenten einer größeren satzwertigen Einheit (eines Sprichwortes oder Aphorismus usw.) vorkommen und keinen anderen Kontext zulassen, z. B. **Tab og vind** *med samme sind*.

1.1.3.3 Quellentexte

Das Belegmaterial in Kap. 4, in dem Gebrauch von ZF in Pressetexten untersucht wird, wurde den populärsten sprachlich niveauvollen Pressetiteln Dänemarks in ihren Onlineausgaben entnommen:

- *Berlingske* (www.berlingske.dk) die älteste dänische Tageszeitung,
- *Dagbladet Information* (www.information.dk) eine dänische Tageszeitung, die landesweit erscheint,
- *Morgenavisen Jyllands-Posten* (www.jp.dk) mit Sitz in Aarhus ist die größte dänische Tageszeitung.

Die Quellentexte wurden nach dem Zufallsprinzip ohne chronologische oder quantitative Vorgaben gewählt und gehören zu unterschiedlichen journalistischen Textsorten, wie Kommentare, Leserbriefe, Essays, Leiterartikel, Rezensionen, Polemiken, Leserkommentare, Reportagen u.a. Die Erhebung der Textbelege erfolgte mithilfe der eingebauten Suchmaschinen auf den Webseiten der oben genannten Pressetitel.[5] Die Thematik der Texte weist ein breites Spektrum auf: Politik, Wissenschaft, Wirtschaft, Medien, Kultur, Gesellschaft, Sport und Unterhaltung, Literaturkritik u.a. In der reichen Vielfalt von Textgenres sind auch stilistische Variation und die damit zusammenhängende abwechslungsreiche Wahl von Ausdrucksmitteln, darunter auch ZF zu erwarten. Der Funktionalstil der Presse und Publizistik ist zwar nicht einheitlich, aber für die Zielsetzung der Arbeit ist dies als ein Vorteil wegen Anwendung von Phrasemen unterschiedlicher Referenzbereiche und Stilschichten zu betrachten. Als ein weiterer Vorteil des Beispielmaterials sind seine Authentizität und Abbildung des aktuellen Sprachgebrauchs und bestehender Tendenzen der Sprache zu nennen.

1.2 Forschungsübersicht

Die Geschichte der ZF-Forschung spiegelt die Entwicklung der philologischen Wissenschaften wider und kann in zwei Perioden unterteilt werden, in denen

---

5 Wenn die Erhebung eines Beispiels mit gewünschter ZF aus Pressetexten nicht möglich war, wurde es dem KorpusDK entnommen.

jeweils unterschiedliche philologische Teildisziplinen abwechselnd auftauchten: Literaturwissenschaft und Sprachwissenschaft. Der Gebrauch von ZF ist im Germanischen sehr früh belegt, denn die ältesten Beispiele für ihr Textvorkommen gehen auf die Runentexte zurück.

Das Interesse an ZF entstand im Rahmen der **Alliterationsforschung** von altgermanischen und nordischen Texten. Dank Jacob Grimms Ausführungen zum Thema der Herkunft der ZF (Grimm 1816) fanden germanische Wortpaare vor ca. 200 Jahren in die europäische Forschung Eingang (vgl. Sauer/Schwan 2017: 87).

Von besonderer Relevanz für die vorliegende Studie sind **linguistisch ausgerichtete Untersuchungen**, die zuerst am deutschen und englischen Material in den 1950er und 1960er-Jahren vorgenommen wurden, deren Ergebnisse bis heute ihre Geltung behalten haben und weltweit von den Linguisten rezipiert und allgemein akzeptiert werden.

Eine der zentralen und privilegierten Fragen, die in der theoretischen Diskussion von Anfang an aufgegriffen wurden, war die **syntaktische Reihenfolge** der Komponenten in Wortpaaren. Die erste umfassende, theoretische Studie zu diesem Thema ist der Artikel von Malkiel (1959), in dem der Autor die **Stabilität der Struktur,** die Umkehrbarkeit der Reihenfolge der Komponenten, das Auftreten von Rhythmus und Alliteration, semantische Beziehungen zwischen den Komponenten, die Stellung von ZF im Satz, die Abgrenzung von anderen Spracheinheiten und stilistische Merkmale englischer ZF diskutierte. Bolinger (1962) untersuchte die Komponentenabfolge mithilfe von metrischen und phonologischen Kriterien. Die Rolle von semantischen und phonologischen Faktoren bei der Festlegung der Abfolge von Komponenten wurde auch von Cooper/Ross (1975) ausführlich dargestellt. Die Problematik wurde immer wieder, auch in neueren Arbeiten, als Untersuchungsthema aufgegriffen (Lenz 2002). Mit dem Prinzip der **Ikonizität** erklärt Gaweł (2017) die Abfolge der Komponenten in deutschen irreversiblen ZF. Die Semantik von ZF aus der Perspektive der Frame-Semantik analysierte Lanbrecht (1984), kognitive Semantik, egozentrische und **anthropozentrische Sichtweise** fanden in der Arbeit von Morgan/Levy (2016) Anwendung. Ausführlich wurde die Thematik der internen Ordnung in deutschen ZF in der Studie von Müller (1997: 15) dargestellt. McDonald et al. (1993) kamen in ihrer experimentellen Studie zur Schlussfolgerung, dass semantische Restriktionen gegenüber metrischen Restriktionen Vorrang haben. Der Einfluss der Worthäufigkeit auf die Reihenfolge und Irreversibilität beider Komponenten stand im Mittelpunkt der Studien von Fenk-Oczlon (1989), Sobkowiak (1993), Motschenbacher (2013) und Renner (2014). **Strukturelle Eigenschaften** und **semantische Beziehungen** zwischen beiden

Komponenten der deutschen ZF wurden von Jarosz (2009b) untersucht. Hammer (1993) beschäftigte sich mit Modifikationsverfahren der deutschen ZF. Bemerkenswert ist auch die Arbeit von Benor/Levy (2006) mit einer umfassenden Beschreibung der wendungsinternen Beziehungen in englischen ZF. Erwähnenswert sind auch Publikationen im Bereich der ein- und zweisprachigen **Lexikografie**. Deutsch-polnisches Material enthalten die Wörterbücher von Rzeszotnik/Toporowska (1994) und Laskowski/Tadeusz (1994). Ein deutsch-bulgarisches Lexikon von ZF wurde von Simeonova/Dimitrova (2014) bearbeitet. Ein Beispiel für eine **lexikografische Erfassung** von ZF sind der Beitrag von Hamdan/Guba (2007) und der Aufsatz von Gabrovšek (2011).

Übersetzungsvergleich als Untersuchungsmethode der ZF lag den Arbeiten von Balzer (2008), Khatibzadeh/Sameri (2013) und Hejazi/Dastjerdi (2015) zugrunde.

Phraseodidaktische Vorschläge und **Übungsmaterial** zu deutschen ZF wurden in der Publikation von Laskowski/Tadeusz (1994: 108 ff.) angeboten und von Kiryakova-Dineva (2013), Hamdan (2005) und Schiffmann-Seelos (2013) problematisiert. Ergebnisse der Experimente hinsichtlich Rezeption und Produktion der ZF vor dem Hintergrund der psychologischen Wahrnehmung wurden in den Beiträgen von Schlegel/Egger /Braun (2014) und Morita/Wylie (2016) dargestellt.

Das internationale Interesse an Phraseologie, die sich in der deutschsprachigen und englischsprachigen Linguistik ausdrücklich in den 1980er-Jahren zeigte, hat auch die **dänische** und **skandinavische Sprachforschung** beeinflusst. Der Artikel von Rehling (1965) charakterisiert ausgewählte ZF in seiner Untersuchung der dänischen Koordinationsstrukturen. Eine kurze Besprechung von „denne iøjne- og ørefaldende udtryksform" geben Elbro (Elbro 1998 und 1999) und Farø (2003a). Eine überblicksartige Darstellung der syntaktischen und semantischen Eigenschaften von dänischen ZF findet sich im Artikel von Skyum-Nielsen (1992) und Berthelsen (2007). Aus **kontrastiver Perspektive** wurden dänische und deutsche ZF von Jarosz (2009a) untersucht, dänische und schwedische ZF verglich Bönnemark (2003). Schwedische ZF wurden in der Monographie von Bendz (1967) analysiert. Farø (2005) beschäftigte sich mit der Charakteristik und Stellung von dänischen Phraseoschablonen in der Phraseologie. Christiansen (2018) analysierte die Entstehung und Verwendung verschiedener Varianten der ZF *hr. og fru Danmark/Hansen*. Die Ausführungen von Bergenholtz (2018) widmeten sich den Varianten von ZF mit gleicher Bedeutung, aber unterschiedlicher Reihenfolge der Bestandteile. Die Rolle der unikalen Lexeme in der Gesamtbedeutung der ZF war das Untersuchungsthema im Aufsatz von Russ (2018). Die Verwendungsregeln der Phrase *frem* *og tilbage* und ihrer jütländischen Variante thematisierte Hovmark (2018). Die ZF *død og kritte* wurde von Krogh/Pedersen (2018) aus diachroner Sicht untersucht. Unterschiedliche Aspekte von schwedischen ZF wurden von Östergren (1905), Bönnemark (2005) Mattfolk/Östman (2015) Nieminen (2014), Ęikäs (2015) thematisiert. Das Forschungsfeld der ZF in **Sprachvariäteten** vertreten u.a. Publikationen von Östberg (2002), Nieminen (2014), Äikäs (2015), Östberg (2015) und Hovmark (2018). Gebrauch der ZF im Norwegischen war Gegenstand der Ausführungen von Lie (1982).

Wie es aus der Übersicht hervorgeht, gibt es im Zusammenhang mit der Erforschung der diskutierten phraseologischen Kategorie viele ungelöste Probleme und unbehandelte Aspekte. Vor allem fehlt eine allgemeine sprachliche Charakteristik des Bestandes der dänischen ZF.

Diese Übersicht zeigt auch, dass das Forschungsfeld gelegentlich und unsystematisch als Forschungsproblem aufgegriffen wird, und daher bestätigt Farøs Behauptung, dass „[f]raseologi er et område af dansk, som ikke er særlig velundersøgt af sprogforskningen" (Farø 2003a: 27).

2 Theoretische Grundlagen

2.1 Phraseologische Grundbegriffe

Der Gegenstandsbereich der Phraseologie, ihre Terminologie, sowie klassenspezifische Eigenschaften und Kriterien der Einteilung der phraseologischen Spracheinheiten wurden mehrmals in zahlreichen Publikationen detailliert behandelt (vgl. Palm 1995, Fleischer ²1997, Brink 2006, Burger ³2007), deswegen beschränkt sich die Präsentation von Grundbegriffen und relevanten Definitionen in dem vorliegenden Kapitel auf die Inhalte, die in einem engen Zusammenhang mit der Zielsetzung und dem Untersuchungsgegenstand der Arbeit stehen.

In der modernen Linguistik wird Phraseologie sowohl als ein linguistisches Forschungsgebiet als auch eine Sammlung sprachlicher Einheiten in Form fester Mehrwortverbindungen verstanden, die als Phraseologismen oder Phraseme bezeichnet werden (vgl. Hallsteinsdóttir 2009: 100). Dabei werden die Bezeichnungen *feste Wortverbindung, feste Wortgruppen, Mehrwortverbindungen* u.a. als ein Oberbegriff für die in der Sprache etablierten Redewendungen und Kollokationen verwendet, um sie von freien, okkasionell gebildeten Wortkombinationen abzugrenzen. Den Forschungsbereich und das Forschungsobjekt der Phraseologie definiert Gläser (1998) folgendermaßen:

> Die Phraseologie als Subdisziplin des Sprachsystems ist ein expandierendes Forschungsfeld und hat von vielen Seiten Interesse geweckt. Die wissenschaftliche Aufmerksamkeit wurde auf die semantischen und syntaktischen Eigenschaften von phrasenbezogenen Einheiten, auf verschiedene Ansätze zu ihrer synchronen und diachronen Beschreibung, auf ihre pragmatische Funktion im Diskurs und in jüngster Zeit auf kulturelle Besonderheiten von Redewendungen und Phrasen im Lichte von Kreuzungen gerichtet kultureller und kontrastiver Ansatz. (Gläser 1998: 125)

Phraseologismen bestehen ihrer Natur nach aus mindestens zwei lexikalischen Komponenten, für die der Satz als syntaktisch festgelegte, obere Grenze darstellt. Demzufolge werden alle fest gefügten Konstruktionen von mindestens zwei Wörtern zu festen Phrasemen gezählt, unabhängig davon, ob die Komponenten Autosemantika oder Synsemantika sind (Burger ²2003: 15–16). Als typische Merkmale von phraseologischen Sprachzeichen werden in der Regel die Charakteristika genannt, die im Folgenden in aller Kürze dargestellt werden (Suzuki 2017: 77–78, vgl. auch Burger ³2007: 14 ff., Fleischer ²1997: 30).

Neben dem ausnahmslosen Prinzip der **Polylexikalität** ist das Merkmal der **Festigkeit** (Stabilität) von Phraseologismen wesentlich vielschichtiger, da es auf unterschiedlichen Ebenen in Erscheinung tritt. Die strukturelle Festigkeit bedeutet, dass die Struktur von Wortverbindungen relativ konstant und solide ist, somit ist eine beliebige Austauschbarkeit der Komponenten nur unter gewissen Bedingungen möglich. Dabei sind phraseologische Einheiten häufig durch morphologische Irregularitäten gekennzeichnet und gewissen außerregulären Restriktionen unterworfen (Burger ²2003: 20). Feste und kompakte Struktur sowie übertragene Bedeutung verursachen, dass Phraseologismen für kommunikative Zwecke wie einzelne Wörter verwendet werden (Burger ²2003: 16–17), was auch in der phraseologischen Charakteristik in der Bezeichnung „lexikalisiertes (grafisch disjunktes) polylexisches Lexem" ihren Niederschlag gefunden hat (vgl. Farø 2004: 210). Des Weiteren werden sie als mentale Einheiten im Gedächtnis verankert und ähnlich wie einzelne Wörter abgespeichert, um in einer bestimmten kommunikativen Situation nach Bedaf abgerufen und verwendet (reproduziert) werden zu können, was der Eigenschaft der **Lexikalisierung** zugeschrieben werden kann. Das Merkmal, das als **psycholinguistische Festigkeit** bezeichnet wird, ist bei dem Spracherwerb und aktiven Gebrauch (Textproduktion) von Phrasemen von wesentlicher Bedeutung.

Die **pragmatische Festigkeit** äußert sich darin, dass Phraseologismen großteils für den Gebrauch in typischen Kommunikationssituationen bestimmt sind. Grußformeln, Glückwünsche und andere Arten von Formeln wie *God dag* sind in dem Sinne fest, dass sie in den entsprechenden Situationen, in denen sie gebraucht werden, an einer bestimmten Stelle mit einer bestimmten Funktion vorkommen (Burger ²2003: 29–30). Der unterschiedlich weit gefasste Begriff der **Idiomatizität** als charakteristisches Merkmal von festen Mehrwortverbindungen bezieht sich auf semantische Besonderheiten, die man in aller Kürze als keinen direkten Zusammenhang zwischen den einzelnen Elementen des Ausdrucks und seiner Gesamtbedeutung erfassen kann. Viele idiomatische Ausdrücke können aufgrund der potenziellen Bezeichnung und der idiomatischen Codierung in zwei Bedeutungen verwendet werden (Farø 2000: 172). Die idiomatische Bedeutung ist die markanteste Eigenschaft, die phraseologische von freien Wortverbindungen unterscheidet (Burger ²2003: 31).

Das Merkmal der **Bildlichkeit** signalisiert, dass Phraseologismen metaphorische Ausdrücke sind, d. h. mithilfe von sprachlichen Bildern ihren Bedeutungsinhalt konstruieren und dadurch der Aussage Expressivität verleihen (vgl. Fleischer ²2007: 2014).

Einige Forscher definieren eine Redewendung anhand der ersten vier Merkmale, andere berücksichtigen nur die drei ersten. Es kann daran liegen, „dass die Merkmale in gewissem Maße miteinander verbunden sind, beispielsweise kann man den Ausdruck reproduzieren, weil er stabil ist" (vgl. Suzuki 2017: 77–78).

2.2 ZF als sprachliche Einheiten

2.2.1 ZF im phraseologischen System

In den Klassifizierungen von Phrasemen werden ZF unterschiedlich kategorisiert. Die Basisklassifikation von Burger (²2003) teilt die Phraseologismen zunächst nach ihrer Zeichenfunktion in der Kommunikation in drei Teilmengen auf:

- referentielle Phraseologismen mit Bezug auf Objekte, Vorgänge oder Sachverhalte der Wirklichkeit z. B.: *Schwarzes Gold, jmdn. übers Ohr hauen*;
- strukturelle Phraseologismen mit der Funktion der Herstellung von grammatischen Relationen, z. B.: *in Bezug auf*;
- kommunikative Phraseologismen mit der Funktion der Herstellung, Definition, dem Vollzug und der Beendigung kommunikativer Handlungen, z. B.: *Gute Nacht* (vgl. Burger ²2003: 37).

Weder in semantischer noch in syntaktischer Einteilung der Phraseologismen wurden ZF als eine autonome Kategorie erwähnt. Sie gehören nämlich zu Phraseologismen, die von der Basisklassifikation entweder nicht erfasst werden oder in verschiedenen Basisklassen vorkommen können und aus diesem Grund wurden sie **speziellen Klassen** zugeordnet. In der Typologie von Burger ²2003 (s. auch Farø/Lorentzen 2009: 77–81) umfasst die Liste von speziellen Klassen folgende Subkategorien:

- Modellbildungen, z. B. *Hand in Hand*,
- **Zwillingsformeln, z. B. *in Hülle und Fülle*,**
- Komparative Phraseologismen, z. B. *fleißig wie eine Biene*,
- Kinegramme, z. B. *die Achseln zucken*,
- Geflügelte Worte, z. B. *To be or not to be*,
- Onymische Phraseologismen, z. B. *Das rote Kreuz*,
- Phraseologische Termini, z. B. *öffentliche Meinung*,
- Klischees, z. B. *ein Schritt in richtige Richtung*,
- Kollokationen, z. B. *Zähne putzen*,
- Routineformeln, z. B. *Gute Reise!*

In der Taxonomie von Fleischer (²1997) werden ZF in der Gruppe *Besondere Strukturtypen* situiert: „Unter besonderen Strukturtypen von Phraseologismen werden hier die sogenannten festgeprägten prädikativen Konstruktionen sowie die komparativen Phraseologismen und die phraseologischen Wortpaare verstanden, wobei die beiden letztgenannten Typen eine besondere Phraseologisierungsaffinität aufweisen" (Fleischer ²1997: 99).

In der dänischen Phraseologieforschung gelten – grob gesehen – die von den deutschsprachigen Linguisten eingeführten Klassifizierungen und deren Terminologie[6]. Eine umfassendere Übersicht über phrasenbezogene Definitionen enthält der Artikel von Brink (2006). Viele seiner Konzepte sind von der deutschen Phraseologieforschung und ihrer Terminologie inspiriert.

In der skandinavischen Phraseologieforschung ist außerdem die Typologie von Sköldberg (2004) sehr verbreitet (s. Abb. 2):

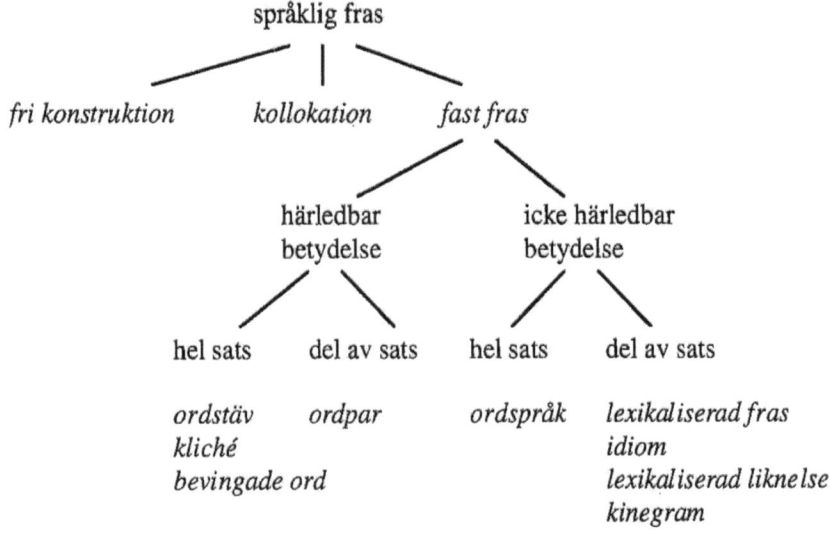

Abb. 2 Sköldbergs Typologie der Wortverbindungen (Sköldberg 2004: 32)

Die Typologie ist zwar nicht so detailliert, wie die von Fleischer ([2]1997) oder Burger ([2]2003), sie zeichnet sich aber durch eine Kompaktheit und Übersichtlichkeit aus. Dem Schema ist zu entnehmen, dass ZF (schwed. ordpar) feste Wortgruppen sind, die nach der syntaktischen Gliederung zur Kategorie Spracheinheiten unterhalb der Satzstruktur zugeordnet werden und somit die Gruppe der satzgliedwertigen Phraseologismen repräsentieren. Nach der semantischen Einteilung wurden ZF – wie es sich aus dem Diagramm ergibt – als Einheiten mit ableitbarer Bedeutung klassifiziert. Dies ist zu interpretieren,

---

6 Da es im Fokus der Betrachtung nur eine phraseologische Kategorie steht, richten sich theoretische Ausführungen bezüglich Klassifizierung und Merkmale von Phrasemen an die vorgenommene Zielsetzung.

dass nach dem Kriterium des Idiomatizitätsgrades ZF nicht als voll- oder teilidiomatische, sondern als nullidiomatische Wortverbindungen betrachtet werden. Im Weiteren soll diese vereinfachte Charakteristik verifiziert und ergänzt werden.

2.2.2 Herkunft und Definition

Der Gebrauch der ZF in den nordischen Sprachen kann bereits in der Runenzeit nachgewiesen werden. Nach Kantola zeichnen sich gerade germanische Sprachen durch eine auffallende Menge und Frequenz von ZF aus:

> Das Germanische scheint [...] für allgemein übliche formelartige Wortpaare, besonders für die synonymischen Paare, einen bedeutend besseren Nährboden geboten zu haben als das Romanische, in dem das Wortpaar als literarisch-stilistisches Phänomen floriere [...]. (Kantola 1987: 117)

Eine besondere Häufigkeit wiesen sie in den nordischen Rechtstexten des Mittelalters auf und seit dieser Zeit sind sie zu einem festen Ausdrucksmittel auch in anderen Texten geworden:

> Man behöver inte gå ända tillbaka till lagspråket för att konstatera att det finns en stor kärlek för att bilda ordpar i de nordiska språken. Den går att förklara med en stilistisk strävan efter ordrikedom och retorisk utsmyckning [...]. (Naumann 2000: 105)

Der Bestand der dänischen ZF entstand in natürlichen Entwicklungsprozessen der Sprache, wurde aber auch durch Entlehnungen wesentlich bereichert. Bekanntlich stand das Dänische eine längere Zeit unter dem Einfluss des Niederdeutschen, was sich auch im phraseologischen Bereich der Nehmersprache niedergeschlagen hat. Naumann zufolge (2000: 104) begann der Entlehnungsprozess im Mittelalter und erlebte seinen Höhepunkt im Spätmittelalter. Einige ZF aus dem Mittelniederdeutschen wurden ins Dänische übernommen und werden auch heute gebraucht:

- Mnd. *dit unde dat* -> schwed. *ditt och datt*, dän. *dit og dat, ditten og datten*;
- Mnd. *billik unde recht* -> schwed. *rätt och billigt*, dän. *ret og billigt*.

Von dem sich anhaltenden Interesse an den paarformelartigen Konstruktionen in den nachfolgenden Jahrhunderten zeugen Anmerkungen, Kommentare und Definitionen in Publikationen aus dem 19. Jh. In der ältesten Definition, die ich gefunden habe (Meyer 1889), werden der strukturelle und semantische Aspekt in den Vordergrund gerückt:

Wir verstehen unter »Zwillingsformeln« stehende durch eine Partikel vermittelte Verbindungen zweier Worte gleicher grammatischer Kategorie (Substantiva, Adjectiva, Verba, Adverbia), die einen einheitlichen Sinn ergeben und auch durch ein einzelnes Wort der gleichen Kategorie (schwächer) wiedergegeben werden können. Dass diese Paare verwandter Worte innerlich der echten Wortwiederholung sehr nahe stehen, haben wir schon ausgeführt und an Beispielen erläutert. (Meyer 1889: 240)

Meyer betont darüber hinaus „das begriffliche Moment" und betrachtet ZF als mehrgliedrige Begriffe (Meyer 1889: 246):

> Alle Arten der Zwillingsformel, stabreimende, endreimende, reimlose und tautologische oder antithetische haben das gemein, dass sie in der Spaltung eines einheitlichen Begriffs (vom modernen Standpunkte angesehen) oder vielmehr in der Neubildung eines einheitlichen aus mehreren Teilbegriffen (historisch betrachtet) ihre Wurzel haben [...]. Die Zusammengehörigkeit zweier Begriffe unter eine höhere Einheit findet in ihnen allen ihren Ausdruck. (Meyer 1889: 246)

Die definitorische Beschreibung von ZF, die aus ordbogen.com stammt, geht auf die strukturellen und semantisch-pragmatischen Eigenschaften ein:

> En tvillingeformel er en idiomatisk vending, som udgøres af to størrelser grupperet omkring en konjunktion, især *og*, men også *eller* og *men*. Størrelserne er ofte hinandens modsætninger: tidligt og sent, bagfra og forfra, pisk eller gulerod. Men det kan også være en vending med to eller flere partikler, som ikke kan kaldes modsætninger, fx af og til. Sådanne vendinger kaldes også parformler eller binominaler. Hertil hører også reduplikative ordforbindelser, som består af to forskellige ord der gentager det samme betydningsindhold, fx hyle og skrige, godt og grundigt, slide og slæbe, bag lås og slå. Som tvillingeformel vil de to sammenstillede ord med næsten samme betydning have en forstærkende funktion. [...] Til tvillingeformler hører også udtryk, man med større ret kunne kalde trillingeformler, fx morgen, middag og aften[7].

In der Definition von Farø (2003a) werden neben den formalen Eigenschaften auch die rhetorischen Charakteristika aufgezählt:

> »Tvillingeformler« kalder man de frasemer, der indeholder to parallelle ord, typisk af samme ordklasse og oftest med et bindeord imellem, som fx *i være tyk og fed, ude og hjemme, på må og få, ditten og datten, spille sig fra hus og hjem, ase og mase*. Det er tydeligt, at denne type frasemer gør brug af retoriske greb som ende- og bogstavrim og rytmisk parallelitet. (Farø 2003a: 24)

In den knappen Definitionen von Malkiel (1959) und Fleischer ([2]1997) werden nur formale Kriterien thematisiert:

---

7 https://beta.ordbogen.com/da/search#/cent-idioms-dada/fra%20sans%20og%20samling/search/exact (20.11.2020).

> [...] binomial ... the sequence of two words pertaining to the same form-class, placed on an identical level of syntactic hierarchy, and ordinarily connected by some kind of lexical link. (Malkiel 1959: 113)

> In ähnlicher Weise wie die komparativen Phraseologismen sind die phraseologisierten Wortpaare (auch Paarformeln oder *Zwillingsformeln* genannt...) durch eine charakteristische Struktur gekennzeichnet: zwei (nur selten drei) der gleichen Wortart angehörende Wörter, verknüpft durch eine Konjunktion (...) oder Präposition (...). (Fleischer ²1997: 106)

Semantische, rhetorische und pragmatische Züge (emotionale Eigenschaften: Emotion, Übertreibung, Ironie, Humor) werden in Aussagen von Hofmeister (2009) und Müller (2009) beleuchtet:

> Die Z. (auch Paarformel, Wortpaar, Binomiale) stellt eine phraseologische, nicht satzwertige Verbindung aus zwei Wörtern derselben Wortart dar, die vor allem durch Synonymie oder Antonymie aufeinander bezogen sind, meist verbunden durch eine Konjunktion (bevorzugt „und"), Präposition oder Vergleichspartikel und angeordnet gemäß dem Prinzip gleicher oder ansteigender Silbenzahl bzw. Silbenlänge. (Hofmeister 2009: Bd. 9, Sp. 1584–1586)

> Eine Zwillingsformel im engeren Sinne ist eine Stilfigur in der Rhetorik und Linguistik, bei der ein Begriff zur Ausdruckssteigerung (Verstärkung, Häufung, Summierung, Betonung, Emphase) bzw. Präzisierung durch zwei nebeneinander gestellte (gleiche oder gleichrangige) Wörter mit – jedenfalls in den meisten Fällen – derselben Bedeutungskategorie wiedergegeben wird. (Müller 2009: 11)

Müllers Auffassung ist übrigens auch aus einem anderen Grund bemerkenswert, denn die von ihm weit gefasste Definition weicht wesentlich von den anderen hier zitierten ab:

> Zwillingsformel im weiteren Sinne (i.w.S.) kann auch die rein formale Nebeneinanderstellung zweier Silben (na-nu, na-ja, Ma-ma) oder Wörter mit noch zu erörternden Eigenschaften genannt werden, sofern sie einen Ausdruck von besonderer Bedeutung ergeben, die nicht notwendigerweise ein e Ausdruckssteige rung ode r Präzisierung darstellt oder in einer übertragenen Form zu verstehen ist. (Müller 2009: 11)

Die Übersicht veranschaulicht, dass ZF als sprachliches Phänomen unterschiedlich in der Literatur beschrieben wird, indem jeweils andere Aspekte hervorgehoben werden. Die oben genannten Definitionen geben jedoch ein Bild der wesentlichen Merkmale von der diskutierten phraseologischen Kategorie. Dies veranschaulicht ihre Komplexität, die sich durch ein Bündel von Merkmalen manifestiert, die in verschiedenen Kontexten in Erscheinung treten, was sie zu attraktiven Sprachmitteln mit einem ausgeprägten semantisch-pragmatischen und rhetorisch-stilistischen Potenzial macht. Was die Struktur der ZF betrifft, so handelt es sich dabei um relativ homogene Konstruktionen, wie in allen zitierten Aussagen zum Ausdruck gebracht wird. Hammer (1993: 571) betont, dass die Reihenfolge der Komponenten eine feste Struktur bildet, hat aber nicht eine distinktive Funktion. Diese Behauptung trifft bis auf wenige Ausnahmen (s. unten) auf dänische Belege zu.

In der vorliegenden Studie werden ZF durch folgende Merkmale definiert:

- ZF sind Phraseme, die zwei parallele Wörter (in der Regel derselben Wortklasse) oder Wortgruppen bzw. kurze Sätze enthalten, meist mit einem Konnektor (Konjunktion oder Präposition) verbunden sind und sich durch eine feste Struktur auszeichnen;
- ZF können übertragene und wörtliche Bedeutung oder nur wörtliche Bedeutung haben;
- zwischen den Komponenten gibt es unterschiedliche Bedeutungsbeziehungen;
- die Abfolge der Kernglieder hängt von phonologischen und pragmatischen Faktoren sowie Wortfrequenz und außersprachlichen Faktoren ab;
- ZF nutzen rhetorische Mittel wie End,- und Stabreime und rhythmische Parallelität, sowie Assonanz, die keine obligatorischen Eigenschaften sind.

2.2.3 Terminologische Vielfalt

In der Phraseologieforschung besteht kein Konsens über die einheitliche Terminologie zur Bezeichnung der ZF. Auffallend sind zahlreiche Bezeichnungen, die als Synonyme oder Konkurrenzformen verwendet werden und unterschiedliche Aspekte der Semantik und Struktur von ZF in den Blick nehmen und das weite Feld der paarigen Wortverknüpfungen terminologisch erfassen. Selbst die Bezeichnung *Formeln* macht deutlich, dass die Konstruktionen sich durch eine Festigkeit auszeichnen (vgl. Fix 1985: 112). In der **englischsprachigen** Fachliteratur findet man viele verschiedene Begriffe, wie engl. *Siamese twins, irreversible binomials, binomials, binomial pairs, freezes* (Fenk-Oczlon 1989), *binomial expressions* (Lambrecht 1984). Biel (2009: 10) nennt sie *doublets* oder *synonym strings*. Sauer/Schwann (2017: 84) zitieren eine Reihe von Begriffen, die in der linguistischen Literatur mit unterschiedlicher Häufigkeit verwendet werden: *word-pairs, repetitive wordpairs, tautologic word-pairs, doublets, doubling of expressions, twin formulae, freezes*.

In der **deutschen** und deutschsprachigen Fachliteratur sind hauptsächlich die Begriffe *Zwillingsformel* (Fleischer ²1997, Burger ³2007, Jarosz 2009a, 2009b, Müller 2009, Gaweł 2017) und *Paarformel* (Dilcher 1961, Burger ³2007) verbreitet. Die Bezeichnung *Binomiale* wird seltener verwendet (z. B. in Kelih

2014). *Zwillingsverbindungen* findet sich in Christiani (1938). Donnalies (2015) verwendet das Wort *Mehrlingsformeln*, Fleischer (1982) und Rytel-Kuc (2003) die Phrase *phraseologische Wortpaare*. Das Kompositum *Doppelformel* wird in dem Artikel von Mellado Blanco (1998) gebraucht. *Paarformel, paarige Wortverbindung, begriffsbildendes Wortpaar* kommen bei Thielert (2016) vor. Krause (1974) zählt gängige Begriffe auf: *Doppel- oder Zwillingsformeln, verschwisterte Wortpaare* (Krause 1974: 8) und selbst verwendet die Bezeichnungen *Kontrastformel, polare Ausdrücke* für Konstruktionen, die aus Komponenten mit antonymen Bedeutungen bestehen (Krause 1974: 8–9). *Syndetisch koordinierende Häufung, Hendiadyoin* und *syndetische Zweierkoordination* dienen in Seitz (1998) zur Bezeichnung türkischer Wortpaare. Neben dem Terminus *Binomina*, der als Konstruktion nominaler Komponenten verstanden wird, verwendet Schilling (2001) auch den Begriff *Biverba*, um Wortpaare zu bezeichnen, die aus Verben bestehen. Fünf Bezeichnungen: *Koordinative Adjektiv-/Adverb-Binomiale, Koordinative Substantiv-Binomiale, Koordinative Verb-Binomiale* schlägt Müller (1998) vor. Schilling (2001) erwähnt auch den Begriff *Hendiadyoin*, der traditionell in der turkologischen Literatur (und in der Rhetorik) geläufig ist. Das Wort stammt aus dem Griechischen und beschreibt in seiner wörtlichen Bedeutung „eins durch zwei", d. h. eine Stilfigur, in der zwei nebeneinanderstehende Ausdrücke durch eine Präposition oder eine Konjunktion verbunden sind und einen komplexen Begriff bilden. Jede Komponente wird nicht im wörtlichen Sinne verwendet, aber die Konstruktion wird in ihrer Gesamtbedeutung im übertragenen Sinne gebraucht. Als *Zwillingsformen* und *Doppelungen* werden die diskutierten Phraseologismen in Marchand (1952) bezeichnet. Das Wort *Repetitionsformeln* taucht bei Hofmeister (2010) auf. Die synonymen Bezeichnungen *Zwillingsformeln, Zwillingspaare, Paarformeln* wurden der Publikation von Schröter (1980) entnommen.

Dänische Linguisten bezeichnen die diskutierte Kategorie nach deutschem Muster als *tvillingeformler*[8], *parformler*, seltener *binomialer* (Farø/Lorentzen 2009, Lorentzen 2014) oder *binominalier* (Himmelmann 1997: 9). Eine Ausnahme bildet Elbro, der im Titel seines Artikels zur Bezeichnung *stærke ordpar* (vgl. Elbro 1999) greift und einige weitere Begriffe wie *faste ordpar, forstærkerordpar* oder *kollokationsgeminater* vorschlägt (Elbro 1998). *Tautologiske forbindelser* findet man in der Publikation von Skautrup (1947: 77) und im

---

8 Vgl. https://beta.ordbogen.com/da/search#/cent-idioms-dada/fra%20sans%20og%20 samling/search/exact (09.11.2020).

Wörterbuch der dänischen Sprache (ODS), in dem außerdem parallel der Terminus *dobbeltkonfektforbindelser* (dt. tautologische Verbindung) erwähnt wird. In der **schwedischsprachigen** linguistischen Literatur in Schweden und Finnland finden folgende Bezeichnungen Anwendung: *binomiala, binominala, frusna uttryck, binomiala uttryck*. Bönnemark (2003, 2005) nennt die ZF *binomiala uttryck* oder *stærke ordpar*. Die Bezeichnung *ordpar* finden sich in den Publikationen von Jacobsen (1912) und Bendz (1965). Die Begriffe *ordpar og paruttryck* werden von Östberg (2002, 2015) verwendet. In Äikäs (2015) heißt es *ordpar* oder *idiomatiska ordpar*. In der **norwegischen** Fachliteratur findet man Substantive *ordpar* oder *paruttrykk*[9].

Die obigen Ausführungen veranschaulichen die Vielfalt der Bezeichnungen, in denen unterschiedliche Eigenschaften der phraseologischen Wortpaare betont werden. Der Vergleich von den oben angeführten Termini nach ihrem Referenzbereich veranschaulicht, dass die Benennungsmotive für eine beachtliche Anzahl von Bezeichnungen von den strukturellen Merkmalen inspiriert wurden, einige indizieren eine interne Differenzierung der Kategorie von ZF, indem sie auf eine Eigenschaft verweisen, die nur auf eine Untergruppe zutrifft, z. B. *forstærkerordpar*. Verstärkende Funktion und Wirkung sind typisch für bestimmte ZF, jedoch nicht für alle. Die Übertragung von Eigenschaften einer Gruppe auf den ganzen Bestand der Kategorie scheint eine ofte Benennungsstrategie zu sein. Die Vorwürfe der partiellen Übereinstimmung mit den Merkmalen kann man auch u.a. der Bezeichnung *tautologiske forbindelser* machen, denn diese semantische Relation zwischen den Komponenten gilt nur für eine Gruppe von Paarformeln. Die wohl meist verbreitete Bezeichnung *Zwillingsformel* muss man auch wegen der enthaltenen Metapher kritisch beurteilen. Als linguistische Bezeichnung eignet sie sich weniger als andere Termini. Der Begriff *Binomial* ist m.E. nicht adäquat, da es sich bei den Zwillingsformeln nicht nur um Bildungen aus zwei Nomen handelt. Die Bezeichnung *Paarformel* erfasst den Sachverhalt besser, auch *Hendiadyoin* drückt wohl am besten aus, dass ein neuer Gesamtausdruck aus zwei Einzelausdrücken entsteht. Das zusammengesetzte Substantiv *Wortpaar*, das sich in allen Sprachen durchgesetzt hatte, verweist auf die prototypische minimale Struktur, die zwei Komponenten ohne Begleitung von Attributen, Artikelwörtern usw. enthält, und schließt andere Formen, wie z. B. *syv lange og syv brede* aus. In der vorliegenden Arbeit wird synonymisch ZF, Wortpaare, Paarformeln

---

9 Vgl. https://www.sprakradet.no/svardatabase/?CurrentForm.SearchText=ordpar&CurrentForm.KategoriFilter=Faste+uttrykk+og+fraser (01.03.2020).

verwendet mit Vorbehalt, dass es sich um ein breites Spektrum von prototypischen Strukturen und ihren strukturellen Varianten handelt. Mit der Phrase *paarformelartige Konstruktionen* werden Ausdrücke bezeichnet, die nach dem Muster A kon B gebaut sind, jedoch nicht phraseologisiert sind.

2.2.4 Abgrenzung gegenüber anderen Mehrwortverbindungen

ZF weisen einige Gemeinsamkeiten mit anderen sprachlichen Einheiten auf. Die Abgrenzung kann unter anderem auf der Grundlage semantischer, lexikalischer, formaler/struktureller, funktionaler und phonologischer Kriterien erfolgen. Da sich diese Kriterien oft überschneiden oder in Kombination miteinander auftreten, ist es sehr schwierig, von scharfen, einzigartigen Grenzen zu sprechen (Brasch 2005: 99).

Gewisse Parallelen in struktureller Hinsicht bestehen zwischen ZF und Kopulativkomposita: Beide Kategorien verbindet die Anordnung von zwei Substantiven, z. B. *Mensch-Maschine* vs. *Mensch und Maschine, Gott-König* vs. *Gott und König*.

Die Unterschiede treten im Bereich der Wortbetonung auf:

a. die Hauptbetonung von Kopulativkomposita liegt auf dem Erstglied:
'had-kærlighed, 'pikpak (vgl. 'Mensch-Maschine),

b. die Hauptbetonung von ZF liegt systematisch auf dem zweiten Kernglied (Letztglied):
had og 'kærlighed, pik og 'pak (vgl. *Mensch und Ma'schine*).

Ein weiterer Unterschied besteht auch auf der semantischen Ebene: Während Zusammensetzungen Informationen verdichten, dienen ZF zur Erweiterung von Informationen (Sauer/Schwan 2017: 93–94).

Des Weiteren muss man ZF von anderen Konstruktionen, die nach dem Muster A kon B gebaut sind, abgrenzen (Abb. 3):

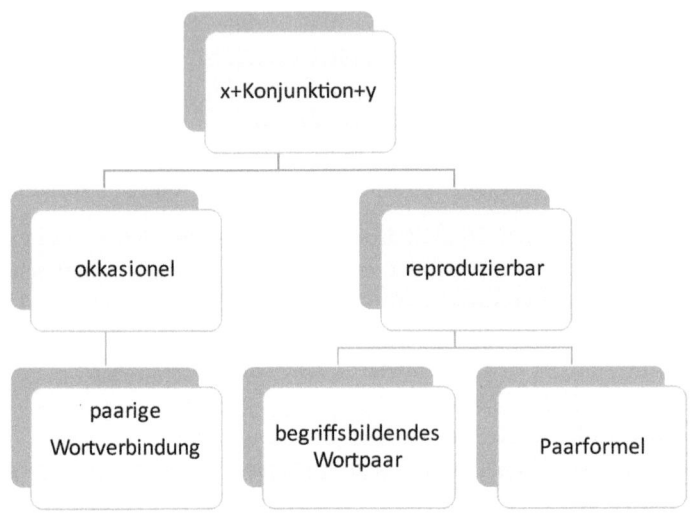

Abb. 3 Differenzierung des Strukturmusters A kon B auf formaler Ebene (Thielert 2016: 134)

Die erste Gruppe von Mehrwortverbindungen mit der Struktur A kon A bilden Reduplikative (Farø/Lorentzen 2009: 78), d. h. Konstruktionen, in denen das letzte Wort der Verbindung eigentlich das erste wiederholt, z. B. *skridt for skridt*. Farø (2005: 52) definiert diese Kategorie, die nach der Terminologie von Fleischer ([2]1997: 134) als Modellbildung (oder Phraseoschablone) in die phraseologische Literatur eingegangen ist, wie folgt:

> En »fraseoskabelon« er en leksikaliseret flerordsforbindelse, der består af minimum to syntaktisk-semantiske tompladser samt et eller flere manifeste indholdsord. Et »manifest frasem« er en leksikaliseret flerordsforbindelse, der består af en eller flere manifeste komponenter, evt. med tompladser. (Farø 2005: 52)

Die Phraseoschablonen, die auch nichthomogene syntaktische Strukturen umfassen (wie nichtprädikative Wortverbindungen, d. h. Wortpaare, z. B. *ansigt til ansigt* sowie auch Satzstrukturen mit variabler lexikalischer Füllung, z. B. *sket er sket, for meget er for meget*), liegen in einem Grenzbereich zwischen der Phraseologie und der Syntax. Ihre Einbeziehung in die Phraseologie ist u.a. wegen ihrer Semantik strittig. Konstruktionen dieser Art haben eine festgeprägte Modellbedeutung, die durch die Bedeutung des Modells bereits vorbestimmt ist (Fleischer [2]1997: 134), aus diesem Grund werden Phraseoschablonen in der deutschen Phraseologieforschung als eine separate Kategorie der *Modellbildungen* betrachtet und nicht zu ZF gezählt (vgl. Burger [3]2007: 46). Dietz

(1999: 333) bemerkt, dass der Geltungsbereich des Begriffs „Phraseoschablone" bzw. die Frage nach den genauen Abgrenzungskriterien offensichtlich noch der Klärung bedarf. Meiner Ansicht nach gibt es keinen Grund, nichtsatzwertige Phraseoschablonen aus der phraseologischen Kategorie ZF auszuschließen. Beide Arten von Phrasen zeichnen sich durch eine identische Struktur (z. B. *ve og vel, knald eller fald* vs. *igen og igen*) aus und ihre Bedeutung ergibt sich teilweise aus der Semantik der Komponenten und manche weisen sogar phraseologische Bedeutung auf: Sie befinden sich zwischen Phrasen mit wörtlicher Bedeutung (z. B. *nat efter nat*) und idiomatischer Bedeutung (z. B. *gå fra hånd til hånd*). Wie die Beispiele zeigen, kann bei der Doppelung des gleichen Wortes, das durch eine Präposition verbunden ist, neben das intensivierende auch ein iteratives Moment treten (vgl. Fleischer 1982: 137). Demzufolge werden Phraseoschablonen in der vorliegenden Arbeit mit weit gefasstem Begriff der ZF als ihre Subkategorie betrachtet und in das Korpus aufgenommen.

Es gibt weitere Gruppen von Wortverbindungen mit strukturellen Parallelen jedoch mit unterschiedlicher Stellung in der Phraseologie.

Die erste Untergruppe enthält Phrasen, die eine Art Wiederholung sind, aber ohne Konjunktion, z. B. *hallo hallo, hej-hej*. Dieser Typ der Reduplikation bezeichnet man als *Zwillingswörter* oder *reduplicative compounds* (jf. Fenk-Oczlon 1989: 525). Sie werden im Dänischen verwendet als:

- Verstärkung, z. B. *ja, ja*;
- Nachahmung natürlicher Laute und Geräusche (Onomatopoetika), z. B. *ding dong, tirli tirli*;
- Kinderreime (oft ohne semantische Bedeutung), z. B. *ring rang, klokke klang*.

Wegen ihrer strukturellen und vor allem semantischen Charakteristika werden sie aus der Kategorie ZF ausgeklammert.

Strukturelle Identität besteht zwischen den verbalen ZF und dänischen Konstruktionen von zwei Verben, wie z. B. *sidder og læser*. Die Konstruktion ist als Pseudokoordination (= PC) oder pseudokoordinative Wortverbindung bekannt und kommt in vielen Sprachen vor, z. B. im Dänischen (vgl. Bjerre/Bjerre 2007, Biberauer/Vikner 2017), Englischen (vgl. De Vos 2005), Färöischen (vgl. Heycock/Petersen 2012), Norwegischen (vgl. Lødrup 2002, Hesse 2009, Kinn 2018), Schwedischen (vgl. Darnell 2008, Blensenius 2015), Niederländischen, Afrikaans (vgl. De Vos 2005 und in einigen italienischen Dialekten (vgl. Cardinaletti/Giusti 2001). Die Pseudokoordination ähnelt an der Oberfläche der verbalen Koordination (Verb1 + kon + Verb2), verhält sich jedoch syntaktisch wie eine subordinierende Struktur (Kjeldahl 2008: 204). Das erste Wort nähert sich in seiner Funktion und Semantik einem teilweise entsemantisierten Hilfsverb und das letzte fungiert dagegen als Vollverb. In der Konstruktion haben die Verben eine feste Position und sind nicht austauschbar. Die beiden Verben bilden ein komplexes Prädikat, das ein Geschehen beschreibt und keine Satzadverbien vor V2 oder Subjektwiederholung zulässt (z. B. *Hans sidder og (*han) fisker abborre*). Die V1-Verben kommen aus einer sehr geschlossenen Gruppe: *sidde, ligge, stå, gå og løbe* und situieren das Subjekt sowohl räumlich als auch zeitlich. Dabei ist das V2 bedeutungstragend und für die Valenz der Konstruktion verantwortlich (Kjeldahl 2008: 204). In ZF sind beide Verben gleichwertig und derartige Opposition zwischen der Funktion von V1 und V2 besteht nicht. Die gesamte pseudokoordinative Konstruktion gilt als Aspektmarker und dient dazu, den fehlenden progressiven (durativen) Aspekt von Verben im Dänischen (und anderen Sprachen) auszudrücken. Die Bedeutung der Konstruktion ist wörtlich zu verstehen, da sie nicht über die Bedeutung von V2 hinausgeht und somit nicht idiomatisch ist. Aufgrund ihres sprachlichen Status der regulären grammatikalischen Konstruktionen (vgl. Bönnemark 2005: 102) wurden sie ebenfalls bei der Korpuserstellung nicht berücksichtigt.

Eine letzte Gruppe von Konstruktionen, die an der Oberfläche der Struktur von ZF entsprechen, jedoch eine andere Funktion in der Sprache und Kommunikation haben, sind adjektivische Konstruktionen vom Typ: Adj. Komparativ + og + Adj. Komparativ, z. B. *bedre og bedre, hurtigere og hurtigere*. Der Unterschied zwischen ihnen und ZF liegt in der Semantik und im Funktionsbereich. Die Konstruktion mit zwei koordinierten Adjektiven im Komparativ ist ein sehr produktives syntaktisches Muster. Die Stellen A und B können jeweils von einem Adjektiv belegt werden, das mit Hilfe von Flexiven gesteigert werden kann. Auch die Adjektive, die suppletiv gesteigert werden sowie Partizipien, bilden derartige Konstruktionen nach dem gemeinsamen Muster: *mere og mere* + Adjektiv, z. B. *mere og mere overraskende*. Derartige adjektivische Wortpaare werden als grammatische Konstruktionen betrachtet, die eine unbegrenzte Anzahl von Einheiten mit gradierbaren Adjektiven bilden und sind eher grammatikalische Konstrukte als Lexikoneinheiten, obwohl sie eine expressive Semantik haben. Seine semantische Funktion besteht darin, eine zunehmende Intensität der Eigenschaft auszudrücken, die durch das Adjektiv bezeichnet wird.

Auch die Konstruktionen ... *mig her og* ... *mig der, halvt* ... *halvt* ..., *dels* ... *dels, snart* ... *og snart* ..., in denen die Leerstellen mit beliebigen Kerngliedern ergänzt und ausgetauscht werden können, werden aus dem Korpus ausgeschlossen. Ihre Kombinatorik ist sehr breit, die Struktur stabil und die Bedeutung nicht idiomatisch.

Eine schematische Darstellung der verwandten Konstruktionen und die Stellung von ZF, die in das Untersuchungskorpus aufgenommen worden sind, illustriert Abb. 4.

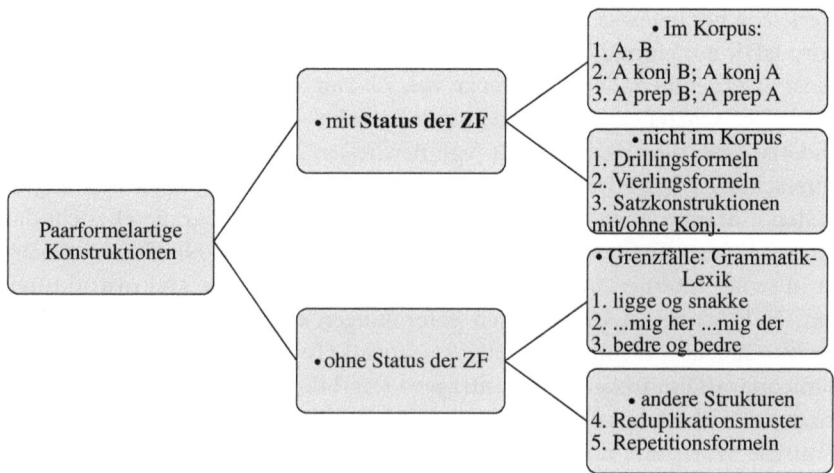

Abb. 4 ZF unter anderen paarformelartigen Konstruktionen (eigene Bearb.)

2.2.5 Anzahl der ZF in Sprachen

Bei einem Versuch die Anzahl von ZF in einzelnen Sprachen einzuschätzen, stoßen wir auf zwei Hindernisse. Ein erstes grundsätzliches Problem betrifft die Definition und Methodik der Unterscheidung der betreffenden Einheiten, d. h. die Anzahl der ZF in einer Sprache hängt davon ab, nach welchen Kriterien die untersuchte Kategorie definiert wird und welche Strukturen zur Kategorie der ZF gezählt werden. In den empirisch fundierten Untersuchungen findet man unterschiedliche Lösungen mit der Tendenz ausgewählte prototypische Exemplare aus dem Kernbereich der Kategorie zu berücksichtigen, ohne Stellung zum Status weniger typischer oder weniger frequenter Konstruktionen zu nehmen. Eine andere Schwierigkeit bei der Ermittlung der Anzahl von ZF besteht darin, dass ständig neue Formen gebildet werden, deren Status noch nicht völlig klar und wegen fehlender Textbelege auch schwer zu bestimmen ist. Dänische Konstruktion *gul og gratis* ist der Name einer populären Zeitungsbeilage und kann – Berthelsen 2007[10] zufolge – als Beispiel für eine neue Zwillingsformel angesehen werden. Die Kategorisierung einer festen Konstruktion kann u.a. aufgrund der Frequenz erfolgen, diese kann jedoch oft wegen mangelnder Korpora mit Sprachmaterial der gegenwärtigen Sprache nicht als ausschlaggebendes

---

10 https://www.fyens.dk/bagsiden/Sprogets-tvillinger/artikel/786238 (13.03.2021).

Werkzeug herangezogen werden. Die oben genannte neue dänische ZF ist im KorpusDK nur einmal belegt.

Es ist anzunehmen, dass die Menge von ZF von Sprache zu Sprache variiert. Berthelsen schätzt ein, dass die dänische Sprache wahrscheinlich zwischen 300 und 400 feste Wortpaare enthält (vgl. Berthelsen 2007[11]), was m. E. eine stark unterschätze Menge ist, was einige der bisherigen Publikationen betstätigen. In den umfangreichen empirischen korpusbasierten Monografien besteht das deutsche Gesamtmaterial aus ca. 2000 Belegen (Müller 2009). Hofmeister listet in seiner Internetsammlung 1301 deutsche ZF auf[12]. Die Makrostrukturen von ZF-Wörterbüchern umfassen Sammlungen entweder von ca. 400 (Laskowski/Tadeusz 1994), bzw. 430 (Rzeszotnik/Toporowska 1994) oder 1400 (Simeonova/Dimitrova 2014) Einträgen. Das bilinguale Korpus von Bönnemark (2005) besteht aus 369 dänischen ZF. In Bönnemark (2003) werden 555 dänische Wortpaare mit der Konjunktion „og" untersucht. Das zweisprachige Korpus von Jarosz (2009a) besteht aus 761 dänischen und 754 deutschen Wortpaaren. Auf ca. 2500 schwedisch-dänische Wortpaare beläuft sich die im Internet zugängliche Liste von Öresunds Översättningsbyrå[13]. Bedauerlicherweise enthalten die dänischen phraseologischen Kompendien – weder das Wörterbuch von Michelsen (1993), noch Andresens (1998) noch die Publikation von Røder (1998) Angaben zur Anzahl der lemmatisierten ZF.

In der vorliegenden Untersuchung umfasst die materielle Basis im Teilkorpus A 1122 dänische ZF (nach den in der Korpusbeschreibung definierten Kriterien) und für so eine Anzahl ist die Menge von ZF in der standardsprachlichen Varietät des Dänischen, mit Berücksichtigung weniger fachsprachlichen Belegen, die in der Alltagskommunikation gebraucht werden (z. B. *afgang og ankomst*), einzuschätzen. Eine höhere Anzahl könnte eine Erweiterung des Kriteriums ergeben, wenn alle Drillings- und Vierlingsformeln sowie konjunktionslose, satzförmige Aussagen und dazu auch Wortpaare in sämtlichen Fachsprachen, die nur in der Fachkommunikation vorkommen, mitgezählt würden.

---

11 https://www.fyens.dk/bagsiden/Sprogets-tvillinger/artikel/786238 (13.13.2021).
12 http://zwillingsformeln.uni-graz.at (15.10.2019).
13 http://www.dansk-og-svensk.dk (29.12.2018). Zu ihren Nachteilen zählen fehlende semantische Angaben zur pragmatischen Charakteristik sowie Beispiele für die Verwendung von ZF.

3 Charakteristik der Zwillingsformeln

3.1 Funktionale Einteilung

Die in Kap. 2.2.1 dargestellte Typologie von Phraseologismen situiert ZF als eine Subkategorie in den **speziellen Klassen**, gibt aber keine Auskunft über ihre interne Differenzierung und Charakteristik. Nach der grundlegenden Basisklassifikation des phraseologischen Bestandes anhand des Kriteriums der Zeichenfunktion, die von Burger (³2007: 36) vorgeschlagen wurde, kann man dänische ZF in folgende Untergruppen einteilen: Die überwiegende Mehrheit der ZF in der untersuchten Sammlung bilden **referentielle Phraseme**, die Bezug auf Objekte, Vorgänge oder Sachverhalte der Wirklichkeit nehmen. Dänische ZF dienen als sprachliche Mittel zur Formulierung der Aussagen über Personen (z. B. *far og søn, blive mand og kone*), Objekte (z. B. *kaffe og kage*), Pflanzen (z. B. *plante og buske*), Orte (z. B. *her og der*), Bewegung (horizontal: *frem og tilbage*; vertikal: *op og ned*), Zeitpunkt (z. B. *på den og den tid*), Häufigkeit (z. B. *i tide og utide*), Zeitraum (z. B. *fra vugge til grav*), Tätigkeiten (z. B. *slide og slæbe*), Prozesse (z. B. *vokse og gro*), Ereignisse (z. B. *sejr og nederlag*), Eigenschaften (z. B. *gammel og grå*), Gefühle und Emotionen (z. B. *fryd og gammen*), Wohlbefinden (z. B. *svie og smerte*) andere abstrakte Begriffe (z. B. *held og lykke*) wie soziale Verhältnisse (z. B. *forskel på kong Salomon og Jørgen Hattemager*), Naturphänomene (z. B. *ebbe og flod*), Art und Weise (z. B. *på rad og række*) u. v. a.

Viel bescheidener ist die Menge der ZF, die als **kommunikative Phraseme** klassifiziert werden und bestimmte Aufgaben bei der Herstellung, Aufrechterhaltung, dem Vollzug und der Beendigung kommunikativer Handlungen erfüllen. Ihrer Funktion zufolge werden sie in der deutschen phraseologischen Literatur als Kommunikative Formeln (Fleischer ²1997: 125) bzw. Routineformeln bezeichnet (Burger ³2007: 37). Sie finden in den kommunikativen Routinen Verwendung, d. h. sie sind an rekurrente Situationen in der alltäglichen kommunikativen Praxis gebunden und gelten als verfestigtes oder sogar festes sprachliches Verhalten in einer Sprachgemeinschaft. Da sie Produkte dieser Sprachgemeinschaft sind, können – sicherlich einige von ihnen – als kulturspezifisch betrachtet werden. Im untersuchten Korpus gibt es auch einige Beispiele für ZF dieser Gruppe, die in Anlehnung an Fleischers funktionale Typologie (Fleischer ²1997: 130) folgendes Bild ergeben:

Höflichkeitsformeln (Kontaktformeln)
- Grußformeln z. B. *knus og kram, kys og knus, kys og kram,*
- Wunschformeln z. B. *knæk og bræk, held og lykke, Hold på hat og briller!,*
- Dankesformeln/Abschiedsformeln z. B. *farvel og tak;*

Emotive Formeln haben überwiegend expressive Funktionen und drücken subjektive Emotionalität mit Hilfe von primären und sekundären Interjektionen aus:
- Ausdruck der Klage, Sorge z. B. *ak og ve,*
- Ausdruck der Abscheu z. B. *fy (og) føj;*

Schelt- und Fluchformeln
- Ausdruck von Überraschung z. B. *himmel og hav!*
- Ausdruck von Überraschung, Enttäuschung, Erschreckung z. B. *død og kritte!*

Kommentarformeln (als Reaktion auf Verhalten des Gesprächspartners oder sonstige Gegebenheiten der Kommunikationssituation):

- Formeln des Zweifels, der Ablehnung, Kritik – ZF *rende og hønse/rende og hoppe* werden im Sinne der kategorischen Ablehnung der Meinungen, Wünsche oder Vorschläge einer Person verwendet.

Stimulierungsformeln oder direktive Formeln (als Mittel der Aufforderung an den Partner zu bestimmtem Verhalten, darunter auch Drohung, Warnung):

- Aufforderung z. B. *ryge og rejse, gå hjem og vugge,*
- Ratschlag z. B. *tab og vind med samme sind.*

Nur einzelne ZF vertreten die Kategorie der **strukturellen Phraseme**, deren Hauptfunktion in der Herstellung grammatischer Relationen innerhalb Satzgrenzen besteht, z. B. *til og fra.*

3.2 Strukturmerkmale

3.2.1 Parallelität und Repetition als strukturelle Grundprinzipien

Die **Rekurrenz** sprachlicher Einheiten gehört zu den elementaren syntagmatischen Bildungsverfahren vieler Sprachen. Die Wiederholung von gewissen Elementen einer Aussage ist eine intentionell (d. h. spontan und individuell) oder konventionell (beim Gebrauch von fertigen sprachlichen Einheiten) mit Repetition(en) gewählte Strategie, die den kommunikativen Absichten untergeordnet ist. Die Rekurrenz einer lexikalischen Einheit kann als Wiederholung des gleichen Lexems erfolgen oder durch die Hinzufügung eines Lexems mit der identischen oder wenigstens synonymischen Bedeutung erzielt werden. Das doppelte Vorkommen eines Sprachelements entsteht infolge zweier unterschiedlicher Verfahren: Iteration und Reduplikation (vgl. Stolz 2009: 88; Stolz/ Stroh/Urdze 2011: 493). Die **Iteration** bzw. Wiederholung eines gleichbedeutenden Ausdrucks bewirkt eine ikonische Intensivierung der lexikalen Bedeutung, die das Element vermittelt (Stolz/Stroh/Urdze 2011: 142 f.). Iteration, die schon Spitzer (1918) als typische Strategie der emphatischen Ausdrucksweise der gesprochenen Sprache erkannte, wird von Stolz (2008: 95) als eine Wahrnehmungskategorie dargestellt, durch welche der Sprecher auf Pluralität (Wiederholung von Gegenständen) bzw. Dauer (Wiederholung von Ereignissen) ikonisch verweist. Dabei kann tendenziell angenommen werden, dass die wiederholten Elemente semantisch identisch sind.

ZF haben im Großen und Ganzen eine symmetrische Struktur, die durch die Wiederholung von Komponenten mit identischem Status in der Sprache, aber aus verschiedenen sprachlichen Subsystemen, gekennzeichnet ist. Diese Wiederholung von Einheiten gleicher Qualität auf beiden Seiten des Bindegliedes bildet Kohärenz innerhalb der Konstruktion. Auf diese Weise wird ZF zu einer binären rhythmischen Einheit, die sich von anderen Wortpaaren mit ähnlicher Konstruktion unterscheidet. Die innere Kohäsion von ZF wird durch das Auftreten phonologischer, Rhythmus generierender Phänomene verstärkt. Einheitliche Elemente, die innerhalb der Struktur von ZF redupliziert werden, können aus verschiedenen Sprachebenen kommen (s. Abb. 5):

Ebene	Rekurrenz	Ergebnis
Semantik	Sem / Teil	endozentrische Sinneinheit
Syntax	grammatikal. Klasse	lineares Syntagma
Morphologie	Lexemgruppe	morphologische Symmetrie
Phonologie	Silbenzahl	binärer Rhythmus

Abb. 5 Symmetrie und Parallelismus in ZF (vgl. Hammer 1993: 577)

Der Abb. 5 zufolge zeichnen sich ZF durch die Verwendung verschiedener Doppelungsarten aus. Auf der semantischen Ebene schlägt sich dieses Prinzip im Vorkommen synonymer Komponenten nieder, auf der syntaktischen und morphologischen Ebene äußert sich das Prinzip der Doppelung in der linearen, symmetrischen Struktur der Konstruktion und Kongruenz der Komponenten der gleichen Wortklasse. Als Beispiele für phonetische und phonologische Wiederholung können gleiche Anzahl von Silben, Endreimdoppelung

Ablautalternation, Stabreimdoppelung, Assonanzen gelten. Alle Mittel der Doppelung werden im Folgenden näher betrachtet.

3.2.2 Analyse der Struktur

3.2.2.1 Strukturelle Vielfalt

Die Bildung von ZF unterliegt den typischen formalen Restriktionen für koordinierende (parataktische) Konstruktionen. Im Normalfall können Elemente von unterschiedlicher syntaktischer Kategorie nicht koordiniert werden z. B. *Peter er bror og beskeden** (*Peter er* [Substantiv + Adjektiv]). Daher gehören die Komponenten in ZF immer zur selben Wortklasse/Kategorie, allerdings mit wenigen Ausnahmen. Dieses Grundprinzip kann als grammatikalische Beschränkung bei der Bildung von ZF angesehen werden. Die Gesamtheit der parataktischen Mehrwortverbindungen, die sog. multinomialen Ausdrücke[14] oder – Donnalies (2015) zufolge – Mehrlingsformeln, können in struktureller Hinsicht in die folgenden Unterkategorien unterteilt werden:

- Vierlingsformeln (Hendiatetris) z. B. *Fri, fro, from, frisk*,
- Drillingsformeln (Trinomiale) z. B. *ren, pæn og velhold*,
- Zwillingsformeln (Binomiale) z. B. *kort og godt*.

Der Haupttyp innerhalb von Zwillingsformeln ist die Struktur: A kon B, die allerdings unterschiedliche Realisierungsformen haben kann: Wort + Wort, Wortgruppe + Wortgruppe, Satz + Satz. Neben der symmetrischen Struktur der ZF gibt es außerdem zahlreiche strukturelle Varianten, die von der prototypischen Symmetrie in genannter Form teilweise abweichen.

In der folgenden systematischen Übersicht werden mögliche Lösungen für die innere Organisation der dänischen ZF aufgeführt:

a. einzelne Lexeme in koordinativer Verbindung
  - mit einfachen Konjunktionen[15], z. B. *fiks og færdig*,
  - mit mehrteiligen Konjunktionen, z. B. *hverken eje eller have*;
b. das Grundmuster kann mit verschiedenen Mitteln erweitert werden, z. B.
  - durch Hinzufügen des Artikels, z. B. *den ene eller den anden*,

---

14 Nach Sauer/Schwan (2017a: 85) bestehen die längsten Multinomialformeln aus 15 Komponenten.
15 Für die konjuntionslose Verbindung zweier Wörter gib es im Teilkorpus A keine Belege.

- durch Hinzufügen eines Adjektivs zum Substantiv: [Adjektiv + Substantiv] kon [Adjektiv + Substantiv] z. B. *slesk tale og billig portvin,*
- durch Hinzufügen einer Präposition zum Substantiv: [Präp. + Substantiv] kon [Präp + Substantiv], z. B. *til lands og til søs,*
- durch Hinzufügen einer Präpositionalverbindung zum Verb: [Verb + Präpositionalverbindung] kon [Verb + Präpositionalverbindung], z. B. *dyppe i tjære og rulle i fjer,*
- durch Hinzufügen eines Substantivs zum Verb: [Substantiv + Verb] kon [Substantiv + Verb], z. B. *skik følge eller land fly.*
- durch Hinzufügen eines Adverbs zum Verb: [Verb + Adverb] kon [Verb + Adverb], z. B. *leves forlæns og forstås baglæns,*
- durch Bildung einer asymmetrischen Erweiterung, die nur links- oder rechtsseitig erfolgt. Der symmetrische Aufbau wird dadurch zugunsten der Informativität beeinträchtigt, z. B. eine der Komponenten wird von einem Attribut begleitet, die andere dagegen nicht, z. B. [love] *guld og grønne skove*;

c. reduzierte Konstruktion: abgekürzte oder reduzierte ZF treten auf, wenn die Konjunktion weggelassen wird, z. B. *ingen fare, ingen omkostninger*;
- als reduzierte Konstruktion können auch Klammerkonstruktionen angesehen werden, z. B. *plante- og dyreliv*;

d. feste Koordination von zwei Sätzen kommt in verschiedenen Varianten vor:
- mit Konjunktion und mit einem Verb im Indikativ, z. B. *tale er sølv, men tavshed er guld,*
- mit Konjunktion, einem Verb im Optativ und elliptischer Reduktion des Subjekts im Satz nach der Konjunktion, z. B. *Gud nåde og trøste dig,*
- mit Konjunktion und einem Verb im Imperativ, z. B. *gå hjem og vug,*
- ohne Konjunktion mit einem Verb im Indikativ, z. B. *livet er kort, kunsten (er) lang,*
- ohne Konjunktion mit einem Verb im Imperativ, z. B. *lev stærkt, dø ung.*

Als die ZF mit der längsten Struktur im Korpus gilt das Phrasem *springe op som en løve og falde ned som et lam.* Ihre symmetrische Struktur konstituieren zwei trennbare Verben, die jeweils von Abverbialergänzungen in Form von Vergleichsphrasen begleitet werden.

Anhand der dargestellten Typologie kann man folgende Schlüsse ziehen:
- Zwillingsformeln bilden den Kern in der Kategorie der Mehrlingsformeln;

– trotz des festen strukturellen Musters zeichnen sich die einzelnen Realisierungsformen von ZF durch vielfältige strukturelle Varianten aus, die durch Erweiterung oder Reduktion gebildet werden.

3.2.2.2 Wortklassenzugehörigkeit der Komponenten

Die Charakteristik der strukturellen Eigenschaften beginnt mit der Ermittlung der Liste von Wortklassen, denen die Komponenten entstammen. Die Untersuchung der formalen Struktur von ZF zeigte, dass es Vertreter von 9 Wortklassen gibt, die an der Bildung von dänischem ZF beteiligt sind. Ihre Häufigkeit im untersuchten Korpus zeigt Tab. 1:

Tab. 1 Komponenten der dänischen ZF nach Wortklassen

Wortklasse	Anteil in %
Substantive	70,259
(darunter Eigennamen)	1,247
Verben	12,407
Adverbien u. Adjektive	10,303
Pronomen	2,406
Präpositionen	0,980
Zahlwörter	0,802
Konjunktionen	0,178
Interjektionen	0,178
gemischte Komponenten	1,240
Gesamt	**100,00**

Die prototypische Kernsammlung von ZF im Teilkorpus A bilden Phraseme, die aus einfachen (monomorphemischen) Wörtern bestehen. Seltener kommen ZF vor, in denen eine oder beide Komponenten komplex sind, d. h. Derivate oder Komposita.

Dabei kann innerhalb jeder Wortklasse eine weitere semantische Differenzierung vorgenommen werden, die eine detailliertere Charakteristik von den Komponenten ergibt und zahlreiche Aspekte zeigt, die in der Phraseologie reflektiert werden. Die Bestimmung der Zugehörigkeit der Komponenten zu semantischen Kategorien verweist nämlich auf diese Ausschnitte der außersprachlichen Wirklichkeit, die in ZF abgebildet und oft metaphorisch vermittelt werden. Die Einzelheiten sind der folgenden Klassifizierung zu entnehmen,

Strukturmerkmale 51

in der zwei Kriterien verknüpft werden: die Wortklassenzugehörigkeit und klasseninterne semantische Spezifizierung der Komponenten.

Unter den **Substantiven** gibt es Beispiele aus verschiedenen semantischen Klassen: sowohl Appellative als auch Eigennamen (Priopria), Bezeichnungen von Personen (+ Hum) und Nicht-Personen (–Hum), Konkreta (+ Konkr) und Abstrakta (+ Abstr), zählbare Nomina und nicht zählbare Stoffbezeichnungen. Dabei bilden substantivische Komponenten in ZF unterschiedliche Konstellationen hinsichtlich ihrer Zugehörigkeit zu semantischen Kategorien:

- zwei Nomina derselben semantischen Unterklasse, z. B. zwei Abstrakta (*held og lykke*), zwei Konkreta (*over hals og hoved*) oder zwei Onyme (*Per og Poul*) u.a.;
- zwei Nomina unterschiedlicher semantischer Klassen (Abstrakta und Konkreta): *sjæl og krop*, Onym und Appellative, z. B. *Stauning eller kaos*.

ZF mit onymischen Komponenten bilden hinsichtlich ihrer semantischen Zugehörigkeit vorwiegend einheitliche Konstruktionen:

- zwei Anthroponyme z. B. *fra Herodes til Pilatus*,
- zwei Toponyme z. B. *fra Skagen til Gedser*.

Als eine Ausnahme gilt das Phrasem *Stauning eller kaos*.

In der Gruppe der Eigennamen, die ZF bilden, kann man nach ihrer Herkunft mehrere Untergruppen unterscheiden:

- Propria biblischen Ursprungs: *fra Herodes til Pilatus, Sodoma og Gomorra*,
- alte Personennamen mythologischen Ursprungs: *mellem Skylla og Charybdis*,
- fiktive Personennamen appellativischer Herkunft: *Fyrtårnet og Bivognen*,
- authentische und fiktive dänische Vor- und Nachnamen: *Per og Povl, hr. og fru Danmark*,
- authentische dänische Ortsnamen: *fra Skagen til Gedser*,
- authentische Personenbezeichnungen fremder Herkunft: *cowboy(er) og indianer*,
- authentische Ortsnamen fremder Herkunft: *Se Neapel/Venedig og dø!*

In der Klassifizierung nach dem Merkmal der Animation, d. h. abhängig davon, ob das Lexem eine animierte [+ Anim] Entität bezeichnet oder nicht [– Anim], können substantivische Komponenten in die folgenden Kategorien unterteilt werden:

a) N [+Anim, +Hum] – Lexeme, die Personen bezeichnen:
   – geschlechtspezifierende Bezeichnungen: *mand og kvinde, drenge og piger,*
   – Familienmitglieder: *far og mor, kvinder og børn,*
   – Berufe: *Klokken er kun for skræddere og skomagere,*
   – Titel und Funktionen: *herre og konge,*
   – andere: *ven eller fjende.*
b) N [+Anim, –Hum] – Bezeichnungen von Tieren, Pflanzen und ihren Teilen: *hverken fugl eller fisk, mellem barken og stammen,*
c) N [–Anim, –Hum, +Konkr] – Bezeichnungen zählbarer Konkreta aus folgenden semantischen Feldern:
   – Körperteile und Innenorgane: *over hals og hoved,*
   – Haushalt: *være pot og pand, med hus og have,*
   – Umwelt und Landschaft: *himmel og hav, til lands og til søs,*
   – Musikinstrumente: *med piber og trommer,*
   – Werkzeuge: *mellem hammer og ambolt,*
   Bezeichnungen von unzählbaren Konkreta:
   – Stoffbezeichnungen: *som ild og vand,*
   – Namen von Krankheiten: *mellem kolera eller pest;*
d) N [–Anim, –Hum, +Abstr] – Abstrakta: *held og lykke, i tide og utide, sæder og skikke.*

Viel seltener bestehen ZF aus Kerngliedern, die zu unterschiedlichen semantischen Klassen gehören u.a:

– *folk og fæ* (Personbezeichnung und Tierbezeichnung),
– *land og folk* (Landschaft und Menschen),
– *pisk eller gulerød* (Geräte zum Schlagen und Gemüse);

Als spezielle Gruppe gilt ZF in Form einer Klammerfügung mit der Klammerstellung des Substantivs, bekannt als Ellipsen bzw. elliptische Formen (Donnalies 2009: 72). Das Teilkorpus A enthält nur wenige Beispiele dieser Art: *livets op- og nedture, mur- og nagelfast, plante- og dyreliv.*

Die Wortklasse **Pronomen** wird von folgenden Kategorien vertreten:

a) Personalpronomen: *som du og jeg,*
b) Interrogativpronomen: *hvorfra og hvorhen,*
c) Demonstrativpronomen: *denne og/eller hin, dette og/eller hint*
d) unbestimmte Pronomen: *noget for noget, alt og alle,*
e) eine Kombination aus einem Reflexivpronomen und einem Possessivpronomen: *kun tænke på sig og sine.*

Verben, die Bestandteile von ZF sind, repräsentieren entweder gleiche semantische Klassen (a-f) oder verschiedene semantische Kategorien (g). Dabei kann man Unterschiede in der Distribution der semantischen Klassen nachweisen. Im Teilkorpus A sind Wortpaare mit Verben aus folgenden semantischen Klassen belegt:

a) Zustandsverben z. B. *hverken eje eller have,*
b) Übergangsverben z. B. *vokse og gro,*
c) Handlungsverben z. B. *hamre og banke, æde og drikke, baste og binde,*
d) Bewegungsverben z. B. *komme og gå, hoppe og springe,*
e) Sinnesverben z. B. *se og høre,*
f) Onomatopoetische Verben z. B. *knage og brage, knirke og knage,*
g) Kombination von Verben unterschiedlicher semantischer Klassen illustrieren folgende Belege z. B. *være og blive, det får/må briste eller bære.*

Adjektive, aus denen sich ZF zusammensetzen, gehören sowohl zur absoluten, relativen als auch qualitativen Bedeutungsgruppen (vgl. Duden 2006: 346–347):

a) Qualifizierende Adjektive:
Farbe: *sort på hvidt, gul og blå,*
Form, Beschaffenheit: *tykt og tyndt,*
Geschmack/Geruch: *surt og sødt, tage det sure med det søde,*
Stimmung: *sur og gnaven, glad og tilfreds,*
Ton: *klar og tydeligt,*
Oberfläche: *vid og bred,*
Temperatur: *skiftevis kold og varm,*
Wohlbefinden: *sulten og tørstig, syg og svag, træt og mat,*
Ästhetik: *ung og smuk,*
Moral: *ærlig og oprigtig,*
Intellekt, Charakter: *dygtige og flittige, varm og kærlig, sød og venlig,*
Verhalten: *kold og rolig, kold og kynisk,*
räumliche Dimension: *syv lange og syv brede, det korte af det lange,*
zeitliche Dimension: *tidlig(t) og silde,*
Wahrheitsgehalt: *sandt eller falsk.*

b) Relationale Adjektive zum Ausdruck einer Beziehung oder Zugehörigkeit wie z. B. räumliche Lage: *fjern og nær.*
c) quantifizierende Adjektive (Zahladjektive):
Anzahl, Menge: *mangt og meget, mere eller mindre,*
bestimmte Stelle in einer Reihe: *fra først til sidst.*
d) Adjektivisch gebrauchte **Partizipien,** z. B. (ikke vide om man er) *købt eller solgt.*

Die Komponenten, die aus der Wortklasse **Zahlwörtern** kommen, repräsentieren zwei Kategorien:

a) Kardinalzahlen: *to og to, nul og niks, lade fem og syv være lige, hundrede og sytten,*
b) Ordinalzahlen: *til syvende og sidst* (nur die erste Komponente).

Die **Präpositionen**, die in der Funktion der Komponenten gebraucht werden, bilden eine bescheidene Menge, die nach dem Kriterium der Herkunft folgendermaßen gegliedert werden können:

a) dänische Präpositionen (die sowohl als Präpositionen als auch als Adverbien fungieren): *af og til, i og med, til og med, til og fra, for og imod, hverken fra eller til, i og omkring, i og gennem, for eller imod, med eller mod, fra og med,*
b) Präpositionen fremder Herkunft: *pro og contra.*

Adverbien, die ZF bilden, repräsentieren die folgenden semantischen und morphologischen Kategorien (vgl. Forssman 2003):

a) Temporalverbien: darunter auch **punktuelle** Adverbien, die auch deiktisch sind: *nu og da, før og nu*; Absolute **indefinite** Temporaladverbien: *evig og altid*; **iterative** Adverbien: *tit og ofte, tit og tæt*; **durative** Adverbien: *langt om længe*;
b) Lokaladverbien: darunter auch **rein deiktische** Adverbien *her og der, hist og her*;

Adverbien der **subjektiven Distanz**: *fra fjern og nær*; Adverbien, die **Teilräume** bezeichnen: *ude og inde, foroven og forneden*; **indefinite** Lokaladverbien: *overalt og ingen steder*;
c) Adverbien der Art und Weise, darunter u.a. **Gradadverbien** (Intensität): *fuldt og helt, fuldt og fast*; **Quantitätsadverbien** (Menge): *lidt efter lidt, hverken helt eller halvt*, **komitative** Adverbien: *sønder og sammen*; **Dimensionsadverbien**: stativisch (wo?): *til højre og venstre*; direktivisch (wohin?): *frem og tilbage, ud og ind, op og ned*; separativisch (woher): *hvorfra og hvorhen*; **Durchgangsadverbien**: *kryds og tværs*. Kombination von zwei Adverbien unterschiedlicher Bedeutungsklassen: *her og nu*;
d) unechte Adverbien (abgeleitet von Adjektiven): *støt og roligt, love højt og helligt*;
e) zusammengesetzte Adverbien: *histop og herned.*

Bemerkenswert ist der Gebrauch von deiktischen Lokal- und Temporaladverbien, die die Gesamtbedeutung der ZF auf den Sprecher beziehen und somit das Netz der Relationen mit dem Sprechenden im Zentrum aufbauen, was als ein Einflussfaktor bei der Festlegung der Abfolge der Komponenten gilt (s. Kap. 3.3.2). Aus der Auflistung wird ersichtlich, dass die raumzeitlichen Relationen stark vertreten sind, auffallend ist das geringe Vorkommen von relationalen Adverbien, die geografische (z. B. afrikanisch, kontinental), sprachliche (z. B. englisch, spanisch), religiöse (z. B. katholisch, evangelisch), berufliche (z. B. ärztlich, richterlich), bereichsspezifische (z. B. wirtschaftlich, technisch) oder temporale (z. B. heutig, gestrig, letztjährig) Zugehörigkeit ausdrücken.

Die aus **Konjunktionen** und **Interjektionen** bestehenden ZF sind von marginaler Bedeutung. Beide Klassen werden nur zwei Mal im Korpus registriert:

a) Interjektionen z. B. *ak og ve, fy (og) føj*;
b) Konjunktionen z. B. *når og hvis, hvis og hvis [min røv var spids]*.

Als Sonderfälle und Randerscheinung sind Belege zu betrachten, deren Komponenten aus unterschiedlichen Wortklassen kommen:

- Nummerale und Substantiv: *1700 og hvidkål, firs og skindød*;
- Adjektiv und Partizip: *lys og lovende, koldt og blæsende, kold og beregnende*;
- Adjektiv und Substantiv (als Teil der Präpositionalphrase): *skidefuld og på rulleskøjter*;
- Numerale und Adverb: *til syvende og sidst*;
- Adverb und negiertes Substantiv: *overalt og ingen steder*.

Phraseoschablonen, die in dieser Arbeit als Unterkategorie von ZF betrachtet werden, machen 3,57 % aller ZF im Teilkorpus A aus und bilden eine Sammlung von 40 Belegen (vgl. Tab. 2):

Tab. 2 Alphabetische Liste der Phraseoschablonen im untersuchten Korpus

Alphabetische Liste von Phraseoschablonen			
alt i alt	fra hus til hus	hånd i hånd	pø om pø
alle mod alle	fra hånd til hånd	hårdt mod hårdt	sekund efter sekund
ansigt til ansigt	fra mand til mand	igen og igen	side om side
arm i arm	fra mund til mund	lidt efter lidt	side ved side
dag efter dag	fra side til side	lige for lige	skridt for skridt
dag for dag	slag i slag	mand mod mand	så som så
dør om dør	gang på gang	nat efter nat	time efter time
fod for fod	gråt i gråt	noget for noget	to og to
fra dør til dør	halvt om halvt	om og om igen	år efter år
fra gang til gang	høg over høg	ord for ord	år for år

Laut Statistik machen Substantive mehr als 2/3 aller Phraseoschablonen aus. Die detaillierten Angaben zu Wortklassenzugehörigkeit enthält Tab. 3:

Tab. 3 Komponenten von Phraseoschablonen nach Wortklassen

Wortklasse	Anteil in %
Substantiv	67,5
Adverb	22,5
Pronomen	7,5
Zahlwort	2,5
Gesamt	**100,0**

3.2.2.3 Typologie und Häufigkeit der Konnektoren

Als zweites Kriterium zur Charakterisierung der Struktur gilt die Indizierung von Kategorien und Häufigkeit der Konnektoren. Die in den dänischen ZF vorkommenden Bindeglieder zeichnen sich – mit wenigen Ausnahmen – durch eine Kurzform aus, sie sind einfach (seltener mehrteilig) und bestehen vorwiegend aus einer Silbe. Sie haben eine höhere Häufigkeit in der Sprache als längere Konnektoren, z. B. *i* vs. *ifølge* oder *om* vs. *omkring*. Alle Bindeglieder in den untersuchten Beispielen können in zwei Kategorien unterteilt werden: Konjunktionen und Präpositionen (vgl. Elbro 1998: 29) und diesbezüglich kann man nach der Art des Konnektors ZF in konjunktionale und präpositionale Wortpaare gliedern (vgl. Akar 1991: 355). Der gesamte Bestand von Konnektoren kann weiter unterteilt werden (s. Abb. 6):

Strukturmerkmale

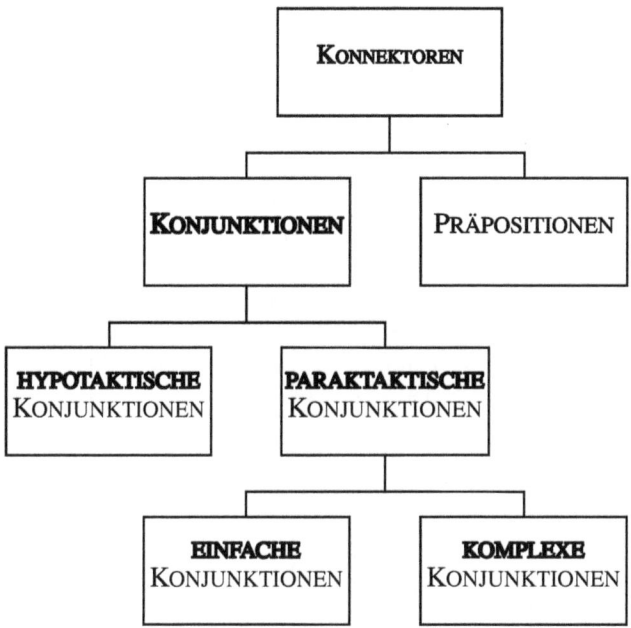

Abb. 6 Typologie von Bindegliedern in dänischen ZF

Die Exploration der Struktur von ZF hat ergeben, dass es in Korpusbeispielen 18 verschiedene Konnektoren gibt. 90,5 % der Bindeglieder bilden Konjunktionen, in 9,5 % der ZF erfüllen die Funktion des Konnektors primäre Präpositionen (s. Tab. 4):

Tab. 4 Konnektoren und ihre Häufigkeit

KONNEKTOREN IN ZF			
1. PRÄPOSITIONEN		2. KONJUNKTIONEN	
Präposition	Anteil in %	Konjuktion	Anteil in %
fra – til	3,250	*og*	83,625
efter	1,125	*eller*	3,250
for	0,875	*hverken – eller*	1,880
i	0,625	*både – og*	1,000
om	0,625	*men*	0,625
med	0,500	*enten – eller*	0,125
fra – i	0,375		
til	0,375		
mod	0,375		
som	0,375		
på	0,250		
ved	0,25		
end	0,250		
af	0,125		
over	0,125		
Gesamt	**9,49**	**-**	**90,51**

Der Übersicht kann man entnehmen, dass die Hauptrolle bei der Bildung von Wortpaaren der Konjunktion *og* zukommt. Es gibt eine große Diskrepanz zwischen der Frequenz der häufigsten Konnektoren und denen von geringer Häufigkeit. Ein Vergleich der Ergebnisse führt zur Schlussfolgerung, dass das typischste Wortpaar aus zwei Substantiven besteht, die durch die koordinierende Konjunktion *og* verbunden sind. Dem Strukturkriterium zufolge können die Konjunktionen in ZF in zwei Kategorien unterteilt werden: einfache (*og* oder *eller*) und mehrgliedrige Konjunktionen (*både-og, hverken-eller, enten-eller, fra-til*). In Bezug auf die Bedeutung der Konjunktionen kann man zwischen den folgenden semantischen Beziehungen unterscheiden, die sie innerhalb von ZF bilden:

(a) kopulative (verbindende) Verknüpfungen, z. B. *kort og godt, knæk og bræk*;
(b) alternative Verbindungen, z. B. *alt eller intet, mellem kolera eller pest*;
(c) disjunktive (trennende) Konstruktionen, z. B. *hverken eje eller have, hverken helt eller halvt*;

(d) Vergleiche mit Konjunktionen *som* und *end*, z. B. *hip som hap, bedre sent end aldrig*;
(e) Verbindungen, die Gegensatz oder Einschränkung kommunizieren, z. B. *lidt, men godt*.

Präpositionen, die als Bindeglieder in ZF gebraucht werden, zählen hauptsächlich zu einfachen Präpositionen *til* (z. B. *hulter til bulter*), *efter* (z. B. *dag efter dag*), *i* (z. B. *følge slag i slag*), *om* (z. B. *halvt om halvt*), *på* (z. B. *sort på hvidt*); seltener kommt die zweiteilige Präposition *fra – til* (z. B. *fra Skagen til Gedser*) vor.

Die Hauptfunktion der Präposition in der Sprache ist Bildung von Relationen zwischen zwei oder mehreren Objekten. In dieser Funktion treten sie auch in ZF auf, in denen sie folgende Typen der semantischen Beziehungen konstituieren:

- räumliche Beziehungen bestehen in ZF, die aus zwei Substantiven der Klasse Konkreta bestehen, z. B. *skulder ved skulder, ansigt til ansigt*,
- zeitliche Beziehungen werden in ZF durch substantivische Komponenten konstituiert, die Zeiteinheiten bezeichnen, z. B. *år efter år* bzw. durch die Präposition *fra – til* und Substantiven entsprechender semantischer Klasse, z. B. *fra vugge til grav*,
- direktive Relationen entstehen durch den Gebrauch der Präposition *fra – til* und Substantive bestimmter Klassen, hauptsächlich Orts- uns Personenbezeichnungen z. B. *fra venstre til højre, fra Herodes til Pilatus*,
- komitative Relation manifestiert sich in den ZF mit der Präposition *med* z. B. *ondt med godt, det ene med det andet*.

In den Konstruktionen mit dem Strukturmuster A kon A kann man wegen der Repetition der ersten Komponente andere semantische Beziehungen feststellen, die vor allem durch die aktualisierte semantische Potenz der Präposition konstituiert wird:

- Iteration eines Geschehens (z. B. *igen og igen*),
- Reziprozität (z. B. *side om side*),
- Opposition (z. B. *alle mod alle*), oder
- Kompensation (z. B. *noget for noget*).

Betrachtet man die Paarformeln mit dem Muster A kon B und A kon A im Detail, springt als Erstes eine regelmäßige Erscheinung ins Auge: Nicht identische Lexeme tendieren zur Verknüpfung mit einer Konjunktion, während bei identischen Lexemen das Verbindungswort eine Präposition ist (s. Tab. 5). Diese doppelte Regularität lexikalischen Charakters wurde ebenfalls in anderen indogermanischen Sprachen nachgewiesen (vgl. Melado Bianco 1998: 289).

Die Beobachtungen bestätigen auch die Zahlenangaben. Die größte Anzahl von Konnektoren in Phraseoschablonen stellen Präpositionen dar: 92,5 %, während das Vorkommen von Konjunktionen nur drei Beispiele (7,5 %) umfasst: *igen og igen, to og to, om og om igen*. Die Liste aller Konnektoren in Phraseoschablonen wird in Tab. 5 angeführt:

Tab. 5 Konnektoren und ihre Häufigkeit in Phraseoschablonen

Konnektoren in Phraseoschablonen			
Präposition	Anteil in %	Konjuktion	Anteil in %
for	17,5	og	7,5
fra – til	17,5		
efter	15,0		
i	12,5		
om	12,5		
mod	7,5		
over	2,5		
på	2,5		
til	2,5		
ved	2,5		
Gesamt	**92,5**	**-**	**7,5**

Überblickt man die ermittelten Daten, kann Folgendes festgestellt werden: Die Dominanz von Präpositionen in Phraseoschablonen ist offensichtlich auf die semantische Identität und mangelnde Unterscheidungsfaktoren in der Struktur A kon A zurückzuführen und ergibt sich aus der sprachlichen Funktion von Präpositionen. Koordinierende Konjunktionen bilden symmetrische parataktische Konstruktionen, während Präpositionen ihrer grammatischen Natur zufolge hypotaktische asymmetrische Konstruktionen bilden. Die bisherigen Ergebnisse bestätigen die Beobachtung von Malkiel (1959), der einen losen Zusammenhang zwischen der Wortklasse von A und B und dem Vorkommen der Bindeglieder festgestellt hat. Wenn A gleich B ist (A = B) und beide Komponenten Substantive oder Adjektive sind, sind sie durch eine Präposition verbunden. Wenn B in Bezug auf A nahezu synonym, komplementär oder anonym ist, kommt überwiegend eine Konjunktion als Verbindungselement vor. Präpositionen treten in diesem Kontext sehr selten auf (vgl. Malkiel

1959: 129–130), was auch nur wenige dänische Beispiele z. B. *sort på hvidt, hulter til bulter* bestätigen.

3.2.2.4 Strukturelle Stabilität und Variation

Die Unterschiede zwischen den Nennformen und ihren Varianten bestehen im untersuchten phraseologischen Inventar auf verschiedenen Ebenen: Sie umfassen die Schreibweise, morphologische Formen der Komponenten, ihre Abfolge sowie Abweichungen im Komponentenbestand. Der usuelle und lexikografisch kodifizierte Austausch von Bestandteilen kann die erste, die zweite Komponente sowie den Konnektor betreffen.

Dabei unterscheidet man – bei Berücksichtigung von Ursachen von Veränderungen der Phrasemstruktur – zwei Kategorien: **Variation**, die standardmäßige (usuelle) Varianten umfasst und **Modifikation**, d. h. okkasionell geänderte ZF (vgl. Burger ³2007: 25–28).

Variation kann Änderungen im grammatischen oder lexikalischen Status quo eines Phrasems verursachen. Dabei kann grammatische Variation auf verschiedenen Ebenen stattfinden. Auf der Ebene der Morphologie bzw. der Syntax kommt es zur Änderung der grammatischen Kategorien von Komponenten (Numerus, Rektion, Artikelgebrauch, Gebrauch von Diminutivum oder fakultativen Expandierungselementen). Da die Änderungen im Rahmen einer strukturell-semantischen Invariante vorkommen, bleibt die Bedeutung sowie stilistische Charakteristik der phraseologischen **Strukturvarianten** erhalten. Bei lexikalischer Variation kommt es zum Ersatz oder Austausch lexikalischer Komponenten in einem Wortpaar. Dies führt zur Entstehung phraseologischer Synonyme oder Antonyme, die manchmal phraseologische Derivationsreihen bilden. Mit variierten Phraseologismen (vgl. Fleischer ²1997: 205–207) oder Varianten von Phraseologismen sind usuelle Veränderungsmöglichkeiten im Lexembestand eines Phraseologismus gemeint, die keine Zerstörung der phraseologischen Bedeutung verursachen. Die Erscheinungsformen von Varianten und Modifikationen dänischer ZF werden im Folgenden thematisiert.

3.2.2.4.1 Stabilität als graduierbares Merkmal

Phraseologismen sind zwar in ihrer prototypischen Form durch feste Struktur gekennzeichnet, jedoch, wie zahlreiche Untersuchungen belegen, sind Phraseologismen in einem gewissen Grad in struktureller Hinsicht variabel. Demzufolge kann man nach Fleischer (²1997: 205) davon ausgehen, dass die Eigenschaft der Festigkeit eine relative Größe ist, was zur Behauptung führt, dass grundsätzlich keine phraseologische Klasse von der Möglichkeit der Modifizierung ausgenommen ist. Die **Stabilität** ist somit nicht in jeder Konstruktion eine konstante Größe, sondern kann abgestuft werden. Daher kann von einer Graduierung (Aufteilung in Ebenen) dieser Eigenschaft die Rede sein, die zur Aufteilung der Korpusbelege in weitere kleinere Mengen führt. Die Graduierbarkeit von Intensität phraseologischer Eigenschaften ergibt sich aus der internen Dynamik der phraseologischen Kategorie. Einige ZF sind im Laufe der Zeit fest und stereotyp geworden, aber viele entstanden spontan als Ergebnis einer Situation, haben sich im Sprachsystem noch nicht vollständig etabliert, andere sind im Laufe des Phraseologisierungsprozesses. Dieser Sachverhalt spiegelt sich in der untersuchten Sammlung wider. In Bezug auf die Reihenfolge der Wortpaarkomponenten kann man zwischen zwei Kategorien unterscheiden:

- **irreversible** ZF erlauben keine Freiheit oder Variation in der Abfolge der einzelnen Komponenten, z. B. *hverken fugl eller fisk* vs. **hverken fisk eller fugl*.
- **reversible** ZF bestehen aus Komponenten mit einer freien und variablen Reihenfolge. Dabei handelt es sich um usuelle Varianten, die in Wörterbüchern erfasst wurden und in Sprachkorpora nachgewiesen werden können. Es gibt nämlich ZF, in denen eines der Wörter durch ein anderes ersetzt wird, z. B. *bag lås og slå* versus *bag lås og lukke*, ohne dass der phraseologische Status oder die Bedeutung der Konstruktion verloren gehen.

Die folgende Übersicht von reversiblen ZF erfolgt in Anlehnung an die Angaben von DDO. Die erste Gruppe umfasst Belege, die in der lexikografischen Darstellung als gleichwertige (äquivalente) Varianten ohne Bedeutungsunterschied angeführt wurden. Zu erwarten ist, dass die konkurrierenden Formen mit unterschiedlicher Frequenz gebraucht werden. Zur Veranschaulichung der Präferenzen von Sprachbenutzern werden in Klammern Angaben zur Häufigkeit beider Varianten angeführt, die im KorpusDK ermittelt worden sind:

a) *tidsler og torne* (0) *torne og tidsler* (1),
b) *år ud og år ind* (48) *år ind og år ud* (2),
c) *det får/må briste eller bære* (21) *det får/må bære eller briste* (6),
d) *til glæde og gavn* (23) *til gavn og glæde* (67),
e) *fra yderst til inderst* (14) *fra inderst til yderst* (9).

Aus der Übersicht wird ersichtlich, dass beide Varianten von vier ZF im KorpusDK registriert worden sind. Die Unterschiede in den Angaben zur Häufigkeit veranschaulichen, dass eine der Varianten im Gebrauch bevorzugt ist. Die angeführten Beispiele belegen, dass es nicht eine, vollständig fixierte Nennform gibt, sondern weitere Varianten, die in der Regel parallel, allerdings mit unterschiedlicher Frequenz, in der Kommunikation Verwendung finden.

Eine andere Gruppe umfasst Belege, in denen Umkehrung der Abfolge von Komponenten einen Bedeutungswandel zur Folge hat. Das Phrasem *et skridt frem og to tilbage* ist ein ausgezeichnetes Beispiel, das diese Situation illustriert. Sein Gegenstück *to skridt frem og et tilbage* weist unterschiedliche Reihenfolge der Zahlwörter – *et...to* vs. *to...et*, was auch eine Änderung in der Gesamtbedeutung des Phrasems mit sich bringt. Die Konstruktion *et skridt frem og to tilbage* charakterisiert eine Aktivität, die kaum vorwärts vor sich hingeht, während das Phrasem mit den vertauschen Zahlwörtern eindeutig einen langsamen Fortschritt ausdrückt.

Als weitere Beispiele von ZF, in denen die Umkehrung der Komponentenabfolge die Entstehung einer ZF mit einer anderen Bedeutung zur Folge hat, sind zwei Phraseme zu nennen:

- *efter bolden og ikke efter manden* – die Bedeutung des Phrasems kann man als ‚im Gespräch sachlich bleiben und persönliche Angriffe vermeiden' paraphrasieren. Die ZF mit umgetauschten Basiskomponenten *efter manden og ikke efter bolden* wird in der Bedeutung verwendet, die sich folgendermaßen umschreiben lässt: ‚in einer Diskussion eine Person angreifen, anstatt sich mit ihren Argumenten auseinanderzusetzen'.
- *af gavn og ikke kun af navn* – wird in der Bedeutung ‚in Praxis' verwendet, während die Konstruktion mit vertauschten Stellen der Komponenten *af navn men ikke af gavn* das Gegenteil bedeutet: ‚in Theorie, nicht in Praxis'. Die Substitution hat in diesem Phrasem einen breiteren Umfang, der auch den Austausch des Bindeglieds umfasst.

ZF, bei denen die Umkehrung der Abfolge eine Bedeutungsänderung verursacht, werden nicht als strukturelle Varianten, sondern als separate Phraseme mit unterschiedlichem Referenzbereich betrachtet, obwohl der Komponentenbestand beider ZF in formaler Hinsicht keine (bzw. sehr geringe) Unterschiede aufweist.

3.2.2.4.2 *Alternative Schreibweise*

Die unten angeführten Varianten treten nur in geschriebenen Texten in Erscheinung. Die Änderungen betreffen nämlich nur die grafische Ebene, alle anderen Charakteristika bleiben unberührt:

- *Per og Povl* vs. *Per og Poul*,
- *1700 og hvidkål* vs. *syttenhundrede og hvidkål*,

- *1800 og hvidkål* vs. *attenhundrede og hvidkål,*
- *1800 og grønlangkål* vs. *attenhundrede og grønlangkål,*
- *1 procent inspiration og 99 procent transpiration* vs. *en procent inspiration og nioghalvfems procent transpiration,*
- *10 procent inspiration og 90 procent transpiration* vs. *ti procent inspiration og halvfems procent transpiration.*

Der Gebrauch einer der Variante hat einen Einfluss auf das Tempo des Rezeptionsprozesses: Die Varianten mit Ziffern sind kürzer und somit werden sie schneller als eine feste Wortgruppe identifiziert und rezipiert.

3.2.2.4.3 Grammatische Konkurrenzformen der Komponenten

Die untersuchte Belegsammlung bestätigt Varianten von ZF, in denen Komponenten Unterschiede jeweils nur im grammatischen Bereich aufweisen. Dabei kann es sich um unterschiedliche grammatische Kategorien handeln. Den Wörterbuchartikeln in DDO zufolge lassen drei Belege die Wahl zwischen dem Grbrauch der Komponenten im Singular oder im Plural zu (DDO, unter *tidsel, fup, cowboy*):

- *tidsel og torn* vs. *tidsler og torne,*
- *fup og fidus* vs. *fup og fiduser,*
- *cowboy og indianer* vs. *cowboyer og indianere.*

Grammatische Doubletten bilden auch adjektivische ZF. Die Konkurrenzformen *tidligt og silde* vs. *tidlig og silde* ergeben sich aus der Alternation der Endung -t/ø beim Gebrauch von Adjektiven in der Funktion der Adverbien. Der Gebrauch der Endung ist bei manchen Adjektiven festgelegt, bei manchen ist die Endung wahlfrei. Dies resultiert im Vorkommen der ZF in zwei Erscheinungsformen. Ihre Frequenz illustrieren folgende Angaben (nach KorpusDK):

tidlig og silde (4) vs. *tidligt og silde* (10).

Die angeführten Belege gelten als grammatische Varianten, die keine Abweichungen in der Bedeutung aufweisen und keine weiteren Änderungen zur Folge haben.

Vereinzelt kann die Änderung im Bereich des Numerus weitgehende Konsequenzen für die Bedeutung des Phraseologismus und der ganzen Aussage haben. Dies gilt für das Paar: *øje og øre* und *og øjne og ører*:

(1) *Det betyder, at de oplysninger [...] ikke må komme offentligheden for **øje og øre**[16].*
(2) *Men vi holder jo **ører og øjne** åbne*[17].

Im Textbeleg (2) wird mit dem Wortpaar *øje og øre* methonymisch die Bedeutung des Substantivs ‚Menschen' ausgedrückt. Das Wortpaar mit gleichen Komponenten im Plural ist dagegen ein Teil des verbalen Phraseologismus *holder jo ører og øjne åbne* mit der Bedeutung ‚etwas aufmerksam verfolgen, aufpassen'.

Die Bildung und der Gebrauch von grammatischen Varianten der ZF kann sich auch aus ihrer kontextuellen Einbettung ergeben. Dies trifft auf ZF zu, in denen eine der Komponenten das Pronomen *en* ist. Seine grammatische Form muss an den Kontext angepasst werden, was eine obligatorische Änderung der Genusform zur Folge hat: *et eller andet* versus *en eller anden*. Die Wahl der grammatischen Form des Pronomens resultiert aus dem Inhalt der benachbarten Aussage, auf die pronominalen Komponenten in ZF anaphorisch verweisen. Je nach dem grammatischen Genus des Bezugswortes ist zwischen „den" für gemeinsames Geschlecht (3) oder „det" für ein Neutrum und als generisches Neutrum (4) zu wählen:

(3) *Hvis seertalsudviklingen havde rettet sig efter et enigt anmelderkorps, ville Arvingerne fortjene at have succes, mens Badehotellet fortjente at blive en dundrende fiasko. Men sådan gik det ikke. Begge serier øgede deres seertal. ‚Vi danskere' elsker **både den ene og den anden***[18].

(4) *Denne enighed er under indflydelse af udbud og efterspørgsel, og hver gang disse ændres så ændres værdien af en given handel jo også. Det samme gælder i byttehandler. Så ved jeg godt at man kan påvirke **det ene og det andet**, men det ændrer ikke på præmissen om at en given vare har forskellig værdi fra menneske til menneske og fra situation til situation*[19].

Der Wechsel der grammatischen Form der Komponenten gilt auch für weitere ZF mit derartigen strukturell-semantischen Besonderheiten, die sich aus der Zugehörigkeit der Komponenten zur Wortklasse der Pronomen ergibt:

---

16 https://www.berlingske.dk/samfund/kvinde-anholdt-for-drab-paa-62-aarig-i-esbjerg (09.04.2021).
17 https://www.berlingske.dk/nyheder/crush-og-kontaktloes-er-blandt-500-nye-ord-i-ordbogen (09.04.2021).
18 https://www.information.dk/debat/2014/01/public-service-licens (08.04.2021).
19 https://www.information.dk/moti/2015/11/euroens-taberlande-vokser-nye-valutaerfrem (08.04.2021).

– *denne og hin, dette og hint,*
denne eller hin, dette eller hint.

Dabei soll darauf aufmerksam gemacht werden, dass nicht alle pronominalen ZF grammatische Doubletten bilden. Die Wortpaare mit den Pronomina *en, alt, et* lassen nur eine Form ohne grammatische Varianten zu:

et og alt, i et og alt, hver og en, alle som én, ene og alene, alt og intet, en og anden, en og den samme.

3.2.2.4.4 Substitution im Komponentenbestand

Einige ZF erlauben Varianten mit **optionalem Austausch** einer der Komponenten, ohne dass der Phraseologismus einen Bedeutungsunterschied aufweist. Die Substitution in den alternativen Konstruktionen kann die erste Komponente, den Konnektor oder die zweite Komponente betreffen. Diese Art der Variation wird in Wörterbuchartikeln aufgeführt, im Gegensatz zu Modifikationen, die infolge mangelnder Sprachkompetenz entstehen oder okkasionell von Sprachbenutzern gebildet werden, um einen stilistischen oder komischen Effekt zu erzielen (s. Kap. 4.6). **Alternative Komponenten**, die nicht zur Bedeutungsänderung beitragen, treten in einer kleinen Gruppe von ZF auf. Der Austausch einer der Komponenten modifiziert leicht die Expressivität der ZF:

a. *mellem*	*firs*	*og skindød*	
vs.			
mellem	*halvfems*	*og skindød*	(„sehr alt sein oder werden');
b. *1 procent inspiration*	*og*	*99 procent transpiration*	
vs.			
10 procent inspiration	*og*	*90 procent transpiration*	(„der Erfolg fordert mehr harte körperliche Arbeit als echte Gehirnarbeit').

In den meisten Fällen wird eine der Komponenten durch ein sinnverwandtes Wort (*skikke og vaner* vs. *traditioner og vaner*) oder ein anderes Wort ersetzt, das zum Kontext passt (*himmel og jord* vs. *himmel og hav*). Die Liste derartiger Varianten umfasst 36 Belege, z. B. *fra Pontius til Pilatus* vs. *fra Herodes til Pilatus, før eller siden* vs. *før eller senere, fup og svindel* vs. *fup og fidus* u.a.

Da die austauschbaren Komponenten A und B keine diatopische, diaphasische oder diastratische Markierung haben, und die ZF keinen Unterschied in der Bedeutung aufweisen, gelten beide Konstruktionen als gleichwertige usuelle Varianten.

Nur wenige ZF lassen eine **Substitution** der regierenden **Präposition** zu. Selten ist der Fall, dass eine ZF zwei konkurrierende Konstruktionen mit unterschiedlichen Präpositionen bildet, die absolut gleichwertig und austauschbar sind, ohne die Gesamtbedeutung des Phrasems zu beeinflussen. In der untersuchten Belegsammlung gibt es zwei Paaformeln dieser Art: *til arv og eje* vs. *i arv og eje*; *for gode ord og betaling* vs. *mod gode ord og betaling*.

Tab. 6 Konkurrenzformen und ihre Häufigkeit im Vergleich (nach KorpusDK und SkEn)

Nr.	ZF	Häufigkeit	
		KorpusDK	SkEn
1.	*i* arv og eje	5	39
	til arv og eje	4	36
2.	*for* gode ord og betaling	3	26
	mod gode ord og betaling	3	15

Zu bemerken ist, dass die diskutierten Konkurrenzformen – den Angaben in KorpusDK und SkEn zufolge – eine vergleichbare Frequenz (Tab. 6) aufweisen.

In der Regel hat der Austausch der wendungsinternen Präposition eine Änderung in der Gesamtbedeutung und in der syntaktischen Funktion der ZF zur Folge. Dies trifft auf die Konstruktionen mit den Komponenten *nød* und *betryk* zu. Das Wortpaar *af nød og betryk* wird in der Bedeutung ‚in einer schwierigen Situation' verwendet, während die Phrase *af nød og betryk* kausale Bedeutung ‚aus Not, aus Notwendigkeit' kommuniziert.

Eine andere Beziehung besteht zwischen den ZF mit den Substantiven *saft/ kraft*, die von unterschiedlichen Präpositionen regiert werden können. Die Phrase *med saft og kraft* ist polysem und kann in zwei Bedeutungen verwendet werden, während die Konstruktion mit der Präposition *uden* nur i einer Bedeutung auftritt. Dabei sind deutliche Unterschiede in der Frequenz zu bemerken (Tab. 7):

Tab. 7 Bedeutung und Frequenz der ZF *med saft og kraft* und *uden saft og kraft* im Vergleich

med saft og kraft	Frequenz		uden saft og kraft	Frequenz	
	Korpus DK	SkEn		Korpus DK	SkEn
Bed. 1. ‚über den Geschmack in Speisen oder Getränken'	13	289	Bed. ‚ohne Charakter oder interessanten Inhalt, langweilig'	1	28
Bed. 2. ‚mit Schwung, Kraft und Energie'					

Die Variation des Konnektors führt, wie die folgenden Beispiele belegen, zu keiner stilistischen Markiertheit (Fleischer ²1997: 206), sondern zur Entstehung neuer Paarformeln, in denen die Komponenten eine andere semantische Relation bilden. Dies illustrieren weitere Korpusbelege:

a. *dette og hint* vs. *dette eller hint*,
b. *denne og hint* vs. *denne eller hint*,
c. *det ene og det andet* vs. *det ene med det andet* vs. *den ene efter den anden*,
d. *et spørgsmål om liv og død* vs. *et spørgsmål om liv eller død*.

Aus der Zusammenstellung wird ersichtlich, dass die Konnektoren *og, eller, med, efter* Konkurrenzformen mit gleichen Komponenten bilden. Der Austausch der Konjunktion *og*, die eine kopulative Beziehung kommuniziert, gegen die Konjunktion *eller* mit eindeutig disjunktiver (ausschließender) Bedeutung beeinflusst die Gesamtbedeutung des Phrasems (a, b, d). Gleiches kommt beim Gebrauch alternativer Präpositionen vor: *med* kommuniziert eine komitative Beziehung, *efter* steht für eine temporale Abfolge (c).

Weitere Beispiele illustrieren weitgehende Konsequenzen im Bereich der syntaktischen und semantischen Valenz und folglich der kontextuellen Einbettung einer ZF:

a. das Wortpaar *skidt/kanel* bildet vier ZF mit unterschiedlichen Konnektoren:
både skidt og kanel (dt. ein Sachverhalt, der sowohl etwas Positives als auch etwas Negatives enthält),
hverken skidt eller kanel (dt. nicht Halbes und nicht Ganzes),
skelne skidt fra kanel (dt. Spreu vom Weizen trennen),
det er skidt eller kanel (dt. entweder sehr gut oder sehr schlecht).

Der Eingriff in die Struktur der ZF durch Austausch des Konnektors verursacht eine Änderung in der syntaktischen Anknüpfung der ZF, die Unterschiede im Bereich der Semantik und Valenz aufweisen. Die Verbindlichkeit der Konstruktion mit der Präposition *fra* beschränkt sich auf das Verb *skelne*, mit dem sie einen festen verbalen Phraseologismus bilden. Die ZF mit dem Konnektor *hverken – eller* enthält eine Negation, was die Kookkurrenz mit einem Verb, das ein Sem der Negation enthält, ausschließt. Demzufolge übernehmen die Phraseme unterschiedliche syntaktische Funktionen (z. B. nominaler Prädikatsteil, Subjekt, direktes Objekt);

b. das Wortpaar *højre/venstre* bildet zwei ZF, die neben der wörtlichen auch die phraseologische Lesart zulassen:
til højre eller venstre,
til højre og venstre.

Wesentliche Kontraste bestehen nicht nur in der Bedeutung, sondern auch in der syntaktischen Einbettung (Kookkurrenz). Das Phrasem mit dem Konnektor *eller* kommt fast ausschließlich in der verbalen Phrase *hverken se til højre eller venstre* in der Bedeutung ‚nur eine Sache beachten und sich nicht um andere Sorgen machen', während die ZF mit dem Konnektor *og* (*til højre og venstre*) in der Bedeutung ‚überall, in allen Richtungen; alle involvierend' verwendet wird und eine breitere Distribution hat.

c. das Wortpaar *sort/hvid* bildet vier Phraseme:
sort og hvidt,
sort eller hvidt,
sort på hvidt,
sort til hvidt.

Die Konstruktionen *sort og hvidt* vs. *sort eller hvidt*, die als Varianten in DDO verzeichnet sind, werden in der übertragenen Bedeutung ‚in Extremen denken, keine Zwischenstufen unterscheiden' gebraucht. Die Bedeutung der dritten ZF mit den gleichen Komponenten und einem präpositionalen Konnektor *sort på hvidt* kann man mit den Adjektiven ‚schriftlich, eindeutig' wiedergeben (DDO, unter *sort*). Die letzte ZF bedeutet, als ein Bestandteil des verbalen Phraseologismus *gøre sort til hvidt* ‚auf eine listige Weise die Wahrheit verdrehen'.

Das diskutierte Material zeigt, dass ein und das gleiche Wortpaar mit unterschiedlichen Konnektoren Phraseme bilden kann, die nicht nur als phraseologische Varianten, sondern als autonome ZF betrachtet werden sollen.

3.2.2.4.5 Erweiterung und Reduktion des Komponentenbestandes

Die usuelle Erweiterung oder Reduktion des Komponentenbestandes in dem direkten Umfeld der ZF kann bei manchen ZF ohne wesentlichen Einfluss auf die Gesamtbedeutung des Phrasems erfolgen. Es handelt sich um fakultative Bestandteile, die in der Regel in lexikografischen Einträgen in Klammern aufgeführt sind:

– mit *(gode)* navn og rygte,
– have både til gården og *(til)* gaden,
– en og *(den)* samme,
– både i pose og *(i)* sæk,
– *(i al sin)* glans og herlighed,
– med *(djævelens)* vold og magt.

Die fakultativen Elemente erfüllen eine präzisierende oder verstärkende Funktion und werden in Texten gebraucht, die eine besonders starke expressive Wirkung haben sollen. Dies kann eine mündliche Aussage der Fall sein, in der das fakultative Element zusätzlich durch emphatische Artikulation eine Hervorhebung des Phraseminhalts ausdrücken kann.

Die Erweiterung der Struktur im Phrasem *af kød og blod* durch Hinzufügung des adjektivischen Attributs *af kød og blod > eget kød og blod* modifiziert die Bedeutung der ZF dermaßen, dass es Entstehung eines neuen Phraseologismus zur Folge hat, was die lexikografischen Bedeutungsexplikationen (DDO, unter *kød*) eindeutig zum Ausdruck bringen:

af kød og blod ‚ein körperlich existierender Mensch';
eget kød og blod ‚die eigenen Kinder'.

Die besprochenen Beispiele illustrieren normierten Austausch von Komponenten ohne den Status der standarisierten Form der Paarformeln zu ändern. Varianten und alternative Formen anderer Art als die oben erwähnten, kommen kaum vor, was auf die bescheidene Anzahl von Komponenten in der Struktur der ZF zurückgeführt werden kann. Ein stärkerer Eingriff als die oben erwähnten würde zur Zerstörung der Struktur der ZF führen. Darin äußert sich auch die Festigkeit der Struktur der ZF.

3.3 Einflussfaktoren auf die Abfolge der Komponenten

Vielen Studien zur Ermittlung der **Abfolge von Kerngliedern** (vgl. B. Malkiel 1959, Cooper/Ross 1975, Fenk-Oczlon 1989, Müller 1997) lag – in Anbetracht der starken Tendenz zur Irreversibilität – die Hypothese zugrunde, dass die feste lineare Anordnung von Bestandteilen in irreversiblen ZF nicht zufällig auftritt. Der Zweck von Linguisten war es, universelle, allgemeingültige, sprachunabhängige Regeln aufzudecken (Cooper/Ross 1975), die zwischen zwei Komponenten von ZF gelten. Die Stabilität hat eine Schlüsselbedeutung für den Status der ZF: Eine Änderung der Abfolge führt entweder zur Ungrammatikalität oder zum Verlust der Formelhaftigkeit, mit einhergehender semantischer Transparenz der Einzelglieder (Müller 199: 7). Die strikten Reihenfolgerestriktionen in koordinativen Paarformeln haben dieselbe Ursache, nämlich den durch die semantische Opazität verursachten Aufwand auszugleichen und „die mentale Abspeicherung zu erleichtern" (Müller 2009: 46). Die bisherigen Forschungsergebnisse führen zur Konstatierung, dass es keine einheitliche Regel gibt, welche die Reihenfolge erklären kann. Am deutlichsten und treffendsten hat sich zu Einflussfaktoren, die die Struktur der ZF beeinflussen, Müller (2009) geäußert:

> Zwillingsformeln sind keine mathematischen Gegenstände. Allgemeingültige Gesetze zu ihrer Bildung sind nicht möglich. Aber es können Tendenzen, denen sie folgen, aufgezeigt und „Regeln", wie sie zustande kommen, aufgestellt werden, zu denen es naturgemäß – was einer Sprache eben so eignet – auch Ausnahmen gibt. (Müller 2009: 3)

Demzufolge kann die interne Abfolge der Kernglieder sowie deren Beschränkungen in Paarformeln von verschiedenen Faktoren abhängen. Bereits in den früheren Arbeiten wurde die Liste von Beschränkungen u.a. von Malkiel (1959), Cooper/Ross (1975) und Ross (1980) formuliert. Darauf aufbauend basieren auch neuere Untersuchungen (Müller 1997, Müller 2009), in denen die Forscher die ausgearbeiteten Muster und ermittelten Regelmäßigkeiten an das sprachliche Material anderer Sprachen adaptieren. Allerdings bestehen Unterschiede im Wirkungsbereich sowie in der Relevanz der Beschränkungstypen. Die Wahl, welches Wort zuerst und welches zuletzt kommt, wird durch a) **phonologische**, b) **semantische**, c) **pragmatische** (außersprachliche) Beschränkungen und d) **Worthäufigkeit** determiniert.

3.3.1 Phonologische Restriktionen

Für eine große Anzahl von ZF gilt die Erklärung der Komponentenabfolge, die auf phonologischen Beschränkungen basiert. Phonologische Abfolgeregularitäten in ZF hängen mit qualitativen und quantitativen Merkmalen von Silben in den Kerngliedern zusammen. Phonologische Restriktionen lassen sich in zwei Kategorien unterteilen: Silbenprominenzbeschränkungen und metrische Beschränkungen.

3.3.1.1 Silbenprominenzbeschränkungen

Bereits Malkiel (1959: 149) wies in seinem Studium der englischen und deutschen ZF nach, dass (a) die Anzahl der Phoneme und (b) ihre phonetische Dauer (Länge) relevant sind und als Kriterien gelten können, die die Komponentenabfolge in ZF determinieren. Diese Idee wurde von Cooper/Ross (1975) im Detail entwickelt. Sie formulierten Beschränkungen für mögliche Sequenzen von ZF basierend auf Quantität und Qualität des einzelnen Lautes und der Silben.

	Silbenstruktur	
Onset	**Nukleus**	**Koda**
initiale Konsonanten	Vokal/Diphthong	finale Konsonanten
str	*a*	*ks*

Abb. 7 Silbenstruktur am Beispiel des Wortes *straks* (vgl. Grønnum 2005: 177)

Für die vorliegenden Ausführungen, in denen Gültigkeit der oben genannten Annahmen für das dänische Sprachmaterial geprüft und folglich phonologische Einflussfaktoren auf die Struktur der dänischen ZF ermittelt werden, bildet den Ausgangspunkt der Aufbau der Silbe (s. Abb. 7), in der Kombination von qualitativen und quantitativen Charakteristika der Bestandteile eine Schlüsselrolle spielen.

Phonologische Restriktionen, die sich mit dem Ausdruck „das Gesetz der wachsenden Glieder" charakterisieren lassen, umfassen vier Einzelbeschränkungen:

1) Anfangsrand-Größe: Wenn der Anfangsrand einer Silbe σ1 kleiner ist als der Anfangsrand einer Silbe σ2, dann geht σ1 σ2 linear voran:

Erstglied [kleinerer Anfangsrand] + Zweitglied [größerer Anfangsrand].
Dies führt zur Schlussfolgerung, dass eine Gruppe von ZF entsprechend dem zunehmenden Aufwand – von einer kleineren zu einer größeren Einheit – bei der Artikulierung des Anlauts konstruiert wird. Die Richtigkeit der Regel für das Dänische belegen z. B.: *gul og grøn, kys og kram* und 48 weitere ZF.

2) Nukleus-Größe: Wenn der Nukleus einer Silbe σ1 kleiner ist als der Nukleus einer Silbe σ2, dann geht σ1 σ2 linear voran:
Erstglied [kleinerer Nukleus] + Zweitglied [größerer Nukleus], z. B. *fuldt og helt, kaffe og kage* und 20 weitere Beispiele.

3) Nukleus-Qualität: Wenn der (erste) Nukleusvokal einer Silbe σ1 den (ersten) Nukleusvokal einer Silbe σ2 in der Vokalhierarchie dominiert, dann geht σ1 σ2 linear voran.
Der Vokalhierarchie liegt das Prinzip zugrunde: Hohe Vokale dominieren tiefe Vokale; bei Vokalen gleicher Höhe dominieren vordere Vokale hintere Vokale ([i] ≻ [u] ≻ [y] ≻ [e] ≻ [o] ≻ [ɛ] ≻ [a]):
Erstglied [dominierender Stammvokal] + Zweitglied [dominierter Stammvokal], z. B. *vid og sans, vind og vejr, fest og farver* und 52 weitere Belege.

4) Anfangsrand-Qualität: Wenn der (erste) Anfangsrandkonsonant einer Silbe σ1 den (ersten) Anfangsrandkonsonanten einer Silbe σ2 in der Sonoritätshierarchie dominiert, dann geht σ1 σ2 linear voran. Die Artikulation wechselt von einem Konsonanten mit einem niedrigeren zu einem Konsonanten mit einem höheren Grad der Sonorität. Die Sonoritätshierarchie ordnet Konsonanten nach dem Kriterium der zunehmenden Obstruenz („increasing obstruency" vgl. Cooper/Ross 1975: 72): [ʔ], [h] ≻ [j] ≻ [w], [r] ≻ [l], [m] ≻ [n], [ŋ] ≻ [v], [z] ≻ [f], [s], [x], [ch] ≻ [b], [d], [g] ≻ [p], [t], [k]). Dies spiegelt sich in der Abfolge der Komponenten wider:

Onset im Erstglied [schwächerer obstruenter Konsonant, dominierend] + Onset im Zweitglied [stärkerer obstruenter Konsonant, dominiert].
Der Anlautkonsonant im Erstglied benötigt aufgrund seiner Artikulationseigenschaften und der körperlichen Anstrengung weniger Energie bei der Aussprache als der Konsonant im Onset der zweiten Komponente. Dieses Prinzip illustrieren Korpusbelege *hist og pist, led og ked, sus og dus, hot og not* und 8 weitere ZF.

Andere Verhältnisse gelten für die Qualität der Konsonanten in der Koda (vgl. Müller 1997: 33). Die Abfolge der Kernglieder bestimmt die Stellung der Auslautkonsonanten in der Sonoritätshierarchie nach der Regel:
Koda im Erstglied [stärkerer obstruenter Konsonant, dominierend] + Koda im Zweitglied [schwächerer obstruenter Konsonant, dominiert].
Den Ausführungen von Basbøl/Wagner (1985: 132) zufolge kann Koda im Dänischen von Konsonanten aus vier Gruppen gebildet werden und die einzelnen Laute können in folgender Reihenfolge stehen:

[Nukleus] + [ð], [j], [w], [r] ≻ [l], [m] [n], [ŋ] ≻ [v], ([j]) ≻ [b], [d], [g], [f], [s], [sj].

Dies findet Bestätigung im untersuchten Material. Als ein anschauliches Beispiel mag hier die ZF *brask og bram* dienen, in der die Komponenten Unterschiede nur im Auslaut aufweisen und für ihre Abfolge die Stellung der Auslautkonsonanten in der „Sonoritätshierarchie" ausschlaggebend ist. Der Endkonsonant

[g] der ersten Komponente ist gemäß der Skala stärker obstruent (d. h. dominant) als der Endkonsonant [m] im zweiten Wort. Gleiche Verhältnisse gelten für weitere Korpusbelege: *skynd og skam* [n > m], *mangt og meget* [d > ð]. Die von Cooper/Ross (1975: 71–79) formulierten phonologischen Beschränkungen in englischen ZF gelten auch für dänische Wortpaare, allerdings ist die Verteilung der Frequenz (Anzahl der passenden Belege) anders als bei englischen ZF, aber die genauen Zusammenhänge können nur in einer kontrastiven Untersuchung ermittelt werden.

3.3.1.2 Metrische Beschränkungen

Für die Abfolge der Kernglieder in ZF sind auch ihre metrischen Charakteristika relevant, die von den Regeln für den Wortakzent nicht-zusammengesetzter Wörter gesteuert werden. Bei der Analyse der Wortakzentzuweisung und des Fußakzentes bewies Müller (1997), dass deutsche ZF sich in gewisser Weise wie nicht-zusammengesetzte Wörter, also weder wie einfache Kombinationen von Wörtern (Phrasen) noch wie Komposita, verhalten. ZF verhalten sich wie komplexe, durch syntaktische Koordination gebildete Lexeme. Der Akzent in ZF ist derselbe wie bei nicht-zusammengesetzten Wörtern. Dies bedeutet, dass sie aus der Perspektive der metrischen Restriktionen als einfache mehrsilbige Lexeme betrachtet werden sollen, denn sie besitzen nicht den Status von Komposita, sondern sie werden – den grammatischen Regeln zufolge – wie Monomorpheme behandelt (Müller 1997: 19)[20]. Diese erkenntnisreiche Konklusion führte Müller (1997) zur Formulierung phonologischer Restriktionen, die die Abfolge von Komponenten und Irreversibilität mitbestimmen.

Die untersuchte Belegsammlung wird hinsichtlich der Restriktion der Silbenzahlbeschränkung untersucht[21], die Silbenzahl der an der ZF beteiligten Elemente betrifft. Wenn die Silbenanzahl der ersten Komponente (A) niedriger als die Silbenanzahl der zweiten Komponente (B) ist, dann geht A linear vor B:

Erstglied [niedrigere Silbenanzahl] + Zweitglied [höhere Silbenanzahl], z. B. *godt og grundigt*.

---

20 Als Beispiel führte Müller (1997) die ZF *fix und fertig* an, die phonologisch denselben Status wie etwa das Wort *Propaganda* hat. Die interne Akzentzuweisung in ZF erfolgt so, wie als handele es sich dabei um ein Monomorphem (Müller 1997).
21 Eine ausführliche Untersuchung aller phonologischen Restriktionen ist wegen vieler Belege, deren Komponenten Wortgruppen und nicht einzelne Wörter sind (z.B. *guld og grønne skove*), erschwert und würde den Rahmen der Arbeit sprengen.

Die Restriktion wurde in zahlreichen anderen dänischen ZF bestätigt. Zu bemerken ist, dass die steigende Silbenanzahl nicht das einzige phonologische Muster im untersuchten Belegmaterial ist. Die qualitative und quantitatie Auswertung der Komponentenstruktur nach dem Kriterium der Silbenzahl aller zweigliedrigen ZF (d.h. mit der Struktur: A kon B) wurde in Tab. 8 erfasst:

Tab. 8 Korpusbelege gruppiert nach der Silbenanzahl der Komponenten

Nr.	Silbenanzahl in den Komponenten		Anzahl der Belege	Beispiel
	A	B		
konstante oder steigende Silbenanzahl				
1.	1	1	311	*fuldt og fast*
2.	1	2	203	*lys og lygte*
3.	1	3	54	*alt og ingeting*
4.	1	4	14	*død og opstandelse*
5.	1	5	2	*død og ødelæggelse*
6.	2	2	242	*ære og respekt*
7.	2	3	41	*alfa og omega*
8.	2	4	8	*fiktion og virkelighed*
9.	2	5	2	*glæde og taknemmeliged*
		Gesamt	**877 (93,00 %)**	
fallende Silbenanzahl				
10.	2	1	48	*gammel og svag*
11.	3	1	9	*gevinster og tab*
12.	3	2	9	*ideer og tanker*
		Gesamt	**66 (7,00 %)**	

Den Angaben zufolge machen dänische zweigliedrige ZF mit dem Aufbau nach dem Muster der steigenden (bzw. konstanten) Silbenanzahl 93 % aller zweigliedrigen ZF aus. Als prototypische Strukturen gelten 1:1, 1:2, 2:2, die fast 80,20 % der Korpusbestände ausmachen. Die ermittelten Daten weisen eine weitgehende Übereinstimmung mit den Ergebnissen der früheren Untersuchungen (vgl. Müller 1997) und somit bestätigen die phonologische Restriktion bezüglich der Silbenanzahl in Komponenten, nach der die Anzahl linear zwar zunehmen oder gleich bleiben, aber nicht fallen darf. Die derartige Organisation der metrischen Verhältnisse ist als Ausdruck des Bestrebens nach maximaler rhythmischer Alternation zu verstehen, denn Sprachen streben bekanntlich bei der Festlegung von Wort- und Fußakzent oft ein alternierendes (trochäisches oder jambisches) Muster an (vgl. Müller 1997: 19).

3.3.2 Semantisch-pragmatische Beschränkungen (Salienzbeschränkungen)

In der semantisch-pragmatischen Gruppe von Restriktionen kommt der wahrnehmungspsychologischen, perzeptiv bedingten Kategorie der Salienz eine Schüsselrolle zu. Dabei ist die Wahrnehmung und Bewertung der Sachverhalte von Sprachbenutzern ein hinsichtlich der Wichtigkeit von Denotiertem entscheidender Faktor. Die Abfolge der Kernglieder richtet sich nach dem Prinzip: *Salientes* geht *weniger Salientem* linear voran (Müller 1997: 15). Cooper/Ross (1975) beschreiben und organisieren semantische Beschränkungen in 19 Kategorien und reduzieren sie dann alle auf ein Prinzip namens **Me First** (me first principle, Cooper/Ross 1975: 67). Die Autoren betonen die Bedeutung des semantischen Me-first-Prinzips für die Struktur der englischen ZF: Konzepte und Eigenschaften, die einen prototypischen Sprecher beschreiben oder sich direkt auf ihn beziehen, nehmen in den ZF tendenziell den ersten Platz ein. Mit anderen Worten: In dem Me-first-Prinzip spiegelt sich die Hierarchie der Komponenten wider. Demzufolge belegt die erste Stelle einer ZF ein Element, das stärker mit dem Sprecher verbunden ist. Gemeint ist hier z. B. die räumliche Entfernung, horizontale Bewegung, soziale Hierarchie, ikonische Abbildung von Ereignissen und Handlungen u.a. Die Salienzbeschränkungen für deutsche ZF wurden von Müller (1997) und Müller (2009) untersucht, die ihre Gültigkeit nachwiesen. Andere Prinzipien, die in anderen Untersuchungen vorgeschlagen wurden und sich weitgehend auf den semantischen Aspekt beziehen, überschneiden sich teilweise. Ihr Konzept basiert vorwiegend auf einer Opposition:

A [= intensive Eigenschaft] kon B [= weniger intensive Eigenschaft].

Die erwähnte Intensität ist als Überbegriff zu verstehen, der verschiedene Merkmale der ZF-Komponenten umfasst. Den linguistischen Arbeiten zufolge wird die erste Stelle von einer Komponente vorzugsweise belegt, der folgende Merkmale zugeschrieben werden können:

- semantisch nicht markiert (Mayerthaler 1981),
- prototypisch (Mayerthaler 1981),
- lexikalisch zugänglicher (Bock/Warren 1985),
- gekennzeichnet durch eine höhere Vertraulichkeit (vgl. Allen 1987), Nähe zum kognitiven Feld des Sprechers (vgl. Ertel 1977), die als wichtigster Einflussfaktor auf die Reihenfolge der Komponenten angesehen werden muss (vgl. Fenk-Oczlon 1989: 521).

Im Anschluss daran werden auch **Salienzbeschränkungen** für dänische ZF ermittelt und ausgewählte Belege nach ihnen geordnet. Dabei wurden die bisherigen Listen von den salienzrelevanten Kategorien – den im Korpus vorgefundenen Belegen zufolge – erweitert und entsprechend gruppiert. Die Ergebnisse präsentiert Tab. 9:

Tab. 9 Dänische ZF geordnet nach salienzrelevanten Kategorien

Salienzbeschränkungen	Beispiele (Auswahl)
1. Räumliche Verhältnisse	
• Nahes vor Fernem	*her og der, dit og dat, hid og did, nær og fjern, denne eller hin, dette og hint;*
• Vorderseite vor Rückseite	*forfra og bagfra;*
• innen vor außen	*indland og udland, hus og have;*
• Ost vor West	*love i øst og holde i vest, øst for solen og vest for månen;*
2. Bewegung	
• horizontal	
– von links nach rechts	*fra venstre til højre;*
– weg von dem Sprecher > in Richtung des Sprechers	*tur og retur, frem og tilbage, to skridt frem og et tilbage; forfra og bagfra;*
• vertikal	
oben vor unten (auch kartografisch)	*fra top til tå, fra oven og ned, fra Skagen til Gedser, fra top til bund;*
• zwischen Räumen: außen vor innen	*fra yderst til inderst, hverken vide ud eller ind, ude og inde, ud og ind;*
3. Temporale Relationen	
• Zeitlich Vorangehendes vor Folgendem (Zeitfolgeregel Anfang vor Ende)	*fra start til slut, ungdom og alderdom, fra fødsel til død, fra vugge til grav, før og nu;*
• Gegenwart vor Vergangenheit	*nu og da;*
• Gegenwart vor Zukunft	*fra i dag til i morgen, nu og altid;*
4. Mensch und sein Körper	
wichtigere Körperteile vor weniger wichtigen	*hænder og fødder, hoved eller hale;*
5. Sinneswahrnehmung	
• Visuelles vor Akustischem	*lys og lyd, øjne og ører, billede og lyd, ord og toner (aber: døv og blind);*
• Gesprochenes vor Geschriebenem	*ord og billede, sige og skrive, i tale og skrift;*

(Fortsetzung auf der nächsten Seite)

Tab. 9 Fortsetzung

Salienzbeschränkungen	Beispiele (Auswahl)
• hell vor dunkel	*lys og skygge;*
• warm vor kalt	*varme og kuld, sommer og vinter;*
6. Mensch und belebte Natur	
• Mensch vor Tier	*folk og fæ, med mand og mus;*
• Fantasi vor Realitet	*myter og virkelighed, drøm og virkelighed, fiktion og virkelighed;*
7. Mensch und Erzeugnisse	
Mensch vor Gegenstand	*menneske og maskine; folket og landet;*
8. Soziale Verhältnisse	
• Ich vor anderen Mitmenschen	*på sig og sine;*
• Menschliches vor Funktion/Eigentum	*Stauning eller kaos;*
• moralisch weniger Schlimmes vor moralisch Schlimmerem	*løgn og bedrag;*
• Nahrungshierarchie: Essen vor Trinken	*spise og drikke, mad og drikke, æde og drikke;*
• Höherstehende vor Tieferstehenden/ Untergebenen	*kong Salomon og Jørgen Hattemager;*
• Männliches vor Weiblichem	*mænd og kvinder, drenge og piger, med Adam og Eva, venner og veninder;*
• Erwachsenes vor Nicht-Erwachsenem	*far og søn, forældre og børn, kone og børn;*
• älter vor jünger	*børn og børnebørn;*
• nah von fern (emotionale Nähe und Verwandtschaftsbeziehungen)	*familie og venner, venner og bekendte;*
• Leben vor Tod	*til at leve eller dø af, på liv og død; mellem liv og død;*
• prominent vor weniger prominent	*gader og stræder;*
9. Pflanzen und Tiere	
• wichtige Tiere vor weniger wichtigen Tieren	*hund og kat;*
• Pflanze vor Tier	*plante- og dyreliv* (aber: *dyr og planter);*
10. qualitative und quantitative Verhältnisse	
• mehr Quantität vor weniger Quantität (Quantitätsregel)	*ebbe og flod;*
• Wertvolles vor weniger Wertvollem: (Qualitätsregel)	*love guld og grønne skove,* (aber: *gods og/eller guld);*

Tab. 9 Fortsetzung

Salienzbeschränkungen	Beispiele (Auswahl)
• positiv vor negativ	*godt og ondt, sejr og nederlag, rigtigt eller forkert, pro og contra* (aber: *ve og vel, pisk og gulerod*);
• bejaht vor verneint	*ja og nej, alt og ingenting;*
• stark vor schwach	*stærke og svage sider; gin og tonic, rom og cola;*
• groß vor klein	*store og små;*
• Ganzes vor dem Teil des Ganzen	*i år og dag, hverken helt eller halvt, kroner og øre, fyr og flamme,*
• Singular vor Plural	*en til to; guld og grønne skove;*
• aktiv vor passiv	*gøre og lade, give og tage, nål og tråd, hammer og ambolt;*
• Allgemeines vor Speziellem	*alle og enhver, hver og en, alle som én, alle for én, med lys og lygte;*
• feste Körper vor Flüssigkeit	*spise og drikke, mad og drikke* (aber: *vand og sæbe, gå for lud og koldt vand*);
• Konkretum vor Abstraktum	*krop og ånd, håndens og åndens arbejde* (aber: *ånd og materie, sjæl og legeme*);
11. logische Verhältnisse	
• Grund vor Folge	*spørgsmål og svar, årsag og virkning;*
• Ursache vor Wirkung	*død og begravelse, lidelse og død, vaske og stryge;*
• Zweck vor Mittel	*mål og midler;*
• Umstand vor erwartetem Begleitumstand	*gammel og grå, gammel og svag;*
12. Naturbetrachtung	
• Sonne vor anderen Naturphänomenen	*sol og måne, sol og vind, sol og skygge;*
• Land vor See	*til lands og til vands, til land og til søs;*
13. Religiöse Verhältnisse	
• Sacrum vor Profanum	*himmel og helvede, i himlen og på jorden, mellem himmel og jord;*
• Gott vor Menschen	*gud og hvermand, forladt af gud og mennesker;*
14. Höflichkeit	*damer og herrer*

Die Abfolge der Kernglieder und somit die Organisation der Informationen innerhalb der untersuchten Strukturen von ZF lässt sich u.a. durch den Einfluss kultureller Faktoren im Zusammenhang mit kognitiver Erfahrung und Wahrnehmung der Wirklichkeit erklären. Die Wiedergabe der Wirklichkeit äußert sich in der nachahmenden Darstellung der in der Außenwelt beobachteten Sachverhalte in den Phrasemen. Dies signalisiert den Abbildcharakter des sprachlichen Zeichens und ist unter der Bezeichnung **sprachliche Ikonizität** in die linguistische Forschungsliteratur eingegangen (vgl. Gaweł 2017).

Den Ausgangspunkt für die Perspektive der Weltbetrachtung ist die erlebende Person (**Experiencer**), die im Zentrum der Betrachtung steht und von dort aus die Außenwelt beobachtet und nach dem Me-First-Prinzip beschreibt. Dies impliziert eine **anthropozentrische** und **egozentrische** (bzw. **deiktische**) Raum- und Zeitorientierung. Die räumlichen Verhältnisse in den ZF entsprechen der menschlichen Sinneswahrnehmung, d. h. seiner körperlichen Erfahrung vor dem Hintergrund seines Weltwissens (vgl. Jarosz 2009a). Als grundlegend gelten Faktoren, die auf verschiedene Typen kognitiver Prozesse Bezug nehmen, was sich darin manifestiert, dass

> die Betrachtung der Wirklichkeit aus verschiedenen Perspektiven im Einklang mit der deiktischen und der intrinsischen Orientierung, den nach der These über das Embodiment primären Unterschied zwischen sinnlicher Erfahrung und anderen Typen von Erfahrungen, die Fähigkeit zur Erkennung logischer Zusammenhänge oder die subjektive Erfahrung des Konzeptualisierers, der die Wirklichkeit entsprechend seiner Präferenzen, der Verteilung seiner Aufmerksamkeit bzw. der die kognitiven Prozesse der Schematisierung und Differenzierung kennzeichnenden Hierarchie konzeptueller Kategorien strukturiert. (Gaweł 2017: 40)

Daher wird der Ort in der Nähe des erkennenden Individuums einem entfernten Bereich vorgezogen: Direkte Umgebung (auch die sich hier befindenden Personen und Gegenstände) ist eindeutig der ferneren Umgebung gegenüber privilegiert, z. B. *her og der, dit og dat*. **Direktionale** Raumrelationen bilden ein Netz von Mikrorelationen: die Ortsveränderung im Vertikalen, Horizontalen sowie Bewegung nach außen, nach innen, von und zu dem Betrachter sowie Bewegung nach Himmelsrichtungen. Die Komponenten, die Bewegungsrichtung bezeichnen, stehen vorwiegend in fester Reihenfolge. Bei der **horizontalen** Bewegung richtet sich der Bewegungsvektor deutlich zuerst vom Sprechenden her und dann wieder zum Sprechenden hin, als ob sich er selbst bewegen würde und dann zum Startpunkt zurückkehren sollte (z. B. *tur og retur*). Im Falle der **vertikalen** Bewegung erfolgt das Scanning der außersprachlichen Wirklichkeit, darunter auch anderer Menschen, von oben nach unten ungefähr von

Augenhöhe bis zum Boden, was sich in der Abfolge der Kernglieder in ZF niedergeschlagen hat, z. B. *fra top til tå* u.a.

Den Wahrnehmungsprozessen zufolge wird zuerst das Äußere, das Sichtbare, das unmittelbar Wahrnehmbare im Initialteil der ZF genannt, darauf folgen tiefere Strukturen der außersprachlichen Wirklichkeit. Dies determiniert die Abfolge der Komponenten, die Bewegung nach innen und/oder nach außen ausdrücken. Die imaginäre Bewegung verläuft von einem Raum, der als erster wahrgenommen worden ist (z. B. Ort des Sprechers), in einen anderen Raum, der später wahrgenommen wird, und deswegen auch als unsichtbar, unbekannt oder imaginiert dargestellt wird. Die Bewegung von **außen nach innen** fordert eine Anstrengung und einen Zeitabstand in ihrem Verlauf, was auch sprachlich erfasst wird. Je nach der Situation kann der Betrachter vor einem Objekt stehen, das als ein Behälter konzeptualisiert wird, z. B. *gammel udenpå men ung indeni*. Es gibt auch Beispiele, die den Sprechenden in oder vor einem Behälter konzeptualisieren, der ihn zu verlassen und zu betreten versucht, z. B. *hverken vide ud eller ind*. Als Orientierungspunkte in einer horizontalen Bewegung dienen die **linke und die rechte** Seite (Hand) des menschlichen Körpers und führen von links nach rechts z. B. *fra venstre til højre*, genau wie die rechtsläufige Schrift- und Leserichtung in unserem Kulturkreis.

Die subjektive Erfahrung der räumlichen Verhältnisse wird sekundär auf andere konzeptuelle Domänen (temporale und weitere abstrakte Relationen) übertragen. In Bezug auf Zeitbeziehungen gilt „jetzt" häufig als Start- und Orientierungspunkt auf der Zeitachse. Die Komponenten mit **temporaler** Bedeutung bilden einen natürlichen Zeitverlauf und ihre Darstellung auf der Zeitachse ab und treten somit in chronologischer Reihenfolge, d. h. in der Ordnung: Vergangenheit → Gegenwart, Gegenwart → Zukunft auf. ZF dokumentieren neben der Körperteilregel, nach der die Bezeichnungen von wichtigeren Körperteilen vorzugsweise an erster Stelle stehen, auch die **Hierarchie der Sinne** in Wahrnehmungsprozessen, indem die Abfolge der Komponenten die Relevanz verschiedener sinnlicher Eindrücke zum Ausdruck bringt. Die lineare Abfolge von den Kerngliedern der ZF dieser Gruppe ergibt sich aus Tendenzen, welche die visuelle Wahrnehmung kennzeichnen: Visuelles hat eindeutig vor dem Akustischen Vorrang. Zu nennen sind ZF, in denen Einheiten, die auf die visuelle Wahrnehmung Bezug nehmen, den Einheiten, die akustische Eindrücke denotieren, vorangehen, z. B. *øjne og ører*. Sinnliche Wahrnehmung und ihre interne Hierarchie können in einer Gruppe von ZF rekonstruiert werden, in denen zwischen mündlicher, historisch gesehen primärer, und schriftlicher Kommunikation unterschieden wird, z. B., *sige og skrive, i tale og skrift;*

Die Abfolge der Komponenten determiniert außerdem der **logische Zusammenhang,** der zwischen den Komponenten der ZF besteht. Die Einordnung der Autosemantika entspricht einer logischen und natürlichen Reihenfolge, nach der die Existenz der zweiten Komponente durch den Inhalt der ersten impliziert wird. Es geht hier um solche Relationen wie Grund und Folge, Ursache und Wirkung (z. B. *årsag og virkning*), Mittel und Zweck, Stimulus und Reaktion z. B. *spørgsmål og svar.*

Bei der Zusammenstellung von zwei Größen mit gegensätzlicher Bedeutung wird die erste Stelle in der Struktur einer ZF gewöhnlich durch die positive Bezeichnung belegt, bzw. durch solche, die sich durch positive Konnotationen auszeichnen. Dies betrifft unterschiedliche Bereiche und Kategorien, z. B. *i lyst og nød, sandhed og løgn, elsket og hadet* u.a.

Nach dem Prinzip der fallenden „Intensität" des Bezeichneten sind ZF aufgebaut, die aus Komponenten bestehen, die quantitative oder qualitative Eigenschaften bezeichnen, z. B. *groß* vor *klein, stark* vor *schwach, hell* vor *dunkel, aktiv* vor *passiv* u.a. Diese Anordnung hängt wahrscheinlich mit den Wahrnehmungsprozessen zusammen, denn Objekte mit intensiveren Eigenschaften schneller lenken die Aufmerksamkeit und die Merkmale werden schneller und länger im Gedächtnis gespeichert. Die Aufmerksamkeit tendiert nämlich dazu, sich auf die Objekte zu fokussieren, die sich von anderen durch ihre qualitativen und quantitativen Eigenschaften deutlich abheben. Auf die gleiche Begründung ist die Abfolge *konkret* vor *abstrakt* zurückzuführen. Das sprachliche Material bezeugt, das die Nomina, die Konkretes, Materielles, sinnlich Wahrnehmbares bezeichnen, an der ersten Stelle bevorzugt werden, z. B. *krop og sjæl, krop og ånd.*

Neben dem semantischen Gesichtspunkt wie Egozentrik gelten **soziale Hierarchien,** Wertesysteme und Verhältnisse bei der Festlegung der Wortfolge als ausschlaggebend. Sie geben einen Einblick in die Werte und soziale Ordnung einer Sprach- und Kulturgemeinschaft. Die erste Stelle in dem Wortpaar ist für Bezeichnungen reserviert, denen man einen höheren Wert in der sozialen Hierarchie beimisst. Als Vergleichsgröße gelten Substantive unterschiedlicher semantischer Klassen: Personen-, Tier- und Objektbezeichnungen. Der erste Platz ist den Begriffen vorbehalten, die in der sozialen Hierarchie oder im Alltag einen höheren Stellenwert erhalten. Als Kriterium können der soziale Status in Bezug auf Herkunft, Alter, Geschlecht, berufliche Hierarchie, Verwandtschaftsgrad der Gesellschaftsmitglieder gelten. Patriarchalische Gesellschaftsordnung bestätigen ZF mit den Komponenten Mann/Frau z. B. *mænd og kvinder, Hr. og fru Danmark.* Die Paarformel *damer og herrer,* die vorwiegend als eine Anredeform verwendet wird, weicht von dem oben dargestellten

Muster ab und präsentiert – als Ausdruck der Höflichkeit – moderne Konvention in dem Sprachgebrauch.

Die Platzierung der Autosemantika in der symmetrischen Struktur der Paarformeln ergibt sich manchmal aus sachlichen Gründen und erfolgt nach dem Prinzip einer **logischen Unterordnung**, wobei die wichtigere Komponente die erste Stelle belegt und die von geringerer Bedeutung nach dem Konnektor steht. Dies manifestiert sich in der Hierarchie zwischen Mensch und Tier oder Dingen (z. B. *folk og fæ, menneske og maskine*). In den ZF, die aus Tierbezeichnungen bestehen, wird das wichtigere Tier zuerst genannt. Nach der so definierten Wertskala werden auch andere Bezeichnungen von Gegenständen und Objekten aus dem Alltagsleben geordnet, z. B. *hus og have*.

Anthropozentrische und deiktische räumliche Orientierung sowie zeitliche Abfolge von Ereignissen und Handlungen sind keine neuen Prinzipien in der Codierung der Inhalte in der Sprache. Hier finden sie einen expliziten Ausdruck.

In der subjektiven Strukturierung der Wirklichkeit sind Abweichungen von der anthropozentrischen und egozentrischen Sichtweise der außersprachlichen Realität in den Phraseologismen zu sehen, deren Bestandteile aus dem **religiösen Vokabular** stammen. Die Weltbetrachtung erfolgt aus einem anderen Blickwinkel als die Perspektive des deiktischen Zentrums und verkörpert die konsequent vorkommende Abhängigkeit *Sacrum* vor *Profanum* – die erste (wichtigere) Komponente bezieht sich auf Gott und Himmel, die zweite spricht das Irdische an, z. B. *gud og hvermand, himmel og hav*.

Die sprachliche **Ikonizität,** die ihre Reflexe in zahlreichen ZF hinterlassen hat, äußert sich in der mimetischen Abbildung der in der Natur oder in dem gesellschaftlichen Leben vorkommenden Phänomene, Prozesse und Vorgänge (z. B. *fra morgen til aften, fra vugge til grav*). Die naturgegebene, scheinbare, aber als natürlich empfundene Sonnenbewegung von Osten nach Westen, schlägt sich vor allem in ZF (z. B. *i øst og vest*) und anderen Phraseologismen nieder, z. B. *Øst, vest – hjemme bedst*.

Wie die Übersicht veranschaulicht, ergibt sich die Abfolge der Komponenten aus bestimmten inhaltlichen Beziehungen zwischen den durch koordinierte Satzglieder bezeichneten Erscheinungen. Des Weiteren verweist das pragmatische Abfolgeprinzip auf eine allgemeine Tendenz: Informationen werden nach dem Grad der Relevanz angeordnet. Den ersten Platz belegen wichtigere Informationen. Dabei gelten bei deren Hierarchisierung als ausschlaggebende Faktoren: ikonische Abbildung der Wirklichkeit und die kognitive und soziokulturelle Codierung. Beide basieren auf der Betrachtung der Wirklichkeit aus verschiedenen Perspektiven, der neuropsychologisch determinierte

Präferenzen im Verlauf der Wahrnehmungsprozesse zugrunde liegen (dazu vgl. Gaweł 2017). Die Steigerung des Mitteilungswertes ist auch in anderen Kontexten bekannt. Zu erwähnen ist die Theorie der funktionalen Satzperspektive oder auch die Regeln der neutralen und markierten Reihenfolge von Satzgliedern z. B. Definites vor Indefinitem, Belebtes vor Unbelebten (vgl. Duden 2006: 872–873).

Dabei muss angemerkt werden, dass dem zentralen Konzept der Salienz, mit dem die Reihenfolgebeziehungen der Kernglieder der meisten ZF erklärt werden können, keine absolute Gültigkeit zukommt. Die Beschränkung ist verletzbar, wovon die angeführten Ausnahmen und Widersprüche (Tab. 9), für die keine eindeutige Erklärung aus synchroner Sicht vorliegt, zeugen.

Sie widersprechen anderen Wortpaaren entweder auf semantischer oder syntaktischer Ebene (z. B. Konkretum > Abstraktum: *krop og sjæle*, aber: *ånd og materie*). Dieses Phänomen muss als natürlicher Ausdruck der Pluralität in der Sprache angenommen werden. Dies ergibt sich außerdem aus der Tatsache, dass Phraseologismen, einschließlich Sprichwörter, oft sehr spontan entstehen und mit einem bestimmten situativen Kontext verbunden sind. Sie beschreiben und bewerten eine Situation und zeigen sie basierend auf den bestehenden Umständen und aktuellen Bedürfnissen des Sprachbenutzers. Mit der Zeit wurde die phrasenbezogene Situationsbindung immer schwächer und schließlich hat sich verwischt und ist nicht mehr rekonstruierbar, während der Phraseologismus stets im Gebrauch ist (vgl. dazu Fleischer ²1997: 77–78).

Das Belegmaterial veranschaulicht, dass die ermittelten Regelmäßigkeiten stark von der Kultur determiniert werden, insbesondere geht es um den sozialen Status der Entitäten, die in soziale Verhältnisse verwickelt sind und sich daher im Laufe der Zeit ändern können (vgl. Allen 1987).

3.3.3 Hierarchie der Restriktionen

Aus den obigen Ausführungen über die Restriktionen ergeben sich zahlreiche Regeln, die nicht immer miteinander kompatibel sind und manchmal im Konflikt stehen. Falls es Regelkonflikte auftreten, werden sie nach der Wichtigkeit geordnet, d. h. gewisse Regeln sind „strenger gültig" als andere, die verletzbar sind (vgl. Müller 1997: 35). Die Beschränkungen sind hierarchisch geordnet – sie sind unterschiedlich gewichtet und so nehmen sie einen unterschiedlich großen Einfluss auf die Möglichkeiten der Bildung von ZF (Müller 1997: 7). Müllers Untersuchungen haben nachgewiesen, dass die Restriktionen folgende Hierarchie bilden:

Salienz > Wortakzent > Silbenprominenz

Die Ordnung schreitet intuitiv von einer großen, allgemeinen Domäne zu immer kleineren, spezielleren Domänen (Müller 1997: 36–48):

> Dies bedeutet, daß sich Effekte von Wortakzentbeschränkungen bei der Abfolge in Binomialen nur feststellen lassen, wenn beide Binomialteile gleich salient sind, und daß sich Effekte von Silben-prominenzbeschränkungen nur feststellen lassen, wenn beide Binomialteile sowohl gleich salient, als auch metrisch gleichwertig sind. Betrachtet man die Interaktion von Salienzbeschränkungen und Wortakzentbeschränkungen, so stellt sich heraus, daß im Konfliktfall Salienzbeschränkungen den Ausschlag geben, d. h., höher als Wortakzentbeschränkungen geordnet und somit weniger leicht verletzbar sind. (Müller 1997: 40)

Um die Geltung der Regel für dänische ZF nachzuweisen, werden ausgewählte Belege, deren Komponenten nach den semantisch-pragmatischen Faktoren geordnet wurden, einer Untersuchung bezüglich der Präsenz anderer Restriktionen unterzogen, um die dominierenden Einflussfaktoren zu ermitteln.

Die Regel der steigenden Silbenanzahl wird in folgenden ZF verletzt:

gammel og grå, forældre og børn, fra fødsel til død, fra vugge til grav u.a.

Phonologische Regeln der Silbenprominenz (Gesetz der wachsenden Glieder) werden in folgenden ZF verletzt:

- die Regel der Nukleus-Größe (= kurz vor lang): *spise og drikke, mad og drikke* u.a.
- die Regel der Nukleus-Qualität (= vorderer Vokal vor hinterem Vokal): *folk og fæ*.
- die Regel der Anfangsrand-Größe (= steigender Artikulationsaufwand): *krop og ånd*.

Die empirische Evidenz zeigt – zwar am begrenzten Material – nun in der Tat deutlich, dass die Restriktionen Salienzbeschränkungen und Silbenprominenzbeschränkungen und ihre hierarchische Ordnung auch für ausgewählte dänische ZF gelten. Daraus folgt, dass semantische Kriterien einen stärkeren Einfluss auf die Wortstellung in dänischen ZF haben als phonologische.

Abschließend sei die Konklusion von Müller angeführt: Die genannten Restriktionen, die bei bestehendem Konflikt verletzt werden können, sind nicht konstruktionsspezifisch für ZF, sondern gelten allgemein in der Grammatik. Eine ZF kann trotz Verstoß gegen eine weniger wichtige Beschränkung vollkommen wohlgeformt sein, wenn es dafür eine höher geordnete Beschränkung respektiert wird (Müller 1997: 36–39).

3.3.4 Wortfrequenz

Ein weiterer Faktor, der die Abfolge der Komponenten determiniert, ist ihre Häufigkeit im Sprachgebrauch. Diese neue Perspektive zur Motivierung der Platzierung der einzelnen Komponenten in ZF eröffnete Fenk-Oczlon (1989) in ihrer empirischen Analyse deutscher Wortpaare.

Diesbezüglich wird die Häufigkeit des Auftretens der einzelnen Wortformen als mitbestimmender Faktor ins Spiel gebracht: häufigere Wörter belegen den ersten Platz, Wörter mit niedrigerer Häufigkeit kommen an zweiter Stelle. Dies hängt mit dem Prinzip der Sprachökonomie zusammen (Fenk-Oczlon 1989: 537), nach der kürzere Wörter einen geringeren Artikulationsaufwand erfordern und sich durch eine höhere Häufigkeit in Texten auszeichnen (vgl. Lyons [8]1995: 92). Die Gültigkeit der erwähnten Ergebnisse in Frequenzforschungen wird am Beispiel ausgewählter dänischer ZF geprüft. Dies kann durch die folgenden Belege veranschaulicht werden (Tab. 10):

Tab. 10 Frequenz der Komponenten ausgewählter ZF im Vergleich (Angaben nach KorpusDK)

Nr.	ZF (A og B)	Frequenz F (A) vs. F (B)
1.	edder og forgift	7 > 2
2.	godt og grundigt	17.322 > 3556
3.	grever og baroner	760 > 388
4.	handel og vandel	3895 > 24
5.	helt og holdent	11.947 > 213
6.	hviske og tiske	156 > 7
7.	knirke og knage	29 < 51
8.	løs og ledig	13.022 > 2853
9.	række og geled	28.084 >175
10.	skidt og kanel	1869 > 260
11.	spinke og spare	17 < 5651
12.	vælge og vrage	23.869 > 302

Die Worthäufigkeit der Komponenten A und B (=F(A), F(B)), wurde den Beständen von KorpusDK entnommen. Aufgrund des Fehlens zuverlässiger Frequenzwörterbücher kann die Frequenz in geringem Umfang untersucht werden. Die Ermittlung tatsächlicher Häufigkeit vieler Lexeme in einer bestimmten Bedeutung ist nur bedingt, wenn überhaupt, möglich. Weder Frequenzwörterbücher noch Korpora unterscheiden zwischen der Häufigkeit einzelner Bedeutungen polysemer Wörter. Gleiches gilt für die syntaktische Homonymie, die im Dänischen in einem höheren Grad vorkommt als im Deutschen. In den Korpora gibt es keine differenzierenden Markierungen, die Adjektive im adjektivischen Gebrauch von Adjektivadverbien unterscheiden würden. Eine weitgehende Polyfunktionalität weisen viele dänische Synsemantika auf, z. B. *for, til, på, siden* usw., die nämlich – je nach dem Kontext – entweder als Präpositionen, Adverbien oder Konjunktionen verwendet werden können. Ein anderes Problem taucht bei den älteren ZF auf, in denen einzelne Komponenten zur Zeit der Entstehung eine andere Stellung in der Sprache und Kultur hatten als heute, z. B. *folk og fæ*. Problematisch sind auch ZF, die teilweise oder ausschließlich aus unikalen Komponenten bestehen, die aktuell in keinem anderen Kontext mehr Anwendung finden.

Den angeführten Angaben zufolge kann man die Beobachtungen von Fenk-Oczlon (1989), die auch auf einige dänische Belege zutreffen, bestätigen. Allerdings sind auch Abweichungen in der kurzen Liste der Beispiele vorhanden. Anzumerken ist, dass das Kriterium der Frequenz als ein zusätzliches Kriterium zu betrachten ist und die Ermittlung seines Wirkungsbereichs einer umfangreichen Untersuchung bedarf.

Aus dem Gesagten wird ersichtlich, dass bei der Bestimmung der Reihenfolge der Komponenten in Paarformeln mehrere Faktoren berücksichtigt werden müssen. Empirische Studien in den 1990er Jahren endeten mit der Schlussfolgerung, dass semantisch-pragmatische Kriterien die Wortreihenfolge in deutschen Zwillingsformeln stärker beeinflussen als die phonologischen Faktoren. Daher sind semantische Beschränkungen den phonologischen und statistischen Beschränkungen überlegen. Allerdings sind alle Regeln verletzbar und als ein weiteres Hindernis bei der eindeutigen Feststellung der Beschränkungen ist die Tatsache zu nennen – so Müller (1997: 15–16) – dass es in einigen Fällen nicht möglich ist, diese Beschränkungen genau zu formulieren.

Unter Berücksichtigung der oben angeführten Beobachtungen und Fakten, die einen Einblick in die Mechanismen der Strukturierung von ZF verschaffen, kann man aufgrund des auf diesem Weg erworbenen Erkenntnisgewinns allgemeine Schlussfolgerungen formulieren: In formeller, phonologischer i semantisch-pragmatischer Hinsicht werden ZF nach dem Prinzip des steigenden Aufwands aufgebaut. Diese nicht ohne Ausnahmen geltende Regel illustriert Abb. 8:

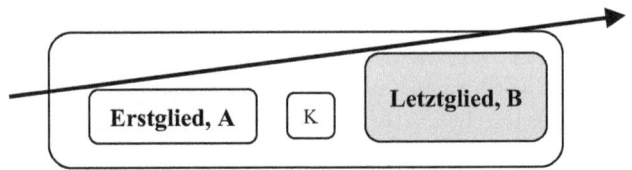

Abb. 8 Steigender Aufwand bei den Komponenten von ZF als Aufbauprinzip

Im phonologischen Bereich konstatiert man bei der Beobachtung der lautlichen Struktur der ZF einen wachsenden zeitlichen und artikulatorischen Aufwand an Kraft und Energie, die bei der Erzeugung der Laute eingesetzt werden müssen. Dies gilt für einzelne Konsonanten im Initial- und Schlussteil der Silbe sowie für Vokale (Silbengipfel). Auf der semantisch-pragmatischen Ebene erfolgt die Anordnung der Komponenten nach ihrer Relevanz und ihrem Bekanntheitsgrad: von relevanten und bekannten Bezeichnungen zu Bezeichnungen mit niedrigerem Grad der Bekanntheit. Diesen Progress bestätigt schließlich das letzte Merkmal der Komponenten A und B – ihre Vorkommenshäufigkeit. Der Gebrauch von öfter verwendeter Lexik, die vorwiegend den A-Platz belegt, verlangt niedrigere intellektuelle Anstrengung als es bei dem Gebrauch der selteneren Lexik der Fall ist. Die Erkenntnisse bestätigen – allerdings mit Ausnahmen und Abweichungen – die Ergebnisse der quantitativen Linguistik sowie der psycholinguistischen Untersuchungen im Bereich des Lexikonerwerbs im Prozess der Sprachaquisition. In der frühen Phase des produktiven Wortschatzes beobachtet man eine charakteristische inhaltliche Gliederung auf: Kinder lernen Aspekte ihrer unmittelbaren Umgebung benennen: Familienmitglieder, Spielsachen, Tiere, Ess- und Trinkbares, Tönendes und Bewegtes (Klann-Delius 2008: 4). Die in der Anfangsphase produzierten Wörter beziehen sich auf das, was „konkret, hörbar, sichtbar, greifbar, manipulierbar" ist (Wode 1988: 146).

3.4 Phonologische Merkmale und ihr rhetorischer Wert

Die phonologischen Eigenschaften basieren auf der Wiederholung verschiedener Teile von Wortpaarkomponenten. Lautliche Übereinstimmungen variieren von

a) dem identischen individuellen Klang über
b) die kongruente Klanggruppe bis zu
c) gleichnamigen Silben, Morphemen und
d) ganzen Wörtern.

Die Repetitionen im phonologischen Bereich bilden ein komplexes Netzwerk von Kohärenzmitteln zwischen den beiden Komponenten von ZF und sind als Mittel zur Unterstützung ihrer strukturellen Festigkeit zu betrachten (Malkiel 1959: 124–125, Naumann 2000: 105). Ein weiterer Aspekt, der bei der Besprechung der lautlichen Charakteristik der ZF in den Vordergrund tritt, ist der ästhetische Wert. Eine treffende Charakteristik der ästhetischen Merkmale von ZF formulierte Berthelsen: „Ordpar er sprogets legebørn. De leger med både bogstavrim og enderim" (Berthelsen 2007). Im untersuchten Teilkorpus A kommt lautliche Harmonisierung in folgenden Teilen der Komponenten vor:

a. **Wiederholung im Wortanlaut (Alliteration)** ist eine der bekanntesten Wiederholungen von lautlichen Elementen in den germanischen Sprachen, ein Phänomen, das im Germanischen häufiger vorkommt als in anderen Sprachfamilien, die die Verstärkung durch Alliteration sparsamer einsetzen (Malkiel 1959: 123). Der Gleichklang der Anlaute akzentuierter Silben kann in ZF durch Vokale gebildet werden z. B. *alt og alle*, aber die Wiederholung des ersten Vokals erweist sich als ein schwacher Magnet. Viel stärker und dabei weit verbreitet und effektiver ist die Wiederholung von Anfangskonsonanten (vgl. Malkiel 1959: 123), z. B. *ve og vel, pine og plage*. Unterschiede erweisen sich grundsätzlich in der Frequenz der beiden Formen lautlicher Übereinstimmung. Die Vokalalliteration kommt im untersuchten Korpus in 4 ZF vor: *alt og alle, til/i arv og eje, ung og uerfaren, ung og uskyldig*. Darüber hinaus gibt es 9 Phraseoschablonen, die per definitionem aus zwei identischen Kernelementen bestehen: *alt i alt, alle mod alle, ansigt til ansigt* u.a. Die konsonantische Alliteration erscheint in 156 Beispielen, z. B. *pine og plage, svie og smerte, løs og ledig, vælge og vrage* u.a. Eine stärkere Form der Alliteration umfasst eine kongruente Klanggruppe im Wortanlaut beider Komponenten. Die erweiterte Alliteration entsteht in der Regel infolge der Wiederholung des Anfangskonsonanten und des darauffolgenden Vokals. Auf diese Weise entsteht ein verstärktes Zusammenspiel im Initialteil der benachbarten Wörter. Derartige phonetische Konsistenz und lautliche Harmonie finden sich in 20 Belegen: *ve og vel, med brask og bram, gennem tykt og tyndt, til spot og spe* u.a.
b. **Assonanz**, definiert als „form for rim som beror på at bestemte lyde, især vokaler, inde i ordene stemmer overens" (ODS, unter *assonans*), findet auch Anwendung in den untersuchten Belegen. Harmonisierende Vokale im Wortinneren kommen in 54 Konstruktionen vor, z. B. *kort og godt, hæder og ære, skræk og rædsel*.

c. **Wiederholung von Morphemen** gilt als eine andere Möglichkeit, eine stärkere phonetische Harmonie zwischen beiden Komponenten von ZF aufzubauen. Derartige Repetition kommt im Wortanlaut (Initialposition, Wortanfang) vor, z. B. *foroven og forneden, alt og altid, venner og veninder, foroven og forneden, hvorfra og hvorhen, børn og børnebørn.*
Im Wortauslaut umfasst die Übereinstimmung:
- ein grammatisches Morphem wie, z. B. *som grever og baroner* (Pluralendung), *fra yderst til inderst* (grammatisches Morphem zur Superlativbildung), *siger og skriver* (Konjugationsendung) oder
- ein lexikalisches Morphem (Stammmorphem), z. B. i ***tide og utide, sind og skind, sak og pak, last og brast, ævl og kævl, rub og stub, kvit og frit*** u.a.

Die lautliche Übereinstimmung im Wortauslaut (Endreim) gehört zu den markantesten Charakteristika der ZF. Die Liste von Wortpaaren mit Endreimen im Teilkorpus A beläuft sich auf 38 Belege.

d. **Wiederholung voller Komponenten** bedeutet, dass die Kernglieder identisch sind: A = B. Derartige lautliche Übereinstimmung wurde in 40 Belegen festgestellt (s. Tab. 2).

Die verschiedenen Typen der Repetition kommen unabhängig voneinander vor oder können gleichzeitig in einer ZF kombiniert werden. Das Vorkommen zweier Stellen mit gleichlautenden Lauten oder Morphemen, die i einem Wort zusammenfallen, hat eine verstärkende Wirkung. In der untersuchten Sammlung finden sich Wortpaare mit folgender Kombination verschiedener Formen von lautlicher Harmonie:

- Kombination der Assonanz mit dem Endreim, z. B. *råd og dåd, led og ked, af sind og skind, ase og mase* und weitere 57 ZF.
- Kombination der Alliteration mit dem Endreim, z. B. *kri<u>ble</u> og kra<u>ble</u>, ven<u>ner</u> og ven<u>niner</u>, forov<u>en</u> og forned<u>en</u>* u.a.

Morpheme, die in beiden Komponenten von ZF wiederholt werden, müssen keine reimenden Vokale enthalten. Das Echo solcher Morpheme, die mit einem Konsonanten beginnen, ist implizit alliterativ. Die Häufigkeit einzelner Formen der lautlichen Harmonie enthält Tab. 11.

Tab. 11 Formen der lautlichen Übereinstimmung und ihre Frequenz

Phonologische Eigenschaft	Anzahl
1. Stabreim	
vokalische Alliteration	4
konsonantische Alliteration	156
erweiterte Alliteration	20
Repetition der Lexeme (Phraseoschablon)	40
gesamt	**220**
2. Assonans und Endreim	
Assonanz	108
Endreim	92
Kombination: Assonans und Endreim	54

ZF mit verschiedenen Arten von Stabreimen bilden eine Sammlung von 220 Beispielen, die genau 27,5 % des gesamten Korpus A ausmachen. Etwas überraschend ist die geringe Anzahl von ZF mit Endreimen (11,5 %).

Zu erwähnen ist eine Gruppe von Belegen, die keine lautliche Repetition oder Ähnlichkeit enthalten. Elbro (1998: 29) behauptet, dass es eine begrenzte Anzahl von ZF gibt, in denen keine Form des Gleichklangs auftritt. Dies trifft wahrscheinlich auf die Sammlung von prototypischen ZF zu. Im untersuchten Korpus reicht der Anteil der ZF ohne lautliche Wiederholung bis über 70 % der Belege, z. B.: *fryd og gammen, både i pose og sæk, røv og gulvsand, sund og rask* u.a.

Die angeführten phonetischen Übereinstimmungen sind Mittel, durch die die Glieder in den Zwillingsformeln formal gebunden werden und zur Stabilität der Struktur beitragen.

Schließlich ist die letzte auffallende Eigenschaft zu nennen – rhythmische Struktur. Rhythmische Gleichheit wird durch gleiche Anzahl der Silben beider Komponenten und durch einen Wechsel von betonten und unbetonten Silben erreicht (Sütterlinova 1987/1988: 368). Zur Ermittlung der bestehenden Verhältnisse im Korpus der dänischen ZF werden geltende Muster in ZF mit unterschiedlicher Anzahl von Silben dargelegt. Die Ziffern links geben die Anzahl der Silben in den beiden Komponenten an, anschließend wird die Konfiguration der betonten (´) und unbetonten Silben (_) grafisch veranschaulicht:

1:1 *pik og pak:* ′ _ ′
    fugl eller fisk: ′ _ _ ′
1:2 *alt og altid:* ′ _ ′ _
1:3 *læst og påskrevet:* ′ _ ′ _ _
    pisk eller gulerod: ′ _ _ ′ _ _
2:1 *pose og sæk:* ′ _ _ ′
2:2 *handel og vandel:* ′ _ _ ′ _
    igen og igen: _ ′ _ ′ _
2:3 *fornuft og følelse:* _ ′ _ ′ _ _
3:3 *kærlighed og kildevand:* ′ _ _ _ ′ _ _
    beskytte og bevare: _ ′ _ _ _ ′ _

Eine regelmäßige Abwechslung der betonten und unbetonten Silben beobachtet man in den ZF mit einsilbigen Komponenten (1:1) mit dem Konnektor *og* und in den nach dem Muster 1:2 strukturierten Wortpaaren, was eine stärkere Rhythmisierung der ganzen Konstruktion zur Folge hat. Dies ist wahrscheinlich eine Erklärung für die hohe Frequenz von ein-, bzw. zweisilbigen Komponenten, weil sie den zusätzlichen akustischen Effekt, eine rhythmische Wortgruppe, bilden (vgl. Tab. 8). Eine lockere rhythmische Sequenz bilden ZF mit der zweisilbigen Konjunktion *eller*.

Nicht nur die Anzahl von Silben, sondern auch ihre phonologische Charakteristik beeinflussen die Verteilung der Akzente in der Struktur der ZF und verursachen Entstehung alternativer Muster, z. B. Derivate mit dem unbetonten Präfix *be-* oder mit der betonten Vorsilbe *på-*. Allerdings kann man hinsichtlich der Produktivität einzelner Modelle erhebliche Unterschiede feststellen.

3.5 Morphologische Merkmale der ZF

Die symmetrische und stabile Struktur von ZF beeinflusst die **morphologischen Formen** der Komponenten sowie den Artikelgebrauch. In empirischen Untersuchungen wurde diese Problematik u.a von Bönnemark (2003) am Beispiel schwedischer ZF aufgegriffen. Infolge der Kontextanalyse konnte die Autorin zwei Regeln formulieren: „Ordklassen hos elementen är av betydelse för andra möjliga förändringar, då t.ex. substantiv normalt endast förekommer i grundformen, medan uttryck med verb ibland kan användas i olika tempus" (Bönnemark 2003: 60). Hammer führte aus, dass jede Änderung der symmetrischen Struktur zur Aufhebung des Status des Phraseologismus führt (vgl. Hammer 1993: 575).

Morphosyntaktische Eigenschaften von ZF kann man bei der Anwendung von grammatischen Proben näher beleuchten. Als Methode zur Untersuchung der morphologischen Charakteristik von ZF können folgende Proben verwendet werden: Kommutation (Ersetzung), Attribuierung (Beifügung), Diskontinuität (Unterbrechung), Permutation (Umstellung) und morphologische Veränderung (Formenabwandlung). Die vorgenommenen Operationen, die in die Struktur einer paarformelartigen Wortgruppe eingreifen, verursachen Veränderungen, durch die ZF ihren Status als Phraseme verlieren (Müller 2009: 18).

In Anlehnung an Textbelege aus KorpusDK werden im Folgenden morphologische Charakteristika in verbalen, substantivischen, adjektivischen und adverbialen ZF analysiert.

Die aus zwei **Substantiven** bestehenden ZF folgen den bestimmten Regeln der Flexion. Sie werden entweder im Singular (*som hund og kat*) oder im Plural (*sæder og skikke*) mit bestimmtem oder unbestimmtem Artikel *en arm og et ben* oder (meistens) ohne Artikel (*med liv og sjæl*) verwendet. Als Abweichungen von der internen morphologischen Kongruenz im Bereich des Numerus sind folgende Belege zu nennen, in denen ein Substantiv im Singular und ein Substantiv im Plural eine ZF bilden: *røv og nøgler, liv og lemmer, liv og glade dage, sjæl og legeme, skæg og blå briller, krudt og kugler, fest og farver*.

Die Genitivform von ZF wird durch das Anhängen der s-Endung an das rechte substantivische oder pronominale Kernglied gebildet, denn nur die zweite Komponente der ZF wird Kasus flektiert:

(5) Så skal vi til den igen: rygmarvs-forklaringen **på drenge og pigers, mænd og kvinders** forskellige uddannelses- og erhvervsvalg[22] (Grundform: *drenge og piger*).

Charakteristisch ist auch symmetrischer Gebrauch von Artikeln, dominiert jedoch der Nullartikel bei beiden substantivischen Kerngliedern. Die interne Struktur der ZF ist in der Regel für syntaktische Operationen opak, d. h. zwischen die Bestandteile A und B können normalerweise keine erweiternden Elemente wie adjektivische Attribute vor Nomina eingeschoben werden: *i skrift og tale* vs. *i skrift og god tale**.

Schließlich besteht auch die Adjektiv-/Artikelkongruenz mit substantivischen ZF. Vorangestellte adjektivische Attribute kongruieren mit einem der Substantive. Wie das unten angeführte Beispielmaterial belegt, gibt es keine feste Regel in dieser Hinsicht.

---

22 https://www.berlingske.dk/laesere/det-er-dybt-bekymrende-for-dannelsesniveauet-i-det-danske-samfund (07.04.2021).

Grammatische Übereinstimmung **mit dem ersten Teil** der substantivischen ZF bestätigen Beispiele (6 – 11). Zur Veranschaulichung der grammatischen Beziehungen werden die diskutierten Elemente unter den Textbelegen jeweils mit markierter Genuskongruenz wiederholt angeführt.[23]

(6) *På den måde bliver vi fri for at risikere **eget liv og lemmer** og tage ud i stormen for at redde dem ind*[24].

Attr.	A	K	B
eget	liv	og	lemmer
n	n		c

(7) *Tal fraregeringen er vist det **rene fup og fidus**, men det ved man jo*[25].

Attr.	A	K	B
det rene	fup	og	fidus
n	n		c

(8) *Nu kunne enhver efterhånden indse, at disse tarvelige stykker tape, der kom i en genluk plasticpose, naturligvis var **det rene fup og fiduser***[26].

Attr.	A	K	B
det rene	fup	og	fiduser
n	n		Pl.

(9) *At høre hende fortælle om sit **liv og færden** i modebranchen, har jeg sat stort pris på*[27].

Attr.	A	K	B
sit	liv	og	færden
n	n		c

---

23 Gebrauchte Abkürzungen: Attr. – Attribut; A, B, K – Komponenten der ZF; n – Neutrum, c – genus commune.
24 https://dagbladet-holstebro-struer.dk (07.04.2021).
25 https://www.information.dk/indland/2010/09/oecd- (07.04.2021).
26 http://www.poulsaudiobutik.dk/2006/08/myter-i-hifi-part-1.html (07.04.2021).
27 http://www.elle.dk/ (07.04.2021).

(10) *Villy er en løgnagtig demagog og han burde fængsles for al <u>den</u> løgn og bedrag.*[28]

Attr.	A	K	B
den	løgn	og	bedrag
c	c		n

(11) *Det er netop manglen på jobmuligheder og fremtidsperspektiver, der i november fik Alejandro til at forlade **sin familie og venner** i Murcia [...].*[29]

Attr.	A	K	B
sin	familie	og	venner
n	n		Pl.

Grammatische Kongruenz zwischen dem vorangestellten Attribut (oder Artikelwort) und **dem zweiten Teil** der ZF dokumentiert der Textbeleg (12):

(12) *Senere tiders produktivitetsforbedringer [...] har så givet anledning til, at arbejdstiden med **stort møje og besvær** er forhandlet ned til 37 timer om ugen*[30].

Attr.	A	K	B
stort	møje	og	besvær
n	c		n

Von der unfesten Gebrauchsregel bezüglich der Genuskongruenz zeugen Textauszüge (13 – 14) mit dem gleichen Phrasem und verschiedenen Kongruenzbeziehungen:

(13) *Stenen blev nu under **stort møje og besvær** slæbt hen på pladsen af fire heste og rejst der*[31].
(14) *Omsider blev dog både angriberne og de udhungrede forsvarere lede og kede af al **den møje og besvær** [...]*[32].

---

[28] https://www.trykkefrihed.dk/konventionerne-uber-alles.htm (07.04.2021).
[29] https://www.information.dk/udland/2013/07/veje-foerer-munchen (07.04.2021).
[30] https://www.information.dk/kultur/2017/02/arbejde-eskil (07.04.2021).
[31] http://www.tilstarkiv.dk/tilst200aar/landsby/rosenpladsen.htm (07.04.2021).
[32] http://www.perbenny.dk/Arnold.html (07.04.22021).

Attr.	A	K	B
(13)			
stort	møje	og	besvær
n	c		n
(14)			
den	møje	og	besvær
c	c		n

Ein auffallendes morphosyntaktisches Merkmal, das auch als ein wesentliches Indiz für das Vorliegen einer Zwillingsformel angesehen wird, ist die Relation zwischen vorangestellter Präposition und substantivischer ZF. Wird ein Wortpaar von einer Präposition regiert, so steht in der Regel nur eine Präposition vor der ZF, deren vollständige Struktur als Rektum funktioniert (Müller 2009: 18). Beide Elemente bilden eine funktionale Einheit: Regens-[Rektum], z. B. **med** [*list og lempe*], *i* [*ord og gerning*].

In den ZF, die sich aus zwei **Verben** zusammensetzen, besteht eine Kongruenz im Bereich der Flexion: Sie werden entweder in finiter Form (15 – 16) oder im Infinitiv (17), jeweils in der gleichen morphologischen Form verwendet:

(15) *Jeg ruller linen ind,* **puster og stønner,** *for den er tung, får hjælp af kaptajnen til det sidste stykke [...]*[33] (Grundform: *puste og stønne*; Textform: Präsens+Präsens).

(16) **Gå hjem og vug,** *København: Svensk lejlighed solgt for gigantisk beløb*[34] (Grundform: **Gå hjem og vugge**; Textform: Imperativ + Imperativ).

Von dem Status eines Mehrwortlexems zeugt bei den verbalen ZF auch der Gebrauch der Infinitivpartikel *at*, die nur einmal vor der ganzen Konstruktion gebraucht wird, wie es üblich (in einem bestimmten grammatischen Kontext) vor einem einfachen Infinitiv der Fall ist (17):

(17) *Han når sine mål gennem motivation og uden* **at skælde og smælde** *– kommunikerer aldrig rødt, som det så malende hedder i ledelsestermer*[35].

---

33 https://www.berlingske.dk/www-b-dk/det-store-oede (07.04.2021).
34 https://www.berlingske.dk/privatoekonomi/gaa-hjem-og-vug-koebenhavn-svensk-lejlighed-solgt-for-gigantisk-beloeb (04.04.2021).
35 https://www.berlingske.dk/navne/et-ordentligt-menneske (07.04.2021).

Unter den verbalen ZF weisen einzelne Belege Einschränkungen bei der Bildung der Konjugationsformen auf. Unter Berücksichtigung derartiger Besonderheiten kann man die untersuchten ZF in folgende Klassen unterteilen:

- nicht konjugierbare ZF – umfassen stark lexikalisierte Belege, die nur in einer grammatischen Form (Tempusform) vorkommen.

Die Paarformel *siger og skriver* kommt nur in dieser Form vor (18), ihre Veränderung führt zur Aufhebung des phraseologischen Status und der Bedeutung der Konstruktion (19):

(18) *Når hjælpeorganisationen UNICEF f.eks. oplyser, at man for **siger og skriver** 45 kr kan redde 4 børn fra at dø af væsketab som følge af diarre [...]* (KorpusDK)
(19) *Hvor havde de unge dog fortjent det, blev der både **sagt og skrevet**. Tænk, så mange smilende ansigter samlet på ét sted*[36].

In unveränderter grammatischer Form kommen verbale ZF in festen Aussagen als Bestandteile von Sprichwörtern, Sprüchen, Zitaten etc. vor (20):

(20) *[...] det er tydeligt, at fordums slogans som „**Tab og vind** med samme sind" og „Det drejer sig ikke om at vinde, men om at være med" for længst er outdated*[37].

- ZF mit starken Einschänkungen in der Bildung der Tempus- und Konjugationsformen. Das Wortpaar *ryge og rejse* kommt vorwiegend unflektiert mit einem Modalverb (21) als infiniter Prädikatsteil vor (88 Okkurrenzen in SkEn). Viel seltener wird es im Imperativ (19 Okkurenzen in SkEn) und kaum im Präsens gebraucht.

(21) *Og hvad miljøet angår, så kan det bare **ryge og rejse**, hvorhen det vil, når nu kommunerne får hele ansvaret*[38].

- konjugierbare ZF – ihre verbalen Komponenten werden in verschiedenen Konjugationsformen verwendet: im Infinitiv (22), Präsens (23), Präteritum (24), oder Perfekt (25):

---

36 https://www.berlingske.dk/aok/forfatter-jesper-wung-sung-har-skrevet-essay-til-berlingskes-laesere-den (07.04.2021).
37 https://www.berlingske.dk/kronikker/kronik-det-maskuline-er-paa-vej-tilbage (07.04.2021).
38 https://www.information.dk/debat/2004/07/debat-0 (07.04.2021).

(22) *Det er ikke et spørgsmål om at **pine og plage** folk, når levealderen stiger*[39].
(23) *Skurkene i bogen og filmen »Ternet Ninja« har et motto, som bliver gentaget flere gange både af den onde, blonde virksomhedsejer, der **piner og plager** de thailandske børn på sin tekstilfabrik, og af den underfrankerede narkopusher [...]*[40].
(24) *I modsætning til de mennesker, som han ifølge anklagerne ikke alene bevogtede, men også **pinte og plagede**, fik han selv den død, som han ikke undte andre*[41].
(25) *Grækerne føler med rette at **de har spinket og sparet**, mens kreditorerne vil have mere*[42].

Bei attributiven **adjektivischen ZF** kongruieren in der Regel beide Kernglieder mit dem Genus des Substantivs, das sie näher bezeichnen. Die konsequente Deklination beider Adjektive illustrieren Belege (26 – 28)[43]:

(26) *Den har tidens hotte unge mand, Matt Damon, i en hovedrolle som den nybagte jurist, der af **ren og skær filantropi** tager kampen op imod et forsikringsselskab [...].*
(27) *Det er jo ikke tilfældigt eller udtryk for **rent og skært held**, at socialdemokratiernes politiske indflydelse er vokset jævnt de sidste år.*
(28) *Sådanne marker er under alle omstændigheder **rene og skære ørkner** naturmæssigt set.*

Auf der anderen Seite belegen einige Beispiele, auch mit stark lexikalisierten Phrasemen wie z. B. *fiks og færdig*, kein festes Muster hinsichtlich der Deklination von den adjektivischen Komponenten der ZF in attributiver Funktion (29 – 32):

(29) *De interesserede industrier skal ikke præsentere **fiks og færdige** produkter men ideer og løsninger på den stribe af opgaver, som amerikanerne smider ud til underleverandørerne.*
(30) *Statsradiofonien blev dannet, foreløbig på prøve i 1 år. Statsradiofonien overtog et **fiks og færdigt** system... [...].*
(31) *Vi må samle på disse eksempler, men jeg har ikke **fikse og færdige** svar på, hvad vi skal gøre i stedet.*

---

39 https://www.berlingske.dk/politisk-morgenpost/usa-ambassadoer-soeren-espersen-har-samme-synspunkt-som-trump-marie (07.04.2021).
40 https://www.berlingske.dk/analyse/er-det-en-ny-moral-og-en-ternet-toejbamse-der-skal-redde-verden (07.04.2021).
41 https://www.berlingske.dk/internationalt/kz-vagt-fik-en-doed-han-ikke-undte-andre (07.04.2021).
42 https://www.berlingske.dk/kommentarer/hjaelp-graekerne-ved-at-sige-sandheden (07.04.2021).
43 Belege (26 – 34) wurden KorpusDK entnommen.

(32) F.eks. i form af uddannelsesmuligheder for ungdommen, **et fikst og færdigt** retssystem og en udenrigstjeneste, der over hele verden er parat til om nødvendigt at varetage færøske interesser.

Die angeführten Textbelege ergeben kein einheitliches Bild hinsichtlich der Gebrauchsregeln von adjektivischen ZF in syntaktischen Zusammenhängen. Während die ZF 2, 3, 4 (s. Tab. 12) konsequent dem dänischen Paradigma der Adjektivdeklination folgen, zeigt die ZF *fiks og færdig* Abweichungen und alternative Deklinationsmuster.

Tab. 12 Mögliche Deklinationsformen der ZF in der gleichen syntaktischen Funktion anhand Belege (26-32)

Nr.	Grundform (Frequenz KorpusDK)	attributiver Gebrauch		
		vor en-Nomen	vor et-Nomen	im Plural
1.	fiks og færdig (29)	fiks og færdig	fiks og færdigt	fiks og færdige
			fikst og færdigt	fikse og færdige
2.	ren og skær (259)	ren og skær	rent og skært	rene og skære
3.	klar og tydelig (118)	klar og tydelig	klart og tydeligt	klare og tydelige
4.	sund og rask (139)	sund og rask	sundt og raskt	sunde og raske

In ZF, die aus zwei **Adverbien** bestehen, werden beide Komponenten in gleichen Steigerungsformen gebraucht (33-34):

- im Komparativ:

(33) *Og det kan gøres på mange og **mere eller mindre** opfindsomme måder.*

- im Superlativ:

(34) *Søren Kierkegaard var kristen **fra yderst til inderst** og havde denne praksis i blodet.*

Wie aus den obigen Ausführungen ersichtlich ist, besteht zwar nicht absolute, aber weitgehende morphologische Kongruenz zwischen den Komponenten sowohl innerhalb der Struktur einer ZF als auch eine fast vollständige Übereinstimmung in grammatischer Hinsicht zwischen den ZF und anderen syntaktischen Satzgliedern. Die aus Substantiven oder Pronomina bestehenden ZF bilden ihre Genitivformen wie substantivische Zusammensetzungen: Die Genitivendung wird an zweites Kernglied angehängt. Unter den verbalen ZF unterscheidet man zwischen den Belegen ohne morphologische Einschränkungen und ZF, deren Komponenten nur in einer oder bevorzugten Flexionsform gebraucht werden. Als instabil kann man wohl die Flexion der adjektivischen ZF in attributiver Funktion bezeichnen, denn im identischen syntaktischen Kontext wurden alternative grammatische Formen festgestellt.

Die angeführten Belege veranschaulichen, dass ZF – unabhängig von der Wortklasse – sich wie komplexe, durch syntaktische Koordination gebildete Lexeme verhalten.

3.6 Syntaktische Funktionen und Distributionsmerkmale

3.6.1 Funktionen in Sätzen

Dänische ZF werden – mit wenigen Ausnahmen – als satzgliedwertige Mehrwortverbindungen in größeren Satzzusammenhängen gebraucht. Ihre Einbettung in den syntaktischen Kontext und somit ihre syntaktischen Funktionen hängen von der Gesamtbedeutung der ZF und der Wortklasse ab, aus der die Komponenten stammen. Unter Berücksichtigung der Wortart der Komponenten, der möglichen Satzgliedrolle und des morphologischen Paradigmas unterscheidet Fleischer (^{2}1997: 139) vier Klassen von Phraseologismen: 1) substantivische, 2) adjektivische, 3) adverbiale und 4) verbale. Bezugnehmend auf das untersuchte Beispielmaterial muss die Liste um eine präpositionale, pronominale, interjektionelle und kombinierte Klasse der ZF erweitert werden. Da die ZF als Mehrwortlexeme betrachtet werden, kann man von folgenden syntaktischen Funktionen der ZF ausgehen:

1. als Teil eines Satzgliedes:

- als Präpositionen mit temporaler Bedeutung werden die ZF *fra og med, til og med* gebraucht, die in syntaktischer Hinsicht als Teil eines Satzgliedes betrachtet werden (35):

    (35) *Ændringen har virkning **fra og med** 1. januar i året efter udløbet af denne 12-måneders periode*[44].

Dies gilt auch für die ZF mit kausaler Bedeutung *i og med*:

    (36) [...] *skandalen fandt ikke sin afslutning **i og med** domsafsigelserne* (KorpusDK).

---

44 https://skat.dk/skat.aspx?oID=96463&chk=204298 (05.04.2021).

2. als vollständige Konstituenten eines Satzes (Satzglieder) finden ZF eine breite Anwendung:

Bei verbalen ZF handelt es sich um Prädikate, Objekte oder Attribute:

- finiter/infiniter Prädikatsteil

In der Funktion des finiten Prädikatsteils werden beide Verben in konjugierter Form verwendet. Die gesamte ZF belegt in der Satzstruktur die Stelle des finiten Prädikatsteils (37):

> (37) Bygninger **knagede og bragede**, og folk flygtede i panik ud af deres huse[45].

Als infiniter Prädikatsteil kann eine verbale ZF in Infinitivform mit der Infinitivpartikel *at* (38) oder ohne diese (21) verwendet werden:

> (38) Det er nemlig ikke nødvendigt **at skrubbe og skure** efter en ultralydsrensning[46].

- Präpositionalobjekt

Der Gebrauch der verbalen ZF als Präpositionalobjekt und Präpositionalattribut spiegelt die syntaktische Besonderheit des dänischen Infinitivs wider, der von einer Präposition regiert wird. Diese syntaktische Funktion ist auch dänischen verbalen ZF eigen (39–40):

> (39) *Den fremtidige indkomst som tandlæge vil ofte være så stor, at der kan lægges rigeligt til side til pensionsalderen, så disse har ikke behov for **at spinke og spare** i ungdomsårene*[47].

- Präpositionalattribut

> (40) *Det er ikke et spørgsmål om at **pine og plage** folk, når levealderen stiger*[48].

Substantivische und pronominale ZF erfüllen alle Funktionen, die den eigentlichen Substantiven oder Pronomina zukommen:

---

45 https://www.berlingske.dk/internationalt/oestafrika-overrasket-af-kraftigt-jordska elv (05.04.2021).
46 https://www.berlingske.dk/business/forurening-bekaempes-med-ultralyd (05.04.2021).
47 https://www.berlingske.dk/privatoekonomi/hvordan-sparer-unge-bedst-op-til-pens ion (05.04.2021).
48 https://www.berlingske.dk/politisk-morgenpost/usa-ambassadoer-soeren-espersen-har-samme-synspunkt-som-trump-marie (06.05.2021).

- Subjekt (41)

    (41) *Samtidig skal man huske på, at **hr. og fru Danmark** generelt set ikke har ret mange aktier*[49].

- Subjektsprädikativ (42)

    (42) *Svampenes forunderlige liv belyses utroligt underholdende i ny bog af biolgen Merlin Sheldrake. De er hverken **fugl eller fisk**. De er hverken planter eller dyr [...]*[50].

- Direktobjekt (43)

    (43) *Spareplanen, som DR's generaldirektør, Maria Rørby Rønn, tirsdag fremlagde, får både **ros og ris** i onsdagens avisledere*[51].

- Indirektobjekt (44)

    (44) *Og hvis man giver **mænd og kvinder** adgang til en platform som denne, så ender det med at blive en dating-app...*[52].

- Präpositionalobjekt (45)

    (45) *I hvert fald inden for vidensarbejde, hvor jeg søger, skal man nemlig brænde **for dit og dat***[53].

- Adverbialbestimmung des Ortes (46)

    (46) *Vi så Danmark spille på storskærm på pladserne, i fjernsynet i stuerne eller rundt omkring **på gader og stræder***[54].

- Adverbialbestimmung der Zeit (47)

    (47) *Ifølge den vagthavende meteorolog bliver det også skyfrit og sol **fra morgen til aften** mod øst*[55].

---

49 https://www.berlingske.dk/business/danske-virksomheder-udbetaler-rekordudbytter-trods-coronakrise (06.05.2021).
50 https://www.berlingske.dk/boeger/fem-stjerner-intelligente-uudryddelige-og-velsmagende (06.05.2021).
51 https://www.berlingske.dk/politik/avisledere-dr-spareplan-er-fornuftig-og-indenfor-rammerne-0 (06.05.2021).
52 https://www.alt.dk/artikler/her-er-den-nye-veninde-tinder (06.05.2021).
53 https://www.berlingske.dk/kommentarer/det-jeg-braender-for-foregaar-udenfor-mit-arbejde-og-det-er-okay (06.05.2021).
54 https://www.berlingske.dk/em2020/ingen-ville-hjem-alle-ville-videre-og-aften-efter-aften-stimlede-vi-sammen (06.05.2021).
55 https://www.berlingske.dk/danmark/danmark-bliver-delt-i-to-fredag-vi-faar-lige-fra-15-til-32-grader (06.05.2021).

- Adverbialbestimmung der Art und Weise (48)

   (48) *„Som en lille knægt oppe fra Brønderslev, der har trænet **som død og djævel** hele sit liv, og lavet nogle gode ting [...]*[56].

Als eine deutlich hervortretende Gruppe von ZF, die Umstände eines Geschehens kommunizieren, sind die als Bestandteile eines Vergleichs (*som* + *ZF*) gebrauchten ZF zu nennen, wie z. B. *som grever og baroner, som hund og kat, som hægte og malle, som ild og vand, som lyn og torden, som nat og dag*.

ZF mit der Präposition *uden* können zwei syntaktische Rollen erfüllen. Je nach dem Bezugswort gelten sie als modale Adverbiale, die Art und Weise eines Geschehens näher bestimmen, z. B. *at arbejde **uden fejl eller mangler*** oder als Präpositionalattribute, wenn die ZF semantisch mit einem Nomen verknüpft wird, z. B. *et arbejde **uden fejl eller mangler***.

Substantivische ZF werden auch in **attributiver Funktion** gebraucht. Dabei kann zwischen zwei Typen unterschieden werden: entweder als Präpositionalattribut (49) oder Genitivattribut (50):

   (49) *[...] som kunstner blev det endnu vigtigere for mig at beskæftige mig endnu mere med det samtidshistoriske maleri efter at have oplevet soldaternes liv i Afghanistan, hvor det var et **spørgsmål om liv eller død***[57].
   (50) *Så skal vi til den igen: rygmarvs-forklaringen på **drenge og pigers, mænd og kvinders** forskellige uddannelses- og erhvervsvalg*[58].

Schließlich können die aus Substantiven bestehenden ZF als satzwertige Aussage funktionieren:

   (51) **Held og lykke!**
   Venlig hilsen / RokokoPosten[59].

Adjektivische ZF treten in drei Funktionen auf: Als Attribute und Nominalprädikate flektieren sie nach Genus und Numerus, in adverbialer Funktion (Adverbialia) sind sie unflektiert.

---

56 https://www.berlingske.dk/sport/den-flittige-golfstjerne-fylder-rundt (16.05.2021).
57 https://www.berlingske.dk/aok/i-150-aar-er-der-ingen-der-har-udfoert-mathildes-job-paa-denne-maade-det-er (16.05.2021).
58 https://www.berlingske.dk/laesere/det-er-dybt-bekymrende-for-dannelsesniveauet-i-det-danske-samfund (16.05.2021).
59 https://www.berlingske.dk/rokokoposten/rokokoposten-brevkasse-hvordan-faar-jeg-mit-barn-til-at-se-mere-tv (07.04.2021).

- Attribut (52)

    (52) *Efter uge 48 vil den nederste del af Frederiksgade fremstå med **en pæn og velholdt** belægning til gavn og glæde for alle*[60].

- Subjektsprädikativ (53)

    (53) *Og der sælges marihuana i stor stil. Man kan **blive vind og skæv** på alle tænkelige måder, for der er marihuana til enhver lejlighed*[61].

- in adverbialer Funktion sind beide Komponenten in adjektivischen ZF durch die die t-Endung gekennzeichnet (54 – 55):

    (54) *En række dugfriske regnskaber fra flere af hovedstadens mest profilerede restauranter viser **sort på hvidt**, hvordan coronakrisen trods kompensationspakker har sendt branchen i knæ*[62].

    (55) *Jeg synes, at man har et ansvar, når man låner en bil ud til nogen. Så må man sikre sig […] at vedkommende **kører pænt og ordentligt** i den bil, man låner ud, siger hun.*

Sogar die kleineren Subkategorien von ZF können vielerlei hinsichtlich syntaktischer Rollen gebraucht werden. Wortpaare, die sich beispielsweise aus **Adverbien** zusammensetzen, werden vor allem als Adverbialbestimmungen der Zeit, z. B. *af og til*, des Ortes *her og der*, der Art und Weise *højt og helligt* verwendet. Adverbielle ZF kommen auch als nachgestellte Attribute in Nominalphrasen vor:

    (56) *Fragtomkostninger **tur og retur** refunderes ikke*[63].

Einige adverbielle ZF können auch in der Funktion des nominalen Prädikatsteils auftreten, z. B. *være både sikkert og vis*. Die aus zwei **Zahlwörtern** bestehenden ZF können als Adverbialbestimmungen der Art und Weise z. B. *to og to*, oder als Objekte *lægge to og to sammen* verwendet werden.

    (57) *Politiet mener, at kvinderne arbejdede sammen **to og to** eller **tre og tre** om tyverierne*[64].

Die ZF *nul og niks* kann die Funktion des Subjekts, Objekts (58) oder Nominalprädikativs (59) übernehmen:

---

60 https://jyllands-posten.dk/jpaarhus/ECE5942290/aarhusgaagade-skal-skaanes/ (09.04.2021).
61 https://www.berlingske.dk/internationalt/marihuana-byen-i-colorado (09.04.2021).
62 https://www.berlingske.dk/oekonomi/business-update-onsdag-opgav-han-slagsmaal-mod-smykkegigant-nu-gaar-han (09.04.2021).
63 http://www.gskt.dk/saglsbetingelser (07.04.2021).
64 https://jyllands-posten.dk/indland/politiretsvaesen/ECE13066754/politiet-har-sigtet-seks-kvinder-for-at-svindle-med-indkoebsapp/ (09.04.2021).

(58) *Men intet i denne verden er gratis. For kan arbejdsgiveren ikke se, hvordan det optimerer din indsats, får du **nul og niks** [...]*[65].
(59) *Hvis der ikke bliver leveret på vores hold, så er vi **nul og niks***[66].

Die Paarformel *pro et contra*, die primär aus **Präpositionen** fremder Herkunft besteht, zeichnet sich durch eine breite Distribution aus, sie kann attributiv in einer Zusammensetzung (60), als Nominalprädikativ (61), Objekt (62), Präposition (63) oder Subjekt gebraucht werden:

(60) *Lørdag 23. januar lagde Berlingske spalter til **en pro et contra**-debat [...]*[67].
(61) *Dette er **en pro et contra**. Læs Rabih Azad-Ahmad, rådmand for Kultur- og Borgerservice i Aarhus Kommune, argumentere for det modsatte synspunkt her*[68].
(62) *Hun er først og fremmest en journalist på jagt efter sandheden, mærker man. Overvejer konstant **pro et contra** – også når det handler om det brandvarme spørgsmål om seksuel chikane [...]*[69].
(63) *Jeg har ved to konferencer tidligere set, at konfrontationen **pro et contra** Microsofts standarder ender i en gold stillingskrig, men alligevel*[70].

Einzelne ZF können ihrer Spezifik nach als autonome **Aussagen, Sätze oder Texte** (vgl. Farø 2007a: 4) betrachtet werden z. B. *ja eller nej?, gå hjem og vug!, Skik følge eller land fly*. Als selbstständige satzwertige Aussagen gelten auch *ak og ve*, sowie *Død og kritte!*, die zum Ausdruck der Emotionen (Wut, Überraschung, Angst, Bestürzung) dienen und das Phrasem *Fy og føj*, das Abneigung und Abscheu kommuniziert.

Syntaktische Funktionen der einzelnen Gruppen von ZF enthält Abb. 9.

---

65 https://jyllands-posten.dk/livsstil/ECE11385462/saadan-forhandler-du-om-frynsegoder/ (09.04.2021).
66 https://jyllands-posten.dk/sport/fodbold/ECE9783997/soenderjyskeanfoerer-nederlag-var-en-oejenaabner/ (07.04.2021).
67 https://www.berlingske.dk/arkitektur/hvorfor-kaemper-politikerne (04.05.2021).
68 https://www.berlingske.dk/kommentarer/selvfoelgelig-skal (04.05.2021).
69 https://www.berlingske.dk/kultur/hun-faeldede-den-svenske-kulturprofil (04.05.2021).
70 https://www.berlingske.dk/business/haengt-ud-paa-nettet-med-dumpekarakter (04.05.2021).

Charakteristik der Zwillingsformeln

Wortklasse der Komponenten	finiter Prädikatsteil	infiniter Prädikatsteil	Nominalprädikat	Subjekt	direktes Objekt	indirektes Objekt	Präpositionalobjekt	Attribut	PräpAttr	lokale Adv.	temp. Adv.	modale Adv.	satzwert. Aussage	Funktionenanzahl
Verb	•	•						•					•	4
Substantiv			•	•	•	•	•	•	•	•	•	•	•	11
Adjektiv			•					•				•		3
Adverb			•					•		•	•	•		5
Numerale			•	•	•							•		4
Präposition			•	•	•			•						4
Konjunktion														(1)[71]
Interjektion													•	1

Abb. 9 Morphosyntaktische Klassen von ZF und ihre syntaktischen Funktionen

Die Darstellung veranschaulicht eine weitgehende Übereinstimmung zwischen den syntaktischen Funktionen der einzelnen Gruppen von ZF und denen, die Lexeme einzelner Wortklassen erfüllen. Demzufolge spiegelt sich die breite syntaktische Distribution der Substantive in der hohen Anzahl der syntaktischen Funktionen von substantivischen ZF wider. Dies bringt deutlich die syntaktische Natur der ZF zum Ausdruck: Als Satzglieder verhalten sie sich (grob gesehen) wie Einzelwörter.

3.6.2 Einbettung in den syntaktischen Kontext

Die Spannweite der distributionellen Eigenschaften erstreckt sich von der breit gefassten Kombinierbarkeit und Variabilität des interphrastischen Kontextes bis zu strengen Kookkurrenzbeschränkungen, nach denen eine ZF ein obligatorischer Teil einer festen, stark konventionalisierten Struktur – eines Sprichwortes, Zitates, Aphorismus usw. – ist und kaum außerhalb der Struktur vorkommt. Im Übergangsbereich sind allerdings weitere Stufen der syntaktischen Distributionsbeschränkungen vorhanden.

---

71 Die konjunktionellen ZF *når og hvis* und *hvis og hvis* werden als Konjunktionen mit verstärkender Funktion gebraucht.

Die in Kap. 3.6.1 beschriebene Liste von syntaktischen Funktionen zeigt das Potenzial der einzelnen Gruppen und mögliche Gebrauchskontexte. Allerdings variieren die Gebrauchsregeln von Fall zu Fall und konkrete Exemplare können weitere Eigentümlichkeiten aufweisen.

Eine ZF, die in einem festen Kontext erscheint (z. B. in Sprichwörtern), ist normalerweise syntaktisch **monofunktional**, eine ZF ohne wesentliche syntaktische Kookkurrenzbeschränkungen kann **polyfunktional** sein und ein Bündel von syntaktischen Funktionen verknüpfen.

Um der Vielzahl der Fakten und Kontexte eine übersichtliche Form zu verleihen, werden ZF nach einer groben Unterteilung in drei Typen zur Ermittlung der charakteristischen Muster der syntaktischen Kombinierbarkeit gegliedert:

a. ZF mit einer breiten Distribution, die allgemeine Regeln der sprachlichen Korrektheit respektieren sollen;

b. ZF in festen syntaktischen Strukturen ohne Satzwert, jedoch mit gewissen Beschränkungen in der syntaktischen Fügungspotenz und morphologischer Freiheit;

c. ZF als feste Bestandteile von stereotypen satzwertigen Aussagen mit dem Status einer phraseologischen Einheit.

Da die Zugehörigkeit der Kernglieder von ZF zu Wortklassen die syntaktischen Charakteristika von Paarformeln wesentlich determiniert, werden die Schemata der syntaktischen Kombinatorik und Distribution der ZF nach der Wortartenzugehörigkeit ihrer Komponenten besprochen.

3.6.2.1 Syntaktische Kombinatorik der verbalen ZF

Die Kategorie der verbalen ZF kann hinsichtlich ihrer syntaktischen Fügungspotenz in folgende Untergruppen gegliedert werden:

1. Ungebundene verbale ZF können hinsichtlich der syntaktischen Funktionen, der Konjugationsformen, der syntaktischen Kombinatorik, der Anwendung in Satztypen ohne morphosyntaktische Einschränkungen verwendet werden (s. Kap. 3.6.1).

2. ZF als Teile von größeren syntaktischen Einheiten können nicht selbstständig gebraucht werden. Auch die Strukturen, in die sie eingebettet sind, bilden keine autonomen Aussagen. Aufgrund der morphosyntaktischen Restriktionen beschränkt sich die ZF oft auf eine morphologische Form der verbalen Komponenten. In der Vielfalt der syntaktischen Verflechtungen kann man weitere Untergruppen nennen:

Untertyp 2a: ZF als Teil einer verbalen Phrase

In dieser Untergruppe bildet die obligatorische syntaktische Umgebung ein Modalverb oder die Verben *være til, have til, lade*, die verbale ZF regieren. Vereinzelt tritt obligatorische Negation (*hverken – eller*) auf. Die Liste und die Angaben zum Gebrauch der ZF im obligatorischen Kontext enthält Tab. 13.

Tab. 13 Verbale ZF mit syntaktischen Restriktionen, als Teil eines verbalen Phraseologismus

Nr.	Finiter Prädikatsteil	ZF
1.	kunne	*stave og lægge sammen*
2.	være til at	*tage og føle på*
3.	være til at	*le og græde over*
4.	have	*alt at vinde og intet at tabe*
5.	lade ngt	*ligge og vente*
6.	hverken kunne	*sanse eller samle*
7.	hverken kunne	*skide eller slå på tromme*
8.	hverken ville	*eje eller have*
9.	hverken være til at	*hugge eller stikke i*
10.	hverken være til at	*leve eller dø af*

Untertyp 2b: ZF in der Struktur eines Nebensatzes

Diese Gruppe umfasst ZF, die ein festes Satzglied (oder dessen Teil) eines Nebensatzes sind. Es handelt sich um einen Attributsatz, Objektsatz oder Vergleichssatz ohne Subjektergänzung (Tab. 14).

Tab. 14 Verbale ZF mit syntaktischen Restriktionen, als Teil eines Nebensatzes

Nr.	HS	Konnektor		NS (mit verbaler ZF)
Relativsatz:				
1.	alt	hvad	der kan	*krybe og gå.*
Objektsatz:				
2.	ikke vide	hvor	man skal	*ende og begynde.*
3.	ikke vide	om	er	*købt eller solgt.*
4.	ikke vide	om	jeg	*vil eller ej.*
5.	ikke vide	hvad	enten man	*piber eller synger.*
Vergleichssatz:				
6.	...	som	(det) sig	*hør og bør.*
7.	...	som	du	*står og går.*

3. ZF als Komponenten in festen, semantisch und syntaktisch selbstständigen Aussagen, die als solche in verschiedenen Textzusammenhängen reproduziert werden. Diese Menge kann man weiter gliedern.

Untertyp 3a: Vollständige syntaktische Einheiten in Satzform mit einer festen Subjektergänzung. Begleitende Satzglieder können leicht im Rahmen einer grammatischen Kategorie geändert werden, indem z. B. das Tempus der finiten Verbform an den situativen Kontext angepasst wird.

Als Beispiel diene hier die ZF im Satz *Det er lettere* **sagt end gjort**. Sie weist starke Kookurrenzbeschränkungen auf: Die einzige syntaktische Umgebung bilden das Adjektiv *lettere* (mit alternativem Gebrauch des Synonyms *nemmere*) und das Verb *være* als finiter Prädikatsteil ohne morphologische Beschränkungen. Dies erlaubt somit trotz der phraseologischen Stabilität grammatische Varianten (d. h. Konjugation) innerhalb der finiten Verbform: *der er/var/kan være lettere sagt end gjort*.

Weitere Belege dieser Gruppe: *gå hjem og vug!, det får/må briste eller bære, det er til at le eller græde over, det er bedre at forebygge end at helbrede.*

Untertyp 3b: ZF mit noch strengeren Kookurrenzbeschränkungen in fertigen, abgeschlossenen Aussagen (Zitate, Sprichwörter, Aphorismen usw.). Sie werden in fester Form reproduziert und lassen keine morphologischen Varianten der einzelnen Komponenten zu:
Se Venedig og dø.
At være eller ikke at være.
Del og hersk.
Livet må leves forlæns og forstås baglæns.
Pak skændes, og pak forliges.
Skik følge eller land fly.
Tab og vind med samme sind.

3.6.2.2 Syntaktische Kombinatorik der substantivischen ZF

Die syntaktische Einbettung von ZF, die aus Substantiven oder Pronomen bestehen, ist viel abwechslungsreicher als die der verbalen. Nach den Distributionseigenschaften kann man zwischen folgenden Gruppen unterscheiden.

1. ZF mit einer sehr breiten Distribution sowohl hinsichtlich der Übernahme von syntaktischen Funktionen als auch syntaktischer Kombinatorik, allerdings unter Berücksichtigung eigener Semantik und Valenz. Die ZF *det ene og det andet* kann beispielsweise in unterschiedliche Satzzusammenhänge eingebunden und mit (fast) jedem semantisch kompatiblen Vollverb unterschiedlicher

Bedeutungsklassen (Handlungsverben, Tätigkeitsverben, Zustandsverben) kombiniert werden:

Subjekt + være / have / blive / reparere / tegne / købe   det ene og det andet

2. ZF als Teile größerer syntaktischer Strukturen unterhalb des Satzes sind auf Verkettung mit einer bestimmten Präposition (2a) oder einem bestimmten Verb oder Verbgruppe (2b) festgelegt.

Untertyp 2a: ZF als Dependes einer Präpositionalphrase. Die Bindung an eine Präposition resultiert in Beschränkung der syntaktischen Fügungspotenz einer ZF. Fleischer erklärt den Sachverhalt folgendermaßen:

> Ein großer Teil der substantivischen Wortpaare ist als Präpositionalgruppe phraseologisiert und kann dementsprechend nur als Adverbialbestimmung (in Sonderfällen als präpositionales Attribut) verwendet werden. Die Präposition ist obligatorische phraseologische Komponente. (Fleischer ²1997: 107)

Die obligatorische Präposition steht vor dem ganzen Ausdruck, z. B. *med hud og hår* und regiert die ganze Mehrwortverbindung. Eine Ausnahme stellen zwei Beispiele dar, in denen die Präposition beide Komponenten der ZF begleitet: *til lands og til søs, til lands og til vands*.

Außer wenigen Beispielen ist die Präposition nicht austauschbar (64). Die Substitution (65, 66) oder Auslassung (67) zerstört die Struktur und Semantik des Phraseologismus, z. B.:

(64) *Granada kom ud til anden halvleg **som lyn og torden** [...]*[72].
(65) *Etapen startede som ventet **med lyn og torden** og flere angrebsforsøg på stribe i jagten på at komme i udbrud for at høste tv-tid og løbets første bjergpoint*[73].

---

72 https://www.berlingske.dk/sport/united-saetter-kurs-mod-semifinale-med-sikker-sejr (04.05.2021).
73 https://www.berlingske.dk/sport/voldsomme-styrt-tager-fokus-i-alaphilippes-tour-sejr (04.05.2021).

(66) *Kort efter fik de sendt en luftambulance afsted, som „klarede at komme* **igennem lyn og torden**" *og hente den tilskadekomne [...]*[74].

(67) *I løbet af weekenden kan der komme mere* **lyn og torden**[75].

In dem untersuchten Material gibt es ca. 100 Belege dieser Art, d.i nicht einmal 10 % aller Bestände des Teilkorpus A, z. B. *af kød og blod, bag lås og slå, for tid og evighed, med brask og bram, på nåde og unåde, uden fejl og lyde, over stok og sten, gennem tykt og tyndt, i bund og grund, mellem himmel og jord, til punkt og prikke*. Dies beleuchtet den Anwendungsbereich und kontextuelle Einbettung der substantivischen Paarformeln.

Eine separate Untergruppe bilden ZF, die nur als Bestandteile von Vergleichsphrasen vorkommen mit der obligatorischen Vergleichspartikel *som*. Die Liste der Vergleiche mit ZF umfast 7 Konstruktionen, z. B. *som ild og vand, som lyn og torden, som yin og yang* u.a.

Deren Fügungspotenz beschränkt sich auf nur eine syntaktische Funktion der modalen Adverbialbestimmung.

Untertyp 2b: Substantivische ZF als Teil einer verbalen Phrase. Feste Einbindung an verbalen Kontext resultiert in syntaktischen Kookkurrenzbeschränkungen, indem bestimmte Fügungspräferenzen hinsichtlich der Verbwahl mehr oder weniger fest vorgeschrieben sind. Bei den Selektionsbeschränkungen kann es sich um eine bestimmte semantische Verbklasse (oder Gruppe von Synonymen) oder sogar nur ein bestimmtes Verb handeln, mit dem eine ZF dann als eine funktionale Einheit gilt. Die Beschränkungen ergeben sich aus der semantischen Kongruenz, denn die Wahl des Verbs wird von der Bedeutung und struktureller Gestalt der ZF determiniert. Dies illustrieren folgende Belege:

Mögliche Verben:
være, befinde sig, komme, blive knust/fanget
bo, leve, ligge, befinde sig, arbejde
fare, rejse, tumere, flakke, fare, drage, køre, farte
flygte, gå, tvinge, drive, sætte, jage, blive sendt
søge, lede, prøve at finde

ZF
mellem hammer og ambolt
uden for lands lov og ret
land og rige rundt
fra hus og hjem
med lys og lygte

---

74 https://www.berlingske.dk/internationalt/to-personer-draebt-af- (04.05.2021).
75 https://www.berlingske.dk/samfund/regeringen-vil-opruste-naerpolitiet-i-hele-danmark (04.05.2021).

Eine stärkere Kontextgebundenheit weisen ZF auf, die nur mit einem Verb eine vollständige Satzaussage bilden und kaum andere Kookurrenzen zulassen. Unterschiedlich werden sie in der phraseologischen Literatur kategorisiert. Dietz behauptet, dass es sich bei derartigen Belegen nicht um reine Paarformeln handelt, sondern um verbale Redewendungen, die ein phraseologisches Wortpaar enthalten (Dietz 1999: 334). Sternkopf (1991: 131) verwendet für die deutschen Konstruktionen dieser Art die Bezeichnungen:

- **verbalisierte Paarformel** z. B. *Kopf und Kragen riskieren*, in der verbale Komponente obligatorisch, aber nicht in übertragener Bedeutung auftritt, oder
- **verbaler Phraseologismus**, wie z. B. *Gift und Galle spucken*, der vollständig idiomatisiert ist. Allerdings sind derartige Belege im dänischen Korpus vorhanden (50 Belege), z. B. *love bod og bedring, dele bord og seng med, tabe mål og mæle*.

Untertyp 2c: ZF in festen satzwertigen Aussagen. Ohne Variabilität des syntaktischen Umfelds, das auf eine stereotype Aussage reduziert ist, werden die ZF nur in einem festgelegten syntaktischen Zusammenhang verwendet, denn die fertigen Aussagen Sprüche, Aphorismen, Zitate machen die einzigen Träger und Quellen der Wortpaare in kanonischer Form aus. ZF kommen dann nur in einer Flexionsform vor, ihre Bedeutung kann nicht durch den wechselnden Kontext modifiziert werden, z. B. *Der er forskel på* **kong Salomon og Jørgen Hattemager**. *Smag og behag er forskellig. Uden* **mad og drikke** *duer helten ikke. Lykken er hverken* **gods eller guld**.

Diese Art von ZF wird normalerweise in Texten verwendet, in denen abwechslungsreiche Ausdrucksmittel mit sprachlichen Bildern, Metaphern, auffälligen Stilmitteln erforderlich sind. Die verwendeten Stilfiguren schaffen ästhetische Qualität, die Sprache wird stark emotionalisiert und der Text drückt emotionale Intensität aus.

3. Eine separate Untergruppe bilden ZF als eigenständige Konstruktion, die sowohl im Satzkontext als auch als eigenständige Äußerungen auftreten können: *død og pine* und *himmel og hav* (vgl. Kap. 4.5).

3.6.2.3 Syntaktische Kombinatorik der adjektivischen ZF

1. ZF ohne syntaktische Beschränkungen außer denen, die sich aus semantischer und externer syntaktischer Valenz ergeben – z. B. *kort og godt, klar og tydelig*.
2. ZF als Teil einer syntaktischen Einheit:

Untertyp 2a: Adjektivische ZF als Bestandteil einer Präpositionalphrase. Die obligatorische Präsenz einer Präposition in der adjektivischen ZF beeinflusst ihre Gesamtbedeutung und determiniert ihre syntaktische Funktion. Sie werden als adverbiale Satzglieder verwendet, kaum möglich ist der attributive und prädikative Gebrauch z. B. *på godt og ondt, fra fjern og nær* u.a.
Untertyp 2b: Adjektivische ZF als Teil einer verbalen Phrase.
Das phraseologisierte adjektivische Wortpaar als ein Teil eines verbalen Phraseologismus kommt nur in der vorgeschriebenen Funktion der Adverbialbestimmung der Art und Weise vor. Die ZF charakterisiert nämlich den Verlauf eines Geschehens, z. B. *ærgre sig gul og grøn*.
3. ZF als Bestandteil einer autonomen satzwertigen Aussage, z. B. *Hellere lille og vågen end stor og doven*.

3.6.2.4 Syntaktische Kombinatorik der adverbiellen ZF

1. ZF ohne feste syntaktische Bindung mit einer breiten syntaktischen Kombinierbarkeit, wie z. B. *tit og tæt, her og der*.
2. ZF als Bestandteil einer größeren syntaktischen Einheit:
Untertyp 2a: ZF als feste Komponenten einer Präpositionalphrase, haben eine eingeschränkte syntaktische Fügungspotenz. Es geht um lexikalisierte Konstruktionen, die funktionale Einheiten bilden z. B. *til højre og venstre, på kryds og tværs*.
Untertyp 2b: ZF als Teil eines phraseologischen verbalen Phrasems z. B. *hverken se til højre eller venstre, behandle oppefra/ovenfra og ned*.
3. ZF als Bestandteil eines satzwertigen Phraseologismus, z. B. **Nærved og næsten** *slår ingen mand af hesten,* **For lidt og for meget** *fordærver alting*.

Die ZF *frem og tilbage* ist ein Beispiel für eine ZF, die sowohl als Komponente in festen Aussagen Anwendung findet (68) als auch in anderen Kontexten frei eingesetzt werden kann (69):

(68) **Frem og tilbage er lige langt**, *og sejren har mange fædre. Men nederlaget er altid forældreløst [...]*[76].
(69) *»Det er vores primære transportmiddel, som vi bruger hver evig eneste dag. Det er sådan vi kommer* ***frem og tilbage*** *og rundt i København. [...]«*[77].

---

76 https://www.information.dk/indland/2018/06/jens (07.05.2021).
77 https://www.berlingske.dk/metropol/besvaerligt-at-eje (07.05.2021).

3.6.2.5 Syntaktische Kombinatorik übriger ZF

Die sich aus Zahlwörtern, Präpositionen, Konjunktionen, Interjektionen zusammensetzenden ZF bilden im Hinblick auf die Anzahl der Konstruktionen im Teilkorpus A eine Randerscheinung. Nichtsdestoweniger lassen sich auch in den zahlenmäßig schwach vertretenen Subkategorien unterschiedliche Untertypen bezüglich der syntaktischen Kombinatorik und Kookkurrenzbeschränkungen unterscheiden. Man findet in der kleinen Sammlung Beispiele für ZF ohne obligatorische Kontextanbindung, wie z. B. *to og to, nul og niks, pro et contra*. Das untersuchte Material belegt auch Exemplare, die Bestandteile von verbalen Phrasen (*hverken sige **buh** eller **bæh***) oder satzwertigen Phrasemen (***hvis og hvis** min røv var spids*) sind.

Als eine selbstständige syntaktische und kommunikative Einheit gelten die ZF, die sich aus Interjektionen zusammensetzen z. B. *Ak og ve* und *fy og føj*.

3.6.3 Satzkontext und Phrasembedeutung

Den Ausführungen in Kap. 3.3.2 zufolge können ZF als selbstständige lexikalische Einheiten (freie Verwendung) oder als Bestandteile von festen präpositionalen oder verbalen Wortgruppen bzw. satzwertigen Aussagen funktionieren. Vor dem Hintergrund der graduierbaren syntaktischen Fügungspotenz und des sich ändernden syntaktischen Umfelds werden im vorliegenden Kapitel ZF diskutiert, deren Bedeutung und syntaktische Funktionen von der syntaktischen Umgebung gesteuert werden. Zu unterscheiden sind folgende Erscheinungsformen: ZF als eine koordinierte Wortgruppe A kon B, ZF als Bestandteil einer Präpositionalphrase, ZF als Bestandteil einer verbalen Phrase, die im analysierten Material unterschiedliche Konstellationen bilden.

Die ZF *fred og ro* kann in der Bedeutung ‚Zustand ohne Lärm oder Störung' als Subjekt (70), Objekt (71) oder Präpositionalobjekt (72) Anwendung finden:

(70) »*Vores store ønske er, at **fred og ro** vender tilbage i samfundet*« […]'[78].
(71) *Hendes oplevelse er, at tyvene har fred og ro til at stjæle cykler i cykelkælderen* […][79].
(72) *På vegne af min familie beder jeg om **fred og ro***[80].

---

78 https://www.berlingske.dk/internationalt/bolivias-pressede-praesident-meddeler-sin-afgang (07.05.2021).
79 https://www.berlingske.dk/metropol/maia-meldte (07.05.2021).
80 https://www.berlingske.dk/sport/tidligere-fifa-praesident-sepp-blatter-er-indlagt-paa-hospitalet (07.05.2021).

Die gleiche ZF bildet eine feste Präpositionalphrase *i fred og ro*, die in der Bedeutung ‚Ausdruck, dass etwas ohne Eile geschieht' (DDO, unter *fred*) als Adverbial der Art und Weise verwendet wird (73):

> (73) *Skaderne er ofte store, fordi de udvikler sig **i fred og ro** gennem længere tid*[81].

Ein anderes Beispiel für eine ZF mit zwei strukturellen Erscheinungsformen und Unterschieden im Bereich der syntaktischen Funktionen sind Konstruktionen *et og alt* und *i et og alt*. Die erstere ZF wird in der Bedeutung ‚Ein und Alles' (das Wertvollste, Kostbarste für jemanden sein) in der Struktur *være et og alt* bzw. *mit et og alt* verwendet (74):

> (74) *En gang var den sorte hip hop **hans ét og alt**, men det er slut nu*[82].

Die andere ZF kommt als eine Präpositionalphrase *i et og alt* in der Bedeutung ‚vollständig; in jeder Hinsicht' vor, z. B.:

> (75) *Jo, hun ville da gerne spise tøsefrokost med Kjærsgaard og måtte indrømme, at hun **i ét og alt** var enig med Karen Jespersen i hendes morderiske, falsethylende ‚pragmatisme'* [...][83].

Als weitere Beispiele können die Paare *ro og orden/i ro og orden* und *krop og sjæl/i krop og sjæl* genannt werden, deren beide Konkurrenzformen wegen der strukturellen Unterschiede andere syntaktische Funktionen erfüllen und dabei Bedeutungsunterschiede aufweisen, denn die syntaktische Erscheinungsform determiniert die Bedeutung der ZF.

Unterschiedliche syntaktische Kombinierbarkeit mit Verben und semantische Unterschiede bestehen zwischen zwei ZF mit den Komponenten *ild/vand*:

gå gennem ild og vand ‚alles für jdn tun',
være som ild og vand ‚grundverschieden, wie Feuer und Wasser'.

Syntaktisches Umfeld beeinflusst auch die ZF mit den Kerngliedern *hat/briller*: Der Austausch des verbalen Kontextes resultiert im Gebrauch einer anderen Präposition und hat den Bedeutungswandel der ganzen Konstruktion zur Folge:

holde på hat og briller ‚aufpassen',
gå op i hat og briller ‚zu nichts werden'.

---

81 https://www.berlingske.dk/nyheder/ en-usynlig-trussel-lurer-under-aeldre-parcelhuse (7.05.2021).
82 https://www.information.dk/1997/09/cowboy-boogie-anaheim (07.05.2021).
83 https://www.information.dk/2007/07/taenkeboksen-3 (07.05.2021).

Formale strukturelle Übereinstimmung besteht zwischen den Belegen *to og to* ‚zu zweit, paarweise' vs. *lægge to og to sammen* ‚zwei und zwei zusammenlegen'. Kontraste treten im Bereich der syntaktischen und semantischen Eigenschaften in Erscheinung. Während das erstere Phrasem keine direkte Kontextgebundenheit charakterisiert, weist die andere ZF als Bestandteil eines verbalen Phrasems starke Kookkurrenzbeschränkungen auf.

3.7 Semantische Charakteristik der ZF

3.7.1 Beziehung der ZF zur Polysemie

ZF als Phraseme können nur eine, wörtliche Bedeutung oder auch zwei Inhaltsebenen haben: eine wörtliche und eine phraseologische (idiomatische). Mögliche semantische Beziehungen nach der Beziehung zur Polysemie werden anhand des Diagramms dargestellt (vgl. Abb. 10):

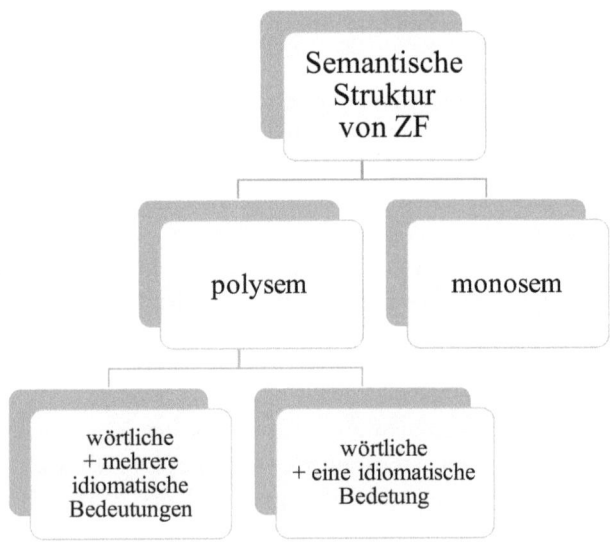

Abb. 10 Klassifizierung von ZF aufgrund ihrer Beziehung zur Polysemie

Demzufolge kann zwischen den monosemen und polysemen ZF unterschieden werden. **Monoseme** ZF sind Phraseme mit nur vollidiomatischer Bedeutung (z.B. *hulter til bulter*) oder auch solche, die nur wörtliche Bedeutung haben, denn der Prozess ihrer Idiomatisierung hat noch nicht begonnen oder wird – aufgrund verschiedener Faktoren – nie stattfinden. Derartige ZF weisen nur einen schwachen Grad der inneren Kohärenz auf, z. B. *bjerge og dale, syg og* dårlig. Innerhalb der **polysemen** Unterkategorie muss zwischen solchen unterschieden werden, die sowohl eine wörtliche als auch eine idiomatische (übertragene, metaphorische) Bedeutung haben z. B. *her og der,* und solchen mit einer wörtlichen und mehreren idiomatischen Bedeutungen z. B. *kød og blod*[84]. Die polysemen Bedeutungsrelationen des ersten und zweiten Types werden am Beispiel zweier Belege veranschaulicht:

her og der:	wörtliche Bedeutung: genauer Hinweis auf zwei Standorte,
her og der:	phraseologische Bedeutung: ‚an mehreren oder vielen verschiedenen Orten, überall',
kød og blod:	wörtliche Bedeutung: ‚Fleisch und Blut',
kød og blod:	phraseologische Bedeutung 1: ‚lebendiger Mensch',
(eget) kød og blod:	phraseologische Bedeutung 2: ‚Familie oder eigene Kinder',
af kød og blod:	phraseologische Bedeutung 3: ‚ein tatsächlich vorhandener Mensch, mit seinen Stärken und Schwächen, mit seinen Gefühlen'.

Zur Gruppe der polysemen ZF mit zwei phraseologischen Bedeutungen zählen u.a.: *i bund og grund* (dt. 1. tatsächlich, 2. vollständig, gänzlich), *på alle ledder og kanter* (dt. 1. überall, 2. in jeder Hinsicht), *røv og nøgler* (dt. 1. eine schlechte Leistung, 2. etwas oder jemand von geringem Wert) u.a. Polyseme ZF machen circa 5 % des Korpusbestandes aus.

3.7.2 Idiomatizität der ZF

Der Idiomatizitätsgrad der ZF kann anhand der dreistufigen Skala der Idiomatizität (Burger [3]2007: 46) ermittelt werden[85]. Dem Klassifizierungskriterium zufolge sind in der untersuchten Belegsammlung folgende Kategorien zu unterscheiden:

- nicht-idiomatische Phraseme z. B. *fornavn og efternavn,* in denen beide Komponenten in ihrer wörtlichen Bedeutung verwendet werden und die Gesamtbedeutung des Phrasems nach dem Kompositionalitätsprinzip („Frege-Prinzip") zu ermitteln ist. Als Beispiele für die nichtidiomatischen

---

84 Explikation der Bedeutung nach www.idiomordbogen.dk (20.01.2006).
85 In der Diskussion über den Grad der Idiomatizität von ZF kann man auch Farøs Vorschlag (2003b: 52 ff.) mit fünfstufiger Gradation erwähnen. Da die Typologie eher für andere Gruppen von Phrasemen besser geeignet ist, wird sie in der Klassifizierung der dänischen ZF nicht angewendet.

ZF gelten u.a. folgende Belege: *ja eller nej, køb og salg, mere eller mindre, søn- og helligdage, ung og smuk, venner og bekendte, udtryk og vendinger;*
- semi-idiomatische (teilidiomatische, schwachidiomatische) Phraseme enthalten eine der Komponenten in wörtlicher und eine in metaphorischer Bedeutung. Zu den semi-idiomatischen Paarformeln können u.a. folgende Beispiele gezählt werden: *børn og barnlige sjæle, fest og farver, med mand og mus, store ord og fedt flæsk;*
- vollidiomatische (idiomatische) ZF sind Phraseme, für die das Kompositionalitätsprinzip nicht gilt, d. h. ihre Gesamtbedeutung lässt sich nicht aus den Bedeutungen ihrer Teilausdrücke ermitteln, denn die Phrasemkonstituenten werden nicht in ihrer wörtlichen Bedeutung verwendet. Zu den vollidiomatischen ZF können u.a. gezählt werden: *fyr og flamme, holde på hat og briller, mellem kolera eller pest, mellem Skylla og Charybdis, over stok og sten, pis og papir, pot og pande, 1700 og hvidkål.*

Als wichtigstes Merkmal in der Semantik der Zwillingsformeln – so Dietz (1999) – ist die „Einheitlichkeit des Sinns", d. h. die Tatsache, dass sich die beiden Komponenten – synonym oder antonym – jeweils zu einem „Oberbegriff" zusammenfassen lassen. Dabei wird dessen Inhalt durch das Wortpaar weitaus kräftiger und eindringlicher vermittelt, als wenn an dieser Stelle der Oberbegriff selbst gebraucht würde (Dietz 1999: 335). Dies ist vor allem bei den vollidiomatischen oder teilidiomatischen ZF der Fall, in denen zwei Basisikomponenten nicht auf zwei Denotate verweisen, sondern auf eine Größe. In der Konstruktion *mellem hammer og ambolt* (dt. in einer schwierigen Lage) dient beispielsweise das aus Bezeichnungen von Werkzeugen bestehende Wortpaar zur Wiedergabe eines Sachverhalts in zwischenmenschlichen Beziehungen.

Die Umschreibung und Paraphrasierung sind nicht nur für ZF mit figurativer Bedeutung möglich. Oft lässt sich auch für die ZF mit wörtlicher Bedeutung einen passenden Oberbegriff finden, z. B. die oben genannte ZF *fornavn og efternavn* kann man nämlich durch eine allgemeinere Bezeichnung ‚persönliche Daten' ersetzen, *ung og gammel* durch ‚alle', *synge og danse* durch ‚sich amüsieren' umschreiben usw.

Nichtidiomatische ZF erfüllen außerdem eine andere kommunikative Funktion: Sie dienen u.a. zum Ausdruck der Verstärkung oder zur Präzisierung der Aussage (vgl. Kap. 4.3 unter *Spezifizierung der Bedeutung, Ausdrucksverstärkung*).

Selbst wenn man eine recht detaillierte Klassifizierung nach dem Kriterium der Idiomatizität erstellt, findet man gleitende Übergänge und Grenzfälle zwischen den definierten Subtypen von Wortverbindungen entlang dieses

Kontinuums, was sich in unterschiedlichen Satz- und Textzusammenhängen aktualisieren kann. Die Kategorie der stark lexikalisierten ZF ist geschlossen und wird sehr langsam durch neue Belege bereichert; als offen und produktiv ist die Kategorie der nicht lexikalisierten ZF. Die besprochene Typologie umfasst zwar Stufen der semantischen Durchsichtigkeit, jedoch ungleichmäßig sind die ZF innerhalb der Kategorien verteilt. Dabei sind relativ wenige ZF opak, in den meisten besteht zwischen der wörtlichen und der phraseologischen Lesart eine für den Textproduzenten und -empfänger aus synchroner Sicht mehr oder weniger nachvollziehbare Verbindung z. B. *fra top til tå* (dt. von Kopf bis Fuss).

3.7.3 Metaphorik und Bildlichkeit der ZF

Die Idiomatizität der ZF hängt mit der Eigenschaft der **Bildlichkeit** zusammen. Die übertragene Bedeutung wird oft durch ein Bild unterstützt, das die metaphorische Darstellung des Gemeinten konstruiert, um komplizierte Sachverhalte zu veranschaulichen und dadurch auch effizienter die kommunikative Absicht vermitteln zu können. Die metaphorischen Ressourcen der dänischen ZF, deren Bedeutungsübertragung aufgrund der Ähnlichkeit zweier Größen stattfindet, sind nicht besonders umfangreich, man kann jedoch auf einige Muster und Konventionen hinweisen, die der phraseologischen Bedeutung der ZF zugrunde liegen.

Als erste Subkategorie, die sich strukturell und semantisch von den übrigen ZF abhebt, ist die bescheidene Gruppe von phraseologischen Vergleichen, in denen die Stelle der Bezugsgröße von einem Wortpaar belegt ist. Das Teilkorpus A enthält sieben Vergleiche, die als Beispiele für bildliche Ausdrücke gelten können: *som grever og baroner, som hund og kat, som ild og vand, som lyn og torden, som nat og dag, som yin og yang, som du og jeg*. Als ein Sonderfall gilt die Konstruktion, die aus zwei koordinierten Vergleichen besteht: *springe op som en løve og falde ned som et lam*, in der mit der faunischen Lexik in phraseologischer Bedeutung die menschliche Natur wiedergegeben wird ‚mit großem Enthusiasmus und Energie ein Unternehmen wagen, es aber letztendlich nicht abschließen'.

Durch die Verwendung der Wortpaare in Vergleichen rufen sie eine Reihe von individuellen und kollektiven Assoziationen, Einzelbildern und Vorstellungen hervor. Allerdings unterscheiden sie sich im Grad der Expressivität: von einer (scheinbar) wenig ausgesuchten (*som du og jeg*), bis hin zu einer hyperbolischen (*som lyn og torden*). Jeweilige Aktualisierung der Bedeutung erfolgt in einem bestimmten Satz- oder Textzusammenhang. Der bescheidene und beschränkte Komponentenbestand von ZF ermöglicht Anwendung von lediglich skizzenhaft konstruierten Bildern, die trotz einer weitgehenden Vereinfachung und eines starken Schematismus in der sprachlichen Gestaltung ihr assoziatives Potenzial entfalten und folglich ausdrucksstarke Wirkung haben. Stellvertretend seien hier folgende ZF angeführt:

- *med piber og trommer* – dt. mit Pauken und Trompeten, d. h. sehr festlich, feierlich;
- *blive fyr og flamme* – dt. Feuer und Flamme werden, d.h. begeistert werden;
- *forsvare med næb og kløer/med arme og ben* – dt. sich mit Händen und Füßen währen, d. h. sich energisch, mit allen Mitteln währen;
- *komme fra dynen i halmen* – dt. aus dem Regen in die Traufe, d. h. in eine schwierige Lage geraten;
- *ransage hjerte og nyrer* – dt. auf Herz und Nieren prüfen, d. h. gründlich prüfen.

Die Gesamtbedeutung einiger ZF basiert auf der Figur **pars pro toto**. Eine solche metonymische Herangehensweise an die Realität und deren sprachliche Wiedergabe ist typisch für mehrere Gruppen von Phraseologismen und in der gesprochenen Sprache sehr beliebt und verbreitet. Unter den dänischen Belegen sind u.a. ZF mit der Komponente *ord* ‚Wort', die sowohl wörtlich als auch metonymisch als Ersatz für unterschiedliche Größen verwendet wird. *Ord* in wörtlicher Bedeutung bezeichnet eine autonome Spracheinheit wie im Beleg *ord og sætninger*. Viel öfter ist der Referenzbereich metonymisch gefasst. Das Lexem *ord* als metonymisch gebrauchte Komponente einer ZF bezeichnet:

- Sprache, Text: *i ord og billeder, ord og toner,*
- Aussage, Meinung: *i ord og gerning, i ord og handling,*
- Aussage (Versprechung, Willensäußerung, Absicht): *store ord og fedt flæsk,*
- Aussage (Bitte): *for/mod gode ord og betaling.*

Das Korpus belegt weitere Beispiele für das Vorkommen der metonymischen Verwendung der Substantive nach dem Prinzip *Teil für Ganzes*. In dieser Funktion treten Bezeichnungen für Körperteile auf. Bekanntlich dienen Somatismen auch in anderen phraseologischen Kategorien überdurchschnittlich häufig zur Verbalisierung der Geist-Körper-Relation, Personenbeschreibung oder der gesellschaftlichen Sachverhalte. Die Bezeichnungen von Körperteilen und inneren Organen vermitteln außerdem in metonymisch formulierten Phrasemen Verhaltensweise, Wahrnehmung, mentale Haltungen, Bewertungen sowie Stereotype. Ihr konnotativer Wert sowie die Stellung in dem alltäglichen Wortschatz und in den Weltwissensbeständen der Sprachbenutzer prädisponieren sie zum Gebrauch als ein ausgezeichnetes Ausdrucksmittel der Anschaulichkeit.

Das Kernglied *hånd* versinnbildlicht in ZF Menschen bzw. ihre Handlungen, Entscheidungen und Haltungen den anderen gegenüber im Allgemeinen, sowie handwerkliche Aktivitäten, physische Arbeit, physische Strafe. Die Komponente *hånd* gilt außerdem als Ausdruck der Fürsorge, Entscheidungskraft und Mittel zur Ausführung diverser Aktivitäten. Die Komponente *mund* fungiert als ein Sinnbild für Kommunikation oder kommunizierende Menschen, z. B. *fra mund til mund*.

Lexeme *øjne* und *ører* stehen für Menschen, Einsicht oder sinnliche Wahrnehmung:

(76) *Der findes masser af skønlitteratur, hvor værkets intention er at fremmane en given person for **det indre øje og øre**[86].*

(77) *Opmærksomheden om at sørge for, at al kommunikation – også telefonsamtaler – er beskyttet mod udenforstående **øjne og ører** [...] er skudt i vejret under coronakrisen[87].*

Das Kernglied *høj* dient in den idiomatischen ZF zur Bezeichnung der überdurchschnittlichen Qualität bezüglich des Lebensstandards (z. B. *gælde både høj og lav* ‚betrifft reiche und arme', *leve højt og flot*) sowie zur qualitativen Charakteristik von Sprachhandlungen z. B. *love højt og helligt*.

Die nach dem Prinzip der metonymischen Darstellungsform aufgebauten ZF bezeichnen auch andere Lebensbereiche, die mit entsprechender Lexik ausgedrückt werden. Als Bildspender (Ausgangsdomäne) gelten unterschiedliche situative Kontexte aus dem Alltagsleben, die vorstellbar und überzeugend sind und auf abstrakte Sachverhalte der Zieldomäne (Bildempfänger, Zielbereich), wie z. B. zwischenmenschliche Beziehungen, Emotionen übertragen werden z. B.:

dele bord og seng ‚zusammen leben',
under lås og lukke ‚im Gefängnis',
vådt eller tørt ‚Trinken oder Essen',
det sure med det søde ‚Vorteile und Nachteile (akzeptieren)',
død og begravet ‚beendet, abgeschlossen; vergessen',
fra vugge til grav ‚das ganze Leben lang',
med rysten og bæven ‚mit großer Angst'.

---

86 https://www.berlingske.dk/aok/en-varm-sommernat-dukkede-aristoteles-pludselig- (07.05.2021).
87 https://www.berlingske.dk/virksomheder/coronakrisen-har-skruet-op- (07.05.2021).

Metaphorischer Sprachgebrauch in ZF verleiht den Aussagen Expressivität, die folglich stärker die Aufmerksamkeit des Rezipienten fokussiert und steuert. An dieser Stelle taucht der Aspekt der phraseologischen Motiviertheit auf, der in komplementärer Beziehung zum Merkmal der Idiomatizität steht. Bei der Annahme der in der Phraseologie geltenden Unterscheidung zwischen der Motiviertheit aufgrund der Form und Motiviertheit aufgrund der Bedeutung (vgl. Dobrovol'skij/Piirainen 1996: 107–109)[88] kann festgestellt werden, dass es im untersuchten Material Beispiele für beide Typen der Motiviertheit gibt.

Die semantische Transparenz aufgrund der Form der ZF ergibt sich aus den vorhandenen strukturellen Merkmalen. Eine Verbindung zwischen der wörtlichen Bedeutung der ZF und ihrer aktuellen phraseologischen/figurativen Lesart lässt mühelos in allen phraseologischen Vergleichen nachvollziehen, in denen die Komponente *som* einen Vergleich signalisiert: *som lyn og torden, som nat og dag, som ild og vand*.

Bei den aufgrund der Bedeutung motivierten ZF unterscheiden Dobrovol'skij/Piirainen (1996: 107–109) metaphorische und symbolische Motivation. Die Ermittlung der Beziehung zwischen der wörtlichen und figurativen Bedeutung in den metaphorisch motivierten ZF erfolgt aufgrund des Weltwissens über die umgebende Wirklichkeit bzw. aufgrund empirischer Erfahrung. Metaphorisch motiviert ist z. B. die ZF *sort på hvidt* (dt. schwarz auf weiß), in der Farbbezeichnungen den schwarz gedruckten Text auf dem weißen Textträger (Papier) ikonisch wiedergeben. Metaphorische Motivation besteht in den ZF, die sich durch semantische Inkompatibilität der symboltragenden Konstituente mit den übrigen lexikalischen Elementen auszeichnen (Dobrovol'skij/ Piirainen 1996: 123), wie z. B. in der Konstruktion *spy gift og galde* (dt. Gift und Galle speien) der Fall ist, in der Substantive *gift* und *galde* in der wörlichen Bedeutung mit dem Verb *spy* semantisch inkompatibil sind und nur ihre metaphorische Lesart den Sinn ergibt. Den Sachverhalt illustrieren weitere Beispiele:

- Metapherfunktion: ‚**neidisch**' z. B. *gul og grøn af misundelse* (dt. sehr neidisch werden),
- Metapherfunktion: ‚**viel/sehr**' (als Intensivierung) z. B. *ærgre sig gul og blå* (dt. sich sehr ärgern),
- Metapherfunktion: ‚**Begeisterung**' z. B. *fyr og flamme* (dt. begeistert sein),

---

88 In der Motiviertheitsforschung gibt es unterschiedliche Konzepte, auf die hier nicht eingegangen wird.

- Metapherfunktion: ‚**Kostenaufwand**' z. B. *betale en arm og et ben* (dt. viel zu viel bezahlen).

Symbolische Motivation der ZF tritt durch symbolische Funktion bestimmter Komponenten in Erscheinung und kennzeichnet folgende Phraseme:
- *edder* ‚Gift' in der Symbolfunktion: ‚**Bösartigkeit, Bosheit**' z. B. *være fuld af edder og forgift* (dt. sehr böse sein'),
- *sort/hvidt* ‚schwarz/weiß' in der Symbolfunktion: ‚**Bewertung gut/schlecht**' z. B. *sort og hvidt*; *sort eller hvidt* (dt. nur Gut und/oder Böse unterscheiden, ohne Zwischestufen),
- *aske* ‚Asche' in der Symbolfunktion: ‚**Busse, Reue**' z. B. *klæde sig i sæk og aske* (dt. in Sack und Asche gehen).

Als eine spezielle Unterkategorie von Metaphern werden synästhetische Metaphern, auch **sprachliche Synästhesien** genannt, besprochen.

Die synästhetischen Assoziationen werden durch die menschliche Erfahrung bestimmt und motiviert (Vogt 2013: 20). Das Phänomen der sprachlichen Synästhesien besteht darin, dass eine Sinnesqualität (z. B. das Hören eines Wortes, einer Zahl oder eines Tones) auf eine andere Sinnesqualität (wie z. B. das Sehen einer Farbe) übertragen wird. Synästhetische Metaphern stellen ein Blending (Vermischung oder Integration) zweier oder mehrerer scheinbar unabhängiger Domänen in bestimmter raumzeitlicher Entfaltung dar: Quelldomäne (primärer Wahrnehmungsbereich) und Zieldomäne (sekundärer Wahrnehmungsbereich) (Vogt 2013: 30). Dabei können unterschiedliche Domänen in Beziehung treten.

Die häufigsten Kombinationen betreffen visuelle Wahrnehmungen durch Schriftzeichen und akustische Reize (durch Geräusche, Musik, gesprochene Sprache). Andere mögliche Kopplungen betreffen visuelle Synästhesien bei Berührungsreizen, bzw. Geschmacksempfindungen oder taktile Synästhesien auf visuelle und auditorische Reize, sowie kinästhetische auf olfaktorische, taktile auf Geschmacksreize und eine große Anzahl anderer Kombinationen.

Das diskutierte Belegmaterial enthält einige Beispiele für verbale ‚synästhetische' Metaphern bzw. zweistellige Sprachsynästhesien (Vogt 2013: 27), in denen mehrere Sinnesqualitäten kombiniert werden. Die werden von adjektivischen ZF in attributiver, adverbialer bzw. prädikativer Funktion konstituiert. Die ZF selbst enthalten keine Metaphern, diese Potenz entfaltet sich in einem bestimmten kontextuellen Umfeld infolge ihrer semantischen Kombinierbarkeit mit Substantiven aus dem Wortfeld „Sinnliche Wahrnehmungen" wie Stimme, Laut,

Musik, Melodie, Geruch, Duft, Geschmack u.a., die in nichtfigurativer Bedeutung gebraucht werden (Vogt 2013: 27).

Die diskutierten hier ZF sind Träger synästhetischer Metaphorik und setzen sich aus zwei Adjektiven zusammen, die unterschiedliche Qualitäten bezeichnen. Das erste drückt ein Merkmal aus, das sich aus einer sinnlichen Erfahrung ergibt wie z. B. *groß, weich, warm*. Das andere, abstraktere, hat bewertende Funktion und bringt subjektive Eindrücke des Betrachters zum Ausdruck, wie *angenehm, zynisch* u.a. Die Gesamtbedeutung der ZF hat eine deskriptiv-bewertende Funktion und gilt als Ausdrucksmittel der sprachlichen Synästhesie. Derartige Kombination von Semen innerhalb der paarformelartigen Struktur prädisponiert sie zur Bildung metaphorischer Mehrwortverbindungen. Während das abstrakte Adjektiv eine semantisch kongruente Verbindung mit dem substantivischen Bezugswort bildet, wird das sinnliche Erfahrung bezeichnende Adjektiv in übertragener Bedeutung verwendet, was in metaphorisch gefärbter Bedeutung der ganzen Konstruktion resultiert. In dem untersuchten Material kommen folgende synästhetische Kombinationen vor (das Pfeilchen bedeutet ‚dient zur Bezeichnung von'):

visuelle Wahrnehmung → auditive Wahrnehmung:

(78) *Anniki er meget attraktiv, for hun har en rigtig dejlig **lys og venlig stemme** [...]*[89].
(79) *Veninden **lover højt og helligt** at hun ikke vil røre Raoul med en ildtang [...]*[90].
(80) *Jeg kan ærgre mig **gul og grøn** over det jeg sagde i psykiatrien i 1994*[91].

Temperaturempfindung → auditive Wahrnehmung:

(81) *Tusind tak, Det blev sagt med en **varm og kærlig** stemme*[92].
(82) *Har du forstået hvad jeg lige har sagt? – **stemmen var kold og kynisk** [...]*[93].
(83) *Kukiu så væk og sagde med en **kold og rolig** stemme, „Hmm hvis jeg er en dygtig hund hvad er du så?"*[94]
(84) *Hans svar fik hende til at bryde ud i en **varm og kærlig** latter*[95].

---

89 http://a-la-sole.dk/?id=253735 (09.05.2021).
90 http://blog.litteratursiden.dk (09.05.2021).
91 http://nomedica.dk/ugeskrift362012.htm (09.05.2021).
92 http://theunderworld.danskforum.net/t2737-scars-jade (09.05.2021).
93 http://sexwriter.dk (09.05.2021).
94 http://theunderworld.danskforum.net/t4082 (09.05.2021).
95 http://www.vielamort.net/t15085p25-ready-for-our-weekend-charmeine-love (09.05.2021).

gustatorische Wahrnehmung → auditive Wahrnehmung:

(85) *Vedkommende fik en meget **sur og tvær stemme** skreget aggressivt ind i sin øregang „Hallo"[...]*⁹⁶.

Dreistellige Sprachsynästhesien werden von den ZF gebildet, die aus einem Adjektivpaar bestehen, in dem jedes der Adjektive eine andere sinnliche Wahrnehmung signalisiert:

taktile Wahrnehmung + visuelle Wahrnehmung → gustatorische Wahrnehmung:

(86) *Bornholmer Akvavit er en ren og klar akvavit, der med sin diskrete antydning af kommen og dildkrone har en fremragende **blød og rund smag** [...]*⁹⁷.

taktile Wahrnehmung + visuelle Wahrnehmung → olfaktorische Wahrnehmung:

(87) *Denne 35 år gamle Cognac har en exceptionel **blød og rund duft**, hvor blomster og frugt træder igennem*⁹⁸.

taktile Wahrnehmung + Temperaturempfindung → olfaktorische Wahrnehmung:

(88) *Bitterheden tager herefter over med en blid, **blød og varm humlearoma**, som man kender den fra Pladderballe Bryghus' mørke øl [...]*⁹⁹.

taktile Wahrnehmung + Temperaturempfindung → visuelle Wahrnehmung:

(89) *[...] deres ansigter er belyst af en identisk **blød og varm smil***¹⁰⁰.
(90) *Lampen oplyser rummet med en **blød og varm** dekorativ **belysning***¹⁰¹.

taktile Wahrnehmung + Temperaturempfindung → auditive Wahrnehmung:

(91) *[...] deres 60'er trommer med støbte reifer har en meget **blød og varm lyd***¹⁰².

Zwischen den Adjektiven besteht sowohl in der zweistelligen als auch in der dreistelligen Synästhesie ein Unterschied auf der denotativen Ebene. Gemeinsam ist

---

96 http://dortheivalo.blogspot.com/2007/12/dagen-er-knap-nok-ovre-og-jeg-gldermig.html (09.05.2021).
97 http://www.guleroden.dk (09.05.2021).
98 http://www.cognachuset.dk (09.05.2021).
99 http://www.oelblog.dk/2012/03 (09.05.2021).
100 http://deersted.com/article/byamokesvara-temple (09.05.2021).
101 https://bischoff-living.dk/lamper-baeredygtig-scraplights-graypants-miljoevenlig-hvid-disc.html (09.05.2021).
102 http://www.drsdrums.dk (09.05.2021).

den beiden Komponenten die positive oder negative konnotative Bedeutung, die durch die Repetition noch verstärkt wird. In der Phrase *blød og varm* [...] *belysning* (Bsp. 90, dt. weiche und warme Beleuchtung) sind positive Merkmale und die dadurch aktivierten positiv beladenen Konnotationen in beiden Adjektiven enthalten, was eine verstärkende Wirkung erzeugt.

Man kann somit schlussfolgern, dass die besprochenen ZF zur näheren Bezeichnung der Substantive und zugleich zum Ausdruck der verstärkten positiven oder negativen Bewertung dienen.

Das illustrative Belegmaterial dokumentiert zwar einen authentischen Sprachgebrauch, jedoch offen bleibt die Frage, in wieweit die angeführten Kombinationen der adjektivischen ZF mit den Substantiven im Bewusstsein der muttersprachlichen Sprachbenutzer verankert sind und nicht als okkasionelle Formulierungen gelten, die sowohl als Ausdruck des kreativen Umgangs mit der Sprache als auch des absichtlichen Verstoßes gegen die semantische Kombinatorik zu betrachten sind.

3.7.4 Paradigmatische Bedeutungsrelationen zwischen ZF

Bei der Eruierung der semantischen Relationen zwischen einzelnen Phrasemen wird von der Annahme ausgegangen, dass Phraseologismen in der syntaktischen Struktur die Funktion eines Wortes einnehmen und somit als Wortäquivalente gelten und als solche auch unter dem Blickwinkel der paradigmatischen Beziehungen untersucht werden können.

Die häufigsten Bedeutungsbeziehungen auf der Ebene der Semantik zwischen verschiedenen ZF sind Bedeutungsgleichheit und Bedeutungsgegensatz.

Bei der Relation der Synonymie geht es natürlich nicht um vollständige (absolute) **Synonymie**, da solche semantischen Beziehungen äußerst selten auftreten, sondern um partielle Synonyme. Die Erklärung einer eng aufgefassten Synonymie findet man z. B. bei Palm (1995: 49) oder bei Fleischer ([2]1997):

> Unter phraseologischen Synonymen werden Phraseologismen verstanden, die mindestens in den wesentlichen Bedeutungsmerkmalen übereinstimmen. Sie können sich in sekundären Bedeutungsmerkmalen, in der stilistischen Markierung, in der syntaktischen Konstruktionsweise (Valenz u. ä.) durchaus unterscheiden. (Fleischer [2]1997: 178)

Dabei handelt es sich bei den Synonymen um solche invarianten Merkmale wie: Bezeichnung ein und desselben Begriffes, Bedeutungsidentität bzw. -ähnlichkeit und Zugehörigkeit zu einer bestimmten Wortklasse (Levin-Steinmann 1992: 127). Die folgende Übersicht (Tab. 15) umfasst Beispiele ausgewählter ZF, die mit dem angegebenen Inhalt **Synonymierelation** bilden:

Tab. 15 Beispiele für synonyme ZF

Inhalt	sinnverwandte ZF (Auswahl)
vollständig	fra A til Z, fra ende til anden, fra top til tå, fra inderst til yderst, fra først til sidst, fra isse til fod, i alle ender og kanter, på alle ledder og kanter, fra begyndelse til slutning, fra den ene ende til den anden ende, fra a til å, fra start til slut;
Verschiedenes	dit og dat, ditten og datten, løst og fast, det ene og det andet, den ene og den anden, en og anden;
sehr oft, ständig	hvert og hvert andet øjeblik, støt og roligt, evig og altid, dag ud og dag ind, tidlig(t) og silde, årle og silde, år ind og år ud;
Vor- und Nachteile	styrker og svagheder, fordele og ulemper, gode og dårlige sider, dyder og lyder, plusser og minusser;
sehr schnell	i huj og hast, som død og djævel, over stok og sten, som lyn og torden;
an manchen Stellen	her og der, hist og her, hist og pist, hid og did;
Glück wünschen	held og lykke, knæk og bræk;
völlig, absolut	helt og aldeles, fuldt og fast, ud og ind, helt og holdent;
	skik og brug, sæder og skikke;
Grüsse	kys og knus, kys og kram, knus og kram;
	kysse og kramme, knuse og kramme;
hin und zurück	frem og tilbage, tur og retur;
Betrug	snyd og humbug, snyd og bedrag, fup og fiduser, fup og fidus, fup og svindel, løgn og bedrag;
Lüge oder Wahrheit	fup eller fakta, løgn eller sandhed;
sich entfernen	rende og hønse, rende og hoppe;
nicht eindeutig	hverken det ene eller det andet, hverken helt eller halvt, hverken skidt eller kanel, hverken fugl eller fisk;
Gutes vom Schlechten trennen	skille klinten fra hveden, skille fårene fra bukkene, skille skidt fra kanel;
Unruhe	ingen ro og fred, hverken rist eller ro;
in Reihe	på rad og række, på/i række og geled;
mit Energie	med liv og lyst, med liv og sjæl;
keine positive Wahl	mellem Skylla og Charybdis, mellem kolera eller pest;
auf gut Glück	på lykke og fromme, på må og få;
immer	årle og silde, tidlig(t) og silde, evig og altid;
wiederholt	igen og igen, støt og roligt;
manchmal	i ny og næ, af og til, nu og da, fra tid til anden, nu og da;
wertlos	nul og en skid, nul og niks;
für jd alles machen	gå gennem ild og vand, gå gennem flint og kamp;

(Fortsetzung auf der nächsten Seite)

Inhalt	sinnverwandte ZF (Auswahl)
in Ruhe	*i ro og mag, i fred og idyl, i fred og ro;*
für und wider	*pro et contra, for og imod;*
arm sein	*hverken have vådt eller tørt, leve fra hånden (og) i munden, ikke have til dagen og vejen, gå for lud og koldt vand;*

Die Relation der **Antonymie** setzt das Vorhandensein einer ZF mit positiver und einer mit negativer Bedeutung voraus. Beide können als autonome Einheiten des phraseologischen Bestandes sein, Phraseme mit negativer Bedeutung können in der Kommunikation von den Sprachbenutzern durch eine Negation gebildet werden. Die Entstehung oder Übergang der phraseologischen Bedeutung in die entgegengesetzte Qualität – von positiver zu negativer Bedeutung – kann mithilfe von zwei Verfahren zustande kommen (Levin-Steinmann 1992: 55):

a) durch **Ersatz** einer Komponente mit positiver Bedeutung gegen eine negierende Konstituente:
   - **med → uden:** *med saft og kraft – uden saft og kraft, uro og hastværk – uden uro og hastværk;*
   - **og → hverken – eller:** *skidt og kanel – hverken skidt eller kanel, her og der – hverken her eller der, rast eller ro – hverken rast eller ro;*
   - **eller → hverken – eller:** *før eller siden – hverken før eller siden;*
   - **alt/alle → ingenting:** *alt og alle – alt og intet, alt og alle – alt og ingeting;*

b) durch usuellen **Ersatz** einer negierenden Komponente durch eine andere negierende:
   - **hverken – eller → ikke:** *hverken kunne finde hoved eller hale i – ikke kunne finde hoved eller hale i; hverken være til at hugge eller stikke i – ikke være til at hugge eller stikke i;*

c) durch **Hinzufügung** einer negierenden Konstituente (Negation): *for/mod gode ord og betaling – ikke for gode ord og betaling, begyndelse og ende – uden begyndelse og ende.*

Viel bescheidener ist die Liste der ZF und ihrer Antonympartner. Als Beispiele für entgegengesetzte Paare seien hier genannt (Tab. 16):

Tab. 16 Ausgewählte ZF und ihre antonymen Gegenstücke

ZF	antonyme ZF (Auswahl)
tit og tæt	nu og da, af og til, fra tid til anden;
i huj og hast	lidt efter lidt, skridt for skridt, fod for fod;
sund og rask	syg og svag, syg og dårlig, syge og gamle;
i ro og mag	uden uro og hastværk;
med saft og kraft	uden saft og kraft;
nul og niks	helt og aldeles, fuldt og fast, ud og ind, helt og holdent;
hverken før eller siden	årle og silde, tidlig(t) og silde, evig og altid;
igen og igen	af og til, nu og da, fra tid til anden, i ny og næ;
en og anden	folk og fæ;
stille og roligt	med brask og bram;
(hverken) rast eller ro	fred og ro, ro og mag, fred og idyl;

Ein weiterer Aspekt, der beim Vergleich der semantischen Eigenschaften von ZF zu berücksichtigen ist und hier lediglich angedeutet wird, ist die Frage der Ersetzbarkeit von sinnverwandten Phrasemen. Die semantischen und stilistischen Unterschiede zwischen synonymischen Konkurrenzformen können dermaßen groß sein, dass einige ZF nur in bestimmten Kontexten substituierbar sind. Die ZF *fra begyndelse til slutning* und *fra A til Z* können als synonyme betrachtet werden, denn ihre Bedeutung kann mithilfe einer identischen Paraphrase ‚völlig, vollständig' umschrieben werden. Sie weisen gewisse gemeinsame Inhalte, jedoch sind nur im beschränkten Grad d. h. nicht in allen Kontexten substituierbar:

(92) *Hun var med fra begyndelsen til slutningen med da Edmund Philip startede sin forretning* (KorpusDK, unter *fra begyndelsen til slutningen*).

(93) *Således er maskinrummet renoveret fra A til Z og ført tilbage til kulfyring* (KorpusDK, unter *fra A til Z*).

(94) *Forfatteren er ikke faldet for fristelsen til at forsøge at gennemgå regneark fra A til Z. I stedet er der en grundig gennemgang af otte eksempler med minutiøs tastevejledning efterfulgt af elleve opgaver* (KorpusDK, unter *fra A til Z*).

Im Beispiel (92) wird mit der ZF der temporale Charakter des Geschehens exponiert, während die ZF in der Aussage (93) eher räumliche Verhältnisse und eine ganzheitliche Erfassung des Geschehens denotiert. Im Beleg (94) ermöglicht der Kontext die gebrauchte ZF durch die semantisch verwandte ZF *fra begyndelsen til slutningen* zu ersetzen. Eine genaue semantische Charakteristik sowie die tatsächlich bestehenden semantischen Relationen zwischen sinnverwandten

Phrasemen können infolge der Kontextanalyse in einem umfangreichen kontrastiven Vergleich ermittelt werden.

Dänische ZF verfügen über ein mäßiges Potenzial für synonymische (Relation der Bedeutungsgleichheit) und antonymische (Relation des Andersseins) Beziehungen. Weitere paradigmatische Relationen im Bereich der Hierarchiebeziehungen wie Hyperonymie (Relation der Abstufung) oder Meronymie (Teil-Ganzes-Verhältnis) sowie Holonymie (Teil-von-Beziehung, wie z. B. *Baum – Blatt*) sind ihrem Wesen nach eher bei Einzellexemen als Phrasemen zu beobachten. Derartige semantische Relationen sind in der Phraseologie noch nicht erforscht und sind in der bescheidenen Menge der hier untersuchten Belege kaum zu erwarten. Auch wenn man diesen Aspekt heranziehen würde, würde es sich wahrscheinlich nur um eine kleine isolierte Gruppe der Paarformeln handeln, die diese Eigenschaften aufweisen und bei der Textproduktion kaum von Bedeutung sind.

3.7.5 Phraseologische Reihen und Verwandtschaft der ZF

Eine weitere Form der paradigmatischen Beziehung zwischen Phraseologismen sind phraseologische Reihen. Sie werden aus Phraseologismen mit gemeinsamer Basiskomponente gebildet. Für ZF gilt also Regel, dass sie mindestens aus zwei der gleichen Wortklassen angehörigen Basiskomponenten bestehen, so dass sie auch entsprechend verschiedenen phraseologischen Reihen zugeordnet werden können (Fleischer ²1997: 173–174). Da die derartige Darstellung, in der die gesamten phraseologischen Bestände des Dänischen berücksichtigt werden, den Rahmen der Arbeit sprengen würde, beschränken sich die folgenden Ausführungen auf die Beispiele aus dem Teilkorpus A.

Die Zusammenstellung von phraseologischen Reihen gibt Auskunft über die Häufigkeit eines bestimmten Lexems im Komponentenbestand der ZF. Somit kann die onomasiologisch geordnete Lexik wie z. B. Bezeichnungen für Körperteile, Tiernamen, Kleidungsstücke usw. einen Einblick in die Lebensbereiche verschaffen, die bevorzugt thematisiert werden. Die phraseologische Aktivität einer lexikalischen Einheit steht mit der Rolle des durch das betreffende Wort bezeichneten Objekts in der gesellschaftlichen Praxis im Zusammenhang. Viel wichtiger ist ein anderer Erkenntnisgewinn, der sich aus der Einteilung von teilidiomatischen und vollidiomatischen ZF in phraseologische Reihen ergeben kann: Die Ermittlung von Strategien, nach denen die einzelnen Basiskomponenten in übertragener Bedeutung verwendet werden, und die Bestimmung der semantischen Zusammenhänge, die den metaphorischen Bildern zugrunde liegen (Fleischer ²1997: 173–174). Demzufolge werden im Folgenden ausgewählte

Lexeme mit einer hohen phraseologischen Aktivität, sowohl in wörtlicher als auch übertragender Bedeutung, aufgelistet. Anschließend wird das verallgemeinerte phraseologische Bild ihrer Denotate anhand der idiomatischen und teilidiomatischen ZF rekonstruiert (vgl. auch Kap. 3.7.3):

1. die Basiskomponente *ord* kommt in 11 ZF vor, deren Bedeutung den semantischen Komplex ‚Sprachkommunikation' (z. B. *ord* als Sprache in *i ord og billeder* oder als Sprachhandlung in *for gode ord og betaling*) abdeckt:

ORD	*for ord*
ORD	*og begreber*
ORD	*og billede*
ORD	*og sætninger*
ORD	*og toner*
ORD	*og vendinger*
i ORD	*og billeder*
i ORD	*og gerning*
i ORD	*og handling*
store ORD	*og fedt flæsk*
for/mod gode ORD	*og betaling*

2. die Basiskomponente *hånd* kommt in 10 ZF vor, die im verallgemeinerten semantischen Komplex ‚Mensch, menschliche Tätigkeit, menschliches Handeln' (z. B. *hånd* in der Bedeutung ‚Besitzer' in *fra hånd til hånd*, oder körperliche Arbeit in *håndens og åndens arbejde*) verortet werden können:

går HÅND	*i hånd*
fra HÅND	*til hånd*
leve fra HÅNDEN	*i munden*
hals- og HÅNDSRET	
HÅNDS-	*og halsret*
HÅNDENS	*og åndens arbejde*
give med den ene HÅND	*og tage med den anden*
bære på HÆNDER	*og fødder*
binde på HÆNDER	*og fødder*
stritte imod med HÆNDER	*og fødder*

3. die Basiskomponente *hoved* ist in 6 Phrasemen belegt, in denen sie als ein ordnungsstiftender Faktor (*hovedet op og benene ned*), zentrales, identitätsstiftendes Element (*finde hoved eller hale i*) oder eine Treibkraft dargestellt wird.

kunne finde HOVED	*eller hale i*
i HOVED	*og røv*
HOVEDET	*op og benene ned*
hverken HOVED	*eller hale*
uden HOVED	*og/eller hale*
over hals og HOVED	

4. die Basiskomponente *høj* ist in 5 Phrasemen belegt und versinnbildlicht eine gute oder überdurchschnittliche Qualität oder Leistung (z. B. *højt og tydeligt*):

gælde både HØJ	*og lav*
leve HØJT	*og flot*
love HØJT	*og helligt*
HØJT	*og tydeligt*
HØJT	*til loftet og vidt til væggene*

5. das Kernglied *mund* ist in 4 Phrasemen belegt und versinnbildlicht ‚kommuzierende Menschen' (z. B. *fra mund til mund*) oder dient zum Ausdruck von Reaktionen und Emotionen (z. B. *med åben mund og polypper*):

tabe både næse og MUND	
blæse og have mel i MUNDEN	
med åben MUND	*og polypper*
fra MUND	*til mund*

6. die Basiskomponente *øje* ist in 3 Phrasemen belegt, in denen das Lexem als Symbol von Erkenntnis, Einsicht, sinnlicher Wahrnehmung konzipiert wird:

ude af	ØJE	*ude af sind*
	ØJNE	*og ører*
for	ØJE	*og øre*

Eine weitere Form der Verwandtschaft der ZF besteht zwischen den Wortpaaren, deren Komponenten von den gleichen Wortstämmen gebildet wurden, aber als Wortbildungsprodukte unterschiedlichen Wortklassen angehören. Dänische Wörterbücher bestätigen die Existenz folgender Konstruktionen, die nach dem Prinzip der Wortfamilie in folgenden Ketten gruppiert werden können:

råb og skrig > råbe og skrige > råben og skrigen > råbende og skrigende;
snyd og bedrag > snyde og bedrage;
hvisk og tisk > hviske og tiske;
knus og kram > knuse og kramme;
gøren og laden > gøre og lade.

Da sie nur auf der Ausdrucksebene Unterschiede aufweisen, können erfolgreich in der Textproduktion zur Gestaltung eines abwechslungsreichen Stils gebraucht werden.

3.7.6 Semantische Beziehungen zwischen den Basiskomponenten

Die zwischen den Kerngliedern bestehende semantische Beziehung, die als internes Bindemittel funktioniert, trägt zur Bildung der lexikalischen Kohärenz der ZF bei (vgl. Ruus 2018: 174). Die Frage der internen semantischen Relationen in ZF wurde zwar mehrmals in der linguistischen Literatur aufgegriffen (z. B. Gustafsson 1975, Levin-Steinmann 1992, Klégr/Čermák 2008, Östberg 2015), aber keine der vorgeschlagenen Typologien umfasste erschöpfend und möglich präzise alle bestehenden Relationen.

Die Liste der semantischen Beziehungen zwischen den Kerngliedern A und B in dänischen ZF basiert auf der Typologie von Levin-Steinmann (1992) und nach der leichten Modifizierung und Anpassung an das analysierte Material umfasst sie folgende Relationen:

1) A und B sind **identisch**, z.B. *igen og igen, lidt efter lidt, mand mod mand,*
2) A und B sind **Synonyme**, z.B. *sund og rask, fuldt og helt, vokse og gro.*
   Die synonymischen ZF enthalten selten inhaltsgleiche (tautologische) Kernglieder, dagegen oft subsumierende oder sich ergänzende Komponenten mit ähnlicher Bedeutung. Die Relation der Synonymie wird in Einzelfällen durch ein Antonym mit Negation gebildet, z. B. *fred og ingen fare.*
3) A und B sind **Antonyme**; je nach der Semantik der Komponenten kann man zwischen zwei Arten von antonymischen Beziehungen unterscheiden:
   3.1 komplementäre (**kontradiktorische**) Antonyme bezeichnen absolute Gegenpole ohne Zwischenstufen, die Entweder-oder-Beziehung bilden

und sich einander ausschließen z. B. *sandt eller falsk, levende og døde*. A und B sind sich gegenseitig ergänzende (Komplementäre) Komponenten, die zusammen ein Ganzes umfassen, z. B. *fauna og flora, plante- og dyreliv, mand og kone*. Dabei kann es sich um ein zweiteiliges Konzept handeln, z. B. *nat og dag* in der Bedeutung ‚die ganze Zeit; ohne Pause', *i lyst og nød* verstanden als ‚in allen möglichen Situationen', Phraseme *her og der* und *dette og hint* mit der Bedeutung ‚überall, an allen Stellen' oder auch ein Paar Werkzeuge, die in der Regel zusammen verwendet werden, z. B. *hammer og ambolt*.

3.2 Konträre (graduale) Antonyme werden von Komponenten gebildet, die nicht miteinander verbunden sind, sie drücken zwei extreme Größen aus, zwischen denen sich Zwischenstufen befinden, z. B. *fra først til sidst, hverken vådt eller tørt, stærke og svage sider, stort og småt, på godt og ondt, unge og gamle*;

3.3 **konversive/konverse** Antonyme bezeichnen gegenübergerichtete Handlungen oder Merkmale; das eine Wort ist die semantische Umkehrung des anderen, d. h. „spiegelbildlich" aufs andere bezogen, wie es zwischen dem Paar *kaufen/verkaufen* der Fall der Umperspektivierung ist (vgl. Glück/Rödel 2016: 45). Eine und dieselbe Handlung wird von verschiedenen Standpunkten aus gesehen und bezeichnet z. B. *køb og salg, give og tage*. Die gegensätzliche Bedeutung zwischen den Komponenten kann auch syntaktisch ausgedrückt werden, indem einer der Teilausdrücke mit einer Negation verwendet wird, z. B. *overalt og ingen steder*.

4) Relation **Ganzes–Teil**, in der B ein Teil von A ist oder umgekehrt (Patronyme); typische Beispiele sind Bezeichnungen von Währungseinheiten, Zeiteinheiten, Maßeinheiten und deren Aufteilung, die paarweise erscheinen z. B. *hverken helt eller halvt, sætte kroner og øre på noget, år og dag, vind og vejr*.

5) A und B gehören zum gleichen semantischen **Wortfeld** (vgl. Glück/Rödel 2016: 774), sie bilden ein lexikalisch-semantisches Paradigma, das durch ein gemeinsames semantisches Merkmal zusammengehalten wird. Sie können mit einem Oberbegriff subsumiert werden und bilden eine Art Aufzählung, z. B. ZF *mellem kolera eller pest* besteht aus zwei Bezeichnungen von Krankheiten. Weitere Beispiele: *gader og torve, radio og fjernsyn, holde på hat og briller, med næb og kløer, som grever og baroner, tabe både næse og mund, over hals og hoved*. Aus dieser Perspektive sind sie Kohyponyme, die onomasiologische Reihen bilden (Körperteile, Krankheiten,

Tierbezeichnungen, Küchengeräte, Werkzeuge u. a.). Sie sind Bestandteile eines physischen Ganzen, z. B. *over hals og hoved* (Körper) oder bilden ein konzeptionelles Ganzes z. B. *ret og rimeligt*, bei dem die Kernglieder keine genau komplementäre Bedeutung haben, aber dennoch zum selben Ganzen gehören.

6) A und B gehören zur gleichen Wortfamilie; die antonyme Komponente entsteht infolge der Derivation mithilfe der Vorsilbe *u-*. Das Wortpaar bildet eine syntaktische Einheit mit speziellen klanglichen und rhythmischen Eigenschaften, z. B. *held i uheld, i tide og utide, vaner og uvaner, alle mulige og umulige, noder og unoder, sandt eller usandt.*

7) Bei verbalen ZF konstituiert oft das Merkmal der Gerichtetheit einen Bedeutungsgegensatz; man spricht von 'direktionalen Oppositionen' wie *steigen* vs. *fallen* (der Temperaturen) z. B. *komme og gå.*

8) Relation der **Reversivität** besteht zwischen zwei Lexemen erst dann, wenn beim Vergleich der beiden Geschehen der Anfangszustand des ersten Geschehens der Endzustand des zweiten Geschehens und der Endzustand des ersten Geschehens der Anfangszustand des zweiten Geschehens sind (Abfahrt vs. Ankunft) z. B. *afgang og ankomst.*

9) die Relation **Ursache-Folge** besteht, wenn A eine logische Konsequenz oder unvermeidliche Folge von B ist oder umgekehrt, z. B. *svie og smerte, en lang og trang vej.*

10) A und B haben – synchron betrachtet – keine klare semantische Beziehung, z. B. *med saft og kraft, med mand og mus, store ord og fedt flæsk, som død og djævel, skelne mellem vind og viden, 1800 og grønlangkål.*

Eine wendungsinterne semantische Beziehung zwischen den Sememen von den Komponenten ist oft nicht nachvollziehbar, d. h. es besteht zwischen ihnen **keine semantische Kongruenz (semantische Vereinbarkeit)** (Fleischer [2]1997: 30). Die ZF setzen sich weder aus Antonymen noch aus Synonymen zusammen, denn ihre Komponenten haben lediglich formale und wenige semantische Gemeinsamkeiten, z. B. in der ZF *i mulm og mørke* (dt. bei Nacht und Nebel) beschränkt sich die semantische Übereinstimmung auf ein einziges Merkmal ‚schlechte Sichtverhältnisse'.

Eine andere Schwierigkeit bei der Bestimmung der internen semantischen Beziehungen besteht darin, dass jede semantische Klassifikation fließende Grenzen mit vielen Überlappungen hat. Die Komponenten in den Phrasemen *liv og lemmer* und *liv og legeme* können als Synonyme, sich gegenseitig ergänzende Einheiten oder unvereinbare Gegensätze betrachtet werden.

3.8 Stilistische Merkmale der ZF

3.8.1 Stilmarkierungen in *Den Danske Ordbog*

Neben den zwei semantischen Hauptfunktionen von ZF, Ausdruckssteigerung und Präzisierung (Müller 2009: 11), die weiter in einige Mikrofunktionen unterteilt werden können, gelten ZF als Stilmittel, denn durch ihre kontextuelle Einbettung können sie einen Sachverhalt nachdrücklich, verstärkend, übertreibend, anschaulich oder ironisch ausdrücken und somit eine Aussage um emotionalexpressive Nuancen bereichern. Nicht zu übersehen sind ihre zusätzlichen Vorteile: Rhythmus und klängliche Repetitionen (vgl. Schröter 1980: 195).

Als eine Einführung in die Thematik der stilistischen Leistung von ZF wird hier die lexikografische Erfassung der Zugehörigkeit zu Stilschichten dargelegt. Semantisch-pragmatische Funktionen auf der Textebene werden genauer in Kap. 4.4 diskutiert.

Das untersuchte Korpus enthält Phrasen, die in Bezug auf die Stilstufe verschiedene Charakteristika enthalten. Die stilistischen Markierungen im Wörterbuch der dänischen Sprache (*Den Danske Ordbog*) geben Auskunft über die Vielfalt der konnotativen Bedeutungen, die ZF in die Aussage mitbringen. Die meisten Korpusbelege repräsentieren die Gegenwartssprache in ihrer Standardvarietät. Es gibt auch einige, die zur gesprochenen Sprache, Fachsprache oder Umgangssprache gehören. Einige von ihnen werden eher nur für die Schriftsprache vorbehalten, und andere als idiomatische Archaismen finden kaum Anwendung. Sie zeichnen sich sowohl durch hohen als auch durch niedrigen sowie informellen Stil aus, während die meisten ZF ohne spezielle Kennzeichnung als Ausdrucksmittel des neutralen Stils dienen (vgl. Tab. 17).

Tab. 17 Stilistische Markierungen von ZF in DDO

stilistische Markierung in DDO	Beispiele	
veraltet	være løs og ledig årle og silde i nød og betryk hid og did død og kritte	fryd og gammen i tugt og ære ret og skel skelsår og alder huldskab og troskab hige og søge
scherzhaft, ironisch	rok and rul hr. og fru Jensen hige og søge uden for lands lov og ret	norden for lands lov og ret hr. og fru Danmark hr. og fru Jensen voksen og følsom
informell	røv og nøgler rende og hoppe i bar røv og viklers knald eller fald pis og papir have både til gården og (til) gaden dit og dat lort og lagkage	hverken kunne skide eller slå på tromme fanden og hans pumpestok rende og hønse skæg og blå briller gå hjem og lægge sig spise med kniv og gaffel have både til gården og (til) gaden
bes. in gesprochener Sprache	hilse og sige	
bes. in Märchen	østen for solen og vesten for månen	
selten	i lod og vage	
Bibelsprache	ransage hjerte og nyrer	
feierlich	i ord og gerning, i ord og handling	
poetisch	edder og forgift (ældre) ondskab el. arrigskab	
formell od. scherzhaft	siger og skriver	
Kindersprache	cowboy(er) og indianer	
in Aufforderungen	ryge og rejse	
salopp	død og pine	
Slang	skidefuld og på rulleskøjter	
jura	fragå arv og gæld/vedgå arv og gæld	
Fremsprachenentlehnung	som yin og yang, rock and roll	

Das System der angeführten stilistischen Markierungen, das in der Tabelle das phraseologische Material nach der stilistischen Leistung systematisiert, hat einige Nachteile. Die Bezeichnung *informell* ist m.E. zu allgemein und sollte in weitere Stufen gegliedert werden, die differenzierter die stilistische Charakteristik der Phraseme wiedergeben würden wie *salopp, derb, vulgär*. Als Vorteil ist der Gebrauch solcher spezifizierenden Angaben bezüglich der Sprache von Textsorten wie *Bibel* oder *Märchen* zu betrachten.

Zusammenfassend kann man sagen, dass ZF als eine relativ kleine phraseologische Kategorie eine breite stilistische Differenzierung aufweist. Dies signalisiert ihr starkes Potenzial und breite Anwendungsmöglichkeiten in unterschiedlichen Textzusammenhängen, was sie für brauchbare Mittel zur Stilgestaltung von Texten prädistiniert (s. Kap. 4.4).

3.8.2 Unikale Lexeme im Komponentenbestand

Viele Wörter, die ständig in Phraseologismen verwenden werden, sind als unabhängige Einheiten aus dem Wortschatz verschwunden, während ein Phrasem (oder ein zusammengesetztes Wort) sie bewahrt hat (vgl. Farø 2003a: 24). Solche Ausdrücke wie z. B. *kreti og pleti* gehören zu festen Phrasemen mit Komponenten, die weder unabhängig noch in anderen Kombinationen vorkommen. Eine solche Komponente nennt Fleischer (²1997: 37) und Arboe (2011: 267) eine unikale Komponente und Sköldberg (2004: 24, 37) einen unikalen Bestandteil (*unik bestanddel*), Elbro dagegen bezeichnet sie als versteinerte Wörter (Elbro 1998: 28). Phraseme mit unikalen Komponenten nennt man außerdem *stikkelsbærelement*, denn »stikkel-« kommt nur in der Zusammensetzung vor.

In der deutschen Phraseologie werden darüber hinaus die Begriffe *Nekrotismen* (gestorbene Wörter), *Archaismen, unikale* eller *Cranberry-Wörter* (vgl. Stumpf 2015), unikale Komponenten, Unikalia, phraseologisch gebundene Formative, phraseologisch gebundene Wörter, phraseologisch isolierte Wörter (Holzinger 2018: 200) verwendet. Berthelsen (2007) bezeichnet sie als „et reservat for uddøde ord", Stumpf bedient sich der Bezeichnung *semantische Fossilierung* (Stumpf 2015: 68). Elbro kommentiert sprachliche Archaismen sehr metaphorisch:

> Ordene er forstenede i vendingerne, og derfor ligner de fremmedartede fossiler, når de bliver hugget ud af den nysgerrige sprogbruger. (Elbro 1998: 29)

Derartige lexikalische bzw. morphologische, grammatische oder syntaktische Besonderheiten, die modernen grammatischen Regeln widersprechen, kommen in Phraseologismen vieler Sprachen vor. Feste Ausdrücke wie Phraseme oder Sprichwörter enthalten Archaismen – entweder als einzelne Wörter oder als ihre historischen morphologischen Formen (z. B. *gang und gäbe*).

Im untersuchten Korpus gibt es eine Reihe von ZF mit Lexemen, die im modernen Dänisch nicht mehr verwendet werden. Ihre lexikalischen Besonderheiten werden hier mithilfe ihrer Einträge in lexikografischen Nachschlagewerken erläutert, in denen der Sprachgebrauch und die begrenzten Verbindungsmöglichkeiten mit der Phrase „nur im Ausdruck [...]" kommentiert werden (DDO, unter *brask*).

Die diskutierten Wörter haben oft keine (klare) eigene Bedeutung, können deshalb keine regulären Verknüpfungen eingehen. Aus diesem Grund sind sie syntaktisch isoliert und an das Phrasem gebunden, dessen Bedeutung holistisch und nicht kompositional zustande kommt (Holzinger 2018: 201). Beachtenswert ist die Beobachtung von Ruus (2018: 174), dass unikale Komponenten nur in den ZF mit idiomatischer Bedeutung vorkommen, was auch auf die Struktur der Paarformel stabilisierend wirkt. Bemerkenswert ist die Tatsache, dass die unklare Bedeutung einer der Komponenten kein Hindernis für die Verwendung der gesamten Konstruktion in der alltäglichen Kommunikation darstellt, da man die ZF als eine lexikalische Einheit mit einer bestimmten Bedeutung betrachtet. Unikale Wörter verlieren zwar ihre Bedeutung ohne jeweilige „Partner" in Phrasemen, aber es ist das ganze Phrasem, das Teil des aktiven Vokabulars ist. Eine genaue Zahl der formal gebundenen Elemente ist wegen vieler Grenzfälle sowie Schwierigkeiten bei der Feststellung des Grades der phraseologischen Gebundenheit schwer festzustellen: Übergänge zwischen autonomen und frei kombinierbarem Wort sind fließend und die Unikalität kann abgestuft werden (vgl. Holzinger 2018: 201). Die folgende Übersicht (Tab. 18) enthält eine Liste von ZF mit unikalen Komponenten[103], die außerhalb von ZF kaum (mehr) vorkommen:

---

103 Als weitere „versteinerte Kasusrelikte" in ZF gelten z.B. *til lands, til vands, til søs* (vgl. Arboe 2011: 267).

Tab. 18 Dänische ZF mit unikalen Komponenten und ihre lexikografischen Erklärungen (nach DDO)

ZF	Etymologische Erläuterungen
brask og bram	brask: Lärm; bram: Prahlerei
fryd og gammen	gammen: frohe Stimmung
hip som hap	hip/hap: vermutlich abgeleitet von dem niederdeutschen Verb hippen ‚hüpfen, springen'
i huj og hast	huj: Ausruf gebildet von dem mnd. Wort ‚huie'
hulter til bulter	hulter/bulter: aus dem Niederdeutschen hulter de bulter, der Ausdruck unklarer Herkunft
på må og få	må (subst.): eigentlich Präsensform des Verbs måtte in der Bedeutung ‚können'; få (subst.): eigentlich Präsensform von Verb få (= bekommen, kriegen)
uden mål og med	med (Subst.): Ziel, Zweck
revl og krat	revl (Subst.): Ableitung von dem Verb rive eigentlich ‚alles was abgetrennt, entfernt wurde; Fetzen'
skalte og valte	skalte/valte: dt. Entlehnung schalten und walten
i tide og utide	utide (Subst.): Alte Dativform des veralteten Subst. utid ‚unpassende Zeit', das von der Präp. ‚i' regiert wurde
på lykke og fromme	fromme: aus dem Mittelniederdeutschen vrome ‚Nutzen', verwandt mit from
rub og stub	rub (Subst.) wahrscheinlich von rubbe in der älteren Bedeutung ‚kratzen, schrubben'
død og kritte	kritte (Subst.) unklare Herkunft
dit og dat	dit/dat (Subst.) aus dem Niederdeutschen dit un dat
spinke og spare	spinke (Verb) unbekannte Herkunft
sus og dus	dus (subst.) verwandt mit dem schwed. dialekt dus ‚Sausen, Lärm' und veraltetes Verb duse ‚sich fröhlich und laut verhalten, saufen'
pik og pak	pik (Subst.) unklare Bedeutung und Herkunft
med nød og næppe	næppe (Subst.) unklare Bedeutung und Herkunft

Die aufgeführten Komponenten weisen einen engen Kombinationsbereich hinsichtlich ihrer Distribution auf. Deren Gebrauch ist auf einen einzigen syntagmatischen Kontext beschränkt.

Eine klare und zuverlässige Aussage über den allgemein herrschenden Sprachgebrauch der aufgelisteten Lexeme, wie z. B. Frequenz, usuelle Verbindungsmöglichkeiten sowie Gebrauch in anderen Kontexten können auf empirischer Basis aufgrund einer Korpusanalyse, die mit einer diachroner Perspektive verknüpft würde, geliefert werden.

3.9 ZF als Kulturzeichen. Zur Kulturspezifik der ZF

Neben der kommunikativen Funktion haben Phraseologismen auch eine kumulative Funktion, die sich in der Widerspiegelung und Fixierung von Erfahrungen und Ergebnissen der sozialen Praxis manifestiert. Seit der Kulturwende in der Linguistik wird auch dieser Aspekt in der Sprache und Kommunikation intensiv exploriert. Phraseologismen sind Produkte der jeweiligen Kultur mit ihrer geschichtlichen und geografisch-klimatischen Komponenten einer kommunikativen Gemeinschaft.

Im lexikalischen Bestand, darunter auch in dem phraseologischen Repertoire einer Sprache, spiegeln sich unter anderem essenzielle Bereiche zwischenmenschlicher Beziehungen wie Freundschaft, Liebe, sowie bedeutende Aspekte des gesellschaftlichen Lebens wie wichtige Ereignisse, Wirtschaft, Technik, Kunst, Lebensstil, weltliche und religiöse Ritualität wider.

Die Wechselbeziehungen zwischen der Phraseologie und Kultur sind somit für das phraseologische System relevant. Földes (2005) zufolge können Phraseologismen zum einen als prototypische Verkörperung des „kulturellen Gedächtnisses" einer Diskursgemeinschaft, zum anderen als ein universelles, jeder Sprachkultur immanentes Kulturphänomen angesehen werden (Földes 2005). Phraseologismen reflektieren Sprachspezifik sowie nationalspezifische Sachverhalte der betreffenden Kultur: alte Traditionen, Sitten und Bräuche, Ereignisse und Fakten aus der Geschichte, spezifische Erscheinungen des gesellschaftlichen und politischen Lebens sowie sozioökonomische Verhältnisse und kulturelle Werte oder Deutungssysteme (Földes 1996: 86).

Kulturspezifika äußern sich als Bildspender für phraseologische Bilder. Feste Mehrworteinheiten stellen häufig ein anerkanntes Phänomen oder eine anerkannte Situation im kollektiven Bewusstsein einer kommunikativen und kulturellen Gemeinschaft dar, die als kulturspezifische Dimension phraseologischer Einheiten betrachtet und untersucht werden. Quellen für kulturspezifische Komponenten – Kultureme – sind Hansen (1996) zufolge:

> Gegenstände und Sachverhalte, die es nur in einer Sprachgemeinschaft gibt oder die auf eine besondere Art aufgefasst werden, z. B. kulturelle und soziale Institutionen, Veranstaltungen oder Gewohnheiten, Gebäude, Straßen, Plätze, Museen, Theaterstücke usw. (Hansen 1995: 61)

Es handelt sich somit um Lexik, in der die erwähnten Aspekte ihren Niederschlag finden und als Komponenten in ZF Anwendung finden. Földes bezeichnet derartige Phraseme als landeskundlich relevante Phraseologismen (Földes 1996: 88).

Die Kulturspezifik manifestiert sich zweierlei: Das einfachste und leicht erkennbare Merkmal ist die sprachspezifische Lexik. Ein anderes Mittel zur Markierung der kulturellen Zugehörigkeit ist die Einbettung in die literarische Tradition einer kommunikativen Gemeinschaft durch intertextuelle Bezüge von Phraseologismen.

Die erste Gruppe umfasst Wortpaare mit onymischen Komponenten. Diese Kategorie vertritt das Wortpaar *Per og Povl/Poul*, das in der Bedeutung ‚jedermann, Hinz und Kunz' verwendet wird. Neben diesem scherzhaft oder abwertend gebrauchten Phrasem gibt es eine Variante mit negativer Konjunktion, *hverken Per eller Povl* ‚überhaupt keiner' (ODS, unter *Peter*). Als ein weiteres Beispiel für eine ZF mit sprach- oder kulturspezifischen Komponenten kann man die Konstruktion *hr. og fru Danmark* und ihre Varianten nennen. Christiansen (2018) hat nachgewiesen, dass nach diesem Muster ständig neue ZF gebildet werden. Das Auftreten solcher abgeleiteten Phrasen dokumentiert KorpusDK: *hr. og fru Pedersen, hr. og fru Petersen, hr. og fru Rasmussen* samt *hr. og fru Sørensen*. Dies zeigt, dass das syntaktische Muster *hr. og fru* + [NOMEN: ORTSNAME bzw. NACHNAME] produktiv ist. Die Wortpaare gelten als Bezeichnung für ‚durchschnittliche Dänen, eine gewöhnliche dänische Familie' oder als ironischer Ausdruck für „ein (echtes) Paar, das in Aussehen, Kaufmuster, Einstellungen usw., als besonders dänisch gilt" (DDO, unter *hr. og fru Danmark*).

Die Kernglieder der ZF *Fyrtårnet og Bivognen* (bekannt auch in Kurzform als *Fy* und *Bi*) waren die Künstlernamen des dänischen Filmkomikerpaares Harald Madsen (1890–1949, Bivognen) und Carl Schenstrøm (1881–1942, Fyrtårnet) in einer gleichnamigen Filmreihe (ODS, unter *bivogn*), die europaweit bekannt war:

> Einer lang und dünn, der andere klein und dick, beide erschienen in Vagabundenkostümen, aber Fyrtårnet war dem kleinen Bivogn gegenüber väterlich streng, legte Wert auf Ordentlichkeit und Schönheit[104]. (ODS, unter *Bivogn*)

Das Wortpaar *Stauning eller kaos* war vor den Wahlen 1935 ein sozialdemokratischer Slogan und ist heute ohne den historischen Kontext kaum verständlich. Von dieser ZF wurde später eine andere Phrase abgeleitet, nämlich *Stavning eller kaos*. Zwischen den beiden Wortpaaren besteht die Beziehung der Homofonie. Beide Substantive *Stauning* (der Nachname des Politikers) – *stavning* (dt. Rechtschreibung) werden identisch ausgesprochen, der Unterschied tritt nur

---

104 Übersetzung J.J.

in der schriftlichen Form und eventuell durch das kontextuelle Umfeld in Erscheinung. Der intertextuelle Bezug verlieh der Aufforderung zum korrekten Gebrauch der Rechtschreiberegeln einen witzigen Charakter.

Abgesehen von TF *hr. og fru Danmark* gibt es nur ein Beispiel für TF mit dänischen Toponymen im Korpus. Der Ausdruck *fra Skagen til Gedser* wird im Sinne von „in ganz Dänemark " verwendet. Skagen ist die nördlichste Stadt Dänemarks in Jütland, Gedser ist die südlichste dänische Stadt auf der Insel Falster. Der Abstand zwischen den Städten beträgt ca. 550 km auf der Autokarte.

Die letzte Untergruppe, die kultur- und sprachspezifische Lemmata umfasst, besteht aus drei Phraseologismen mit Namen von Währungseinheiten (DDO, unter *krone*):

- *gøre op i kroner og øre* bedeutet ‚den Wert in Geld messen',
- *sætte kroner og øre på noget* wird im übertragenen Sinne ‚Preis für etwas festlegen, angeben' verwendet,
- *slå plat og krone* (oder als Variante *slå plat eller krone*) ‚eine Entscheidung auf zufällige und unkonventionelle Weise durch einen Münzenwurf treffen'.

Sprachliche Besonderheiten, die das Dänische von anderen Sprachen unterscheiden (außer dem Schwedischen und Norwegischen), dokumentieren zwei weitere ZF. Das Phrasem *fra A til Å* ist die dänische Entsprechung der Konstruktion *fra A til Z*, die aus dem ersten und dem letzten Buchstaben des dänischen Alphabets besteht, das drei seltene Grapheme *Æœ*, *Øø* und *Åå* enthält. Schließlich ist die dänische Routineformel *farvel og tak* zu nennen, die als eine in der alltäglichen Kommunikation sehr populäre Abschiedsformel im weniger formellen Sprachgebrauch gilt.

Weitere Belege – nicht so ausdrucksvoll, wie die oben erwähnten – sind auch in den dänischen Realien stark verankert. Es handelt sich um Bezeichnungen von Spielen, die in Dänemark dermaßen populär sind (waren), dass ihre paarformelartigen Namen in allgemeinsprachlichen Wörterbüchern verzeichnet worden sind (vgl. DDO, unter *effen, røver, cowboy, kryds*):

- *effen eller ueffen* – Spiel, in dem die Teilnehmer erraten müssen, ob die Anzahl einiger versteckter Objekte gerade oder ungerade ist;
- *røvere og soldater* – Spiel, in dem zwei Teams *Räuber* und *Soldaten* spielen,
- *cowboy(er) og indianer* – Kinderspiel, in dem die Teilnehmer in zwei Teams als Cowboys und Indianer gegeneinander kämpfen;
- *kryds og bolle* – das Spiel ‚Kreis und Kreuz' ist zwar in anderen Ländern verbreitet, aber nicht unter diesem Namen (dt. engl. Tic-Tac-Toe). Die zweite

Bedeutung der ZF *kryds og bolle* gilt als stark sprachspezifisch, unbekannt oder nicht so stark verbreitet in anderen Sprachen. Die Konstruktion bezeichnet Markieren des Subjekts (mit einem kleinen Kreuz) und des Prädikats (mit einem kleinen Kreis) eines Satzes in einer grammatischen syntaktischen Schulübung;

Zum Repertoire der kulturspezifischen Phrasemen zählt die Paarformel *klippe og klistre* mit einer starken konnotativen Bedeutung wegen formaler semantischer Verwandtschaft mit dem Nomen *klippe-klistre-dag*, das den Tag in einer Schule oder Institution bezeichnet, an dem Kinder Collagen, Weihnachtsdekorationen machen oder andere kreative Aktivitäten stattfinden (vgl. DDO, unter *klippe-klistre-dag*).

Kulturspezifika aus anderen Bereichen des gesellschaftlichen Lebens reflektieren folgende Paarformeln, die vergangene Traditionen dokumentieren:

- **med kryds og slange** (in der Redewendung *få, give ug* **med kryds og slange**) diente seit etwa der Mitte des 19. Jh. zur Bezeichnung einer absolut hervorragenden, sogar perfekten Leistung bei der Benotung der Schulaufgaben. Eine ‚Schlange' (d. h. eine Wellenlinie) war ein altes Zeichen für eine besonders gute Note (ODS, unter *slange*).
- **på hjul og stejle** (in der Redewendung *lægge på hjul og stejle* ‚jemanden rädern, jemanden aufs Rad flechten') war eine der brutalsten mittelalterlichen Formen der Hinrichtung mittels eines großen Wagenrads.

Als eine andere Gruppe von ZF, die sich durch Sprach- und somit Kulturspezifik auszeichnet, sind Belege mit starken intertextuellen Bezügen zur einheimischen oder ausländischen literarischen Produktion. Da die Phraseme hinsichtlich der vorhandenen Bezüge, Quellen der Texte und der damit vorhandenen Konnotationen nicht einheitlich sind, können die ZF in weitere Teilaspekte gegliedert werden. Eine sich deutlich von den anderen Gruppen abhebende Menge stellen ZF religiöser Hekunft dar, die direkt der Bibel oder anderen Texten entnommen sind: *død og opstandelse, fra Herodes til Pilatus, fra Pontius til Pilatus, gråd og tænders gnidsel, gråd og tænderskæren, gud ske tak og lov, med Adam og Eva, Sodoma og Gomorra* u.a.

Als eine weitere Quelle ist das literarische Kulturgut, dem einige ZF entsprungen sind oder in paraphrasierter Form an die bekannten Maximen, Aussagen, Textpassagen oder auch Textsorten anknüpfen:

a. *Del og hersk (divide et impera)*
b. *at være eller ikke at være*

c. *øst for solen og vest for månen*
d. *få prinsessen og det halve kongerige*

Durch explizite Bezüge zur antiken Mythologie ist ein weiterer Beleg gekennzeichnet:

e. *mellem Skylla og Charybdis.*

Somit weisen einige dänische ZF ihre Zugehörigkeit zum europäischen Kulturkreis auf und andere dokumentieren ihre dänischen Wurzeln.

3.10 ZF in Texten

3.10.1 Frequenz von ZF in Texten

Phraseologische Untersuchungen der letzten zwei Jahrzehnte sind von der grundsätzlichen Erkenntnis geprägt, dass Phraseme einen bedeutenden Anteil von Texten ausmachen (vgl. Sabban 2004: 238). Demzufolge werden aus der Perspektive der Phraseologieforschung zahlreiche Untersuchungen geführt, in denen der Schwerpunkt auf der Ermittlung von Funktionen der Phraseologismen in Texten liegt. Ein ähnliches Forschungsfeld gilt als Teilbereich der Textlinguistik oder Textsortenlinguistik, im Rahmen dessen die Korrelation zwischen den Textsorten und dem Gebrauch von Phraseologismen zum Untersuchungsgegenstand wird. In den folgenden Ausführungen werden beide Aspekte miteinander verknüpft, um die semantische und pragmatische Leistung von dänischen ZF in ausgewählten Textsorten, darunter auch in der Onlinekommunikation, näher zu beleuchten.

ZF als phraseologische Kategorie gehören – im Vergleich zu anderen Phraseolexemen – zu seltener gebrauchten Phrasemen. Dies ergibt sich aus der Untersuchung von Burger u.a. (1982), in der die Häufigkeit von deutschen Phraseologismen in neun Texttypen im Umfang von ca. 50000 Wörtern analysiert wurde. Als Ergebnis wurde eine Rangliste mit Frequenz einzelner Typen von Phraseologismen erstellt, die eine gewisse Vorstellung von ihrer Texthäufigkeit (Angaben in Klammern) gibt:

1. phraseologische Termini (3616),
2. verbale phraseologische Ganzheiten (2978),
3. situationsspezifische Phraseme (2394),
4. adverbielle Phraseme (2207),
5. Streckformen (1246),
6. sonstige verbale Phraseme (979),
7. sonstige nominale Phraseme (636),

8. Zwillingsformeln (535),
9. feste Phrasen (179) und
10 Vergleiche (11).

Wie aus der Übersicht ersichtlich ist, machen die ZF in den untersuchten medial mündlichen Texten ca. 14,8 % aller auftretenden Phraseologismen aus. Dies gibt eine grobe Orientierung in den quantitativ erfassten Beziehungen zwischen den unterschiedlichen phraseologischen Kategorien und verweist auf eine erwartbare Menge von ZF, die – gemäß der oben verwendeten Formulierung – eine viel niedrigere Häufigkeit aufweisen als die meist frequenten Phraseme.

3.10.2 Korrelation zwischen den ZF und Textsorten im Überblick

Der Gebrauch von Phrasemen, wie es sich aus empirischen Untersuchungen ergeben hat (vgl. Burger u.a. 1982) – ist funktional bedingt, d. h., dass für eine bestimmte Textsorte oder Textart eine bestimmte Auswahl der Phraseme besser geeignet ist. Allerdings lässt sich kein direkter und strenger Zusammenhang zwischen der Textsorte und bestimmten Phrasemen feststellen, was bisherige Untersuchungen bestätigen (vgl. Sabban 2004: 242). Die festen Wortkomplexe werden in den einzelnen Textsorten mit unterschiedlicher Frequenz und Distribution verwendet. Dabei wird davon ausgegangen, dass für einige Phrasemtypen und für bestimmte, relativ fein differenzierte Textsorten eine Korrelation tendenzweise möglich ist (Sabban 2004: 243). In Einzelfällen lässt sich nachweisen, dass Phraseologismen wichtige textsortenunterscheidende Merkmale sind (Burger u.a. 1982: 109). Darauf aufbauend wird in der folgenden Übersicht die Auflistung von ‚textsortenspezifischen' ZF erstrebt. Allerdings werden nur diese Phraseme berücksichtigt, die eine bestimmte Textsorte oder Gebrauch in einem bestimmten Kontext explizit signalisieren, und somit als Indikatoren für Textmuster dienen und dadurch unterscheidende Funktion haben können.

Die folgende Darstellung enthält eine aufgrund des Textsortenwissens erstellte Zuordnung, in der ZF eine Textsorte eindeutig identifizieren, signalisieren oder wegen der Thematik bevorzugt verwendet werden. Verifizierung und Ergänzung sowie Frequenzangaben müssten infolge einer ausführlichen Studie belegt werden.

Allerdings finden nicht alle Phraseme in den verschiedenen funktionalen Stiltypen, Kommunikationsbereichen sowie Textsorten in gleicher Weise und Frequenz Anwendung. Für ausgewählte ZF lässt sich nachweisen, dass sie bestimmten Textgenres oder Kommunikationsbereichen und -situationen als typische Sprachmittel zugeordnet werden können. Dies hängt mit ihren stilistischen Charakteristika, textstilistischen Konventionen, dem Grad der Oralität (medienspezifische Distribution) oder der Zugehörigkeit zur Schriftlichkeit und zur Sprache der Nähe bzw. der Distanz zusammen.

Zwischen der prototypischen Oralität (Abb. 11, Nr. 10), die sich z. B. in einem spontanen Privatgespräch zwischen vertrauten Gesprächspartnern am stärksten manifestiert (Tab. 19, Zeile 10) und der Schriftlichkeit (Abb. 11, Nr. 1), die geschriebene, veröffentlichte wissenschaftliche Fachtexte repräsentieren (Tab. 19, Zeile 1), sind Zwischenstufen ohne direkten Zusammenhang zwischen der medial geschriebenen Textform und Schriftlichkeit und zwischen der medial mündlichen Textform und Mündlichkeit zu nennen (vgl. Burger ³2005: 161).

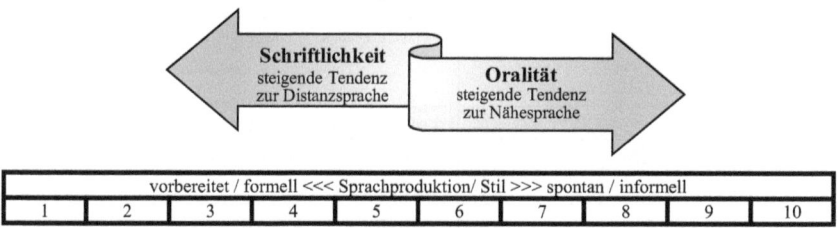

Abb. 11 Beispielhafte Situierung ausgewählter ZF im Schriftlichkeit-Oralität-Kontinuum[a] (eigene Bearbeitung, Terminologie nach Burger ³2005: 143)

a Die Zahlen, die jeweils eine Textsorte oder einen thematischen Kontext signalisieren, entsprechen den Zeilennummern in Tab. 19

Unter der Berücksichtigung der aufgezählten Faktoren und in Anlehnung an Abb. 11 wurde eine Liste von ZF erstellt, die eine Korrelation mit Textsorten bzw. Textinhalten aufweisen (Tab. 19):

Tab. 19 Ausgewählte ZF und ihr beispielhafter Gebrauchskontext

Nr.	ZF	Beispielhafter Gebrauchskontext
1.	*indkomster og udgifter*	in einem wirtschaftlichen Fachtext
	debet og kredit	
	jern og metal	
	virkning og bivirkning	in einer Packungsbeilage
	afsender og modtager	in einem sprachwissenschaftlichen Fachtext
	dato og underskrift	in einem Arbeitsvertrag oder Formular
	fornavn og efternavn	
	kost og logi	in einem Fachtext
2.	*dato og sted, navn og adresse*	in einem Formular (als Printtext oder online)
	click og collect	Website eines Webshops
	klik og bestil	
	klik og betal	
	evigt og altid	in einer Grabinschrift
3.	*dyre- og planteliv*	in einem populärwissenschaftlichen Text
4.	*køb og salg*	in einer Anzeige
5.	*edder og forgift*	in einem literarischen Text
	årle og silde	
	i ord og gerning	
6.	*østen for solen og vesten for månen*	in einem Märchen (schriftlich/gesprochen)
7.	*damer og herrer*	offizielle Ansprache, Rede
8.	*farvel og tak*	spontanes Privatgespräch, Chat
	held og lykke	
9.	*kys og kram*	SMS, E-Mail
	her og der	spontanes Privatgespräch
10.	*ryge og rejse*	
	død og pine	

Diese bescheidene Liste macht deutlich, dass ausgewählte ZF für den Gebrauch in bestimmten Texten und Aussagen prädistiniert sind.

Die Erstellung der Übersicht beleuchtet näher einen weiteren Aspekt der diskutierten phraseologischen Kategorie – eine starke Gebundenheit der ZF an einen Kontext bzw. einen bestimmten Inhalt oder eine kommunikative Situation. Dies ist zu verstehen, dass die Distribution der ZF auch gewissen Präferenzen sowie auch gewissen Beschränkungen unterliegt.

Teil II Text-, stil- und begriffsbildende Potenz der Zwillingsformeln in Internettexten

Der aufgestellten Zielsetzung zufolge wird in dem vorliegenden Teil der Arbeit eine klare Perspektive angenommen: Zu erforschen ist die phraseologische Kategorie der ZF und ihr funktionelles Gebrauch- und Wirkungsfeld in ausgewählten Kommunikationsbereichen. Damit das Ziel realisierbar sein kann, wurde das Forschungsfeld in drei Teilgebiete gegliedert:

1. Gebrauch und textbildende Funktionen in der Onlinepresse,
2. Gebrauch, Funktionen und Produktivität in onymischen Spracheinheiten anhand der Internetpräsenz von Unternehmen, Titeln und Überschriften,
3. begriffsbildende Potenz, Gebrauch und Produktivität der ZF in der Fachsprache der TSL-Branche.

Selbstverständlich werden die oben genannten Forschungsfelder in kleinere Mikrofunktionen gegliedert, um möglichst viele Kontexte einer Analyse zu unterziehen und folglich ein möglichst vollständiges Bild zu erzielen.

4 Zwillingsformeln in der Onlinepresse

4.1 Vorbemerkungen

Das vorliegende Kapitel beschäftigt sich mit den funktional-stilistischen sowie kommunikativ-pragmatischen Eigenschaften der Phraseologismen in den Textsorten der dänischen Presse und Publizistik in ihren Onlineausgaben. Dabei wird von der Annahme ausgegangen, dass jeweiligem Medium kommunikative Eigenschaften zugeschrieben werden können, die Textproduktion – und dabei Textcharakteristika, d. h. die Wahl der sprachlichen Ausdrucksmittel – sowie Textrezeption beeinflussen.

Die untersuchten Pressetexte lassen sich in aller Kürze mit folgenden Faktoren charakterisieren. Das Quellenmaterial stellen geschriebene, vorbereitete und spontan verfasste digitale Texte dar, das Medium sind Computer und mobile Geräte, die Varietät ist schriftsprachlich. Textbelege können dem Handlungsbereich öffentliche und massenmediale Kommunikation in der digitalen Presse zugeordnet werden. Die Texte entstehen in dem Kommunikationsmodell one-to-many, ihre Produktion/Rezeption verläuft asynchron und die Kommunikationspartner sind räumlich getrennt. Je nach dem Textexemplar kann man von dem definiten Textproduzenten (Journalisten), oder dem indefiniten (anonymer Leser als Textproduzent von Kommentaren) sprechen. Die Textrezipienten bleiben – mit wenigen Ausnahmen – fast immer indefinit. Sie bilden eine kategorial nicht definierte Empfängergruppe mit den Eigenschaften des Massenpublikums mit dispersem Charakter.

Als ein Seitenaspekt der vorliegenden Ausführungen gilt die Feststellung der Zugehörigkeit der ZF zu den Stilschichten und Beschreibung des Beitrags von Phraseologismen zum Textstil. Allerdings lassen sich auch weitere Funktionen, oft kontextbedingt, nachweisen, die auch diskutiert werden: Ausführlicher wird der Gebrauch der ZF in modifizierter Form analysiert. Die lexikalisch-semantischen und stilistisch-pragmatischen Eigenschaften stehen zwar im Vordergrund, aber gelegentlich werden sie auch durch syntaktisch-strukturellen Charakteristika ergänzt und vervollständigt.

4.2 Textbildende Potenz

Der Kapitelüberschrift zufolge wird die Leistung der ZF unter textbildendem, semantischem und stilistisch-pragmatischem Aspekt ausschließlich anhand Textbelege untersucht, denn isolierten Phrasemen können keine bestimmten Funktionen zugeschrieben werden. Auch der Beitrag zur Konstitution der

Textstruktur und -bedeutung ist immer erst aus dem Ko- bzw. Kontext zu erschließen (vgl. Koller 1977: 69; Fleischer 1982: 221; Burger et al. 1982:106). Koller (1977) führt aus, dass Phraseme je nach dem Kontext, in dem sie gebraucht werden, unterschiedliche Funktionen oder sogar ein Funktionsbündel aufweisen und ein Phraseologismus kann in einem bestimmten Text zugleich mehrere Funktionen erfüllen (Koller 1977: 69). Erst ihre Summe ergibt das Bild der Wirkungsmöglichkeiten von untersuchten phraseologischen Einheiten in konkreten Textrealisierungen. Allerdings erhebt die Liste der hier untersuchten Funktionen keinen Anspruch auf Vollständigkeit, besonders im Bereich der Modifikationen, die als Produkt der Phantasie und Kreativität sowie einer Sprachkunst gelten, deren Erscheinungsformen nicht vorauszusehen sind.

Aufgrund der speziellen Beschaffenheit von ZF und ihrer denotativen und konnotativen Potenziale – heißt es in Černyševas Konzept der „textbildenden Potenzen" – können feste Wortverbindungen bestimmte Funktionen im Text übernehmen und somit an der Organisation der Textstruktur, ihrer Gliederung und Stiftung der Textbedeutung mitwirken (vgl. Sabban 2007: 237). Da die ZF selten satzwertig sind, werden sie in einen Satzkontext eingebettet und müssen als solche Einheiten zwecks Ermittlung ihrer Leistungsfähigkeit untersucht werden, denn ihre Wirkungs- oder Verwendungspotenziale werden in Textzusammenhängen aktualisiert, in denen ihr Gebrauch bedeutungskonstitutiv ist.

ZF sind vor allem als **Formulierungshilfe** zu betrachten, weil sie helfen, Sätze und Texte zu bewältigen und damit manifestiert sich eine ihrer textstiftenden Funktionen. Eine eindeutige Rolle in der Textorganisation kommt den ZF aus der Gruppe der pragmatischen Phraseologismen zu. Ihr Anteil am Aufbau der Textstruktur und damit die gliedernde Funktion besteht darin, dass sie den Text eröffnen, Argumente (inhaltliche Zusammenhänge, Textbausteine) ordnen, den Text gliedern und abschließen. Zum Zwecke der **Textstrukturierung** werden ZF in den Titeln und Überschriften eingesetzt. ZF leisten einen Beitrag zur Informationsstrukturierung und thematisch-inhaltlichen Textorganisation. Darüber hinaus sind ZF ein wesentlicher Variabilitätsfaktor auf der lexikalischen Ebene, woraus sich Konsequenzen für die Stilistik wie für Syntax und Morphologie ergeben (vgl. Fleischer ²1997: 25). Allerdings werden den ZF in verschiedenen Textsorten unterschiedliche semantisch-pragmatische und kommunikative Funktionen zugeordnet. Diese werden in den einzelnen Kapiteln in der Analyse konkreter Verwendungszusammenhänge besprochen.

Informations- und Textstrukturierung
Die ZF *mine damer og herrer* ist ein Beispiel für einen Phraseologismus, der je nach dem Kontext, unterschiedliche Funktionen erfüllt. Eingesetzt im

Initialteil des Textes signalisiert die Paarformel Eröffnung der Kommunikation oder Anfang eines neuen Textes:

(95) »*Mine **damer og herrer** – vi hedder Malurt*,« *siger Michael Falch, da han entrerer scenen [...]*[105].

Als Einschub im Satzinneren, mitten in der Aussage (96), dient die gleiche Paarformel, besonders im gesprochenen Text, der Aufmerksamkeitssteuerung sowie der Aufrechterhaltung der Kommunikation und somit kann man ihr phatische Funktion zuschreiben:

(96) *Nu når jeg er død,* **mine damer og herrer***, kan jeg sige, at jeg efterlader mig et dejligt langt og varmt liv, som jeg har haft utroligt meget glæde af*[106].

Zu den ZF mit eindeutig gliedernder Funktion zählen u.a. vier Korpusbelege, die eine Zusammenfassung, Rekapitulierung einleiten und somit den Schlussteil einer Passage oder ganzen Textes signalisieren: *alt i alt, det korte af det lange, kort og godt, i det store og hele*. Die nachstehenden Aussagen illustrieren ihre informationsstrukturierende Funktion in den Textabschitten mit kompakten Schlussfolgerungen oder zusammenfassenden Abschlussbemerkungen (97 – 98):

(97) *Det var en dejlig start, og det var skønt at komme godt i gang.* **Alt i alt** *var det fint for et indledende løb [...]*[107].
(98) »**Det korte af det lange** *er, at vi har foreslået et opholdsforbud målrettet dem, som laver ballade*«[108].

Kohärenz- und Kohäsionsmittel
Auf der Textebene werden ZF als Mittel zur Stiftung und Unterstützung der **Textkohärenz** gebraucht. Die bildliche Darstellung der Bedeutung von ZF, ihr polylexikalischer Aufbau, syntaktische und semantische Variabilität bilden ein Bündel von Merkmalen mit einem Potenzial, einfache sowie ausgebaute, mehrschichtige Kohärenzbeziehungen im Text herzustellen. ZF können auch als Mittel der Substitution verwendet werden, indem sie als synonyme oder antonyme Ausdrucksmittel zum vorher bzw. nachher gebrauchten Ausdruck (anaphorisch oder kataphorisch) eingesetzt werden. Die wieder aufgenommene

---

105 https://www.berlingske.dk/kultur/til-rockshow-med (26.03.2021).
106 https://www.berlingske.dk/danmark/tidligere-dr-vaert (26.03.2021).
107 https://www.berlingske.dk/sport/danske-baade-kommer-godt-fra-start-i-ol-kvalifikation (26.03.2021).
108 https://www.berlingske.dk/politik/haekkerup-anklager-venstre (26.03.2021).

Referenz auf einen bereits vorerwähnten, bestimmten Sachverhalt führt zur Entstehung längerer Isotopieketten koreferenter Ausdrücke, die eine gewisse Einheitlichkeit des Referenzzusammenhangs, die semantische Konstanz der Ausdrucksmittel, folglich eine einheitliche thematische Orientierung bilden und aus diesem Grund sind sie relevante Komponenten der Makrostruktur von Texten (vgl. Langer 1995: 85).

Kohärenzbezüge können sowohl zwischen dem Text und den beiden semantischen Ebenen d. h. der phraseologischen und/oder literalen der ZF bestehen. Das Wortpaar *mellem Skylla og Charybdis* weist im Beispiel (99) zweifache Einbettung in den Textinhalt auf: Zum einen in der phraseologischen Bedeutung, zum anderen durch konnotative Bezüge der Komponenten mythologischer Herkunft zum Inhalt des Textes, der bilaterale Beziehungen zwischen Griechenland und der UE zum Thema hat:

> (99) *Verbalt styrer Juncker* **mellem Skylla og Charybdis**: *Mellem faren for, at grækerne bliver så forbandede over hans melodramatik, at de stemmer nej i protest, og faren for, at de ikke har forstået alvoren, og stemmer nej*[109].

Im Textbeleg (100) erfolgt die Stiftung der Textkohärenz von der ZF *fup og fiduser* dadurch, dass sie eine Reihe von Substantiven einleitet, zwischen denen und der ZF die Relation der Unterordnung besteht. Die Konstruktion *fup og fiduser* gilt als ein Oberbegriff, dessen Spezifizierung mithilfe der darauffolgenden Aufzählung von Nomina erfolgt. Somit dient die Paarformel als Mittel der Organisation der Makrostruktur sowie der thematischen Progression in der zitierten Textpassage.

> (100) *Vestas havde to sider i de glade 00ere. Den lyse og beundringsværdige side med grøn vækst, stolthed og internationalisering, som vi alle kender. Og så de mørke, mørke sider med ja, vel egentlig kendetegnet ved* **fup og fiduser**, *bestikkelse, forvrængninger, personslagsmål, hele og halve sandheder, tvivlsomme regnskabsafrapporteringer og grådighed ud over alle grænser*[110].

Die Funktion der Kohärenz überlappt sich mit der Funktion der **Ausdruckvariation**, deren Effekt in öffentlicher Kommunikation von besonderer Bedeutung ist. Der Gebrauch von ZF ist eine ausgezeichnete Alternative für Konkurrenzformen, die oft keine zusätzlichen Stilmittel enthalten, wodurch ZF einen Mehrwert in den Text mit sich bringen. Die ZF *i ny og næ* (101) ist zum einen

---

109 https://www.berlingske.dk/ledere/hjaelp-til-selvhjaelp (26.03.2021).
110 https://www.berlingske.dk/virksomheder/fra-vestas-alt-for-moerke-gemmer (26.03.2021).

ein Kohärenzmittel, indem sie als Bestandteil einer Kette von koreferenten Ausdrücken *ikke systematisk – i ny og næ – systematisk* eine Einheitlichkeit des Referenzzusammenhangs in dem diskutierten Textauszug stiftet. Zum anderen wird mit dem Gebrauch der ZF eine Abwechslung in den Text eingeführt.

(101) Men det er ifølge Elisa Rimpler ikke sket systematisk. »Det er kun et fåtal af kommunerne, hvor man har været forbi daginstitutioner *i ny og næ*. Og det er kun få steder, hvor der foregår systematisk,« siger hun[111].

4.3 Kommunikativ-pragmatische Funktionen

Die Untersuchung der Phraseologismen unter kommunikativ-pragmatischem und stilistischem Aspekt wird immer öfter in linguistischen Untersuchungen unternommen. Ihre pragmatische Charakteristik, vor allem die „Fähigkeit der Phraseologismen, >>psychische Zustände<< des Sprechers oder Schreibers zu indizieren und beim Hörer oder Leser zu induzieren" (Fleischer [2]1997: 25), trägt zur Bereicherung der Gesamtbedeutung von Texten bei. Dabei dienen Phraseologismen als Prädikationen zur Beschreibung und Charakterisierung von Sachverhalten in interschiedlichen Textzusammenhängen. ZF signalisieren außerdem die emotional betonte Einstellung des Senders zu dem mitgeteilten Sachverhalt und durch Anschaulichkeit und Einprägsamkeit, sowie emotionale Akzentuierung einer Einsicht können sie indirekt emotionale Wertungen (positive wie negative) auf den Empfänger übertragen (vgl. Fleischer [2]1997: 218–220).

Der Beitrag von Phraseologismen zur Konstitution der Gesamtbedeutung von Sätzen, Aussagen und Texten wird in der phraseologischen Literatur als **semantischer Mehrwert** bezeichnet, denn phraseologische Spracheinheiten kumulieren mehrere Aspekte gegenüber einfachen Einwortlexemen. Sandig (1989) erklärt[112], dass die Ersteren beschreibend, bewertend und handlungsanweisend verstanden werden können. Das besondere bei den idiomatischen Phraseologismen ist zum einen ihr „semantisches Element der Intensität" (*auf die Finger schauen* vs. *kontrollieren*) und zum anderen die Art der Bewertung,

---

111 https://www.berlingske.dk/danmark/paedagoger-savner-tilbud-om-systematisk-coronatest (26.03.2021).
112 Sandig erklärte die Funktionen am Beispiel des Phrasems *x ist mit seiner Kunst am Ende* und seiner beschreibenden (x ist ratlos), bewertenden (es ist schlecht, mit seiner Kunst am Ende zu sein) oder handlungsanweisenden (man sollte so eine Situation ändern) Funktion (Sandig 1989: 387).

die häufig im Bezug zu sozialen Normen steht, „affektiv wertend" (vgl. Sandig 1989: 387–388).

Die Übersicht von Textfunktionen von den untersuchten ZF erfolgt nach der Typologie von Koller, in der zwischen Funktionen in bezug auf **Gebraucher und Adressat** und Funktionen „in bezug auf die mit **ihnen bezeichneten Sachverhalte**, Situationen und Handlungen" unterschieden wird (Koller 1977: 69). Die emittentenbezogene Funktion ist als eine Art der **Selbstdarstellung** (Sandig 2007: 162–164) zu betrachten und manifestiert sich im Kontext der Textgestaltung in zwei Formen. Durch den Gebrauch der ZF kann sich der Textproduzent als sprachgewandt darstellen, indem er seine rhetorische Kompetenz, sprachliche Finesse sowie ausdrucksstarke Formulierungskunst und unterhaltsamen Umgang mit der Sprache, die von einer Begabung und Kreativität zeugen, zum Ausdruck bringt.

In Fachtexten kann er seine Kompetenz sowohl im Fachbereich als auch dessen Fachterminologie und -phraseologie beweisen. Eine andere Form, die Präsenz des Textverfassers signalisieren kann, ist der Ausdruck seiner emotional bewertenden Einstellungen.

Beispiel (102) enthält eine Textpassage, in der sich die **Kunst des Formulierens** durch die Anhäufung von vier ZF in den benachbarten Sätzen manifestiert:

(102) *Perioden der dækker tiden fra 1485–1603 har i flere hundrede år i britisk tradition stået i et forklarelsens skær som en national storhedstid: Tudor England* **med flyvende faner og klingende spil**. *Godt nok rullede et par hoveder* **nu og da**, *men farverigt var det og* **godt og rigeligt mad og drikke**[113].

In der Aussage erkennt man die intentionale Anreihung von mehreren ZF sowie ihre sprachspielerische Anwendung, die einen Überraschungseffekt zu erzeugen hat. Am Sprachgebrauch lassen sich einige Züge des besonders kreativen, gebildeten, eloquenten und witzigen Verfassers identifizieren, der Kombinationen mehrerer Modifikationsverfahren, Freude am Schreiben und am Überraschungsspiel mit dem Leser (Urban 2009: 120) in einer kurzen Aussage miteinander verknüpft. Urban sieht derartigen Sprachgebrauch als eine Form des Image-Managements an:

> Unseres Erachtens greifen die Feuilletonisten zu (modifizierten) Phraseologismen nicht aus dem Grund, einer Textpassage eine besondere Aussagekraft der Stilistik willen zu verleihen, sondern gerade deswegen, ihrem Image einen besonderen

---

113 https://www.information.dk/kultur/anmeldelse/2012/01/henrik-8-ondskabsfuld-tyv (26.03.2021).

Stellenwert zu verleihen. Die Belege dienen in erster Linie zur Zeichnung des Autorenporträts. (Urban 2009: 121–122)

Darüber hinaus tritt die selbstdarstellende Funktion bei der Formulierung von persönlichen **Einstellungen und Bewertungen** in Erscheinung, wenn der Textproduzent in der Darstellung des Sachverhalts wertende Elemente zum Ausdruck eigener positiver oder negativer Einstellung benutzt.

Die Formulierung von Kritik, Akzeptanz, Ironie und verwandten Texthandlungen sind feste inhaltliche Komponenten von Rezensionen und Userkommentaren. Auch bei der Darstellung unterschiedlicher Sachverhalte in Leitartikeln, Essays, Berichten und Kurznachrichten bieten sich Inhalte und Kontexte an, in denen die Einstellung des Verfassers den Textinhalt ergänzt, bereichert und zur Reflexion anmutet. Allerdings kann die subjektive Stellungnahme des Verfassers auf verschiedenen Punkten der Bewertungsskala situiert werden.

Knapp, geschickt und in spöttischem Ton wird eine kritische Einstellung durch den abwertenden Kommentar mithilfe einer ZF (103) ausgedrückt. Ihr umgangssprachlicher Charakter und die nachgestellte Situierung am Satzende steigern den Überraschungseffekt:

(103) *Nærkontakt mellem statsledere er set før og kan have positiv virkning for verdensfreden. Således huskes Adenauers og De Gaulles kindkys, Mitterrands og Kohls holden i hånd og Clintons nær sammenbrud af grin over vennen Boris Jeltsin,* ***skidefuld og på rulleskøjter***[114].

Eine ähnliche kommunikative Strategie zur Erzielung einer eindeutigen Bewertung fand im Textbeleg (104) Anwendung. Durch die Wahl einer umgangssprachlichen ZF in bezug auf Juristen wird eine leicht abwertende Einstellung verbalisiert und zugleich eine aufwertende Wirkung bezüglich des im Text genannten Unternehmens erzielt:

(104) *A.P. Møller-Mærsk kan hyre de bedste jurister, og så kan diverse statstilknyttede advokater samt embedsmændene* ***gå hjem og vugge****. Kun hvis Mærsks advokater fik et kollektivt blackout, kunne der være en chance*[115].

Durch den Gebrauch einer saloppen ZF *i hoved og røv* wird die negative Distanz zum Textinhalt im ersten Teil der zitierten Aussage (105) ausgedrückt. Die in Klammer gesetzte quasi Entschuldigung (*pardon my french*) ist zwar witzig

---

114 https://www.information.dk/debat/2008/03/unyttige-idioti (26.03.2021).
115 https://www.information.dk/moti/2012/12/sohn-trak-trier-tav-elefanter-laegger-aeg (26.03.2021).

und selbstironisch, vor allem aber signalisiert sie die Aufregung des Verfassers über den dargestellten Sachverhalt im zweiten Teil des Belegs:

(105) *Vi kan efterhånden få alt. Vi bestiller det bare over nettet. Hvad angår online indhold, er mulighederne mindst lige så uendelige. Og du kan tilgå det, når og hvornår du vil. Vi bestemmer! Og vi **får i hoved og røv** (pardon my french). Og som det jo er med overforkælede børn, der har alt: Det mest spændende er ikke det, der ligger for ens fødder*[116].

An beiden Belegen wird ersichtlich, dass die negative Beurteilung durch gleiche Strategie der „stilistischen Inkongruenz" erzielt worden ist. Bei der Darstellung der ernsten Sachverhalte und der sachlichen Beschreibung der prominenten Personen und Unternehmen wird in den Satz eine ZF eingeflochten, die in der stilistischen Charakteristik mit der Aussage kontrastiert, was den Effekt der abwertenden Darstellung intensiviert. Die ZF **skidefuld og på rulleskøjter** (dt. stinkbetrunken) gilt als eine im Slang verwendete ZF, **gå hjem og vugge** (dt. über meinen Buckel runterrutschen) ist grundsätzlich der umgangssprachlichen Kommunikation vorbehalten. Mit der stilistischen Inkongruenz, die durch denotativen Gehalt der ZF unterstützt wird, signalisiert der Verfasser seine ironische und negative Einstellung zum beschriebenen Sachverhalt. Auf diese Weise können ZF – verknüpft mit dem Wechsel der Stilebene – als Mittel subjektiver Stellungnahme und des Einstellungsausdrucks suggestiv gebraucht werden.

Die **adressatenbezogene Funktion** kann unterschiedliche Formen mittels Aufmerksamkeitssteuerung und der Textgestaltung annehmen. Unter dieser Funktion versteht man sowohl den Leser zu unterhalten, was durch die Verwendung idiomatischer Phraseme und ihrer spielerischen Modifizierungen in unterschiedlichen Kontexten und Intensitäten erfolgen kann, als auch den Text für den Leser zu strukturieren (Sandig 2007: 164).

Die Aussage im Textbeleg (106) kann als ein Beispiel für einen **sprachspielerischen Umgang** mit dem Textinhalt durch den Gebrauch der ZF *pis og papir* gelten. Die Besonderheit basiert auf dem Zusammenspiel zwischen der wörtlichen und phraseologischen Bedeutung und deren Bezug zum Textinhalt. Der Überraschungseffekt entsteht durch die Situierung der ZF am Anfang der Aussage, was ihre phraseologische Lesart und bewertende Funktion suggeriert. Der eigentliche Sinn der Aussage stellt sich erst am Ende der Textpassage heraus, wodurch die Unterhaltungsfunktion der Aussage gesteigert wird:

---

116 https://www.berlingske.dk/kommentarer/gi-mig-mindre-og-jeg-vil-ha-mere (26.03.2021).

(106) *Kunsthal Charlottenborgs nye udstilling er det rene* **pis** *og* **papir**. *I én sal hænger nogle tegninger på papir, mens rummet ved siden af tæller hovednummeret, som lugter af urin*[117].

Den sprachspielerischen Umgang mit der abwechselnden Lesart der ZF **Gud og hvermand** dokumentiert das Beispiel (107). Die Paarformel wird in der phraseologischen Bedeutung gebraucht, jedoch ihre wörtliche Lesart wird in der vorangestellten Phrase durch die Verwendung fast identischer Komponenten aktualisiert:

(107) »*Han kan tale jævnt om alt det høje.*« *Sådan sagde N.F.S. Grundtvig for længe, længe siden, men ordene passer perfekt på vor tids Johannes Møllehave, der forkynder Herrens ord, så enhver kan forstå dem. Han er* **Guds mand** *for* **Gud og hvermand**, *kunne man sige med en imitation af den legesyge sprogstil, som har været med til at gøre ham til folkeeje på linje med Dronningen, Michael Laudrup og Olsen-Banden. [...]*«[118].

Die **Aufmerksamkeitsfunktion** als eine der adressatenbezogenen Funktionen kommt durch Gebrauch von ZF anstelle monolexikalen Ausdrucks zustande, was wegen ihrer auffallenden symmetrischen und rhythmischen Erscheinungsform immer Aufmerksamkeit lenkt und Interesse des Rezipienten weckt. Dies betrifft vor allem Titel, Überschriften und Kapitelüberschriften in Pressetexten, in denen der isolierte Gebrauch die harmonische Struktur der ZF effektvoll exponiert. Die adressatenbezogene Funktion illustriert Beispiel (108): Die ZF erregt die Aufmerksamkeit der Leser, indem sie durch den isolierten Gebrauch in einer Überschrift sowie eine Modifikation, infolge deren beide Adjektive statt der Relation der Identität in der Originalform des Phraseologismus *nye – nye* eine semantische Opposition *nye – gamle* bilden, die Hervorhebung der Inhaltskomponenten erzielt:

(108) *Nye tider, gamle skikke*[119].

Ein komplexer Formulierungsprozess lag der inhaltlich mehrschichtigen Überschrift (109) zugrunde. Ihr erstes aufmerksamkeitserregendes Merkmal ist der paarformelartige, symmetrische Aufbau der ganzen Aussage:

---

117 https://jyllands-posten.dk/arkiv/?q=%22pis+og+papir%22&from=&to=&fps=7&hs=200 (26.03.2021).
118 https://www.berlingske.dk/boganmeldelser/forkynder-folkeeje-og-masochist (26.03.2021).
119 https://www.berlingske.dk/kultur/vodka-varme-foelelser-og-vilde-drab-ved-nattetide (26.03.2021).

(109) *Pak din pik væk, din store mandeklovn!*[120]

Der linke Teil enthält einen Komplex von Spracheinheiten, die das Interesse des Lesers wecken – sowohl wegen ihrer Bedeutung als auch ihrer phonologischen Merkmale. Die verwendeten Lexeme haben eine starke assoziative Wirkung und können als Anspielung auf die ZF *pik og pak* (dt. alles, was man hat, seine Siebensachen) empfunden werden. Dies dient nur der assoziativen Funktion, denn die Bedeutung wird in der Aussage nicht direkt aktualisiert. Die Komponenten der Überschrift bilden hier keine etablierte ZF und die Ähnlichkeit besteht nur in formaler Hinsicht aufgrund des Formensynkretismus. *Pak* ist nämlich die Imperativform des Verbs *pakke*, *pik* bezeichnet das männliche Glied. Auffallend ist die starke Rhythmisierung des linken Teils der Aussage, was mit dem kategorischen Ton der verbalen Imperativform harmonisiert.

Die Beispiele zeigen den hohen Stellenwert der ZF in der Sinnkonstituierung des Textes auf, indem sie die Aufmerksamkeit steigern und durch den konnotativen Wert eine mehrdeutige Interpretationsmöglichkeit der Aussage suggerieren.

Inhaltsbezogene Funktionen

Ausdrucksverstärkung

ZF können als polylexikale Einheiten die Informationsverteilung in einer Aussage beeinflussen. Sie vermitteln vorwiegend mehr Informationen als ihre monolexikalen Konkurrenzformen, denn sie haben im Vergleich zu Einwortlexemen vielfältigere Assoziierungs- und Modifizierungsmöglichkeiten, die sich in einem konkreten Gebrauchskontext entfalten. Auch wenn eine ZF aus Kerngliedern mit synonymer oder fast identischer Bedeutung besteht, bleibt dies zwar ohne stärkeren Einfluss auf die Gesamtbedeutung und erweitert kaum das Assoziierungspotenzial, aber schlägt sich in der kommunikativen Wirkung durch Verstärkungsfunktion nieder. Eine intentionelle Anreihung von zwei Lexemen mit fast identischer Bedeutung wird nämlich als eine Wiederholung empfunden, die in Aussagen fast immer verstärkend wirkt. Stellvertretend seien hier einige Beispiele von ZF dieser Art angeführt:

- substantivische ZF: *løgn og bedrag, slid og slæb, held og lykke, ly og læ*;
- verbale ZF: *pine og plage, slide og slæbe, vælge og vrage*;
- adjektivische ZF: *sund og rask, ren og skær*;

---

120 https://www.berlingske.dk/kultur/rene-fredensborg-pak-din-pik-vaek-din-store-mandeklovn (26.03.2021).

– adverbielle ZF: *tit og tæt, fuldt og helt, evig og altid*.

Die in ZF enthaltene semantische Redundanz, die durch die Koordinierung von sinnverwandten Komponenten entsteht, ist nicht überflüssig. Die Leistung von zwei koordinierten Synonymen besteht oft darin, dieselbe Sache von verschiedenen Gesichtspunkten aus darzustellen (Dietz 1999: 335). Fix bezeichnet ihre Funktion noch direkter: Sie können nämlich durch ihre Verständnis fördernde, ausdrucksverstärkende, intensivierende Wirkung eine Aussage verstärken, differenzieren und veranschaulichen (vgl. Fix 1985: 112).

Eine Intensivierung des Ausdrucks findet sowohl in den Wortpaaren statt, in denen die Elemente ihre wörtliche Bedeutung beibehalten und so mit dem Gesamtbegriff auf gleicher semantischer Ebene liegen (*evig og altid*), als auch in solchen Paarformeln, in denen sich ein metaphorisch-hyperbolischer Bedeutungstransfer manifestiert (vgl. Dietz 1999: 343). Die intensivierende Funktion illustrieren vier Belege (110 – 113) mit einer verbalen, substantivischen, adjektivischen und adverbiellen ZF:

(110) *Da streamingtjenester som Spotify endelig kom til, fik brugerne mulighederne for at **vælge og vrage** mellem musik i alle afskygninger [...]*[121].

(111) *[...] hvis turistsæsonen i Sydeuropa bliver til **nul og niks**, så er minus 15 procent slet ikke urealistisk*[122].

(112) *Men lungespecialisten mener, at selv en **sund og rask** person, der ikke var påvirket af stoffer, ville være død under de samme omstændigheder*[123].

(113) *Ifølge DR fortæller skolefotografer, at forældre **tit og ofte** vil have fjernet en savlplet fra et barns trøje [...]*[124].

In allen Aussagen können alle ZF ohne Bedeutungsverlust oder -änderung folgendermaßen paraphrasiert werden, z. B. *vælge og vrage* – ‚freie Wahl haben', *nul og niks* – ‚absolut Nichts', *sund og rask* – ‚absolut gesund', *tit og ofte* – ‚sehr oft'. Sie können auch auf eine der Komponenten reduziert werden: *vælge og vrage* > *vælge*, *nul og niks* > *nul*, *sund og rask* > *sund*, *tit og ofte* > *tit*. Derartige Substitution würde den Informationsgehalt der Aussagen bewahren, nur die intensivierende Funktion würde verloren gehen. Dies veranschaulicht, dass die Aufgabe der koordinierten synonymen Komponenten in der absichtlichen Hervorhebung des vermittelten Inhalts besteht. Wenn man die Anzahl der ZF

---

121 https://www.berlingske.dk/productstory/fritid/derfor (06.03.2021).
122 https://www.berlingske.dk/nyheder/dagens-overblik (06.03.2021).
123 https://www.berlingske.dk/internationalt/ekspert-george-floyd-doede-af-iltmangel (26.03.2021).
124 https://jyllands-posten.dk/politik/ECE11694089/politikere- (06.03.2021).

mit synonymen Komponenten berücksichtigt, kann man die Funktion der Verstärkung und Hervorhebung der ausgewählten Inhalte zu Hauptfunktionen anrechnen.

Eine besondere Form der Verstärkung ist der Gebrauch von zwei synonymen ZF, die zweimal den gleichen Inhalt kommunizieren (114), allerdings mit Hilfe von unterschiedenen sprachlichen Mitteln und Bildern:

> (114) *Dilemmaet kan måske bedst eksemplificeres med indvandringspolitikken: Står Republikanerne på en meget restriktiv en af slagsen, får de sværere ved at vinde hastigt voksende vælgergrupper – men bevæger de sig i retning af mere åbne grænser, vil de på kort sigt få mange flere vælgere, der stemmer Demokratisk, imod sig. Republikanerne står derfor **overfor et valg mellem pest eller kolera**, altimens de skal sejle **mellem Skylla og Charybdis**[125].*

Die ZF **mellem pest eller kolera** und **mellem Skylla og Charybdis** drücken die Hoffnungslosigkeit der Situation und negative Konsequenzen jeder getroffenen Entscheidung aus. Die inhaltliche Repetition gilt als eine Fokussierungsform und Wiederholungsfigur zur Herstellung textinterner Relationen und nicht als Ausdruck stilistischer Unbeholfenheit, denn der zu betonende Inhalt ist hinter den Metaphern verborgen.

Emphase, Betonung

Als besonders prädisponiert zur Betonung oder Bekräftigung der in der Aussage genannten Angaben, wie Menge, Größe, Preis, Anzahl und andere Zahlenwerte, ist die ZF **siger og skriver**. Sie zeichnet sich durch eine begrenzte Distribution aus und signalisiert die Einstellung des Textverfassers zu inhaltlichen Textkomponenten. Ihre primäre Funktion besteht in der Hervorhebung einer überraschenden oder unwahrscheinlichen Menge oder (An)Zahl – nicht nur im neutralen Ton als eine formale und sachliche Emphase, sondern auch als besonders expressives Ausdrucksmittel der Ironie (115):

> (115) *Så da mesterskabet blev afgjort forgangne weekend i Nakskov, havde **siger og skriver** to hold meldt sig til, nemlig Nakskov selv, der plejer at vinde, og så Aalborg, der i år fik en ikke helt overraskende andenplads*[126].

Weitere emphatisch gebrauchte ZF, die hauptsächlich zur Hervorhebung und Verdeutlichung einer Information in der Aussage dienen, bilden eine Liste von neun Belegen: **først og fremmest, ene og alene, blot og bar, blot og kun, blot**

---

125 https://www.berlingske.dk/kommentarer/republikansk-selvransagelse (06.03.2021).
126 https://www.information.dk/2007/07/karlene (06.03.2021).

og alene, ren og pur, helt og holdent, fuld og fast, ren og skær u.a. Sie werden als Adverbien gebraucht, um nachdrücklich die Information im Bezugswort, vor dem sie stehen, hervorzuheben. Dies erfolgt durch die Nennung einer Größe, der man die in der Aussage eine besondere Funktion oder Eigenschaft zuschreibt. Somit hebt sich die Größe von einer Menge ab (116):

> (116) Men selvom skabelonen på en hovedperson i en kriminalroman holder nogenlunde, så er denne kvindelige islandske én af slagsen noget ganske særligt, og det skyldes **først og fremmest** Ragnar Jónassons fortættede måde at skrive på[127].

Durch die Verwendung der oben angeführten ZF im Text wird eine weitere Funktion aktiviert: Neben der hervorhebenden Wirkung tragen sie zur Ausdruckvariation bei. Sie sind Konkurrenzformen für einfache Adverbien *kun, udelukkende, alene* und können wahlweise und abwechslungshalber von Textverfassern ausgewählt werden.

Die Wirkung der Bedeutungsverstärkung kann durch die Wahl einer entsprechenden ZF gesteigert werden, was zu weiteren semantisch-pragmatischen Nuancierungen der Aussage führt: Übertreibung und Totalität.

Übertreibung
Der Effekt der Übertreibung, bekannt auch als „schickliche Übersteigerung der Wahrheit" (vgl. Glück/Rödel 2016: 276), kann dadurch erreicht werden, dass man einem Sachverhalt, einem Gegenstand oder einer Person viel stärkere oder intensivere Charakteristika zuschreibt, als sie es wirklich sind. Zum Ausdruck der Übertreibung eignen sich am besten idiomatische ZF, die den Effekt einer Hyperbel mit Hilfe von Bildlichkeit aufbauen. Dadurch gewinnt die Aussage an Anschaulichkeit, sie weckt Aufmerksamkeit oder sogar Heiterkeit. In dem untersuchten Korpus finden sich etliche ZF, deren semantisch-pragmatische Merkmale sowie enthaltende metaphorische Komponente sie zur Konstituierung von an Hyperbel grenzenden Aussagen prädisponieren (117–122):

> (117) En af aktivisterne har tabt sig fem kilo, en anden ligner efterhånden **skind og ben**. Det bliver alvorligt, hvis det fortsætter sådan her [...][128].
>
> (118) »Der dør omkring 12.000 mennesker af rygerelaterede sygdomme i landet hvert år. Samtidig sætter vi **himmel og jord i bevægelse** for de få, der dør af corona,« [...][129].

---

127 https://www.berlingske.dk/boeger/islandsk (06.03.2021).
128 https://www.berlingske.dk/internationalt/greenpeace (06.03.2021).
129 https://www.berlingske.dk/kultur/coronavirus-faar-ikonisk (06.03.2021).

(119) *I stedet for at tale sin sag op og turde formulere langsigtede og ambitiøse mål, som kunne gøre en reel forskel, forsøger man **at hugge en hæl og klippe en tå**, i håb om at man til sidst – haltende og skamferet – får lov at komme med til bal*[130].

(120) *[...] landet, som har oplevet nationalismens værste vildfarelser og hidtil har villet gå **gennem ild og vand** for at forsvare sammenholdet i EU*[131].

(121) *Kraniet blev overdraget til en lokal højskoleforstander, som fandt det så interessant, at han lod det udstille på det dengang nyoprettede egnsmuseum i Ringe. Få år senere fik museet besøg af en førende københavnsk zoolog, som blev **fyr og flamme** ved synet*[132].

(122) *Hver ny EU-traktat indeholder jo **hundrede og sytten** nye ting, herunder regler om EU-retssystemets forrang, om ny magt til nationale parlamenter og om asyl- og indvandringspolitik, om fælles hærenheder og navneforandring fra traktat til forfatning, om forbrugerbeskyttelse og grund- og frihedsrettigheder*[133].

Allen angeführten Belegen ist der Gebrauch der ZF in ihrer phraseologischen Bedeutung gemeinsam, die im Text zur übertreibenden Bezeichnung von Sachverhalten eingesetzt wurden. Als ein begleitendes Merkmal tritt die subjektivwertende Komponente in Erscheinung. Die ZF *skin og ben*, die zur Bezeichnung der völlig abgemagerten und in unmenschlichen Umständen lebenden Gefangenen dient (117), verleiht der Aussage Expressivität und erhöhte Ausdruckskraft, die das Gesagte dramatischer erscheinen lässt und bei Rezipienten Mitleid erweckt. Neben der Anschaulichkeit dient die ZF der Emotionalisierung.

Die ZF *sætte himmel og jord i bevægelse* hat durch die übertriebene Darstellung die Aufgabe, die Diskrepanz zwischen den vorgenommenen gesundheitsschützenden Maßnahmen in der Corona-Pandemie und wirklichen Bedrohungen und Bedürfnissen in der Gesellschaft hervorzuheben (118). Der Textverfasser hat die kommunikative Absicht erfolgreich erreicht und dabei seine eigene Aufregung, die an Empörung grenzt, suggestiv ausgedrückt.

Die hyperbolischen Bilder in den ZF *at hugge en hæl og klippe en tå, gennem ild og vand, fyr og flamme* vermitteln die subjektive Betrachtung der Sachverhalte von den Textproduzenten, die die kommentierenden Geschehnisse und Reaktionen dermaßen intensiv empfanden, dass nur die übertriebene Metaphorik und hyperbolische Ausdrucksweise die Eindrücke angemessen wiedergeben können. Eine negative Beurteilung und Effekt kritischer Ironie bei

---

130 https://www.information.dk/debat/2017/08/socialdemokratiet-endt-kynismens-blindgyde (06.03.2021).
131 https://www.information.dk/udland/2020/03/corona-saetter (06.03.2021).
132 https://www.berlingske.dk/samfund/engang-var-der-antiloper-paa-fyn-og-isbjoerne-i-jylland (06.03.2021).
133 https://www.berlingske.dk/saet-eu-til-debat-ved-folketingsvalg (06.03.2021).

der Darstellung der thematischen Vielfalt des EU-Traktats enthält der Beleg (122). Die dazu ausgewählte stark umgangssprachlich geprägte ZF **hundrede og sytten** gewinnt in diesem Kontext eine hohe Ausdruckskraft und dient der Übertreibung, deren Glaubwürdigkeit durch die Aufzählung der Themen untermauert wird.

Durch den Einsatz der ZF, die Geschehnisse auf eine stark übertreibende Weise darstellen, emotionalisieren die Aussagen und verleihen dem Text eine Dynamik, Dramatik oder lassen das Gesagte dramatischer erscheinen.

Totalität
Der Eindruck der Totalität wird durch eine Zusammenwirkung von Kerngliedern einer ZF konstituiert, zwischen denen eine der drei Relationen besteht (vgl. Gaweł 2017: 31):

· p + –p = das Gesamte (Antonymie, z. B. *Himmel und Hölle*),
· p + Δp = das Gesamte (Synonymie, z. B. *verriegelt und verschlossen*),
· p + q = das Gesamte (Merismus, Teil-Ganzes-Beziehung, z. B. *Kind und Kegel*).

Erfüllen die Komponenten von ZF eine der aufgezählten Bedingungen, so drückt ihre Gesamtbedeutung in der Regel Totalität, Vollständigkeit aus. Besonders deutlich kommt sie in den ZF mit antonymen Komponenten zum Ausdruck. Sie bezeichnen oft Grenzpunkte einer Struktur, Tätigkeit oder eines Raumes bzw. Vorgangs und diese suggerieren Vollständigkeit und Vollkommenheit (123):

>(123) *Den her bil **er ny fra A til Z**. Det er den mest avancerede bil, Jaguar Land Rovergruppen nogensinde har produceret, og den har været længe undervejs*[134].
>(124) *De fortæller begge gerne historier fra de syv have eller viser rundt i de yderst charmerende lokaler, der er finpudset **fra inderst til yderst**, fra de farverige skodder i den ene ende til badeværelsets spa-lignende løsninger*[135].

Der Effekt der Totalität wird im Beispiel (124) doppelt kommuniziert: einmal ganz explizite mit der ZF, einmal mit der darauffolgenden Phrase mit spezifizierender Darstellung. Beide korrespondieren miteinander auf der semantischen Ebene durch den identischen Referenzbezug sowie auf der formal-syntaktischen Ebene, indem beide Phrasen durch die Präposition *fra – til* mit räumlicher Bedeutung konstituiert werden. Das Korpus enthält mehrere ZF, deren Komponenten Grenzpunkte in räumlicher oder zeitlicher Ausdehnung

---

134 https://www.berlingske.dk/bil/biltest-genfoedt-legende-overpraesterer (06.03.2021).
135 https://www.berlingske.dk/gourmet/oesterbro-har-faaet-charmerende-globetrotter-cafe (06.03.2021).

bezeichnen: *bagfra og forfra, fra begyndelse til ende, fra fjern og nær, fra fødsel til død, fra først til sidst, fra vugge til grav, fra isse til hæl/fod, fra kælder til kvist* u. a. Der Eindruck der Totalität, Vollständigkeit oder allumfassender Geltung und kategorienübergreifender Wirkung kann auch von ZF vermittelt werden, in denen die Kernglieder sich auf Objekte beziehen, die in der Realität in komplementärer Relation zueinanderstehen (125-129):

(125) *Det kan selvfølgelig give nogle rigtig store udfordringer med folk, der bare parkerer **hid og did**, når man ikke længere kontrollerer*[136].

(126) *Sidst på ugen var det så højsæson for hurtige politiske venskaber på Bornholm, da Djøfstortion, lobbyisternes Roskilde Festival, fætter-kusinefesten for Kommentatorkøbing-kendisser, og hvad Folkemødet ellers er blevet kaldt, torsdag gik i gang med stort set alt, hvad der kan **krybe og gå** inden for politikere, lobbyister og pressefolk*[137].

(127) *Når man spadserer gennem byernes **gader og stræder**, efterlader butikkerne ingen tvivl om, at Comosøen er indrettet til det mere eksklusive segment*[138].

(128) *Aabenraa har man brugt en masse penge på at bygge et nyt psykiatrisk sygehus. En sag så moderne, at der naturligvis er vinduer alle vegne. [...] **Folk og fæ** kan kigge lige ind på de indlagte*[139].

(129) *Vi vil lægge os i selen for, at det bliver bedre. For vi er med på, at det er ikke godt nok, det der ligger her. [...] Vi kommer til at kæmpe **dag og nat***[140].

Der Effekt der Totalität kann durch Paraphrasierung der Bedeutung der in den obigen Belegen gebrauchten ZF veranschaulicht werden: *hid og did* – überall; *alt, hvad der kan krybe og gå* – alle lebenden Wesen; *gader og stræder* – alle Verkehrswege der Stadt; *Folk og fæ* – Menschen und Tiere, alle Lebewesen; *dag og nat* – ganze Zeit, ohne Pause. Einige weitere ZF, die in der Funktion der Totalität verwendet werden, lassen sich durch Adverbien oder Pronomina alles (*rub og stub, alt og alle*), überall (*her og der*), ständig, pausenlos (*hvert og hvert andet øjeblik, evig og altid, dag ud og dag ind, tidligt og silde*), alle (*alle mod alle, alle og enhver, Per og Povl*) ersetzen oder durch Wortgruppen: die ganze Zeit (*tidligt og silde*), sehr lange (*fra nu af til dommedag, både vinter og vår*), im vollen Umfang

---

136 https://www.berlingske.dk/danmark/smaa-kommuner-dropper-parkeringskontrol-efter-ny-regel (06.03.2021).
137 https://www.berlingske.dk/samfund/ugen-paa-kanten-rigtige-venner-kan-man-aldrig-faa-nok-af (06.03.2021).
138 https://www.berlingske.dk/rejser/meget-mere (06.03.2021).
139 https://www.berlingske.dk/groft-sagt/panoptikon (06.03.2021).
140 https://www.berlingske.dk/business/gennembrud-i-fiskeriforhandlinger-skraemmer-fiskerne (06.03.2021).

(*alt mellem himmel og jord*), in allen Bereichen (*fra a til z*), gar nicht (*hverken helt eller halvt*), Minderjährige (*børn og unge*) u.a. umschreiben.

Dies führt zur Schlussfolgerung, dass die diskutierte Gruppe von ZF einen umfangreichen räumlichen, zeitlichen sowie kategorienübergreifenden Referenzbereich denotieren und somit für Ausdruck der Totalität prädestiniert sind.

Neben der Bedeutung der Vollständigkeit tritt in einigen Satzzusammenhängen – als kontextuell bedingtes Merkmal – die Bedeutung der Übertreibung in Erscheinung, z. B. *kæmpe **dag og nat***.

Schließlich sind ZF zu nennen, deren Kernglieder aus anderen als die genannten Kategorien kommen oder unikale Komponenten enthalten und Vollständigkeit ausdrücken:

(130) *I et natligt retsmøde. 8. oktober klokken 02.10 skred en dommer ind mod mediekoncernen.*
*Men i Politiken søndag 9. oktober kunne læserne alligevel læse **rub og stub** af den forbudte bog*[141].

(131) *Her får vi så **revl og krat** fra perioden: B-sider, outtakes, et par John Peel-sessions og en liveoptagelse fra London*[142].

Der Eindruck der Totalität kann durch Gebrauch von mehreren derartigen ZF in einer Aussage kommuniziert und dadurch intensiviert werden:

(132) *For de fleste vil sådan en besked givetvis være dybt chokerende. […] Diagnosen vil påvirke **alle ender og kanter** af både **privat- og arbejdsliv***[143].

Im Beleg (133) betreffen die einzelnen der angehäuften ZF ausgewählte räumliche, zeitliche, thematische Aspekte jeweils in ihrem vollständigen Umfang. Durch die Aufzählung von ZF wird der Eindruck der Vollständigkeit nicht nur verstärkt, sondern der Inhalt wird auch spezifiziert:

(133) *Den store udfordring for museerne – at udforske og fortælle de store historier, **fra Skagen til Gedser**, **fra istid til nutid**, **fra hverdagen til livets store spørgsmål** – er slet ikke lovstof*[144].

---

141 https://www.berlingske.dk/samfund/pet-kraever-haardere-straf-til-redaktoer-for-at-udgive-forbudt-bog (06.03.2021).
142 https://www.berlingske.dk/musikanmeldelser/anmeldelse-indierockernes-faen omenale-b-kaede (06.03.2021).
143 https://www.berlingske.dk/arbejdsliv/maj-trodsede-sin-kraeftsygdom-og-knokl ede-videre-jeg-havde-brug-for (06.03.2021).
144 https://www.berlingske.dk/kommentatorer/nej-tak-til-ny-museumsstruktur-ja-tak-til-skrappere-kontrol (06.03.2021).

Spezifizierung der Bedeutung

Durch Anwendung einer ZF anstelle eines Einwortlexems oder eines anderen Ausdrucks wird oft der Satzinhalt spezifiziert, d. h. es treten neue Informationen explizite hinzu, die bei Verwendung anderer Sprachmittel nur implizit vorhanden sind. Die Aufgabe der ZF besteht darin, die Bedeutung eines Ausdrucks und dadurch des Satzes zu nuancieren, wie z. B. *Eltern vs. Mütter und Väter*. Es sind zwei Typen von ZF zu nennen, die in der Funktion der Bedeutungsspezifizierung verwendet werden können:

(134) *England og Frankrig har sammenlagt 100.000 døde, og vore **brødre og søstre** i Sverige har omtrent 6.300 døde*[145].

(135) *Der er ingen signifikant forskel mellem 15-årige **drenge og pigers** naturvidenskabelige færdigheder, men forskningen viser, at forældre har lavere forventninger til pigers evner inden for matematik og naturvidenskab, end de har til drengenes*[146].

Die Paarformel *brødre og søstre* (134) gehört zu der Gruppe von ZF, die aus Komponenten der gleichen semantischen Kategorie (hier: Bezeichnung der Framilienverwandtschaft) bestehen, für die es Entsprechungen in Form von Einwortlexemen gibt: *brødre og søstre = søskende*. Sie beziehen sich auf identische Referenzobjekte, die sprachlich unterschiedlich erfasst werden. Der Unterschied besteht in der Anzahl der Informationen, die sie direkt vermitteln. Gemeint sind hier solche Paare von Entsprechungen wie *far og mor = forældre, søstre og brødre = søskende, drenge og piger = elever/børn* u. a.

Nach dem ähnlichen Prinzip sind weitere ZF mit der Funktion der Präzisierung aufgebaut. Deren Komponenten verknüpfen zwei unterschiedliche Aspekte eines Sachverhalts, somit sind die Kernglieder semantisch nicht sehr eng miteinander verbunden. Als Beispiele werden folgende Belege (137 – 138) näher betrachtet, die eine mögliche und effektive Lösung veranschaulichen, ZF in der Funktion der Bedeutungsspezifizierung einzusetzen.

(136) »*Det var et chok, at Brad var soldat, for han var slet ikke soldatertypen, **hverken af sind eller skind**, og det var et chok, at han lækkede hemmeligheder [...]*«[147].

---

145 https://www.berlingske.dk/laesere/butikker-i-indre-by-det-goer-ondt-naar-statsministeren-opfordrer-folk-til (06.03.2021).
146 https://www.berlingske.dk/kommentarer/flere-videnskabsmaend-skal-vaere-kvinder (06.03.2021).
147 https://www.berlingske.dk/internationalt/den-lille-dreng-paa-praerien (06.03.2021).

(137) *Asger Aamund skriver 22. februar her i avisen* »*og dansk statsborgerskab skal udelukkende tildeles ansøgere, der behersker det danske sprog* **i skrift og tale**, *og som bekender sig til demokrati og retsstat*«[148].

Wie die Aussagen (137 – 148) belegen, stehen die präzisierenden ZF in der Nachstellung im Verhältnis zur Bezugsgröße mit einer allgemeinen Information (*soldatentyp, beherske sprog*), die durch die darauffolgende ZF präzisiert und vervollständigt wird. Somit gewährleisten die ZF thematische Progression, die sich im Satzinhalt im Übergang vom Allgemeinen zum Detaillierten manifestiert:

ikke soldatertypen + zweifache Präzisierung > Aspekt 1: **hverken af sind**; Aspekt 2: **eller skind**,
behersker det danske sprog + zweifache Präzisierung > Aspekt 1: **i skrift**; Aspekt 2: **og tale**.

Die ZF ist einerseits inhaltliche Wiederholung der vorangehenden Information, andererseits konkretisiert die Paarformel den Sachverhalt, indem Teilaspekte und weitere Einzelheiten angegeben werden.

Auf eine andere Weise wird die Funktion der Bedeutungsspezifizierung in der anderen Gruppe der ZF zum Ausdruck gebracht:

(138) *Der var ingen grund til, at det skulle gå så galt. Hun var* **ung og smuk**, *hun var sød og god, som hendes svigerinde siger, og fremtiden var hendes. Men galt gik det*[149].

Die Paarformel im Beispiel (138) hat präzisierende (einschränkende) Funktion, denn sie besteht aus Bezeichnungen von zwei Eigenschaften – die erstere ist dominierend (*ung*), die andere (*smuk*) dient als Spezifizierung, begleitender Umstand: *ung* muss nicht *smuk* und *smuk* nicht *ung* sein. Das Korpus enthält weitere Belege dieser Art: *gammel og grå, ung og frisk, ung og uskyldig, ung og uerfaren, ung og skøn*.

Anschaulichkeit
Die **Veranschaulichung** der Sachverhalte durch ZF basiert vor allem auf bildlichen Bedeutungskomponenten, die ein konkretes Vorstellungsbild, eine konkrete Situation zur Darstellung und Vermittlung komplexer Zusammenhänge enthalten. Ihre Stärke und Wirkungskraft bestehen darin, dass sie die aus dem

---

148 https://www.berlingske.dk/laesere/en-kaempe-tak-til-inger-ros (06.03.2021).
149 https://www.berlingske.dk/europa/politiet-i-malmo-ma-ikke-laengere-fange-hen des-morder-men-sa-kom-et-brev (06.03.2021).

Erfahrungsbereich und den Wissensbeständen der kommunikativen Sprachgemeinschaft kommen und dadurch ist ihre Botschaft (in der Regel) allgemein verständlich. Die sprachlichen Bilder aktivieren oder beeinflussen die Vorstellungskraft der Rezipienten, die sich unter einem Phrasem eine konkrete Situation vorstellen und den bildlichen Inhalt auf die eigenen Erfahrungen beziehen. Die Ausdrucksmittel, die zur Stiftung der Anschaulichkeitsfunktion dienen, haben zugleich eine verstärkende Wirkung. Eine anschauliche Darstellung des Gemeinten kann in Paarformeln unterschiedlich, auch ohne metaphorische Ausdrucksmittel (vgl. 139) realisiert werden, was die Belege illustrieren:

(139) *At skrive reklametekster er **én procent inspiration og 99 procent transpiration**. Selvfølgelig tæller det at have et stort ordforråd og mange erfaringer [...]*[150].

(140) *Regeringen, personificeret ved uddannelsesminister Ane Halsboe-Jørgensen, kæmper imod forslaget **med næb og kløer***[151].

Im Textauszug (139) erfüllt die nichtmetaphorische ZF die Funktion der anschaulichen Darstellung des Rezeptes für effektvolle und erfolgreiche Werbetexte. Dies erfolgt durch das Nennen zweier Einflussfaktoren, deren Anteil jeweils von Prozentangaben vermittelt wird. Die Besonderheit des Belegs (140) besteht in der kontextuellen Einbettung der ZF. Die bildliche und eher umgangssprachliche ZF wurde auf die Reaktion der Regierung und des Ministeriums bezogen, was durch diese Direktheit einen Überraschungseffekt zur Folge hat sowie eine leichte Übertreibung und subtile Ironie des Emittenten spüren lässt. Sehr geschickt und anschaulich wurde im Beleg (141) der Unterschied zwischen den Handballspielern mit dem Titel der Weltmeister und denen, die ein niedrigeres Niveau präsentieren, vermittelt. Die bestehende Opposition wird durch Gegenüberstellung der Komponenten **Kong Salomon** und **Jørgen Hattemager** metaphorisch erfasst. Die Wahl der ZF zur anschaulichen Darstellung des Sachverhalts hat sich als gelungen erwiesen, denn der Kontext aktiviert gleichzeitig beide Lesarten der Komponente *kong* (dt. König): die phraseologische und die wörtliche, die zur Bezeichnung der Meister dient und somit dierekten Bezug zum Satzinhalt schafft:

(141) *Der er kampe, hvor man ikke kan se, hvilket af de to hold, der er verdensmester, og hvem der ikke er. Og så er der matcher, hvor **forskellen på Kong Salomon og Jørgen Hattemager** er lysende klar. Den 173. håndboldlandskamp mellem*

---

150 https://www.berlingske.dk/samfund/fornemmelser-for-ord-0 (06.03.2021).
151 https://www.berlingske.dk/ledere/socialdemokratisk-nej-til-privat-uddannelse-er-ren-betontaenkning (06.03.2021).

Sverige og Danmark i Baltiska Hallen i Malmø efterlod ingen tvivl om, hvorfor de blå-gule er regerende europa- og verdensmestre – og de rød-hvide er „forhåbentlig opkomlinge" [...][152].

Bildlichkeit

Das Merkmal der Bildlichkeit ist in einer Gruppe von ZF nachweisbar, die auf der Skala der Idiomatizität in die Kategorie der vollidiomatischen oder teilidiomatischen Phraseme eingestuft werden können. Sie signalisieren mehr oder weniger **metaphorisch** den zu vermittelnden Bedeutungsgehalt, indem Sachverhalte durch die **bildliche** Inszenierung evoziert werden. Die Bildlichkeit der ZF schöpft aus dem gemeinsamen Erfahrungsbereich einer kommunikativen Sprachgemeinschaft, sodass die Phraseme in der Regel (bis auf einige Ausnahmen unter sehr alten Phrasemen) einleuchtend sind.

Die ZF *skæg og blå briller* (im Beispiel 142 mit Fugenelementen) bezeichnet Personen, die als Spionen, Detektive oder Geheimdienstler incognito bleiben wollen und in Verkleidung (*skæg, blå briller*) heimlich Informationen über andere sammeln. Die bildliche Darstellung der Camouflage wird sowohl in Texten mit ernstem Inhalt als auch zur Erzeugung ironischer Nebenbedeutung verwendet:

(142) *Og mere Finans, der genfortæller den fantastiske „**skæg-og-blå-briller**"-historie om den første dansker, der blev fældet for cardsharing*[153].

(143) ***Skæg og blå briller**, tortur og politiske mord var på dagsordenen, da Københavns Byret i går indledte vidneafhøringer i sagen mod de syv terrorsigtede T-shirtaktivister*[154].

Die Inszenierung des Bildes von einem riesengroßen Blumenstrauß aus stacheligen Disteln und Dornen zur Charakterisierung eines misslungenen Gesetzentwurfes (144), der von der Regierung vorgeschlagen wurde, verknüpft positive Konnotationen (Schönheit der Blumen) mit negativen Erfahrungen von Dornenstichen:

(144) *Regeringen forsøger at smykke sit forslag med fine ord om ansvar og handling, men i virkeligheden er det en kæmpe buket **af torne og tidsler** [...]*[155].

---

152 https://www.berlingske.dk/sport/alsidigheden-og-rutinen-til-forskel (06.03.2021).
153 https://jyllands-posten.dk/briefing/ECE7977963/Regeringen (06.03.2021).
154 https://www.information.dk/nina-trige-andersen?page=27 (06.03.2021).
155 https://www.berlingske.dk/politik/la-finansloven-er-en-buket-af-torne (06.03.2021).

Die Distel- und Dornenbüsche können außerdem als theologische Symbole für die Strafe Gottes negative Assoziationen hervorrufen, was wahrscheinlich auch die Absicht des Textverfassers war.

Beide Eigenschaften Anschaulichkeit und Bildlichkeit überlappen sich, wodurch sie schwer abzugrenzen sind. Die metaphorischen ZF wirken durch die codierten Bilder schnell, anschaulich und überzeugend. Wie das Beispiel (139) belegt, kann Anschaulichkeit ohne ausgesuchte Bildlichkeit erzielt werden.

Scherz, Ironie und Heiterkeit
Heiterkeit und ironische Distanz zum Gesagten sind als rhetorische Stilmittel stark kontextabhängig. Dies fordert bei der Darstellung eines Sachverhalts einen bestimmten Kontext und eine gut durchdachte Wahl von Ausdrucksmitteln, um einen komischen Effekt zu erreichen oder eine ironische Einstellung eindeutig auszudrücken.

Im Textauszug (145) hängt der Aufbau des scherzhaften Tons mit dem Gebrauch der ZF *hr. og fru Danmark* zusammen, die als Ironiemarker gilt und witzig durchschnittliche dänische Bürger bezeichnet. Der scherzhafte Effekt wird durch den erneuten Gebrauch der ZF mit ihrem ironisierenden Bedeutungsgehalt im weiteren Textteil gesteigert:

(145) *Lidt på samme måde som når **hr. og fru Danmark** en gang i mellem vover sig på Statens Museum for Kunst og måske bliver lidt provokerede af en installation. [...] Det viser, at **hr. og fru Danmark** er klar og gerne vil energirenovere, men de gider ikke selv tage fuld initiativ og selv bruge egen pengepung for at sætte i gang. [...]*[156].

Der komische Effekt im Beispiel (146) entstand durch die Verwendung einer Stilfigur der Vermenschlichung bei der Darstellung der Vorteile von E-Autos. Dies erfolgte durch den Bezug der ZF *fra vugge til grav*, die eher der Beschreibung des menschlichen Lebens vorbehalten ist, auf das ‚Leben' der Elektroautos:

(146) *For selv om langt de fleste efterhånden er enige om, at **elbiler fra vugge til grav** efterlader et markant mindre aftryk på klimaet end benzin- og dieselbiler, er de elektriske alternativer langtfra en gratis omgang i klimaregnskabet*[157].

Der im Beleg (147) enthaltene witzige Bedeutungsgehalt wird wahrscheinlich in jeder Verwendung auf den jeweiligen Kontext, in dem Bezeichnung eines

---

156 https://www.berlingske.dk/privatoekonomi/ (06.03.2021).
157 https://www.berlingske.dk/business/ (06.03.2021).

Standortes ausgedrückt wird, übertragen. Die ZF kann übrigens als Mittel zum Ausdruck der Übertreibung oder ironischer Distanz dienen:

(147) *Endvidere er det vigtigt, at der er fred og ro, uden at huset ligger langt uden for **lands lov og ret**[158].*

Die Witzigkeit der Aussage (148) ergibt aus dem absichtlich überraschenden Gebrauch der Paarformel *fra Herodes til Pilates* mit starken biblischen Konnotationen zur Wiedergabe einer banalen alltäglichen Situation. Den heiteren Ton der Textpassage unterstreicht zusätzlich die Wortwahl – die hyperbelartige Kombination des Substantivs *eine Wasserflasche* mit dem Verb *transportieren* (statt z. B. mitnehmen):

(148) *Langt de fleste mennesker har en tørstmekanisme, der fortæller dem, hvornår de er tørstige. Og jeg synes, at det er lidt ejendommeligt, at så mange går rundt med en vandflaske med vand, der er transporteret **fra Herodes til Pilatus**[159].*

Manchmal kann Ironie als eine Begleitfunktion erzeugt werden. In der Textpassage, in der das dänische System der Sozialhilfe stark kritisiert wird (149), dominiert der Ton der Aufregung oder sogar Empörung, der durch den ironisch klingenden Vergleich *arbejdere lever som **grever og baroner**,* durchgebrochen wird:

(149) *De østeuropæiske arbejdere kan jo leve som **grever og baroner** for de danske dagpenge i for eksempel Rumænien [...]*[160].

Als ein leicht ironisches und der Auflockerung des Stils dienendes Ausdrucksmittel kann die Paarformel ***pot og pande*** (150) angesehen werden. Der mit Absicht erzeugte Überraschungseffekt entstand durch witzige Verknüpfung des sachlichen Stils der Aussage mit der umgangssprachlich geprägten ZF, indem politisches Vokabular mit den Bezeichnungen der Küchengefäße (in der literalen Lesart der ZF) in einer Aussage kombiniert werden:

(150) *New Zealands unge premierminister, Jacinda Ardern, og Donald Trump er i forvejen ikke ligefrem **pot og pande**, og den amerikanske præsidents reaktioner på massakren i Christchurch gjorde ikke sagen bedre*[161].

---

158 https://jyllands-posten.dk/arkiv/ (06.03.2021).
159 https://www.berlingske.dk/aok/drikker-du-nok-vand-faa-svaret-her (06.03.2021).
160 https://www.berlingske.dk/samfund/eksport-af-dagpenge-til-oesteuropa-stiger-voldsomt-de-kan-jo-leve-som-grever-og (06.03.2021).
161 https://www.berlingske.dk/globalt/newzealansk-leder-til-trump-vis-sympati-og-kaerlighed-mod-muslimer (06.03.2021).

Der Effekt der **kritischen Ironie** wurde durch die Anhäufung von zwei ZF und zwei paarformelartigen Konstruktionen (*rimeligt og rigtigt, rimelige eller ej* als modifizierte Formen der ZF *ret og rimeligt*) und ihre sprachspielerische Einbettung in den Textzusammenhang erreicht (151). Das Nomen *sæk* verbindet die erste und die zweite ZF in formaler Hinsicht, die gleiche Rolle erfüllt das Adjektiv *rimelig* in den benachbarten Teilsätzen:

> (151) *SFs tidligere udenrigsminister Holger K. Nielsen vil snart få udbetalt ministerpension. Det er hårdt at blive gammel. Men Holger kan glæde sig over, at udbetalingen af ministerpensionen kommer oven i folketingslønnen. Han får **både i pose og i sæk**. Men Holger vil alligevel ikke klæde **sig i sæk og aske**. Han skammer sig ikke. »Så længe reglerne giver ret til ministerpensionen, tager jeg imod den,« siger Holger K. Nielsen ifølge tv2.dk. »For mig er det her et principielt spørgsmål om, at der er nogle regler. Det er ikke **rimeligt og rigtigt**, at man som enkeltperson individuelt skal forholde sig til, om de regler er **rimelige eller ej**.«*[162].

Einen **scherzhaften Effekt** hat der Verfasser durch den Gebrauch der ZF *lort og lagkage* in einem Text über die chemische Zusammensetzung der Abwässer erreicht (152), in dem ihre beiden Lesarten aktiviert werden und eine Beziehung zum Textihalt schafften. Sowohl in phraseologischer Lesart als auch (teilweise) in der wörtlichen Bedeutung dient die ZF als die Antwort auf die im Textanfang gestellte Frage. Die in der Aussage enthaltene Spezifizierung erfolgt zusätzlich auch durch die Komponente *lort* (dt. Scheiße, Dreck) in wörtlicher Bedeutung, die zum semantischen Feld ‚Abfall' gehört. Das in der phraseologischen Bedeutung der ZF implizit Mitgesagte wird mittels wörtlicher Bedeutung einer der Komponenten explizite zum Ausdruck gebracht:

> (152) *Hvad er urenset spildevand? »Det er så at sige **lort og lagkage**. Det er det, man afleverer i toilettet, det er det, man skyller ud i sin køkkenvask, og når man går i bad. Det indeholder selvfølgelig noget organisk stof, altså det vi nu er gjort af. Og så indeholder det nogle næringsstoffer [...]«*[163].

Wie das diskutierte Beispielmaterial gezeigt hat, äußert sich die ironische Distanzierung der Textproduzenten zum Gesagten vielerlei, dabei spielt jeweils die kontextuelle Einbettung und thematische Profilierung der Texte sowie denotative und konnotative Bedeutung der Komponenten von ZF die ausschlaggebende Rolle.

---

162 https://www.berlingske.dk/groft-sagt/holger-og-pensionen (06.03.2021).
163 https://jyllands-posten.dk/indland (06.03.2021).

Bewertung

Gebrauch der ZF kann auch Wertungen des Sprechers oder Schreibers und seine Stellungnahme zum Textinhalt anzeigen und mit anderen sprachlichen Mitteln signalisieren, dass der dargestellte Sachverhalt positiv oder negativ bewertet wird. Dabei muss man zwischen der Meinung des Textverfassers und der im Text vorkommenden Personen unterscheiden.

Eine explizit negative Bewertung liegt in der Aussage von A. Lyhne (153) vor. Die Bezeichnung der *Kvinfos bibliotek* als *tant og fjas* (dt. nutzlose Tätigkeit zu eigenem Vergnügen) zeigt eine intendierte, stark abwertende Meinungsäußerung mit ausdrucksstarker Wertung, die als unhöfliche Aussage oder sogar sprachliche Aggression empfunden werden kann. Derartige Aussagen sind Mittel politischen Kampfes, in dem Kommunikationsmittel immer häufiger radikale und kompromisslose Formen annehmen:

> (153) *[...] Laura Lindahl, der erklærede, at Kvinfo var en gang »statsfeminisme«, der ikke skulle have en krone i statslig støtte til sin venstre-orienterede propaganda, bakket op den liberale blogger, Amalie Lyhne, der skrev, at »Kvinfo er simpelthen **tant og fjas** for andre folks penge, og det er ikke rimeligt«*[164].

Auch in dem nächsten Beleg (154) geht die Wahl der ZF Hand in Hand mit negativer Wertung. Die ZF *skind og ben*, die zur Bezeichnung sehr schlanker Models ausgewählt wurde, hat eine eindeutig abwertende Bedeutung und dazu auch negative Assoziationen mit infolge einer Krankheit abgemagerten Menschen. Diese absichtlich ausgewählte ZF indiziert auch kritische Einstellung des Verfassers zum Gesagten:

> (154) *Danserne var vidt forskellige, deres hud var i forskellige toner af hudfarvet, deres kroppe forskellige former af mennesket – høje, lave, tynde, buttede – men alle sammen muskuløse, raske, levende. [...] Det var en nydelse at se mennesker, der ikke er **skind og ben** til en modeuge*[165].

Euphemisierende Funktion

Mit dem Gebrauch der ZF in euphemisierender Funktion will der Emittent erzielen, einen Sachverhalt als weniger gravierend darzustellen. Das Euphemistische von Phraseologismen geht häufig mit Ironie und Herablassung gegenüber

---

164 https://www.berlingske.dk/kommentarer/kvinfo-er-tant-og-fjas-for-andre-folks-penge (06.03.2021).
165 https://www.berlingske.dk/design/dansende-statuer-skulle-promovere-pels (06.03.2021).

dem Beschriebenen einher (vgl. Urban 2009: 110–111). Als ein Beispiel für einen umhüllenden Ausdruck von negativer Bewertung kann die Anreihung von vier ZF in einem ausgebauten Satz (155) interpretiert werden. Der Verfasser will oder darf es nicht direkt formulieren, aber seine kommunikative Intention lässt sich aus der sprachlichen Ausformung erschließen: Die Entscheidungen der Partei, die mithilfe von drei bildlichen ZF zusammengefasst wurden, sind von einer vernünftigen Strategie weit entfernt und sie selbst ist als kein ernster politischer Partner zu betrachten. Dies bringt die letzte leicht modifizierte metaphorische ZF **hverken kunne skide eller slå på tromme** (dt. dumm oder inkompetent sein) umhüllend zum Ausdruck. Hinter der Bildlichkeit der ZF wurde kritische Ironie und beißende Kritik versteckt:

(155) *På den anden side er det svært at indpasse det, der er sket, i noget fyndigt: ‚Det handler både om hvem og om hvad', kunne man sige. Ikke helt så godt som det oprindelige, men heller ikke så ringe endda – indtil man også tager substansen i betragtning: At partiet **både vil have i pose og sæk**; gerne **vil blæse og have mel i munden**; foretrækker **at have kagen og spise den**; helst både vil skide og slå på tromme*[166].

Der Gebrauch der ZF zur Formulierung euphemistischer Aussagen kann unterschiedliche Gründe haben: von Tabuthemen über politische Korrektheit bis hin zur Höflichkeit. Euphemismus kann mit wertenden Aussagen verknüpft werden: Durch einen milderen Ausdruck kann einem Sachverhalt ein geringerer Wert verliehen werden.

Eine Kombination von umhüllender Ausdrucksweise mit einer durch Bildlichkeit unterstützter Heiterkeit enthält die unten zitierte Aussage (156), in der der verlockende Reiz des weiblichen Körpers einer Sängerin – wegen Tabuisierung der Thematik in öffentlichen Aussagen – hinter einer scherzhaften Phrase versteckt wurde:

(156) *Der er **både til gården og til gaden** i Gladsaxe Teaters opulent underholdende opsætning af Joe Masteroffs moderne musicalklassiker Cabaret med dens uforglemmelige sange af John Kander og Fred Ebb*[167].

---

166 https://www.berlingske.dk/kforum/kommunikationsraad-til-vko-og-radikale (06.03.2021).
167 https://www.information.dk/2003/01/kuloert-ramasjang-nazismens-skygge (09.03.2021).

Unschärfefunktion

Die **Unschärfefunktion** ist bei den ZF festzustellen, die in ihrer Bedeutung weder auf ein näher bestimmtes Objekt noch auf konkrete spatiotemporale Verhältnisse Bezug nehmen, sondern einen möglichst breiten Spielraum für die zeitliche oder räumliche Einordnung eines Geschehens zulassen. Dies illustriert der Textbeleg (157) mit der ZF *både vinter og vår*, die zwar aus Lexemen besteht, die jeweils eine zeitlich begrenzte Zeitstrecke denotieren, aber in ihrer phraseologischen Bedeutung einen langen Zeitraum, von unbestimmer Dauer bezeichnet:

> (157) *Når der desværre vil gå både vinter og vår, før jeg får den set, er det, fordi der tusser en lille morfar-stråhat med cigar og vest over den runde mave rundt mellem mig og lærredet*[168].

Die verallgemeinerte Bedeutung kann im Untersuchungskorpus auch bei weiteren ZF nachgewiesen werden. Einen nicht näher bestimmten Zeitraum bezeichnen u.a.: *år og dag, syv lange og syv brede*. Auf ein nicht näher bestimmtes Objekt verweisen u.a.: *en eller anden, denne og/eller hin, dette og/eller hint, pis og papir*.

4.4 Stilbildende Potenz

Die stilistische Leistung der ZF manifestiert sich u.a. durch ihre konnotativen Charakteristika, die sich aus der Zugehörigkeit zu Stilschichten und Stilfärbungen ergeben (s. Tab. 17). Diese werden im Folgenden in Anlehnung an stilistische Typologie von Sowinski diskutiert, in der man folgende Stufen unterscheidet: dichterisch, gehoben, normalsprachlich, umgangssprachlich, salopp, derb, vulgär (Sowinski ²1991: 123). Damit sind die Verwendungsbeschränkungen für verschiedene Kommunikationsbereiche festgelegt, z. B. *gehoben wirkende* Wendungen kommen kaum in der mündlichen, privaten Alltagskommunikation vor, eher im Stil der Publizistik, meistens jedoch mit *ironischer, scherzhafter* oder *spöttischer* Stilfärbung. In der Kategorie der Stilfärbung wird zwischen funktionalen und semantisch-expressiven Stilfärbungen unterschieden (Sowinski ²1991: 129). Als **funktionale Stilfärbung** gelten Konnotationen, die eine lexikalische Einheit durch ihre Bildungsweise und funktionale Verwendung erhält wie z. B. *amtssprachlich, papierdeutsch, behördensprachlich, wissenschaftssprachlich,*

---

168 https://www.berlingske.dk/opinion/klumme-antichrist-med-cigar-og-straahat (09.03.2021).

Mediensprache usw. Als **semantisch-expressive Stilfärbungen** gelten zusätzliche Konnotationen, die Lexeme innerhalb einer Stilschicht oder mehreren Stilschichten aufweisen, z. B. *scherzhaft, verhüllend/euphemistisch, abwertend/ pejorativ*. Die Stilfärbungen drücken „die emotionel-wertende Einstellung des Textverfassers zum benannten Gegenstand" aus, z. B. *abwertend, aufwertend, scherzhaft, spöttisch, gespreizt* (vgl. Fleischer/Michel/Starke 1993: 116).

Stilschichten
Durch stilistische Charakteristika der ZF (s. Kap. 3.8.1) eignen sie sich als Mittel der Expressivitätssteigerung einschließlich Stilbruch. Als Beispiel für einen **ordinären Sprachgebrauch** kann die Aussage (158) empfunden werden:

(158)   Hvis ordet kunst, som jeg skrev om i en tidligere klumme, er et ord, der beskriver enhver tænkelig menneskelig frembringelse inklusive **pis og lort**, så dør ordet i et sump af betydningsløshed. Jeg taler ikke nødvendigvis om ordets definition, for ordet kunst lader sig kun vanskeligt definere[169].

Zum Ausdruck der Verachtung und abwertender Einschätzung von Ergebnissen der im Text besprochenen künstlerischen Aktivität benutzte der Verfasser die Paarformel *pis og lort*, derer Komponenten in DDO als vulgär markiert sind. Die Konstruktion wird auch als eine sekundäre Interjektion zum Ausdruck von Wut, Verärgerung oder Ungeduld gebraucht: *pis og lort!* (dt. Verdammte Scheiße!). Somit wird die negative Bewertung des Sachverhalts (158) durch konnotative Bedeutung der ZF verstärkt und der intentionale Gebrauch eines vulgären Ausdrucks zur Erzielung einer provokativen Wirkung stark exponiert.

Eine vergleichbare kommunikative Strategie fand in dem nächsten Beleg (159) Anwendung:

(159)   „Og da Danmark sidste år skulle spille mod Senegal, så valgte man at leje Aalborg Stadionhal, hvor der – undskyld udtrykket – sad **to ludere og en lommetyv**. [...]"[170].

Mit der ZF *ludere og en lommetyv*, die als eine vulgäre, stark abwertende Bezeichnung von marginalisierten Randgruppen der Gesellschaft (wie etwa Prostituierte und Kleinkriminelle) gilt, wurde negative Bewertung der beschriebenen Situation und somit die Einstellung des Textproduzenten formuliert.

---

169 https://www.berlingske.dk/kultur (09.03.2021).
170 https://www.berlingske.dk/sport/peter-bastiansen-finn-christensen-boer-fyres (09.03.2021).

Als eine saloppe Bezeichnung eines minderwertigen oder wertlosen Sachverhalts (vgl. DDO, unter *røv og nøgler*) gilt die ZF **røv og nøgler**, die im Beleg (160) der Expressivierung des Aussageinhalts dient:

(160) [...] *og alle synes så lige pludselig, at man er **røv og nøgler**, hvis man ikke lige laver noget, som de synes, er godt*[171].

Die stark umgangssprachlich geprägte Konstruktion veranschaulicht den in der Aussage thematisierten Meinungsunterschied und durch ihre konnotative Bedeutung signalisiert die ZF emotionale Fassung des Textproduzenten. Die diskutierte ZF kann nämlich als eine sekundäre Interjektion zum Ausdruck der Irritation und Aufregung gebraucht werden.

Die als Fluch gebrauchte ZF *død og kritte* funktioniert kommunikativ als ein autonomer Ausruf und syntaktisch als Einschub in der Satzstruktur. Dieses saloppe Ausdrucksmittel (dt. Ach du Scheiße, zum Teufel) dient zur Signalisierung der Aufregung (161):

(161) *Har man fået finansieret en film i Europa, vil man **død og kritte** have den i biografen. det giver trængsel om biograferne og er en af grundene til at markedet er overophedet*[172].

Die ZF lateinischer Herkunft *pro et contra*, der ein dänisches, stilneutrales Pendant *for og imod* entspricht, zeichnet sich – der stilistischen Markierung im Wörterbuch PDO (unter *pro*) zufolge – durch **formalen Stil** aus:

(162) *Er det så ikke relevant at modvirke Støjbergs agenda om at gøre hele sagen til et spørgsmål om **pro et contra** barnebrude?*[173]

Mit der Anwendung der ZF **huldskab og troskab** (dt. wörtl. Ergebenheit und Treue), die in lexikografischen Nachschlagewerken als poetisch und veraltet gekennzeichnet ist (DDO, unter *huldskab*), wurde im Beispiel (163) ein anderer Effekt erreicht. Die zur Charakteristik der gegenseitigen Beziehungen zwischen den Parteien und der politischen Loyalität gebrauchte Paarformel veranschaulicht – allerdings durch die stilistische Inkompatibilität zwischen der ZF und dem Satzinhalt – die Relation der Abhängigkeit und signalisiert dabei die kritische Stellungnahme der Sozialdemokraten dem politischen Partner gegenüber:

---

171 https://jyllands-posten.dk/arkiv/?q=%22røv+og+nøgler%22&from=&to=&fps=7&hs=200 (09.03.2021).
172 https://www.berlingske.dk/kultur/dansk-film-faar-kam-til-sit-haar (09.03.2021).
173 https://www.information.dk/moti/2020/05/stoejbergs (09.03.2021).

(163) *I foråret benyttede de radikale socialdemokratisk kaos og stærkt vigende meningsmålinger til at erklære partileder Marianne Jelved som partiets statsministerkandidat, afsværge socialdemokraterne* **huldskab og troskab** *og stille en række ultimative krav [...]*[174].

Der Textabschnitt (164) ist ein Beispiel für eine ZF, die nach dem Kriterium der Stilschicht als umgangssprachlich eingestuft wurde (DDO, unter *rende og hoppe*) und in einem öffentlichen Text zur Hervorhebung der negativen Einstellung des Verfassers zum Inhalt der Aussage verwendet wurde:

(164) *Kofod advokerer i DRs EU-debat for en permanent dansk grænsekontrol – og så kan EU-Kommissionen »***rende og hoppe***«, hvis »de« ikke vil acceptere det*[175].

Der Gebrauch der ZF *rende og hoppe* (dt. du kannst mich mal, leck mich), die eher in einer inoffiziellen Kommunikation zu erwarten ist, kontrastiert mit dem sachlichen und ernsten Inhalt des politischen Kommentars. Dies lässt schlussfolgern, dass stilistische Absenkung, die durch die Anwendung einer umgangssprachlich geprägten ZF erfolgt, als Mittel zum Ausdruck der Bewertung dienen kann.

Ein Beispiel für eine stilistische Anhöhung, die Aufmerksamkeit des Rezipienten steuern soll (165), ist der Gebrauch der veralteten, in DDO als *poetisch* markierten ZF *spy edder og forgift* (dt. Gift und Galle speien):

(165) *»[...] Noget andet er så, at de, der jamrer over den dårlige tone, jo selv er de mest hadefulde med hensyn til at spy om sig* **med sproglig edder og forgift***«*[176].

Märchenstil

Die stark kontextgebundene ZF **østen for sol og vesten for måne**, deren deutsche funktionale Entsprechung die Einleitungsformel *Es war einmal...* ist, zeichnet sich durch eine ausgeprägte assoziative Bedeutung und eine starke, leicht erkennbare Intertextualität aus. Die Phrase wird oft im Einleitungssatz von Märchen, Sagen und Legenden verwendet um den Stil eines narrativen Textes und eine bestimmte literarische Gattung zu signalisieren:

(166) *Hun rejser* **østen for sol og vesten for måne***, hvor heksens slot ligger, får undervejs hjælp af den talende sten, det tørstige træ og vinden -hun hjælper dem, og de hjælper hende -mens hun langsomt samler erfaringer*[177].

---

174 https://www.berlingske.dk/business/radikal-runddans (09.03.2021).
175 https://www.berlingske.dk/valgstroemmen/valgstroemmen-hvor-fast-staar-mette-frederiksen-i (09.03.2021).
176 https://www.berlingske.dk/kultur/slag-i-luften (09.03.2021).
177 https://jyllands-posten.dk/arkiv/?q=%22østen+for+solen (09.03.2021).

Die diskutierte ZF wurde mehrmals in Titeln von Kinderbüchern (Ipsen 1978, Madsen 2017), Gedichtbändern (Drachmann 1911), Theatervorstellungen sowie Musik-CDs (Popgruppe Moonjam, 1988) verwendet, in denen jeweils Märchen oder verwandte Gattungen im Fokus der Betrachtung standen. Diese durch sprachlichen Usus entstandene Textsortenzugehörigkeit der ZF hat sich dermaßen etabliert und verselbstständigt, dass ihr Gebrauch sich ausschließlich auf den oben genannten textuellen und thematischen Kontext beschränkt.

4.5 ZF als Mittel der Emotionalisierung

Die Realisierungsformen von Emotionen, die sich verbal im Gebrauch von ZF vollziehen, können aus zwei Perspektiven betrachtet werden. Zum einen bezeichnen einige ZF Emotionen oder emotionale Zustände mithilfe von Komponenten, die sie explizit nennen (*glad og tilfreds*).

Zum anderen erfolgt die Emotionalisierung der Aussagen implizit, durch Gebrauch von Metaphern oder eine entsprechende kontextuelle Einbettung. Allerdings handelt es sich dabei um unterschiedliche Qualitäten.

Den Ergebnissen der sprachanalytischen Studien zufolge unterscheidet man 13 Emotionsklassen (vgl. Mees 2006). Die Repräsentanz der emotionalisierenden Wirkung der ZF im untersuchten Sprachmaterial zeigt folgende Darstellung (Tab. 20):

Tab. 20 Emotionsklassen von Mees (2006) und beispielhafte dänische ZF als Emotionsindikatoren

Emotionsklassen (nach Mees 2006)	Belege (Auswahl)
Beziehungsemotionen	
positive E. (z. B. Liebe)	*elske og ære;*
negative E. (z. B. Haß)	*spy gift og galde;*
positive und negative E.	*kærlighed og had, elsket og hadet;*
Empathie-Emotionen	
positive E. (z. B. Mit-Freude)	*til glæde og gavn, (til) gavn og glæde;*
negative E. (z. B. Neid)	*gul og grøn, nid og nag;*
Bewertungsemotionen	
positive E. (z. B. Zufriedenheit)	*glad og tilfreds, glad og lykkelig glad og fro, glad og lettet, glad og munter, fryde og glæde sig;*
negative E. (z. B. Kummer)	*gråd og jammer, sorger og bekymringer;*
Erwartungsemotionen	
positive E. (z. B. Hoffnung)	*håbe og tro, håbe og bede, håb og tro;*
negative E. (z. B. Angst)	*angst og uro, angst og usikkerhed, med angst og bæven;*
Attributionsemotionen	
positive E. (z. B. Dankbarkeit)	*gud ske (tak og) lov, glæde og taknemmelighed;*
negative E. (z. B. Ärger)	*sur og gnaven, sørgeligt, men sandt;*
moralische Emotionen	
positive E. (z. B. Stolz)	*glad og stolt, glad og tilfreds;*
negative internale moralische E. (z. B. Schuld)	*synd og skam;*
negative externale moralische E. (z. B. Zorn)	*vred og skuffet, sur og tvær;*

Wie der Tabelle zu entnehmen ist, können dänische ZF zu den sprachlichen Mitteln zum Ausdruck der Emotionen eindeutig mitgezählt werden. Um dies zu illustrieren, seien einige stellvertretende Textauszüge angeführt. Positive Emotionen kommunizieren z. B. *glad og tilfreds, glad og stolt, til glæde og gavn.* Dies erfolgt explizit durch die Bedeutung der Phrasemkonstituenten sowie die Gesamtbedeutung der ZF.

Reue und Trauer werden in den Aussagen mit der Phrase *led og ked af* ausgedrückt, negative Emotionen treten darüber hinaus in der ZF *sorger og bekymringer* in Erscheinung.

Der Vorteil der ZF manifestiert sich in Texten durch ihren erweiterten Informationswert gegenüber anderen Indikatoren von Emotionen wie z. B. in Form von den nichtphraseologischen Einzellexemen. Beim Vergleich der Ausdrücke *bekymringer og sorger* vs. *sorger* oder *glad og lykkelig* vs. *lykkelig* fällt der durch sichtbare Erweiterung des Referenzbereichs informative Mehrwert der zweigliedrigen ZF auf. Die Intensivierung der emoitionalisierenden Wirkung entsteht durch die Präsenz der synonymen Komponenten, die den emotiven Gehalt doppelt kommunizieren.

Emotionalisierung wird außerdem auch durch eine andere Gruppe von ZF zum Ausdruck gebracht, die in ihrem Komponentenbestand Lexeme enthalten, die zwar Emotionen nicht direkt benennen (wie die in Tab. 20), sondern Sachverhalte beschreiben, die Folgen emotionaler Zustände wiedergeben und somit als **implizite Emotionsindikatoren** gelten können. Die indirekte Ausdrucksweise fordert manchmal eine fundierte Sprach- und Kulturkompetenz, die den Sinn der Aussage zu ermitteln ermöglicht. Die ZF *gul og grøn* sowie *gul og blå* kommen immer in einem festen Kontext als Teil einer verbalen oder nominalen Phrase vor: *gul og grøn af misundelse* oder *ærgre sig gul og grøn, ærgre sig gul og blå*, und sind Mittel zum Ausdruck einer starken Aufregung oder Verärgerung. Die Konstruktion *klæde sig i sæk og aske* – signalisiert eindeutig Reue und Trauer, während das Wortpaar *hoppe og danse* Ausdruck der Freude sein kann. Der Gebrauch der umgangssprachlich geprägten ZF *fanden og hans pumpestok*, die eine Aufzählung abschließt, kann in dem angegebenen Kontext Ungeduld, Irritation oder Nervosität indizieren.

Zu impliziten Indikatoren von Emotionen zählen weitere ZF, die sowohl positive als auch negative emotionale Zustände ausdrücken: Überraschung, z. B. *tabe mål og mæle*, Angst, z. B. *ryste og bæve*, Freude, z. B. *fest og farver*, Ärger, z. B. *være røv og nøgler*, Schamgefühl (infolge einer Demütigung und Verspottung), z. B. *i bar røv og viklers* u.a.

In einem weiteren Schritt kann man auch Gebrauchskontexte untersuchen, um zu ermitteln, welche Emotionen durch Gebrauch von ZF entstehen, die primär andere Handlungen und Zustände kommunizieren, die aber emotionsweckende Folgen haben können. Gemeint sind hier solche Wortpaare wie z. B. *ævl og kævl om, skælde og smælde over, leve højt og flot, leve fedt og godt, bede og bønfalde* u.a.

Zum Ausdruck emotionaler Befindlichkeit dienen auch ZF mit dem Status **primärer** oder **sekundärer Interjektionen**, die als Emotionswörter par excellence anzusehen sind. Sie indizieren einen emotionalen Zustand, der dermaßen intensiv ist, dass die Reaktion eines Kommunikationspartners einen Ausruf zur Folge hat. Die Kategorie der primären Intejektionen wird von zwei Belegen vertreten:

- *ak og ve* wird verwendet, um Bedauern, Trauer, Melancholie auszudrücken,
- *fy og føj* wird gebraucht, um Ekel oder Abscheu zu verbalisieren.

Zum anderen können bestimmte Emotionen beim Sprechenden durch den Gebrauch **sekundärer Nominalinterjektionen** (vgl. Nübling 2004: 13) vermittelt werden. Dies findet auf der konnotativen Ebene weniger Paarformeln statt, deren Funktion fast ausschließlich darin besteht seelische Verfassung des Textproduzenten sowie seine starke subjektive Emotionalität zu kommunizieren:

(167) *-Tjener, der er en flue i min suppe. -Død og pine, hr. Baren én til og De har slået verdensrekorden!* (Korpus DK)

(168) **Himmel og hav!** *Tror den danske regering virkelig, at den kan få udenlandske forsikringsselskaber [til at] indbetale realrenteafgift.* (Korpus DK)

Die Paarformel *død og pine* (dt. Donnerwetter!) ist ein milder Kraftausdruck, der Irritation, Überraschung oder Schreck signalisiert, und zur Betonung des Gesagten dient. Die Konstruktion *død og kritte* (dt. Zum Teufel!) wird als milder Kraftausdruck verwendet, um Überraschung, Bestürzung oder andere Emotionen auszudrücken. In der Aussage mit dem Phrasem *himmel og hav* (dt. Himmel noch mal!) werden Überraschung, Empörung, Irritation oder andere verwandte Emotionen zum Ausdruck gebracht. Der besondere Status der angeführten ZF wird in der Satzstruktur grafisch markiert: Sie werden durch Kommas abgetrennt und mit einem Ausrufezeichen gebraucht, was ihr Status der autonomen Aussagen, oder satzwertigen Einschübe innerhalb der Satzstrukturen bestätigt.

4.6 Modifikationen und ihre semantische Leistung

ZF sind in ihrer symmetrischen Erscheinungsform, sowie durch semantisch-pragmatische Charakteristika, auffällig, wodurch sie die Aufmerksamkeit des Textempfängers wecken. Die Auffälligkeiten der ZF können durch ihre Modifikationen noch gesteigert werden. Der semantische Mehrwert einer Modifikation, die sich überwiegend in Veränderungen in der wendungsinternen Organisation einer phraseologischen Basis (Nennform) äußert, wird durch die Aktivierung bzw. Wiederbelebung der potenziellen wörtlichen Bedeutung erzeugt. Da die phraseologische Bedeutung nie völlig verloren geht, entsteht im Rezeptionsprozess ein Zusammenspiel von wörtlicher und phraseologischer Lesart und folglich ein Komplex von Bedeutungsinhalten, die durch die Einführung der mehrschichtigen Interpretationsmöglichkeiten die Gesamtbedeutung der Aussage bereichern. Der Prozess verläuft jeweils anders und seine Effekte können an konkreten Beispielen individuell beobachtet und beurteilt werden. Abgewandelte Phraseologismen haben als Anspielung und/oder Zitat des Originals zusätzlich die Funktion, das Original zu kommentieren, zu verfremden, zu ironisieren und zu kritisieren (Dittgen 1989: 12).

Bei **Modifikationen** handelt es sich um okkasionelle, gelegentliche für die Zwecke eines Textes hergestellte Abwandlungen eines Phraseologismus (vgl. Burger ³2007: 25–27). Bei der Modifikation kommt zur formalen und/oder inhaltlichen Abweichung von dem ursprünglichen Wortlaut, d. h. der lexikografisch kodifizierten phraseologischen Basis, zur Erzielung einer bestimmten kommunikativen Wirkung, um beispielsweise durch einen wortspielerischen Effekt die Aufmerksamkeit und die Neugier des Rezipienten zu wecken, sein Interesse an dem Text zu erhöhen und folglich ihn zur Reflexion zu bewegen[178].

Dabei kann der Grad der Modifikationen, also der Grad der Abweichung von der morphosyntaktischen Nennform, unterschiedliche Intensität aufweisen – von formal leicht abweichenden über formal stark abweichenden zu formal inkongruenten Formen.

Modifikationen im wendungsinternen Konstituentenbestand werden nach der Art und Weise, d. h. dem Verfahren, nach dem die Modifikation vorläuft, gegliedert. In der Phraseologieforschung werden folgende Modifikationstypen unterschieden: Substitution, Expansion/Hinzufügung, Reduktion/Verkürzung, grammatische Modifikation, Wechsel Negation/Affirmation, Abtrennung eines Nominalteils, Abtrennung durch einen Relativsatz, Kontamination, Koordinierung u.a. (vgl. Burger et al. 1982: 70 und Wotjak 1992: 134). Theoretisch können alle Typen der Modifikation an ZF angewendet werden, allerdings eignet sich ihre kompakte, bipolare Struktur zu einigen Verfahren besser als zu anderen. Dies erkennt man an der Anzahl der Belege, die eine angegebene Abänderung illustrieren. Das Ergebnis der Modifizierungsverfahren ist Nuancierung der Bedeutung bzw. in einigen Fällen der Bedeutungswechsel oder sprachspielerischer Effekt.

Bei der **lexikalischen Substitution** geht es um einen Ersatz einer Komponente/mehrerer Komponenten des Phraseologismus durch eine andere. Die Folgen der lexikalischen Substitution liegen an der semantischen Beziehung zwischen dem Ausgangswort und Ersatzwort.

---

178 Feste modifizierte Mehrwortverbindungen im modernen Dänisch sind das Thema der Publikation von Ejstrup/Elsig (2015).

Mit der paradigmatisch bedingten Substitution *transpiration* gegen *slid* in der ZF *1 procent inspiration og 99 procent transpiration* (169) wurde keine wesentliche Bedeutungsveränderung, sondern eine Bedeutungsverstärkung erzielt. Die Substantive *transpiration* und *slid* stehen in synonymer Bedeutungsbeziehung, nun das Wort *slid* hat nämlich eine ausdrucksstärkere Bedeutung, wodurch das Gemeinte direkter und intensiver vermittelt wird:

(169) *Amerikanske Henry Miller beskrev engang sin egen produktion med ordene: »5 procent inspiration og 95 procent slid«, og på dansk jord har bl. a. Tom Kristensen påstået, at »kosmisk lediggang« er afgørende for en digteres inspiration*[179].

In dem Modifikationsverfahren Wechsel **von Affirmation zu Negation** kommt es zur Negierung einer ZF, die in der Nennform keine negierenden Komponenten enthält. Dies führt oft zur Verstärkung des negierten Inhalts der ZF. Im Beispiel (170) hat die wendungsexterne Negation *alt andet end* eine wenig typische Form, dafür eine extrem starke Wirkung: Sie trägt nämlich Züge einer absoluten, kategorischen Verneinung des Inhalts der Paarformel. Das Zusammenspiel von beiden Konstruktionen resultiert in anschaulicher Hervorhebung der Bedeutung von der ZF *fyr og flamme*:

(170) *Klokken var næsten 22 lørdag aften, og vi var alt andet end **fyr og flamme**, da årets melodigrandprix var til ende*[180].

Bei der **Expansion** kommt zur Erweiterung des Basisphraseologismus durch Hinzufügung eines oder mehrerer Elemente an die wendungsinternen Komponenten. Die resultierende Wirkung der modifizierten Einheit hängt vor allem von den semantischen Beziehungen zwischen der neuen Komponente und der phraseologischen oder wörtlichen Bedeutung der ZF ab. Als Folge der Erweiterung kann man eine Doppeldeutigkeit oder Polysemantisierung (auch Ambiguierung genannt, vgl. Urban 2009: 43) erwarten, die durch bewusste Aktualisierung aller Bedeutungsebenen des Phraseologismus entstehen. Die Beispiele (171–175) illustrieren Expansion der ZF, die durch eine Anreihung einer dritten Komponente und eines Konnektors erfolgte. Allerdings wurde dadurch die Semantik der phraseologischen Basis unterschiedlich beeinflusst, somit haben die Ergebnisse jeweils eine andere Wirkung.

Die Grundform *med hud og hår* (dt. mit Haut und Haar) wurde um das Nomen *kjole* erweitert, das durch die gemeinsame Zugehörigkeit zum semantischen Feld ,Aussehen' eine lockere Bedeutungsbeziehung zwischen den

---

179 https://www.berlingske.dk/kultur/inspiration-eller-transpiration (09.03.2021).
180 https://www.berlingske.dk/kultur/danmark-sender (09.03.2021).

vorhandenen Bestandteilen der ZF aufbaut. Dabei erkennt man einen direkten und stärkeren inhaltlichen Bezug zwischen dem hinzugefügten Wort und dem Satzkontext: *kvindelig (statsminister) – femininitet – kjole*. Die Wörter bilden eine semantische Kette, dadurch unterstützen sie den Grundgedanken und die Kohärenz zwischen der ZF und dem Textinhalt. Die kontextgebundene Expansion hat eine Ambiguierung der phraseologischen Bedeutung zur Folge und das Zusammenspiel von zwei Lesarten der ZF erzielt dabei einen witzigen Effekt:

(171) *Jeg glæder mig til, at vi en dag får en kvindelig statsminister, der føler sig tryg nok til at omfavne sin femininitet **med hud, hår og kjole** [...]*[181].

Nach dem gleichen Muster erfolgte die strukturelle Expansion der ZF in den Textauszügen (172–175), die eine identische Wirkung ergeben hat. Die Hinzufügung einer dritten Konstituente mit synonymer Bedeutung und ähnlicher lautlicher Form (172) führte zur Intensivierung der Bedeutung von ZF, wodurch der Verfasser seine negative Einstellung zum hervorgehobenen Inhalt andeutet. Selbst die zwei vorhandenen Konstituenten *ævle og kvævle* (dt. sich eine längere Zeit ohne Erfolg streiten) zeichnen sich durch negative Konnotationen aus und die Einführung eines weiteren Verbs *bævle* macht sie noch intensiver. Auffallend ist auch harmonischer Klang und Rhythmus der ursprünglichen sowie der modifizierten ZF, die als eine Drillingsformel ein gutes Beispiel für die Strategie der Expressivitätssteigerung gelten kann:

(172) *På et tidspunkt bliver folk trætte af at høre deltagerne i »Big Brother« **ævle og bævle og kævle** endeløst, og de gider ikke mere se de medvirkende i »Fear Factor« æde regnorme og lægge arm med edderkopper*[182].

Das Beispiel (173) illustriert eine doppelte Expansion, die durch Hinzufügung zweier attributiver Adjektive ethnonymischer Herkunft an die phraseologische Basis *mellem hammer og ambolt* entstanden ist. Die phraseologische Bedeutung des Ausdrucks wurde nicht zerstört, sie wurde mit dem objektiven Sachverhalt im Textinhalt fest gekoppelt, indem die Rolle der zerstörerischen Wirkung der Werkzeuge ‚Hammer und Amboß' den Nachbarnländern zugeschrieben wurde. Ihre politischen Interessen seien demzufolge als Bedrohung und Ursache für schwirige Lage der zentralasiatischen Staaten empfunden. Die textgebundene Ableitung der modifizierten Paarformel schafft eine Referenzintroduktion und

---

181 https://www.berlingske.dk/laesere/gaa (09.03.2021).
182 https://www.berlingske.dk/kultur/mord-for-aabent-kamera (09.03.2021).

eröffnet eine Kette koreferenter Ausdrücke (*Rusland* und *Kina*), die im weiteren Teil des Artikels zentrales Motiv sind:

(173) *De centralasiatiske lande ønskede ellers en stærk, europæisk tilstedeværelse, fordi de ellers så sig henvist til at ligge mellem den **russiske hammer** og den **kinesiske ambolt**. Og dér ligger de nu. Kina har kraftigt øget sin økonomiske tilstedeværelse og Rusland sin militære i området*[183].

Die Erweiterung der Nennform *skelne skidt fra kanel* (174) erfolgte durch Bildung aus einfachen Komponenten der Paarformel zweier Komposita, in denen die kanonischen Kernglieder als Grundwort der Zusammensetzung in der neuen Struktur gelten. Als Bestimmungswort (Determinans) wurden Substantive gewählt, die Schlüsselwörter der Textpassage sind (*marketing* und *produkt*) und die modifizierte ZF stark an den Textinhalt koppeln. Die Dualität und Opposition ‚positiv – negativ', die die Bedeutung der ZF ausmachen, wurden durch die Trennung der Komponenten und textbezogene Aktualisierung ihres Referenzbereichs noch stärker zum Ausdruck gebracht:

(174) *Min uvidenskabelige konklusion på det indledende spørgsmål er derfor, at et smart navn ikke kan snyde bilkøberne. De kan godt skelne **marketing-skidt fra produkt-kanel***[184].

Die Expansion in (175) erfolgte durch Hinzufügung eines attributiven Adjektivs, dessen Bedeutung an die im Text dominierende Metaphorik der Zerstörung angepasst wurde. Das Adjektiv *blodig* gehört nämlich zum Wortfeld ‚Krieg' und harmonisiert inhaltlich mit der gebrauchten Lexik: *ødelæggelsen, splittet, to fronter*. Die neue adjektivische Komponente intensiviert die Bedeutung der ZF und macht den beschriebenen Sachverhalt durch die semantische Inkongruenz anschaulich: Zerfallene zwischenmenschliche Relationen wurden als „zersplitterte, blutige Stücke auf dem Schlachtfeld" charakterisiert. Als eine zusätzliche Intensivierung der apokalyptischen Darstellung gilt die Koordination zweier adjektivischer Prädikative *splittet og strøet*. Ihre strukturelle Erscheinungsform ähnelt einer ZF, bereichert die Lexik der Vernichtung, wodurch sie beim Aufbau der thematischen Orientierung des Textabschnitts mitwirkt.

(175) *Men det der gør mig rigtig ked af det, er ødelæggelsen af den personlige relation, der nu er splittet og strøet **i stumper og blodige stykker** på tværs af slagmarken mellem to fronter*[185].

---

183 https://www.berlingske.dk/kommentatorer/hvert-tomrum-vil-fyldes (09.03.2021).
184 https://www.berlingske.dk/bil/os-tager-i-ikke-roeven-paa (09.03.2021).
185 https://www.berlingske.dk/kommentarer/naar-partnerskaber-og-hjerter-brister (09.03.2021).

Die Expansion als Modifikationsverfahren integriert in die Aussage zusätzliche Informationen und dient zur Spezifizierung der Bedeutung durch ein literal verwendetes Wort. Dies resultiert in der Entstehung eines semantischen Bezugs zwischen einer Phraseologismuskonstituente und dem Kontext, manchmal auch in Präzisierung, oder Entfaltung der phraseologischen Lesart.

Spaltung (Abtrennung, Auseinanderdividieren) einer ZF führt zur Trennung der beiden Kernglieder, die stets in kanonischer Form in den benachbarten Strukturen, abgetrennt durch andere Satzteile oder einen eingeschobenen Relativsatz, ihre Funktion erfüllen. Die beiden Komponenten werden durch den Konnektor nicht mehr verknüpft, die Koordination von zwei Nomen wird aufgelöst, doch die symmetrische Struktur wird beibehalten.

Ein Beispiel für eine Spaltung der paarformelartigen Struktur stellt der Textauszug (176) dar. An die Stelle der nominalen Komponenten traten koordinierte Relativsätze, eingeleitet durch das Relativpronomen *hvad*, in denen die Komponenten als substantivische Prädikative verwendet wurden. Da die Sätze kurz sind, und die phraseologische Basisform wegen der syntaktischen Nähe der Komponenten rekonstruiert und die ursprüngliche Bedeutung der ZF im mentalen Lexikon schnell abgerufen und aktiviert werden können, trägt auch sie zur Konstituierung der Gesamtbedeutung der Aussage bei. Durch Spaltung der ZF und Verselbstständigung der Konstituenten in Satzstrukturen, in denen sie einzige Sinnträger sind, verschärft sich die semantische Opposition ‚positiv – negativ' zwischen den Kerngliedern:

(176) [...] *mange mennesker går lige nu og overvejer, om deres næste bil skal være en elbil. Og de skal vide,* **hvad der er skidt,** *og* **hvad der er kanel**[186].

Auffällige Reihung

Als eine besondere Form der Modifikation im wendungsexternen Kontext ist die mehrgliedrige Reihung oder Häufung von Phraseologismen zu nennen. Ein Beispiel für derartiges Verfahren findet sich im Beleg (177), in dem drei Phraseologismen – eine ZF in Nennform, eine durch Expansion modifizierte Paarformel und ein phraseologischer Vergleich in einer Satzaussage nacheinander folgen. Die Aussage zeichnet sich durch eine auffallende Informationsverdichtung aus, und enthält im implizit Mitgesagten Ironie:

---

186 https://www.berlingske.dk/bil/berlingskes-stortest-her-er-aarets-bedste-elbil-2019 (09.03.2021).

(177) *Vi har nu lært, at Business Class kun er for business men, mens alle vi andre skal forsage al luksus **og sidde i sæk og aske som sild i tønder uden vand og brød og benplads** [...]. Vi overholder dermed Jantelovens fjerde bud. Vi gør næsten en god gerning ved at sidde sammenklemt på Monkey Class. Det er faktisk udansk at rejse på business*[187].

Die Verkürzung/Reduktion der ZF kann als eine weitere Form der Modifizierung gebraucht werden, denn ein ausgelassener Bestandteil des Phraseologismus ist schon im Bewusstsein des Rezipienten verankert, der die bereits bekannte Bedeutung der kanonischen Form des Phrasems rekonstruieren kann. Dieser Modifikationstyp kommt seltener vor als andere Formen der Veränderung des Konstituentenbestands. Weglassungen in der Konstruktion zweier koordinierter Glieder sind in ZF im begrenzten Ausmaß möglich, denn beide Komponenten haben konstitutive Funktion und diesbezüglich obligatorische Präsenz in der Konstruktion.

Im angeführten Beleg (178) wurde in der verbalen ZF *ævle og kævle* der Konnektor *og* ausgelassen, die Kernglieder wurden zu einem mit Bindestrich geschriebenen Kompositum zusammengefügt, wodurch die Konstruktion geschrumpft ist. Trotz der zerstörten kordinativen Verbindung blieben die Semantik der Neubildung, der lautliche Effekt der Silbenrepetition und der Kohärenz bildende Endreim beibehalten. Die modifizierte ZF wirkt durch ihre kompakte Form dynamischer und betont den kategorischen Ton der Aussage. Durch die reduzierte Konstruktion werden m.E. auch die negative Einstellung des Verfassers und abwertende Beurteilung des im Phraseologismus ausgedrückten Inhalts kommuniziert.

(178) *Finansdirektøren blev hentet ind af Carlsbergs topchef Cees 't Haart for seks måneder siden for at garantere leveringssikkerhed, **og** det har han i sinde. – Det handler 100 pct. om eksekvering lige nu. Nu er det slut med at **ævle-kævle***[188].

---

187 https://www.berlingske.dk/groft-sagt/monkey-class (09.03.2021).
188 https://www.berlingske.dk/virksomheder/carlsberg-chef-vil-goere-sparekur-til-ny-hverdag (09.03.2021).

5. Zwillingsformeln als Konstituenten onymischer Texteinheiten

5.1 Zusammenspiel von Phraseologie und Onomastik

Den Untersuchungsgegenstand im vorliegenden Kapitel kann man als eine Schnittstelle zwischen der Phraseologie und Onomastik bezeichnen. Diskutiert werden ausgewählte onomastische Kategorien, in denen die einzige oder eine der Konstituenten eine (bzw. mehrere) ZF ist. Berücksichtigt werden auch Belege, die nicht aus phraseologisierten, in der Sprache nicht etablierten paarformelartigen Konstruktionen bestehen und das syntaktische Modell der ZF nutzen (im Weiteren als **Neubildungen** bezeichnet), um die Produktivität der paarformelartigen Struktur zu untersuchen. Dabei handelt es sich um folgende Gruppen von Onymen, aus dem Teilkorpus B: Namen von Firmen und Unternehmen, Titel von Büchern, Filmen, Songs, Websites etc., Namen von Ereignissen und Aktionen, Überschriften von Texten, Textkapiteln und Unterseiten.

Das Phänomen des transkategorialen Transfers zwischen Phrasemen und Onymen ist nicht neu, denn Phraseologismen oder ihre Teile werden seit immer als Sprachmaterial zur Bildung der Eigennamen genutzt. Der Prozess wird als Proprialisierung bezeichnet, und lässt sich im weitesten Sinn als Entstehen von Eigennamen aus unterschiedlichsten linguistischen Einheiten umschreiben (vgl. Nübling/Fahlbusch/Heuser 2015: 16). Unter lexikologischem und morphologischem Aspekt (Wortbildung) sind onymische Phraseme Wortgruppenlexeme, unter syntaktischem Gesichtspunkt sind sie komplexe definite (Nominal)Phrasen.

Das Auftreten von ZF in Firmennamen und Titeln ist von besonderer Bedeutung, denn diese Sprachzeichen charakterisiert eine spezifische Funktionsweise:

- sie können isoliert gebraucht werden (auf Werbeschildern, Plakaten),
- sie werden von visuellen Mitteln (Firmenlogo) begleitet, was die Einprägungskraft steigert,
- sie werden häufiger verwendet, besonders von den Sprachbenutzern, die in betreffenden Unternehmen oder Institutionen arbeiten, in ihrer Nähe wohnen oder durch private oder berufliche Angelegenheiten mit ihnen verbunden sind,
- sie werden im öffentlichen Raum rezipiert und können für den Gebrauch zur Bezeichnung anderer Objekte verwendet werden,

– als Komponenten von Internettexten erreichen sie in der Massenkommunikation eine große Anzahl von Empfängern, erleben somit eine massenweise Rezeption und haben dabei eine inspirierende Wirkung.

Von nicht geringerer Bedeutung ist der erwähnte kognitive Aspekt. Titel von Filmen, Büchern, Werbeslogans, Firmennamen – besonders die kurzen, rhythmischen mit Reimen unterschiedlicher Art – fungieren als komplexe sprachliche Einheiten und werden idealerweise im mentalen Lexikon gespeichert und vom Sprachbenutzer als fertige Ausdrücke abgerufen (Farø 2007b: 4). Dank ihrer mnemotechnischen Eigenschaften, die einen sprachlichen Ausdruck unvergesslich machen, sind sie schneller greifbar und in kurzer Zeit reproduzierbar (Schlegel/Egger/Braun 2014: 389). Titel machen oft den ersten Eindruck, signalisieren und enthüllen teilweise den Inhalt, informieren über das Genre (Film, Musik, Text), kurz: Sie geben einen kleinen Vorgeschmack dessen, was ein (neues) Produkt/Produkt des Kulturbetriebs anzubieten hat. Aus linguistischer Sicht haben Titel kommunikative Funktionen, die auch den Texten eigen sind: metatextuelle, phatische Funktion sowie Identifikations- oder Differenzierungs-, Referenz-, Appell- und Kategorisierungsfunktion (vgl. Nord 1993: 86, Farø 2007a: 30).

In Anlehnung an das zusammengestellte Teilkorpus B wird in den vorliegenden Ausführungen folgenden Fragen nachgelaufen:

1) Welche etablierten Wortpaare werden in den untersuchten Onymen verwendet?
2) In welchem Umfang ist das strukturelle Muster A kon B in den diskutierten Propria (Namensformationen) produktiv?
3) Welche Benennungsmotive fanden bei der Bildung der Eigennamen Anwendung und ob man von onymischen Branchenspezifik sprechen kann?

5.2 Aspekt der Produktivität

Der Begriff Produktivität, der ursprünglich zur Beschreibung von Wortbildungsprozessen verwendet wurde, wird in der Produktivitätsforschung im weiteren Sinne als sprachliche Produktivität verstanden, die semantische, morphologische, phonologische und syntaktische Produktivität umfasst. Busse (vgl. 2002: 413) definiert den Begriff *phrasenbezogene Produktivität* als die Fähigkeit, neue Aussagen zu erstellen und zu verstehen, die nach einem grammatikalisch-syntaktischen Muster innerhalb der Phraseologie gebildet wurden, z. B. Phrasenvorlagen.

Für die Produktivität der ZF sprechen folgende Argumente:
- ZF als sprachliches Phänomen sind in vielen Sprachen der Welt weit verbreitet,
- man beobachtet sowohl im Deutschen als auch im Englischen oder Dänischen Entstehung und Etablierung neuer ZF,
- Sprachbenutzer haben klare Intuitionen über neue ZF (durch experimentelle Studien bestätigt, vgl. 1.2).

Die Anzahl der Wortpaare in verschiedenen Sprachen ist bescheiden, aber die Forscher sind sich einig, dass die Bildung neuer Beispiele ein produktiver Prozess ist (vgl. Berthelsen 2007). Müller (1997: 8) erwähnt einige neue Formationen in der deutschen Mediensprache:

> Zweitens ist die Binomialbildung im Deutschen tatsächlich zweifelsohne ein produktiver Prozeß, der in den verschiedensten Bereichen Anwendung findet, wie etwa in der Werbung (flieg und spar, (in) Bad und WC, wisch und weg), in Zeitschriften (wo Kolumnen Namen tragen können wie gemein und geistreich, schnell und vergänglich, Kunst und Gewerbe oder Buch und Deckel), in Comics (man vergleiche etwa Plisch und Plum, Fix und Foxi), und so weiter. In allen diesen Fällen liegt Irreversibilität vor. (Müller 1997: 8)

5.3 Namen von Firmen, Unternehmen und Produkten aus funktionaler Sicht

Als primäre Funktion von Eigennamen gilt die Identifikations-, Unterscheidungs- und Informationsfunktion. Ihre Informativität ist nicht als eine konstante, sondern eine graduierbare Größe zu betrachten, je nach dem Umfang des Eigennamens und Verteilung der Informationen zwischen den einzelnen Elementen des Mehrwortonyms. Nach dem Benennungsmotiv können Personal-, Sach-, Fantasie- und Mischfirmen unterschieden werden. In der Gruppe der Personalfirmen steht Familienname eines oder mehrerer Gesellschafter des Unternehmens, meist dessen Gründer als eine zentrale Komponente. In den Namen von Sachfirmen wird direkter Bezug auf den Gegenstand und/oder den Sitz des Unternehmens genommen sowie Informationen bezüglich der Rechtsform des Unternehmens vermittelt. In den Namen der Fantasiefirmen steht ein beliebiges Wort oder Syntagma und eine Verbindung zur genauen Tätigkeit des Unternehmens muss nicht erkennbar sein. Die Namen von Mischfirmen sind eine freie Kombination der vorgenannten drei Möglichkeiten (Nübling/Fahlbusch/Heuser 2015: 279). Ein informatives Minimum, das ein Name eines Unternehmens vermitteln soll, umfasst nur eine Information. Im Idealfall enthält ein Firmenname einen Verweis auf den Wirtschaftsbereich, die Branche und das Sortiment oder den Charakter und Umfang von Dienstleistungen, die Gegenstand des Tätigkeitsbereiches sind. Der Grad der Informativität von einzelnen Segmenten hängt von der Wahl des zentralen Bestandteils ab: Fantasienamen ohne Bezug zum Unternehmen sind semantisch fast leer, Eigennamen (Vornamen, Nachnamen) sind wenig informativ, können eine positive konnotative Bedeutung haben, Appellative sind semantisch nicht leer und können Konnotationen und Assoziationen auslösen, idiomatische und teilidiomatische Phraseologismen schaffen einen zusätzlichen Spielraum für eine Interpretationsebene, Mehrdeutigkeit, Wortspiel und kreativen Umgang mit dem Onym. Durch den Gebrauch von Symbolen bzw. Bildern als Komponenten eines Firmennamens lässt sich die Wiedererkennung des Firmennamens noch steigern, manchmal auch den Rezipienten überraschen oder belustigen. Damit wird neben der Informationsfunktion auch Unterhaltungs- und Persuasionsfunktion signalisiert. Fremdwörter können den Namen exotisieren, Gebrauch von Abkürzungen führt zu Anonymisierung, kann missverstanden bzw. durch Rezipienten verwechselt werden oder keinen Sinn ergeben. Für die in diesem Kapitel thematisierten onymischen Einheiten – Firmennamen, und Titel – lässt sich ein Bündel von gemeinsamen Funktionen nachweisen. Unumstritten sind die Informationsfunktion, Identifizierungsfunktion und Individualisierungsfunktion. Firmennamen dienen auch der Imagepflege, sie sollen dazu beitragen, dass sich beim Rezipienten ein positives Image und ein bestimmtes Vorstellungsbild mit dem Namen verbinden (vgl. Janich 2010: 65). Demzufolge sind die Autoren der Eigennamen bemüht die Namen von Unternehmen und Produkten der Industrie oder des Kulturbetriebes nicht nur informativ, sondern auch möglich originell, expressiv, aufwertend und unter Umständen auch attraktiv zu gestalten. Dabei überlappen sich die senderbezogenen, objektbezogenen, empfängerbezogenen Grundfunktionen mit weiteren mehr nuancierten Teilfunktionen. Eine Typologie potenzieller Funktionen von Produktnamen, die auch auf Firmennamen übertragen werden können, präsentiert die Tab. 21.

Tab. 21: Funktionen von Produktnamen (vgl. Janich ⁵2010: 65)

Funktionen von Produktnamen		
produktbezogen[a]	senderbezogen	empfängerbezogen
Identifikation (Abgrenzung zu anderen Produkten)	Identifikation (Handhabung als Name)	Identifikation (Wiedererkennung)
Aufwertung durch Konnotation/ Assoziation	Werbefunktion Imagefunktion	Signal-/ Appellfunktion
Information über Produkt (-eigenschaften)	gesetzl. Schutzfunktion gegenüber anderen Produkten	Qualitäts- und Herkunftsgarantie

a Bei den Dienstleistungsunternehmen wird in der vorliegenden Studie von angebotsbezogenen Namen gesprochen.

Dies erschöpft noch nicht das Repertoire von subsidiären Funktionen. Auf die Kontaktfunktion der Namen innerhalb der Internetadresse von Unternehmens- und Produkt-Homepages macht Janich aufmerksam:

> Mit der Internetadresse wird auf ein weiterführendes Informationsangebot verwiesen, so dass sie neben der bloßen Identifikation auch zu einer aktiven Kontaktierung der entsprechenden Homepage durch den Rezipienten führen soll. Je nach Positionierung und Größe lässt sich die Internetadresse sogar als eigener Textbaustein werten, wobei sie dann auch Auswirkungen auf das gesamte Werbeziel der Anzeige haben kann. (Janich 2010: 65, 67)

Bei den Firmonymen taucht noch ein weiterer – oben angedeuteter – Aspekt auf. Die Namen von Produktions-, Handels- und Dienstleistungsunternehmen existieren im öffentlichen Raum als Schilder, Werbeschilder und -anzeigen, Logos und Plakate und prägen in Wort und Bild die linguistische Landschaft von Städten und Dörfern. Derartige Präsenz von Eigennamen im öffentlichen Raum trägt zur Memorisierung und Einprägung bei, dient als Vorbild und Inspirationsquelle für Erfindung und Bildung ähnlicher Konstruktionen und durch die häufige Verwendung schaffen sie günstige Umstände für Speicherung des Namens im Bewusstsein der Sprachbenutzer und in kommunikativen Routinen.

5.4 Dänische Firmonyme

Sowohl Proprium als auch Appellativ gehören zur grammatikalischen Kategorie des Substantivs. Während Eigennamen immer eindeutig und immer monoreferenziell sind, haben Appellative einen Bedeutungsinhalt, der die Vorstellung einer Klasse von Objekten bezeichnet. Appellative haben eine klassifizierende, Eigennamen dagegen eine monoreferenzielle Bedeutung (Nübling/Fahlbusch/Heuser 2015: 17, Sands 2016: 97).

Alle Namen, die in diesem Unterkapitel untersucht werden, können in folgende Unterkategorien unterteilt werden:

– Handelsnamen, d. h. Namen von Unternehmen, Institutionen, Interessengruppen, Initiativen aus dem öffentlichen, wirtschaftlichen, kulturellen und sportlichen Bereich,
– Namen von Objekten, d. h. Produkten des Kulturbetriebs.

Ihre Präsenz in der Onlinekommunikation manifestiert sich durch die Homepages mit Internetadressen von Unternehmen und Institutionen bzw. durch Einträge in den digitalen Branchenkatalogen, -verzeichnissen, Suchportalen[189] und Webseiten einzelner Unternehmen.

Den Namen von Firmen, Produkten und Marken werden bestimmte Anforderungen gestellt: Der Name muss eindeutig identifizierbar sein und gleichzeitig einen werbenden Charakter haben, um Aufmerksamkeit, Kaufinteresse oder Vertrauen beim Kunden zu wecken und Qualität zu garantieren (vgl. Janich ⁵2010: 65).

Bei der sprachlichen Gestaltung der Firmennamen sind eine knappe Form, Einprägsamkeit und Prägnanz als grundlegende Merkmale erwünscht, die einen attraktiven, informativen, erfolgreichen und sich von anderen abhebenden Eigennamen mitgestalten. Die Signalisierung der Zielgruppe in den diskutierten Onymen ist – als inhaltliche Komponente – immer ein Vorteil, genauso wie ein angenehmer akustischer Klang (rhetorisch-ästhetische Eigenschaften), witziger Effekt, positive Konnotationen bzw. intertextuelle Bezüge.

Die Namen von Unternehmen und Institutionen werden in der onomastischen Terminologie unterschiedlich bezeichnet und kategorisiert. Debus spricht von der Namensklasse der **Institutionyme** (Debus 2012: 195). Sydorenko (2017: 88) führt weitere Vorschläge anderer Namenforscher an: **Firmonyme** für die Benennung von Objekten gewerblicher und industrieller Produktion, **Servisonyme** für Serviceeinrichtungen, **Klubonyme** für Entertainmenteinrichtungen, **Emporonyme** für Handelseinrichtungen. Nübling/Fahlbusch/Heuser

---

189 Vgl. www.krak.dk (10.07.2021).

(2015: 104) zählen Unternehmensnamen, zusammen mit Warennamen und Institutionsnamen zur Namenklasse **Ergonyme**. Das Forschungsfeld der Ergonyme (Firmonyme) stellt eine Schnittstelle von Linguistik und Wirtschaftswissenschaft dar. Auf die sprachliche Gestaltung der Namen von dänischen Unternehmen haben einen wesentlichen Einfluss extralinguistische Faktoren, wie rechtliche Regulierungen, bewährte Konventionen und etablierte Traditionen. Alle Unternehmen und Firmen in Dänemark müssen, als rechtlich selbstständiger Wirtschaftseinheiten, bei den Behörden mit einem Namen registriert sein. In Dänemark gibt es folgende Rechtsformen von Unternehmen: Einzelunternehmen (enkeltmandsvirksomhed, MPV, Personligt ejet mindre virksomhed, PMV), Personengesellschaften (interessentskab, I/S, i/s), Gesellschaften mit beschränkter Haftung (anpartselskab, ApS), kleine GmbH (Iværksætterselskab, IVS) und Aktiengesellschaften (Aktieselskab, AS). Die genannten Abkürzungen sind oft Bestandteil des Eigennamens (vgl. Sandst 2016: 31) und werden im diskutierten Material angeführt.

Als fester Bestandteil vieler Titel und Namen erscheint das &-Zeichen, das im Dänischen als *og-tegn* (dt. Und-Zeichen), *&-tegn* oder *et-tegn* bezeichnet und im DDO folgendermaßen erklärt wird: „skrifttegnet & står for og i firmanavne m.m., fx Bang & Olufsen [...]" (DDO, unter *og-tegn*). Für diese Ligatur lateinischer Herkunft gibt es weder im dänischen Rechtschreibwörterbuch (Retskrivningsordbog) noch in einem anderen normativen Nachschlagewerk Hinweise oder Gebrauchsregeln. Eine diesbezügliche Besprechung findet sich im Beitrag von Jacobsen (1988). Seinen Ausführungen zufolge gibt es keine Regel und keinen Kontext, in dem Gebrauch der Ligatur obligatorisch ist. Das &-Zeichen wird im Dänischen in Eigennamen verwendet, besonders in den Firmennamen, die aus Familiennamen der Inhaber (oder Partner) bestehen. Ansonsten kommt es in anderen Unternehmensnamen, die aus Appellativen bestehen, z. B. *Tennis & Badminton*, dann bei den Angaben von Verfassernamen sowie in Buch- und Zeitschriftentiteln (Jacobsen 1988: 1–4). Das Zeichen markiert einen engeren Zusammenhang zwischen den verbundenen Elementen und macht die Zusammengehörigkeit von Wortpaaren, die es zu einem Ganzen vereint, deutlich. Trotz der mangelnden Gebrauchsregeln erfreut sich das Zeichen einer hohen Frequenz in dänischen Namen, Titeln und sogar phraseologischen Mehrwortverbindungen[190] (vgl. Kap. 6.3).

---

190 Das &-Zeichen bildet eine gemeinsame Firmennamenzusammenfügung und betont ihren geschäftlichen Charakter, daher wird das & im Deutschen auch als „kaufmännisches Und", umgangssprachlich auch „Kaufmanns-Und" bezeichnet (vgl. Grün 2013: 67).

5.5 ZF in Handelsnamen[191]

5.5.1 Namen von Kleidungs- und Schuhgeschäften

Formenübersicht[192]

Belege mit ZF	Belege nach dem Muster der ZF
Above & Beyond Lingerie I/S (København)	Carroll & Carmen (Aarhus)
Bellis – klædt på fra top til tå (Hørsholm)	Cassandra – Stil og Design (Aarhus)
In & Out (Ringkøbing)	G&M (Brabrand)
Nu & Her (Saltum)	H & H Sko Outlet ApS (Aabybro)
Venus & Mars XL tøj i store størrelser (Rødovre)[193]	Jack & Jones (Kolding)
	J & S Style (Brabrand)
	Kings & Queens (Aarhus)
	KITS Modetøj & Sko (Egå)
	Kynde og Knak (Thyborøn)
	Olivia og Oliver (Lønstrup)[194]
	Ringdal & Regitze (Roskilde)
	Samsøe & Samsøe (Kolding)
	Tøjeksperten Ham og Hende (Haarby)

Unter den 18 Namen von Kleidungs- und Schuhgeschäften machen die Onyme mit etablierten ZF gut ein Viertel der Menge aus. In struktureller Hinsicht dominieren die Namen, die nur aus einer Paarformel bestehen (11 Belege). In den übrigen Beispielen steht das Wortpaar im Initialteil des Onyms, ergänzt durch eine präzisierende Nominalphrase (z. B. *tøj i store størrelser*) oder in der Poststellung, z. B. *Cassandra – Stil og Design*. Nach dem Benennungsmotiv beobachtet man eine starke Asymmetrie in der Sammlung – nur zwei ZF sind objektbezogene Bestandteile, die Zugehörigkeit zur Branche explizit kommunizieren *Modetøj & Sko, Stil og Design*. Die Branche indizieren auch andere Komponenten der Onyme, wie *klædt på* oder *Tøjeksperten*. Eine größere Vielfalt findet sich in der dominierenden Gruppe der senderbezogenen Namen, die aus Vor- oder Nachnamen der Besitzer in Vollform oder aus zwei Initialbuchstaben bestehen. Vier empfängerbezogene Belege basieren auf dem gleichen

---

191 Alle Belege, die in diesem Kapitel keine Quellenangaben haben, wurden dem Portal www.krak.de (10.07.2021) entnommen.
192 Die analysierten Onyme werden der Übersichtlichkeit halber am Anfang jedes Unterkapitels in alphabetischer Reihenfolge des dänischen Alphabets aufgelistet.
193 venusogmarsxl.dk (04.04.2021).
194 https://olivia-oliver.dk (04.04.2021).

Muster – sie bestehen nämlich aus Lexemen, die weibliche und männliche Kundschaft bezeichnen, wie z. B. koordinierte Verbindungen von Vornamen *Olivia og Oliver* oder Personalpronomen *Ham og Hende*.

5.5.2 Namen von Restaurants und Cafés

Formenübersicht

Belege mit ZF	Belege nach dem Muster der ZF
Café Her og der (Aarhus)	*Anneberg Café & Restaurant (Nykøbing S.)*
Fisk og færdigt (Frederiksberg) [195]	
Fryd og gammen (København) [196]	*Condesa – Bar & Spiseri (København)*[201]
Himmel og Hav (Odder)	*Fakse Cafe Og Spillehal (Faxe)*
Hr. og Fru Jensen Restaurant (Terndrup)	*Floras Cafe & Steakhouse (København)*
Hr. Og Fru Kok ApS (Næstved)	*Havnens Café & Isbar (Juelsminde)*
Kniv & Gaffel (Aalborg) [197]	*Kræs Café og Butik (Ringkøbing)*
Mosters Te Og Kage IVS (Valby)[198]	*Lyngens Cafe og Minigolf (Vig)*
Mælk & Honning ApS (Valby)	*Mad & Kaffe (København)*
Rub og stub (København) [199]	*Magdas Te- og Kultursalon (København)*
Salekildens Kaffe & Kage (Helsinge)[200]	*Sweet & Coffee (Præstø)*[202]
Uden Kniv og Gaffel IS (Vejen)	
Vin & Brød Café & Vinstue (Rødovre)	

Das Beispielmaterial belegt, dass die Autoren von Restaurants- und Cafénamen gerne phraseologische Wortpaare sowie paarformelartige Wortverbindungen oder beides als Gestaltungsmittel nutzen. Über die Hälfte der 23 Belege besteht aus etablierten ZF, dabei gibt es vier Belege, die infolge des Substitutionsverfahrens modifiziert wurden (*Fisk og færdig* <- *fiks og færdig*, *Te Og Kage* <- *kaffe og kage*, *Uden Kniv og Gaffel* <- *med kniv og gaffel*, *Hr. Og Fru Kok* <- *Hr. Og Fru Jensen*). Durch die Modifikation wurden die fertigen Phraseme an die Spezifik der Unternehmen angepasst. Unter 23 Onymen finden sich 10 Belege, die ausschließlich

---

195 http://www.fiskogfaerdigt.dk (04.04.2021).
196 https://frydoggammen.dk (04.04.2021).
197 www.knivoggaffel.dk (04.04.2021).
198 https://www.tripadvisor.com (04.04.2021).
199 http://spisrubogstub.dk (04.04.2021).
200 www.salekilden.dk (04.04.2021).
201 www.condesa.dk (04.04.2021).
202 http://www.sweetcoffee.dk (04.04.2021).

aus einem Wortpaar bestehen, das der einzige Informations- und Funktionsträger ist, in 8 Eigennamen ist nur die paarformelartige Struktur zu erkennen. Ein höherer Informativitätsgrad kennzeichnet Firmonyme mit ausgebauter Struktur, die Angaben zur Branche (*Café*), zum Standort (*Havnen*) enthalten oder durch Gebrauch von Anthroponymen (wahrscheinlich) die Person des Inhabers (*Magda, Moster*) nennen. Die zur Bildung des Firmennamens ausgewählten ZF indizieren mit ihrer Bedeutung die Branche und haben stark ausgeprägte objektbezogene Funktion z. B. *Kaffe & Kage*, *Vin & Brød*. Dabei zeichnen sie sich durch eine kreative, sprachspielerische oder scherzhafte Verbindung des gewerblichen Profils mit der sprachlichen Gestaltung des Namens aus. Zu den originalsten Beispielen gehören: der Name eines mobilen (!) Cafés *Café Her og der*, der Name mit Aktivierung beider Lesarten des Phrasems *Himmel og Hav* und das Onym *Rub og stub*, dessen Gebrauch mit der nach Nachhaltigkeit strebenden Philosophie *zero food waste* zusammenhängt. Die Belege in der linken Spalte verbinden deutlich die Informationsfunktion mit der Unterhaltungsfunktion. Einen anderen Charakter haben die paarformelartigen Namen, in denen die Partnerwörter ausschließlich funktionale Aspekte des Unternehmens aufgreifen und damit die Zugehörigkeit zur Branche und ihre Spezifik kommunizieren. Gastronomische Lokale verbinden nämlich oft zwei oder mehrere Funktionen (Café, Restaurant, Spielhalle, Minigolf u.a.) und dies spiegelt sich im Inhalt des Wortpaares wider (*Café og Butik, Café & Restaurant*). Die diskutierten Firmonyme lassen eine weitere kommunitative Strategie erkennen: Vermittlung von Informationen über das Angebot des Unternehmens. Dies äußert sich primär in der Wahl der Konstituenten (*Café & Isbar*) oder in der inhaltlichen Gestaltung (Modifikation) der etablierten ZF (*Te Og Kage* < *kaffe og kage*, *Fisk og færdigt* < *fiks og færdig*), die als einzige Informationsträger im Namen den erwünschen Effekt erzielen.

5.5.3 Namen von Friseursalons

Formenübersicht

Belege mit ZF	Belege nach dem Muster der ZF
Fra top til tå (Korsør)	*Christina Friis – Hår & Makeup (Odense)*
Salon Adam & Eva (Odense)[203]	*Cut & Move (Aarup)*
Salon Black & White (Aalborg)	*Cut'n Care (Nykøbing)*
Salon Mr. & Mrs. (Thisted)	*Britt-K Frisør & Stylist (København)*
Salon Top og Tå (Juelsminde)	*Frisør Fie & Peter (København)*
Stub by Stub (Vejle)	*Frisørerne Karen og Solveig (Slagelse)*

---

203 www.adameva.dk (04.04.2021).

Belege mit ZF	Belege nach dem Muster der ZF
	Hair & Care Samsø (Samsø)
	Kam & Saks (Brøndby)
	Kikki Hair & Fashion (Skjern)
	Klip & Form (Aalborg)[204]
	Klip & Krøl (Fredericia)
	Klip O Kjær (Farsø)
	Klip & Sol (Aalborg)
	Kristtorn Klip & Klæ'r (Kastrup)
	Sund og Smuk Salon (Ryslinge)
	Una & Torben dine frisører (Helsinge)

Über 27 % der Belege enthalten etablierte ZF als konstitutive Komponenten, die entweder selbstständig oder als Bestandteil der Nominalphrase mit dem Phrasenkopf *Salon* das Firmonym bilden. Der Name *Stub by Stub* entstand infolge der Modifizierung der englischen Modellbildung *step by step*. Die Substitution ergab eine neue ZF mit der lautlichen Ähnlichkeit, einer anderen Schreibung und veränderter Bedeutung, die an den Tätigkeitsbereich des Gewerbes angepasst ist. Ihr großer konnotativer Wert ergibt sich aus der assoziativen Verbindung mit der ZF *rub og stub* (dt. alles bis auf den letzten Rest), sowie durch die denotative Bedeutung des Substantivs *stub* (dt. Stoppeln).

In den Namen spiegelt sich auch die Gewerbespezifik der Dienstleistungsunternehmen wider. Die Branchenzugehörigkeit manifestiert sich in allen Beispielen außer vier Namen (*Black & White, Fie & Peter, Karen og Solveig, Una & Torben*). Auffallend ist die fachsprachliche Lexik *hår, klip, kam, saks* sowie die elegant formulierte Ansprache der männlichen und weiblichen Kundschaft in den empfängerbezogenen Onymen (*Adam & Eva, Mr. & Mrs., Una & Torben*).

Sehr geschickt wurde die ZF *Fra top til tå* (dt. von Kopf bis Fuss) in das Onym integriert, sie erfasst nämlich kompakt den Bereich der angebotenen Dienstleistungen: Frisuren- und Fußpflege.

In struktureller Hinsicht unterscheidet man unter den Namen von Friseursalons zwei Muster: ZF als Kern und die einzige Komponente des Onyms (9 Beispiele) oder eine Kombination Nomen + ZF/Wortpaar z. B. *Frisørerne Karen og Solveig*. Die informative Funktion verteilt sich zwischen der ZF und den übrigen Bestandteilen. Wenn die Branchenidentifizierung nicht mithilfe der ZF und ihrer Lexik kommuniziert wird, übernimmt die Funktion die begleitende

---

204 https://www.klipogform.dk (04.04.2021).

Komponente, wie es in den Belegen *Frisørerne Karen og Solveig, Una & Torben dine frisører, Salon Black & White* der Fall ist. Die Lexeme *salon* und *frisører* sind einzige Branchenmarker, denn die Bedeutung der Wortpaare weist mit der Branche keine Berührungspunkte auf. Trifft dies auf die nominale Komponente nicht zu (*Christina Friis, Kikki*) oder die Stelle des Substantivs ist nicht belegt, übernimmt die Hauptfunktion des Informationsträgers die ZF oder das Wortpaar, die branchenspezifische Lexik (*hair, makeup, fashion*) enthalten und höhere Informativität aufweisen z. B. *Christina Friis – Hår & Makeup, Kikki Hair & Fashion*.

In der Sammlung von 18 Namen dänischer Friseursalons lässt sich keine dominante Benennungsstrategie feststellen, denn die inhaltlichen Schwerpunkte sind zwischen den inhaber-, empfänger- und branchenbezogenen Benennungsmotiven verteilt.

5.5.4 Namen von Reisegesellschaften und Reisebüros

Formenübersicht

Belege nach dem Muster der ZF	
Connect Travel & Logistics (København)	*Jacobsen Cruise & Travel (Kong. Lyngby)*
Dream & Bike Tours ApS (Fredericia)	*Nord & Syd Rejser (København)*
Dulo Travel & Tours (København)	*Rid & Rejs (Frederiksberg)*
Egeris Media & Rejser (København)	*Sport & Event International (Virum)*
Fogt Studie- & Grupperejser (Vordingborg)	*Schønberg Musik & Rejser (Glumsø)*
Gastro &Tourism København (København)	*Sne & Snö A/S (Skodsborg)*

In den Namen von Reiseunternehmen sind paarformelartige Wortverbindungen als Kern des Onyms keine Seltenheit, jedoch alle aus dem digitalen Branchenkatalog Krak[205] erhobenen Belege enthalten keine etablierten ZF, sondern ausschließlich Neubildungen, die nur in zwei Firmonymen selbständig den Namen bilden (*Rid & Rejs, Sne & Snö*). Die hier vorliegende Strategie in der sprachlichen Gestaltung der Firmennamen hat auch gewisse Vorteile, denn Neubildungen kann man inhaltlich nach Bedarf gestalten, an das Profil der angebotenen Aktivitäten anpassen und sind nicht mit Konnotationen von bereits bestehenden Onymen belastet. Ein Name mit dem Effekt der Frische hat nämlich

---

205 Vgl. www.krak.dk (10.07.2021).

eine stärkere Individualisierungspotenz. Die Präsenz der englischen Lexik in fünf Firmonymen ist nicht nur ein Anzeichen der Globalisierung, sondern spiegelt auch die Branchenspezifik wider, zu der ein landübergreifendes Angebot und ein internationaler Kundenkreis zählen. Demzufolge hat das Internationale den Vorrang vor dem Nationalen, Regionalen und Lokalen. Die Wortpaare sind zwar keine etablierten ZF, jedoch auf eine beeindruckende Weise imitieren sie kanonische Charakteristika der phraseologischen Paarformeln, wie z. B. ein- oder zweisilbige Komponenten z. B. *Nord & Syd* und Stabreim z. B. *Sne & Snö, Travel & Tours*. Hinsichtlich typologischer Zugehörigkeit der Namen lässt sich eine geringe Dominanz von Sachfirmen feststellen, deren Komponenten dem branchenspezifischen Vokabular entnommen wurden, um individuelle Züge im Reiseangebot in geschickt formulierten Wortpaaren zu vermitteln z. B. *Musik & Rejser, Studie- & Grupperejser* oder *Dream & Bike Tours*. Stark ist die senderbezogene Benennungsstrategie vertreten, denn beinahe jeder zweite Beleg enthält den Namen des Inhabers. Empfängerbezogene Informationen werden implizit mittels der Wortwahl im Komponentenbestand kommuniziert z. B. *Bike Tours* (Angebot für Radler), *Sne & Snö* (Angebot für Skiläufer).

5.5.5 Namen von Fitnesscentern

Formenübersicht

Belege mit ZF	Belege nach dem Muster der ZF
Mind And Body Lab (København)	*Fit & Sund (Hørsholm)*
	Form & Velvære ApS (Ikast)
	Fys og Sund (Randers)
	Fys- & Fitness (Holstebro)[206]
	Motion & Trivsel (Aarhus)[207]
	Motion og Liv ApS, Tranbjerg J
	Sport & Health Club ApS Odense
	Sport og Fitness (Skandeborg)[208]
	Squash & Fitness A/S (Odense)
	Swim & Fun (Roskilde)[209]

---

206 http://www.fys-fitness.dk (04.04.2021).
207 https://motion-trivsel.dk (04.04.2021).
208 http://www.sportogfitness.dk (04.04.2021).
209 http://www.swim-fun.dk (04.04.2021).

In der 11 Belege zählenden Gruppe von Sport- und Fitnesscentern findet sich nur ein Firmenname, der eine etablierte ZF enthält. In inhaltlicher Hinsicht fällt die Diminanz des Benennungsmusters mit Fokus auf den Tätigkeitsbereich der Unternehmen auf. Die angebotsbezogenen Namen bestehen aus Wortpaaren, die selbstständig (9 Belege) oder mit dem Nomen *Lab* bzw. *Club* die Struktur des Namens bilden. In der thematischen Konstanz, die durch die Lexik aus dem semantischen Feld ‚Sport' bzw. ‚Fitness' konstituiert wird, wurde nur eine geringe Abweichung registriert. Die einzige etablierte ZF, die im Namen des Yogastudios verwendet wurde, enthält keine Bezeichnungen von Sportdisziplinen oder sportlichen Aktivitäten, sondern thematisiert eine Harmonie zwischen dem Körper und Geist (*Mind And Body*) und dadurch nimmt explizit auf die Grundlagen des Yogakonzepts Bezug. Was den Informationsgehalt der angebotsbezogenen Namen angeht, kann man im Referenzbereich der Komponenten zwei inhaltliche Schwerpunkte unterscheiden. Der eine stellt die zentralen Aktivitäten, Sportdisziplinen und Fitnesstraining der Unternehmen in den Vordergrund (*sport, fitness, fys-, motion, trivsel, squash*), bei dem anderen stehen im Mittelpunkt Resultate der angebotenen Sports- und Fitnessaktivitäten, die erwartet werden können (*form, velvære, fit, sund*). Die Substantive vermitteln somit einen gewünschten Zielstand und können als Motivationsfaktor oder sogar ein Versprechen interpretiert werden, wodurch sie als Mittel der persuasiven Wirkung und Indikatoren der Appellfunktion zu betrachten sind. Keine der Firmonyme enthalten Namen von Inhabern, was schlussfolgern lässt, dass senderbezogene Namen in der Sport- und Fitnessbranche kaum Anwendung finden.

5.5.6 Namen von Hotels

Formenübersicht

Belege mit ZF	Belege nach dem Muster der ZF
Gamle Skole B&B (Auning)	*Agerskov Kro og Hotel (Agerskov)*
Munkebjerg Bed and Breakfast (Børkop)	*Ballen Badehotel og Restaurant (Samsø)*
Ribo Bed & Breakfast (Ribe)	*Central Hotel & Cafe (København)*
	Congress Center & Hotel (Odense)
	Ewaldsgaarden Hotelpension og Spisehus (Hornbæk)
	Foldens Hotel & Cafe (Skagen)

Belege mit ZF	Belege nach dem Muster der ZF
	Fru Larsen Hotel og Restaurant (Langå)
	Færgelundens Motel & Kursuscenter (Jægerspris)
	Himmerland Golf & Resort Hotel (Farsø)
	Hotel & Restaurant Fortunen (Lyngby)
	Hotel Viking Aqua Spa & Wellness (Sæby)
	Knudhule Badehotel & Gastronomisk Institut (Ry)
	Kystvejens Hotel og Konferencecenter (Grenå)
	Marienlyst Strand- & Badehotel (Helsingør)

In der sprachlichen Gestaltung der Namen im Hotelgewerbe überwiegt die Neigung zum Gebrauch von paarformelartigen Neubildungen (ca. 82 %) mit sachlichem Inhalt ohne zusätzlichen sprachlichen Schmuck und ästhetische Wirkung. Als die einzige etablierte ZF, die in der Sammlung von 17 Beispielen dreimal belegt ist, gilt die fachsprachliche und branchenspezifische Formel englischer Herkunft, die sowohl in Vollform *Bed and Breakfest* als auch als eine gut klingende Abkürzung *B & B* weltweit verwendet und verstanden wird. Die angeführten Hotelnamen bestehen fast immer aus zwei funktionalen Einheiten, deren Kombination grob gesehen der Konstellation N + ZF, oder ZF + N entspricht. Die onymische Gesamtbedeutung wird zwischen den beiden Bestandteilen so verteilt, dass das Nomen eine Bezeichnung des Standortes oder Bezeichnung des Objekts (*Hotel*) enthält, während das Wortpaar die Bezeichnungen der Funktionalitäten vermittelt, z. B. *Aqua Spa & Wellness*. Wie es der Semantik der Komponenten zu entnehmen ist, beziehen sich die untersuchten Belege auf größere Hotel-Gastronomie-Komplexe. Die paarformelartigen Konstruktionen, die als Komponenten in mehrgliedrigen Namen von Hotelanlagen verwendet werden, bezeichnen Hauptbereiche der gewerblichen Aktivität sowie zusätzliche Dienste und Dienstleistungen. Neben dem nominalen Simplizium *Hotel*, Kompositum (*Badehotel, Spisehus*) oder einer elliptischen Konstruktion (*Strand- og Badehotel*) dienen Wortgruppen zur Bezeichnung weiterer Funktionalitäten (*Congress Center, Spa & Wellness* etc.). Die Lexik im Wortpaar steigert die Informativität des komplexen Namens und dient als Mittel der Appellfunktion mit aufwertender Wirkung, die sich durch die Nennung von unterschiedlichen Vorteilen des Objekts, das einen erholsamen, aktiven oder erlebnisvollen Aufenthalt anbietet, manifestiert. Die persuasive Funktion äußert sich darüber hinaus im Gebrauch der Lexik, die Elemente der umgebenden Landschaft bezeichnet oder Ortsnamen nennt, die mit Ruhe und Entspannung (*Himmerland*), wertvollen Sehenswürdigkeiten (*Helsingør mit Hamlets Schloss*) oder schöner Seelandschaft (*Kystvejen*) assoziiert werden und dadurch die Attraktivität des Standortes betonen. Solche Komponenten wie *Spa, Golf & Resort, Konferencecenter* haben eine andere Anziehungskraft, denn sie zeugen von Exklusivität, Luxus und signalisieren die höchste Leistung. Für den Komponentenbestand der analysierten Hotelnamen ist ein festes onymisches Element charakteristisch – eine voran- oder nachgestellte Standortbezeichnung, vereinzelt auch ein Name des Inhabers. Sie unterstützen und manchmal übernehmen die Identifizierungs- und Unterscheidungsfunktion der Firmonyme, deren übrige Komponenten in zahlreichen anderen, stark stereotypisierten Namen im Hotelgewerbe vorkommen, z. B.

Foldens *[Hotel & Cafe]* vs. **Central** *[Hotel & Cafe]* oder
Fru Larsen *[Hotel og Restaurant]* vs. *[Hotel & Restaurant]* **Fortunen**.

Die Dominanz der angebotsbezogen Hotelnamen ist als Teil der Marketingstrategie der Hotelunternehmen zu betrachten und steht mit dem stark kundenorientierten Dienstleistungssektor im Einklang.

5.5.7 Namen von Umzugsfirmen

Formenübersicht

Belege mit ZF	**Belege nach dem Muster der ZF**
Adam & Eva Flytteservice (København) [210]	*Basserne Flyt og Service (Hårlev)* [212]
Cheap & fast transport (Nivå) [211]	*Eifos flyt & transport (Rørvig)* [213]
Her & Nu Transport (Vind)	*Flyt & Fragt ApS (Karlslunde)* [214]
Ung Flyt – fra dør til dør (Hjørring)	*JMJ Transport & Flytning (Græsted)* [215]
	Møllers Flytte- og Møbeltransport (Kværndrup)
	Nordic Flyt & Logistik (Herfølge) [216]
	Thor Flyt & Transport (København) [217]
	Valhalla Flyt og Montage (Bogense)

---

210 https://aeflytteservice.dk (04.04.2021).
211 http://cheapfasttransport.dk (04.04.2021).
212 https://basserneflytogservice.dk (04.04.2021).
213 https://eifosflyt.dk (04.04.2021).
214 http://www.flytogfragt.dk (04.04.2021).
215 https://www.jmjtransport.dk (04.04.2021).
216 https://nordicflyt.dk/kontakt/ (04.04.2021).
217 https://thorflyt.dk (04.04.2021).

In der Gruppe von 12 Namen der Umzugsfirmen gibt es vier Belege mit konventionellen ZF, darunter eine in modifizierter Form: Das englische Wortpaar (*Cheap & fast*) wurde in veränderter Reihenfolge zur Hervorhebung des Adjektivs *cheap* verwendet. Dabei haben ZF wie okkasionelle Wortpaare unterschiedlichen Status als Bestandteile der Firmonyme: entweder sie bilden das Firmonym selbstständig (*Flyt & Fragt*) oder sie teilen die Funktion mit einem Nomen, Adjektiv oder einer nominalen Wortgruppe. In inhaltlicher Hinsicht ist die fachsprachliche und branchenspezifische Lexik durch eine hohe Frequenz des Morphems *flyt-* auffallend, das als Wortstamm des Verbs *flytte* als autonomes Wort oder Bezeichnungswort in Komposita in 10 Belegen vorkommt. Die branchenspezifische Lexik aus dem semantischen Feld ‚Transport' signalisiert den Charakter, Umfang oder Qualität der Dienstleistungen (*flyt, flyt- und transport, fragt, logistik*) und indiziert die kundenorientierte Benennungsstrategie. In den Firmonymen spiegeln sich nämlich die wichtigsten Charakteristika wider, denen man eine besondere Relevanz bei der Bestellung von Dienstleistungen beimisst: Charakter der Dienstleistungen (*fra dør til dør*), günstiger Preis und Schnelligkeit (*Cheap and fast*), sofortige Einsatzbereitschaft (*Her og nu*), zusätzlicher Sevice (*Flyt og montage*). Trotz der knappen Form verknüpfen derartige Wortpaare zwei Funktionen: Sie steigern die Informativität der onymischen Wortgruppe und haben eindeutig eine persuasive Wirkung.

Die kommunikative Funktion der ausserhalb der paarformelartigen Struktur stehenden Komponenten wird durch die Zugehörigkeit zur semantischen Klasse der Substantive oder Adjektive determiniert. In der untersuchten Menge sind neben den Fachbezeichnungen (*flytteservice, transport*) oder Namen des Inhabers (*Møllers*) eigentliche Namen der Firma belegt. Bemerkenswert ist das regionale Kolorit, das sich durch den Gebrauch mythologischer Namen mit starkem konnotativem Wert (*Valhalla, Thor*) oder der auf die territoriale Zugehörigkeit verweisenden relationalen Adjektive (*Nordic*) äußert.

Der Referenzbereich der Wortpaare verweist eindeutig auf den Geschäftsbereich der Unternehmen (Umzugsbranche), die Partnerwörter wirken sachlich und betonen die Fachlichkeit der Anbieter oder sind Mittel zum Ausdruck der regionalen Identität.

5.5.8 Namen von Klubs und Diskotheken

Formenübersicht

Belege mit ZF	Belege nach dem Muster der ZF
Gøg og Gokke (Kolding)	*B&B ApS (Odense)*
Musikklubben Takt & Tone (Storvorde)	*Bastian Bar & Natklub (Odder)*
Xqlusive Lyd & Lys (Aalborg)	*Blomsten & Bien (Odense)*
	Kongen & Bossen (København)
	Liglad Day & Nightlife (Grindsted)
	Musen & Elefanten (København) [218]
	Pigen og trompeten (Aalborg)

Die Unterhaltungsbranche repräsentieren 10 Namen von Diskotheken und Klubs, unter denen kanonische ZF als konstitutive Komponenten 30 % der Belege ausmachen.

In der analysierten Gruppe fällt die hohe Anzahl von Fantasienamen (7) auf. Zwei von ihnen weisen in ihrer denotativen und konnotativen Bedeutung, sei es in phraseologischer, sei es in wörtlicher Lesart, nachvollziehbare Berührungspunkte mit dem Gastgewerbe und dem Tätigkeitsbereich der Unternehmen auf. Zwischen den Komponenten im Namen *Musikklubben Takt & Tone* besteht nämlich eine ihhaltliche Verwandtschaft, unter der Voraussetzung, dass die wörtliche Bedeutung der ZF berücksichtigt wird: Alle drei Lexeme zählen zum Vokabular des semantischen Feldes ‚Musik'. In dem Wortpaar *Bar & Natklub* bezeichnen die objektbezogenen Kernglieder den Charakter und Funktion des Lokals.

Eine lockere Beziehung zwischen dem Namen und dem Tätigkeitsbereich des Unternehmens besteht in den Belegen *Xqlusive Lyd & Lys* und *Liglad Day & Nightlife*. Die Semantik der Kernglieder im Komponentenbestand lässt auf Aktivitäten (Licht, Musik) sowie Öffnungszeiten (Tag und Nacht) der Lokale schließen.

Bei den übrigen Onymen ist die Benennungsmotivation unklar, denn es ist kaum möglich die Beziehung zwischen den Namen und der wirtschaftlichen Aktivität des Unternehmens zu rekonstruieren. Als Motivationsgründe bei der Benennung eines Klubs oder einer Diskothek können angebotene Attraktionen des Lokals sowie Vorlieben, Erfahrungen der Inhaber oder sogar Elemente der Raumgestaltung und -ausstattung sein. Festzuhalten ist die Tatsache: je mehr fantasievoll der Name des Klubs ist, desto attraktiver er wahrgenommen wird.

---

218 Vgl. musen-og-elefanten.dk (04.04.2021).

In der Struktur der 4 Firmonyme kommen neben der ZF oder dem Wortpaar begleitende Komponenten, die sowohl hinsichtlich ihrer Wortklassenzugehörigkeit als auch der kommunikativen Funktion als Einzellösungen gelten als eine homogene Menge. Der männliche Vorname *Bastian* tritt in der Identifizierungs- und Individualisierungsfunktion auf, das kategorisierende Substantiv *Musikklubben* bezeichnet den Typ des Lokals, das Adjektiv *eksklusiv* mit modifizierter Schreibweise (*Xqlusive*) hat eine aufwertende Funktion.

Die Eigentümlichkeit der diskutierten Gruppe von Onymen äußert sich darin, dass die Namen keinen Bezug auf die Qualität der Dienstleistungen nehmen, wie es bei den sachlichen Namen von Umzugsfirmen mit direktem Bezug zum Dienstleistungsbereich der Fall ist.

5.5.9 Namen von Werbeagenturen

Formenübersicht

Belege nach dem Muster der ZF	
Claus Skilte & Reklame (Næstved) [219]	*Starklint & Starklint ApS (Asmindrup)*
Frank & Frank ApS (Kolding) [220]	*Sund Og Hjort I/S (Roskilde)* [223]
Gorm's Reklame & Marketing (Klarup)	*Tegn & Tast /A. M. Albrectsen (Birkerød)*
Husted & Husted (Køge)	*Therp & Kjems ApS (Birkerød)*
Idé & Model (Lemvig) [221]	*Walter Sport & Event (Birkerød)*
Olesen ide & txt (Aalborg) [222]	

Die Namen von Werbeagenturen und Reklamebüros sind hinsichtlich der sprachlichen Gestaltung sehr einheitlich, denn alle bestehen aus Neubildungen und enthalten keine etablierten ZF. Als Minimalform in der Sammlung von 11 Firmonymen dominiert das einfache syntaktische Muster A og B und seine Variante A og A, die zusammen 60 % der Belege ausmachen. Das fakultativ vorkommende Namen als zweite Komponente wurde jeweils der onymischen Kategorie der Anthroponyme entnommen. Man kann annehmen, dass es sich um den Inhabernamen handelt (*Olsen, Walter* u.a.). Alle paarformelartigen

---

219 www.rek.dk (04.04.2021).
220 https://frankogfrank.dk (04.04.2021).
221 https://ide-og-model.dk (04.04.2021).
222 http://www.olesenideogtxt.dk (04.04.2021).
223 www.sundoghjort.com (04.04.2021).

Onyme sind zwar Neuformulierungen, aber bei der Bildung verzichtete man auf ausgesuchte fantasievolle oder sprachlich elegante Gestaltung mit Alliteration, Reimen u.a. zugunsten eines sachlichen senderbezogenen Wortpaars (*Starklint & Starklint*). Diese Benennungsstrategie fand in 5 der 11 angeführten Belege Anwendung. Irreführend kann auch das propriale Wortpaar *Sund Og Hjort* wirken, denn die Kernglieder sind keine Gattungsbezeichnungen (*sund* dt. Sund, *Hjort* dt. Hirsch) sondern Familiennamen appellativischer Herkunft, die zusammen einen senderbezogenen Namen bilden.

In den weiteren vier Beispielen steht der Name des Inhabers als Erstglied des Mehrwortonyms oder dessen Schlussteil. Demzufolge kann man feststellen, dass bei der Bildung von Namen von Werbeagenturen senderbezogene Namen bevorzugt werden. Die nichtproprialen Paarformeln setzten sich aus Fachlexemen zusammen und somit wird der Tätigkeitsbereich der Unternehmen bzw. seine Spezifik in knapper Form mitgeteilt oder lediglich angedeutet. Während Beispiele *Skilte & Reklame* und *Reklame & Marketing* auf klassischen Wirkungsbereich von Werbeagenturen hinweisen und bei dem Wortpaar *ide & txt* kann man aus seinen Komponenten auf das Profil der Büros schließen (Verfassen von Werbetexten), wirken die Konstruktionen *Idé & Model, Tegn & Tast, Sport & Event* im ersten Kontakt mehr oder weniger rätselhaft.

Die Namen von Werbeagenturen werden hinsichtlich der Benennungsstrategien nach zwei Mustern gebildet, die ihre Informativität und sprachliche Funktion determinieren. Wenig informative senderbezogene Firmonyme, die aus Namen der Inhabern oder Geschäftspartnern bestehen, wirken sachlich und erfüllen grundsätzlich die Identifizierungsfunktion. In den angebotsbezogenen Firmonymen findet man inhaltliche Bezüge zum Gegenstand der wirtschaftlichen Tätigkeit, was ihre Informations- und Appellfunktion intensiviert.

5.5.10 Namen von Buchverlagen

Formenübersicht

Belege mit ZF	Belege nach dem Muster der ZF
Forlaget Jorinde & Joringel (Aarhus)	*Branner og Korch* (København)
Forlaget Smag og Behag ApS (Birkerød) [224]	*F & K Forlaget* (Valby)
Forlaget Sturm & Drang (Sønderborg)	*Forlaget Fiktion & Kultur* (Kastrup)
	Forlaget Ishøy & Weber (Thisted)
	Forlaget Jensen & Lund (København)
Handels & Industri Forlaget (Farum)	*Forlaget Mark & Storm ApS* (Marstal)

---

[224] www.smag-behag.dk (04.04.2021).

Belege mit ZF	Belege nach dem Muster der ZF
	Forlaget Tekst Og Betydning (Frederiksberg)
	Høst & Søn (København)
	Haase & Søns Forlag (København)
	Lær & Lev IVS (Hillerød)
	Musik og Menneskes Forlag (Skanderborg)
	Tekst og tal (København S)
	Ulven og Uglen (Ballerup)
	Winkel & Magnussen (København)

Die angeführte Liste mit 18 Namen von dänischen Verlagen veranschaulicht, dass die paarformelartige Struktur zu festen Gestaltungsmitteln dieser Kategorie von Firmonymen gezählt werden kann. Die Konfrontation der Anzahl von Namen mit den etablierten ZF und der Neubildungen lässt auf Präferenzen und bevorzugte Strategien schließen. In der Sammlung überwiegen eindeutig Neubildungen (fast 78 % der Belege). Die Verlagsnamen kommen in zwei strukturellen Varianten vor: konstituiert von einer ZF oder – eine öftere Erscheinungsform – gebildet von einem Substantiv und einer ZF. Dabei gilt für zwei Drittel der Belege das Substantiv *Forlaget* als eine feste Komponente, die entweder im Initial- oder Schlussteil des Onyms vorkommt. Die etablierten ZF, die in den Verlagsnamen zentrale Konstituenten sind, stiften unterschiedliche inhaltliche Beziehungen zum Verlagsgewerbe. Den engsten Zusammenhang bilden die ZF *Sturm und Drang* und *Jorinde & Joringel* (Namen von Gestalten aus Grimms Märchen), die durch kulturhistorische und intertextuelle Bezüge über ein starkes assoziatives Potenzial verfügen. Zwei übrige ZF berühren mit ihrem Referenzbereich und konnotativer Bedeutung kaum das Verlagswesen und Buchgeschäft (*Handels & Industri, Smag og Behag*).

Die Informationsverteilung besteht in der onymischen Konstruktion zwischen der ZF und dem voran- oder nachgestellten Nomen *forlag*. Seine Funktion besteht in der Identifizierung der Branche, während die ZF als Komponente mit individualisierender Funktion eine weitgehende Freiheit in der inhaltlichen Gestaltung zulässt. Somit unterscheidet sie Unternehmen innerhalb der Branche und verleiht den Firmonymen ein individuelles Gepräge. Dem Beispielsmaterial zufolge ist die Zugehörigkeit eines Unternehmens zum Verlagswesen ein obligatorisches objektbezogenes Benennungsmotiv und Inhaltskomponente. Die Neubildungen entschleiern weitere Benennungsmuster und Strategien. In quantitativer Hinsicht beobachtet man eine beachtliche Anzahl von Belegen mit anthroponymischen Elementen (Familiennamen) im Komponentenbestand (8 Belege). Der Nachname des Gründers oder Inhabers (bzw. seines Sohns) als zentraler Bestandteil des Firmonyms sind ein häufiges Benennungsmuster in den Namen von Unternehmen unterschiedlicher Branchen. Die koordinative Verbindung erfolgt mithilfe der Konjunktion *og* oder (öfter) des &-Zeichens. Überraschend ist die niedrige Anzahl der Belege, die das thematische Verlagsprofil und das Verlagsprogramm widerspiegeln. Der Inhalt der Verlagsnamen ist dermaßen allgemein, dass nur wenige von ihnen thematische Schwerpunkte in der Verlagspolitik zu erahnen erlauben (*Tekst Og Betydning, Tekst og tal*). Demzufolge sind die Paarformeln in ihrer Gesamtbedeutung nur implizit empfängerbezogen, denn in solchen Namen wie *Musik og Menneske, Ulven og Uglen* kann die Zielgruppe nur ganz allgemein definiert werden. Was zu betonen ist, werden in den Neubildungen auch kanonische Ausdrucksmittel von ZF, wie Alliteration, kurze Kernglieder, steigende Anzahl von Silben benutzt: *Lær & Lev, Musik og Menneske, Tekst og Tal, Ulven og Uglen*.

5.5.11 Namen von Handels- und Dienstleistungsunternehmen unterschiedlicher Branchen

Formenübersicht

Belege mit ZF	
Alfa & Omega (Hellerup), Beratung	*Krop og Sjæl (Hjerm), Massagestudio*
Alfa & Omega (Helsingør), Übersetzungen	*Fysioterapi For Krop Og Sjæl, (Farsø)*
Alfa og Omega (Roskilde), Privatunterricht	*Sjæl og Legeme (Ikast), Heilpraktiker*
Andresen Hus & Have (Rødding), Tischlerei	*Balance For Krop Og Sjæl (Vemb),*
Antik nu og da (Gilleleje) [225]*, Antikhandel*	*Körperpflege*
Beskyt Og Bevar (København) [226]*,*	*Lås Og Slå Tyverisikring (Skive),*
Restaurierung	*Sicherheitstechnik*
Børnehaven Himmel Og Hav (Brøndby), Kita	*Lyn & Torden (Frederiksberg), Fotostudio*
Brask og bram ApS (København), Holding	*Mælk & Honning (Herlev), landwirtsch.*
Dag og Nat Glas (Århus), Glasmeister	*Erzeugnisse*
Dit & Dat ApS (Fredericia), Spielzeugladen	*Mand & mand i mellem (Svendborg),*
Ditten & Datten IVS (København),	*Therapiezentrum*
Secondhandshop	

---

225 https://antiknuogda.dk (04.04.2021).
226 https://beskytogbevar.com (04.04.2021).

Belege mit ZF

Fest & Farver (København) [227], Kleidungsgeschäft
Fiks og Færdig (Viborg), Tischler, Zimmermann
Folk & Fæ Yoga (Charlottenlund), Yogapraxis
Folk og Fæ (Aakirkeby), Verein/Organisation
Fryd Og Gammen (Varde), Verein/Organisation
Fryd Og Gammen (Ryslinge), Geschenkartikel
Fup & Fiduser (Slagelse), KEP-Dienst
Fyr & Flamme (Skørping), Kachelofenbaumeister
Godt & grundigt (Grenaa), Malerbetrieb
Godt og Grundig (Aalborg) [228], Reinigungsfima
Handel Og Vandel ApS (Roskilde), Holding
Her & Nu Service (Ølstykke), div. Dienstleistungen
himmel og hav ApS (Hjørring), Künstler
Hr Og Fru Krumborg (Løgstør), Secondhandshop
Hus & hjem A/S (Nørresundby), Immobilien
Smuk&Dejlig IVS (Rimmerhus) [229], Schönheitsklinik
Kort & Godt (Fredericia) [230], Bahnhofskiosk
Kost Og Logi ApS (Maribo), Holdinggesellschaft
Krop & Sjæl (Lemvig), Massagestudio

Ord For Ord (Præstø) [231], Buchhandlung
Pot & Pande's gastro (Hedehusene), Catering
Pot og Pande (Charlottenlund) [232], Küchenartikel
Punkt & Prikke (Aarhus) [233], Akupunktur
Råd & Dåd Byggefirma ApS (Hørsholm), Baufirma
Råd og dåd (Hjørring), Baumarkt
Råd og dåd (Brovst), Obst- und Gemüsegeschäft
Rens og Vask (Åbyhøj), Reiningungsfirma
Ret & Rimeligt (Søllested), Copyshop
Ro & Mag ApS (Frederiksberg), Kinderklub
Ro & Mag (Odense), Medizinbedarf (Detailhandel)
Salt og Peper (Odense), Catering
Sort På Hvidt (København), Informationsvermittlung
Spil og vind (Korsør) [234], Lottokollektur
Stumper og Stykker ApS (København), Videofilmen
Syn Og Skøn (Roskilde), Bauberatung
Takt & Tone (Middelfart) [235], Musikgeschäft
To og To (Vejle) [236], Musikband
Vind Og Vejr (Nibe), Windpark

---

227 www.festogfarver.dk (04.04.2021).
228 https://godtoggrundig.dk/contact (04.04.2021).
229 Ein bekannter Song von A. Linnet (1976).
230 www.dsb.dk (04.04.2021).
231 https://www.ordforord.dk (04.04.2021).
232 https://www.potogpande.dk (04.04.2021).
233 www.Punkt-Prikke.dk (04.04.2021).
234 https://spil-og-vind.business.site (04.04.2021).
235 www.takt-tone.dk (04.04.2021).
236 toogto.dk (04.04.2021).

Neubildungen	
Dit og mit (Randers) [237], Secondhandshop	*Jem & fix* (Skærbæk)[239], Baumarkt
Fjeld og fritid (København) [238], Bergsportbedarf	*Kop & Kande* (Esbjerg), Wohnungseinrichtung
Hjem & bord (Køge), Haushaltsartikel	*Stof & stil* (Esbjerg), Stoffgeschäft

In dem bisherigen Untersuchungsverfahren wurden einheitliche Gruppen von Firmonymen aus einer Branche analysiert. Die Umkehrung der Perspektive ermöglicht ein anderes Erkenntnisziel zu verfolgen. Die oben angeführte Sammlung zeigt, welche anderen ZF vorkommen, in welchen Branchen die gleichen Phraseme als Komponenten der Firmonyme verwendet werden und wie sich die jeweils aktualisierte Bedeutung der ZF ändern kann. In der Sammlung der Namen von Handels- und Dienstleistungsunternehmen unterschiedlicher Branchen finden sich 60 Firmonyme mit 25 etablierten ZF.[240]

In der sprachlichen Formulierung der Firmonyme sind kaum senderbezogene Onyme mit Namen von Inhabern präsent, dafür wird in ihrer inhaltlichen Gestaltung auf die Branche, Sortiment, nicht selten auf relevante qualitative Werte oder Zielgruppe Bezug genommen. Die Besonderheit dieser Gruppe von Firmonymen besteht – im Gegensatz zu anderen diskutierten hier phraseologischen Propria – in der Nutzung ihrer semantischen Dualität, der eine Aktivierung der wörtlichen und phraseologischen Lesart zugrunde liegt.

Die Belege bestehen fast ausnahmslos aus Wortpaaren und kumulieren alle sprachlichen Funktionen, unter denen eine dominierende im Vordergrund steht und andere kaum in Erscheinung treten. Da die Informationsfunktion in den untersuchten Namen von Unternehmen dominiert, besteht ein weitgehender Zusammenhang zwischen dem Charakter der Branche und der Bedeutung

---

237 https://www.ditogmitranders.dk (04.04.2021).
238 https://www.fjeldogfritid.dk (04.04.2021).
239 Der Name entstand aus dem Wortpaar „hjem og fiks". Die Ersparung der Buchstaben symbolisierte Strategie der niedrigsten Preise des Baumarktes (www.jemogfix.dk, 04.04.2021).
240 Die Anzahl der Firmonyme mit ZF als grundlegender Konstituente ist in der dänischen Namenlandschaft sicherlich höher als die in der Übersicht erfasste Menge. Einige Unternehmen bestehen aus zahlreichen Niederlassungen oder funktionieren als Netz im Rahmen von Frachisingsverträgen, z. B. bis 2011 gab es ca. 80 Bahnhofskiosken *Kort og godt* in ganz Dänemark, bis sie von der Firma *7-Eleven* übernommen wurden (https://www.dsb.dk/Om-DSB/Presse/, 04.04.2021).

von Komponenten bzw. von ganzen Konstruktionen. Allerdings wird die Beziehung mit interschiedlicher Intensität realisiert. Der inhaltliche Zusammenhang entsteht primär durch die Wahl von Lexemen, die zu dem semantischen Feld gehören, dem auch die Bezeichnung der Branche angehört. Allerdings verweisen die ZF auf einen ausgewählten Aspekt in der wirtschaftlichen Aktivität des Unternehmens mit Anwendung unterschiedlicher Mikrostrategien. Die engste Beziehung bilden auf der denotativen Ebene objektbezogene ZF, die durch die wörtliche Bedeutung der Komponenten direkt und sachlich das Sortiment oder Spezifik von Dienstleistungen mitteilen und damit die Informationsfunktion exponieren z. B. *Antik nu og da* (Antikhandel), *Handel Og Vandel* (Handelsunternehmen), *Hjem & bord* (Geschäft mit Haushaltsartikeln), *Hus & Have* (Tischler), *Hus & hjem* (Immobilien), *Rens og Vask* (Reinigungsanstalt), *Salt og Peper* (Catering), *Vind Og Vejr* (Windpark), *Ord for Ord* (Buchhandlung). Auf eine humoristische Art und Weise nimmt der Name *Punkt & Prikke* (Akupunkturstudio) auf den Charakter der Dienstleistungen Bezug. Die Konstruktion *To og to* schafft nur eine lockere Beziehung zum Tätigkeitsbereich der Firma (Musikband) und verweist auf die Anzahl der Musiker in der Band.

Die begleitende phraseologische Bedeutung der ZF gilt als ein Mehrwert des Namens, dem dadurch zusätzlich ein assoziatives Potenzial verliehen wird, das zu mehrschichtigen Interpretationsmöglichkeiten anregt. Als Beispiel sei hier der Firmenname mit der ZF *Fyr & Flamme* (dt. Feuer und Flamme) angeführt, die wegen ihrer wörtlichen und metaphorischen (Feuer als Wärme, Feuer als Leidenschaft) sowie phraseologischen Bedeutung (Begeisterung) eine komplexe Bedeutungsverflechtung mit starken positiven Konnotationen enthält. Der Gebrauch der ZF in dem Namen eines Ofenunternehmens (dän. Brændeovnsspecialist) nutzt die literale Bedeutung der Komponenten zur Signalisierung der Gewerbespezifik (Ofen, Feuer, Flamme), zugleich wird dem Namen die positive Konnotation der phraseologischen Bedeutung mitgegeben. Die derartige Herangehensweise illustrieren weitere objektbezogene Onyme:

Kop & Kande (Eisenwarenhändler, Wohnungseinrichtung), *Pot & Pande's gastr* (Catering), *Pot og Pande* (Küchenartikel), *Salt og Peper* (Catering), *Hus & hjem* (Immobilien).

Einen lockeren Zusammenhang zwischen der onymischen ZF und der Spezifik des Unternehmens bilden Onyme, in denen der inhaltliche Schwerpunkt von dem eigentlichen Gegenstand der gewerblichen Tätigkeit auf dessen Folgen, Umstände, begleitende Emotionalität verschoben worden ist. In den Belegen *Fest & Farver* (Kleidungsgeschäft), *Fryd Og Gammen* (Geschäft mit Geschenkartikeln) besteht eine thematische Korrelation zwischen der Bezeichnung des

Sortiments und der phraseologischen Bedeutung der ZF, die auf der konnotativen Ebene infolge einer assoziativen Verknüpfung der Inhalte aktiviert wird. Eine andere Strategie enthält eine Reihe von empfängerbezogenen Namen. Sie basieren auf der positiven Botschaft der ZF, die angenehme Assoziationen bei den Rezipienten hervorrufen und diskret Bedürfnisse unterschiedlicher Art der Zielgruppe ansprechen. Mit dem Ruhe und Entspannung versprechenden Phraseologismus *Ro & Mag* spricht ihre Kunden ein Handelsunternehmen an, das Kosmetika und medizinische Produkte mit schmerzlindernder Wirkung im Sortiment führt. Überraschenderweise ziehen Baugeschäfte und ein Obst- und Gemüsegeschäft namens *Råd og dåd* ihre Kunden nicht mit einem breiten Sortiment oder neuesten Bautechnologien an, sondern durch die Hilfsbereitschaft ihre Kunden mit Rat und Tat zu betreuen. Eine große Auswahl von Waren suggerieren die Phrasen *Dit & Dat, Dit og mit, Ditten & Datten*, die durch den hohen Grad der Allgemeinheit sie beim Rezipienten Interesse wecken und ein Bedürfnis erzeugen an einem erlebnisreichen Einkaufsspaß in Secondhandshops teilzunehmen.

Die ZF *Krop & Sjæl* (mit der Variante *Sjæl og Legeme*) ist fünf Mal in den Namen von Unternehmen belegt, die Massagen und physiotherapeutische Behandlung anbieten. Die Bedeutung der ZF sagt eine komplexe Therapie und holistische Heilung an und erfüllt damit informative, vor allem aber persuasive Funktion.

Eine Botschaft mit positiver Wirkung haben auch Paarformeln in den Namen von handwerklichen Unternehmen, die sofortige und unbeschränkte Einsatzbereitschaft sowie Fachlichkeit von Handwerkern versprechen. Dies tritt deutlich in folgenden Belegen in Erscheinung: *Dag og Nat* (Glasmeister), *Her & Nu* (diverse Dienstleistungen), *Fiks og Færdig* (Tischler) oder *Ret & Rimeligt* (Copyshop).

Die Bedeutung der ZF *Alfa og Omega*, die mit Wissen und Kompetenz assoziiert wird, Vertrauen weckt und Zuverlässigkeit verspricht, wird in den Namen von Unternehmen genutzt, die Beratung, Übersetzungen oder Unterricht anbieten. Das Versprechen der Zuverlässigkeit und Garantie der Qualität wird auch durch Gebrauch anderer ZF vermittelt, die entweder durch Bedeutung der Komponenten sowie die Gesamtbedeutung der ZF die Anbieter als vertrauenswürdige Geschäftepartner darstellen, z. B. *Syn Og Skøn* (Bauberatung), *Sort På Hvidt* (Service der Informationsvermittlung). Eine weitere das Vertrauen weckende und positiv beladene ZF, die als Mittel zur Imagebildung dient, findet man in den Namen von Institutionen, die sich mit der Kinderbetreuung beschäftigen: *Himmel Og Hav* (KiTa), *Ro & Mag* (KiTa). Die Konstruktion *Himmel Og Hav* wurde in den Namen eines künstlerischen Ateliers aufgenommen, das sich direkt an der nordjütländischen Nordseeküste befindet, wo sich der Himmel und das Meer optisch treffen, und wo dieses idyllische Bild ungestört genossen werden kann. Lobenswert ist auch die Wahl der ZF *Mand & mand i mellem* (dt. unter den Menschen, zusammen) zur Bezeichnung der therapeutischen Gruppen und Workshops. Der Titel vermittelt die Idee der kollektiven Unterstützung und vermittelt die Hoffnung, dass der Betroffene nicht alleine mit ungelösten Problemen bleibt.

Die persuasive Wirkung der oben besprochenen Namen entsteht durch eine Aktivierung von positiven Gefühlen und Assoziationen und Bildung eines positiven Images, das gesellschaftlichen Wunschvorstellungen und Werten entspricht. Ein weiterer Vorteil der kompakten paarformelartigen Namen ist ihre leichte Memorisierbarkeit von den Rezipienten, denen gebrauchte phraseologische Konstruktionen gut bekannt sind.

Eine leicht persuasive Wirkung hat die ZF *Folk & Fæ* (dt. jeder, jedermann) im Namen eines Yogastudios. Mit seiner Bedeutung wendet sich das Phrasem zum einen an breites Publikum an und zum anderen inszeniert es das Argument des breiten Interesses bzw. der massenhaften Beteiligung. Einen positiven Eindruck macht die ZF *Mælk og Honing* im Namen eines landwirtschaftlichen Betriebes. In den empfängerbezogenen Namen wird die persuasive Funktion in verbalen ZF durch Koordinierung zweier Imperativformen erreicht. Dies illustrieren der Name einer Renovierungsfirma *Beskyt Og Bevar*, und des Lottostands *Spil og vind*. Eine überzeugende Wirkung haben auch Namen, in denen die positiven Ergebnisse von Dienstleistern im Fokus der Betrachtung stehen *Godt og Grundig* (Reinigungsfirma, Renovierungsarbeiten), *Smuk & Dejlig* (Schönheitsklinik). Als empfängerbezogen gilt auch der Name eines Secondhandladens *Hr. og Frau Krumborg*, der als eine Modifizierung der phraseologischen Basisform *Hr. og Frau Danmark* durchschnittliche Bürger als Zielgruppe anspricht.

Die Erzeugung eines Überraschungseffekts gilt als eine weitere Benennungsstrategie, der eine unerwartete Wahl von Konstruktionen mit negativen Konnotationen zugrunde liegt. Der Bruch mit der Konvention und semantische Diskrepanz zwischen der Bedeutung des Phrasems und dem Gegenstand der wirtschaftlichen Tätigkeit verstärken die Wirkungskraft des paarformelartigen Namens. Zu den auffälligsten Namen dieser Art zählen *Fup & Fiduser* (Kurierdienst), *Brask og bram* (IT-Beratung), sowie *Stumper og Stykker* (Filmservice) und *Lyn & Torden* (Fotostudio).

Einen witzigen Umgang mit den ZF dokumentieren die aus idiomatischen Phrasemen bestehenden Firmonyme, in denen die Komponenten in wörtlicher Lesart zur Bezeichnung der Branche zu verstehen sind, z.B. *Takt og Tone* (Musikgeschäft) oder *Pot & Pande* (Cateringservice).

Der pragmatische Mehrwert der paarformelartigen Strukturen in der Funktion von Geschäftsnamen äußert sich auch in den okkasionellen Konstruktionen, z. B. *Stof & stil* (Textilgeschäft), in der durch die geschickte Wahl des zweiten Gliedes eine knappe und ausdrucksstarke Konstruktion mit aufwertender Bezeichnung der Branche entstanden ist.

Die bisherigen Ausführungen belegen, dass die Struktur A kon B, sei es als eine etablierte ZF oder eine Neubildung, als Gestaltungsmittel von Firmennamen im Handels- und Dienstleistungssektor genutzt wird. Die semantisch-pragmatischen Charakteristika werden zusätzlich durch ihre kontextuelle Anwendung, die jeweils in den Namen durch den Bezug zum Gegenstand der wirtschaftlichen Tätigkeit aktualisiert wird. Das Potenzial manifestiert sich in unterschiedlichen Strategien: von wörtlicher Bedeutung von Neubildungen bis hin zu Aktivierung beider Lesarten von etablierten ZF.

5.6 ZF in Titeln und Überschriften

Titel und Überschriften befinden sich als sprachliche Einheiten in einem Grenzbereich zwischen Titelforschung (Titrologie), Onomastik (Namensforschung, Namensgebung), Markenforschung (Branding) und Phraseologie. Wie die bisherigen Untersuchungen im Rahmen der Phraseologieforschung belegen (z. B. Held 1998, Lenz 2001), gehören Phraseme zu den beliebten Gestaltungsmitteln von Titeln und Überschriften. Phraseologismen, darunter auch ZF, haben in den Überschriften „themenmarkierende, textstrukturierende und einstellungsmarkierende Funktion" (Sandig 1989). Zugleich funktionieren ZF wegen der symmetrischen Struktur als Blickfang, der beim flüchtigen Blättern oder Scrollen Aufmerksamkeit und Interesse des Empfängers weckt. Im Text erfüllen sie neben der informativen auch – durch Entfaltung ihres assoziativen Potenzials – eine persuasive Funktion. Dies erfolgt aufgrund der kognitiven Strukturierung des Weltwissens, die zur Klassifizierung der neuen Erkenntnisse in die schon bekannten Rahmen oder Schemata führt (vgl. Ivanetić 2005: 346).

5.6.1 Namen von Produkten des Kulturbetriebs

Die textbildende Potenz von ZF wird in diesem Kapitel wortwörtlich verstanden: ZF konstituieren, sei es selbstständig, sei es mit anderen Sprachzeichen, verschiedene Titel, die als autonome Einheiten, d. h. ohne Kontext verwendet werden, und dazu den linguistischen Status von Texten haben.

Das Analysematerial umfasst Buch-, Filmtitel sowie Titel von CDs und Songs. Buchtitel, die vollständig aus einer ZF bestehen, sind kein neues Phänomen.

Bendz (1965) listet zahlreiche Beispiele aus der europäischen Literaturgeschichte auf, denen das syntaktische Muster einer Paarformel als konstitutives Prinzip von Titeln zugrunde liegt, z. B.: *Tristan und Isolde, Hermann und Dorothea, Frygt og bæven* und verweist auf eine bereits bewährte Konvention in der schwedischen Titrologie (Bendz 1965: Kap. 3).

Das angeführte Beispielmaterial, das Buchtitel aus den letzten Jahrzehnten umfasst, bestätigt die stets andauernde Tradition, eine etablierte Mehrwortverbindung als Buchtitel oder dessen Bestandteil zu verwenden. Um den Anwendungsbereich der ZF in Titeln möglich weit zu erfassen, werden sowohl Titel von literarischen Werken als auch von fachlichen Publikationen einer Analyse unterzogen.

Formenübersicht von Buchtiteln

Buchtitel. Schöngeistige Literatur[241]	
Belege mit ZF	Belege nach dem Muster der ZF
Briste og bære (Nina Malinovski, 2019) *De Levende og de døde* (Nele Neuhaus, 2019) *Dit og dat* (Julie Sykes, 1995) *Dør om dør med døden* (Maria Lang 2015) *Hus og hjem* (Marilynne Robinson, 1982) *I støv og aske* (Anne Holt, 2018), *Krig og fred* (Brigitte Labbe, Michel Puech, 2003) *Kød og blod* (Elsebeth Egholm, 2016) *Levende og døde i Winsford* (Håkan Nesse, 2014) *Liv eller død* (Karen Robards, 2019) *Liv og død* (Jørgen Lange Thomsen, 2019) *Liv og legeme* (Elsebeth Egholm, 2016) *Noget for noget* (Anna Grue, 2014) *På liv og død* (Peter James, 2015) *Rub og stub* (Åge Rokkjær, 2021) *Vold og magt* (Elsebeth Egholm, 2016) *Øje for øje* (Jan Guillou, 2008) *Øje for øje* (Paul Cleave, 2019)	*Søvnen og døden* (A.J. Kazinski et al. 2019) *Tim og Tom* (Jacob Haugaard, 2019)

---

241 Quelle: www.saxo.com (5.07.2021). In Klammern werden die Namen der Verfasser und das Jahr der Publikation angegeben.

Buchtitel. Fachliteratur (Lehr- und Fachbücher)[242]	
Belege mit ZF	Belege nach dem Muster der ZF
Dansk her og nu (Tine Møller Kristensen, 2010) *På vej til dansk – trin for trin* (Lisbet Thorborg, 2010)	*Bøj og stræk* (Lene Bagger, 2011) *Danmarks træer og buske* (Peter F. Møller, Henrik Staun, 2015) *Fra frø til træ* (Stephan Springberg, Henrik Søfeldt Jørgensen) *Frø og frugter hos træer og buske* (Udg. af Skoven i Skolen) *Alverdens gys og gru: Leksikon [...]* (Barbara Cox et al., 2016) *Afrika – mellem fortid og fremtid* (Finn Rasmussen, 2016) *Office 2010: hurtigt og nemt* (Katherine Murray, 2011) *Rødt & hvidt* (Dorte Nielsen, 2004) *Syrer og baser* (Rolf Lembcke, 1975) *Venskab, Ægteskab, IKEA-skab* (Maj-Britt A. Christiansen, 2011)

Die Zusammenstellung der paarformelartigen Titel von verschiedenen Textgattungen und -sorten veranschaulicht Unterschiede im inhaltlichen und funktionalen Bereich. Zu beobachten ist jedoch eine Regelmäßigkeit: Etablierte ZF werden öfter in den Titeln der literarischen Produktion als fertige und nicht selten einzige Textbausteine gebraucht, während die Titel von Sach-, Fach- und Lehrbüchern länger sind und öfter aus Neubildungen bestehen.

Unter den literarischen Titeln machen die Belege mit etablierten ZF über 80 % des Bestandes aus. Die ZF wurden in ihrer kanonischen Form (Nennform), mit geringen wendungsinternen Modifikationen wie z. B. Auslassung in den Titeln *(fra) hus og hjem* und *Øje for øje* verwendet. Die angeführten Titel literarischer Texte sind objektbezogen. Als Mehrwert der ZF in einem Titel ist ihr assoziatives Potenzial, das sie als feste phraseologische Einheiten mit sich in den Titel bringen. Die konnotative Bedeutung entsteht durch intertextuelle Bezüge, die in einem neuen Kontext aktiviert werden: der Titel *Krig og fred* verweist auf den bekannten Roman von Tolstoj, für den Titel *I støv og aske* gilt die Bibel als Prätext.

---

242 Quelle: https://materialeplatform.emu.dk (05.07.2021).

Andere qualitative und quantitative Relationen bestehen in der Gruppe der Titel von Fachbüchern. In der Sammlung beobachtet man eine absolute Dominanz der Neubildungen, die aus fachspezifischen Lexemen bestehen. Etablierte ZF, die in ihrer Nennform verwendet werden, bilden die Titel nicht selbstständig, sondern als begleitende Komponenten – als Attribute *her og nu* oder nachgestellte Adverbiale der Art und Weise *trin for trin*. Die Titel von Fachbüchern sind informativer und abwechslungsreicher, weil die Informationsfunktion eine höhere Relevanz hat als die ästhetisch-konnotative Charakteristik der Titel von belletristischen Literaturwerken. Von der starken Objektbezogenheit zeugen Fachlexeme, die den Inhalt des Fachbuchs eindeutig indizieren, z. B. *Syrer og baser* (Chemie) oder *Bøj og stræk* (Grammatik). Erwähnenswert sind die alliiterenden Silben *Frø og frugter*, *Gys og gru* oder Rhythmus und Endreime *Krig og fri*, *Venskab, Ægteskab, IKEA-skab*. Dies zeugt von der bewussten und intendierten Bildung der Titel, die nicht nur informativ, sondern auch sprachlich attraktiv sein sollen.

Titel von Produkten der Film- und Musikbranche sind ein weiterer Anwendungsbereich von onymisierten ZF und ein vielversprechendes Sprachmaterial, was der folgenden Übersicht zu entnehmen ist.

Formenübersicht von Filmtiteln, CDs und Songs

Filmtitel[243]	
Belege mit ZF	Belege nach dem Muster der ZF
Adam og Eva (1953)	*Havet og menneskene (1970)*
Dig og mig (2008)	*Karla og Jonas (2010)*
Guld og grønne skove (1958)	*Mig og Charly (1978)*
Himmel og helvede (1988)	*Mig og dig (1969)*
I gaar og i morgen (1945)	*Mig og Mafiaen (1973)*
I krig og kærlighed (2018)	*Mig og min familie (1957)*
Kød og blod (2019)	*Mig og min lillebror (1967)*
Plat eller krone (1937)	*Pigen og greven (1966)*
På tro og love (1955)	
Sorg og glæde (2013)	
Takt og tone i himmelsengen (1972)	
Tro, håb og kærlighed (1984)	

---

243 Quelle: www.danskefilm.dk (02.07.2021).

Titel von CDs und Songs	
Belege mit ZF[244]	Belege nach dem Muster der ZF
Evig og altid (TV2, 2018) *Fagtesange fra nær og fjern* (Ann Falden, 2010) *Fra dag til dag* (Kim Larsen, 1971) *Guld & Grønne Skove* (Kim Larsen, 1995) *Hr Og Fru Danmark* (TV2, 1985) *I og for sig* (Kim Larsen, unveröffentl.) *Jeg og Du* (Anne Linnet, 2000) *Krig & Kærlighed* (Anne Linnet, Sanne Salomonsen, 1990) *Mine Damer og Herrer* (Kim Larsen, 2010) *Mit et og alt* (Kim Larsen, 2010) *Over Stok Og Sten* (Bikstok, 2005) *Stille og roligt* (Kim Larsen, 2017) *Store & små* (Kim Larsen, 1986)	*Botox & silicone* (Kim Larsen, 2010) *Mig og Molly* (Kim Larsen, 1986)

In den angeführten Gruppen von Ergonymen sind weitgehende Parallelen hinsichtlich der untersuchten Parameter festzustellen. In beiden Kategorien überwiegt die Anzahl der Belege mit kanonischen ZF mit ihren mnemotechnischen Charakteristika, die im Musikmarketing von Vorteil sind. Aus diesem Grund sind die Titel noch kompakter als früher besprochene Kategorien und enthalten kaum weitere Komponenten außer ZF. In wenigen Belegen sind sehr geringe Abweichungen von den phraseologischen Basisformen zu nennen, die infolge der Auslassung von regierenden Präpositionen entstanden sind wie z. B. *Krig og kærlighed* < *i krig og kærlighed* und *Kød og blod* < *af kød og blod*.

---

244 Quellen: Titel von Kim Larsens Songs: https://rabalderband.dk/kim-larsen-gasolin-diskografi (20.09.2021); Titel von TV2s Songs: http://www.tv-2.dk/index-diskografi.html (20.09.2021); Titel von Anne Linnets, Ann Faldens und Bikstoks Songs: https://bibliotek.dk (20.09.2021).

5.6.2 Titel und Überschriften in Onlinepresse, Weblogs und auf Websites

Formenübersicht

Titel der Onlinepresse	
Belege mit ZF[245]	Belege nach dem Muster der ZF
Forældre og børn	*Antik og auktion*[248]
Gul og gratis[246]	*Bo & Miljø*
Her & Nu	*Fortid og Nutid*
Hus og Hjem	*Jagt, Vildt & Våben*
Land og Folk	*Kig & Lyt*
Lyd og billede[247]	*Mad og bolig*[249]
Smag & Behag	*Mål & Mæle*
	Natur og Miljø
	Ord & sag
	Penge & Privatøkonomi
	se og hør[250]
	ude og hjemme[251]

---

245 Belege ohne Quellenangaben wurden den Websites https://ni.dk, und www.danskeweblogs.dk entnommen (25.09.2021).
246 http://www.guloggratis.dk (25.09.2021).
247 http://www.lydogbillede.dk (25.09.2021).
248 http://www.allermediesalg.dk/medier/antik-og-auktion/ (25.09.2021).
249 https://www.mainlifestyle.dk/magasiner/mad-bolig (25.09.2021).
250 https://www.seoghoer.dk (25.09.2021).
251 https://www.udeoghjemme.dk/find/halloween (25.09.2021).

Titel von Weblogs und Websites	
Belege mit ZF	Belege nach dem Muster der ZF
Bad and Breakfest[252] *Bloggen Sort på Hvidt*[253] *Hverken fugl eller fisk*[254]	*Bus og Tog*[255] *Glas og Glimt*[256] *Kom og Træn*[257] *Leg og Lektie*[258] *Lyt og Stav*[259] *Rejs og Oplev* *Skriv og Læs*[260] *Skriv og Snak*[261] *Stof og Stil*[262] *Tryk og Print*[263]

In der Gruppe von Titeln der Onlinezeitungen und -zeitschriften, fachlichen und wissenschaftlichen Periodika sowie der ausgewählten Weblogs beobachtet man ein sichtbares Interesse am Gebrauch der ZF (bis auf ein Beispiel mit einer Drillingsformel) bzw. Neubildungen, die als einzige Konstituenten der Titel sind. Über ein Drittel aller Beispiele in der Gruppe von Pressetiteln machen etablierte ZF aus. Die ausgewählten ZF sowie die Neubildungen sind an den Inhalt der Publikation angepasst und somit erfüllen sie primär die objektbezogene Funktion. Bemerkenswert sind charakteristische Merkmale der ZF in der Gruppe von nichtphraseologischen Wortpaaren: Kurze Wörter *Kig & Lyt*, Endreime *Fortid og Nutid*, Alliteration: *Mål & Mæle, antik og auktion, Penge & Privatøkonomi* sowie steigende Silbenanzahl: *Bo & Miljø, mad og bolig, Mål & Mæle*.

In der Kategorie der Titel von Weblogs und Websites wurden drei Belege mit etablierten ZF und 10 Namen mit Neubildungen registriert. Charakteristisch für die paarformelartigen Konstruktionen ist ein hoher Anteil von verbalen

---

252 https://bedandbreakfast.dk (26.09.2021).
253 https://heltsort.com/blogs/news (26.09.2021).
254 http://www.hverkenfuglellerfisk.dk (26.09.2021).
255 www.busogtog.dk (26.09.2021).
256 www.glasogglimt.dk (26.09.2021).
257 www.komogtræn.dk (26.09.2021).
258 www.logoglektie.dk (26.09.2021).
259 www.lytogstav.dk (26.09.2021).
260 www.skrivoglæs.gyldendal.dk (26.09.2021).
261 www.skrivogsnak.dk (26.09.2021).
262 www.stofogstil.dk (26.09.2021).
263 www.trykogprint.dk (26.09.2021).

Komponenten im Imperativ, z. B. *Kom og Træn*. Damit manifestiert sich ihre persuasive und empfängerbezogene Funktion im Unterschied zu den substantivischen Konstruktionen mit der Informationsfunktion im Vordergrund, z. B. *Bus og Tog*. Drei Wortpaare sind durch Alliteration gekennzeichnet und in zwei von ihnen tritt die Repetition von zwei Konsonanten im Anlaut auf: *Glas og Glimt, Stof og Stil*. Zwei Belege folgen dem Prinzip der Erhöhung der Anzahl von Silben, andere Beispiele enthalten Wörter mit nur einer Silbe und bilden sehr rhythmische Einheiten. Erstaunlicherweise sind die Neubildungen informativer und besser an den Inhalt der Websites angepasst als die etablierten ZF, die nur einen lockeren Zusammenhang auf semantischer Ebene bilden.

5.6.3 Überschriften von Unterseiten. Von okkasionellen zu usuellen Ausdrücken

Das vorliegende Kapitel gibt einen Einblick in die Gepflogenheit der Internetkommunikation zwischen Verwaltung und dänischen Bürgern. Auf den Seiten von Stadt- und Gemeindeverwaltungen können Bürger umfassende Informationen erhalten, amtliche Bekanntmachungen herunterladen, Formulare ausfüllen und sie online übermitteln etc., kurz: Sie können in einem Selbstbedienungsmodus (dän. digital selvbetjeningsløsning) zu Hause aufs Amt gehen. Um öffentliche Informationen in der Onlinekommunikation kompakt und kommunikativ zu vermitteln, und den dänischen Bürgern den benutzerfreundlichen Zugriff auf gesuchte Informationen zu ermöglichen, wird bei der Erstellung der Übersichtstafeln, Wegweiser auf Startseiten eine bestimmte Strategie angewendet: Sämtliche Sachbereiche werden als eine Liste von **paarformelartigen Ausdrücken** verzeichnet. Dies ergibt ein kompaktes und praktisches Navigationswerkzeug, das Formelhaftigkeit der Sprache, sprachökonomische Mittel mit hohem Informativitätsgrad verknüpft. Das Konzept ist in der dänischen Internetkommunikation ‚Behörden – Bürger' sehr verbreitet, wovon die einheitliche Gestaltung von zahlreichen amtlichen Startseiten zeugt. Dies lässt schlussfolgern, dass diese platz- und zeitsparende Lösung effektiv, lesefreundlich und praktisch ist. Der Zielsetzung der Studie zufolge stehen im Zentrum des Interesses Ensethung und Gebrauch von paarformelartigen Ausdrücken, die aus der Perspektive der phraseologischen Produktivität betrachtet werden. Dies erfolgt anhand einer Belegsammlung aus den Webseiten von zwei dänischen Gemeinden[264].

---

264 Linke Spalte wurde der Adresse www.egedalkommune.dk (06.04.2019), Überschriften in der rechten Spalte der Website www.kk.dk (06.04.2019) entnommen.

Die folgende Übersicht zeigt eine einheitliche textökonomische Strategie, paarformelartige Bezeichnungen mit Informationsverdichtung zu bilden, die auf der Startseite als Verzeichnis von Unterseiten dargestellt werden:

affald, energi og miljø
ansøgning og tiltrædelse
bolig, byggeri og plan
børn og unge
brand, politi og udrykning
familie, børn og unge
hjælp og støtte
høringer og afgørelser
høringer og borgermøder
indkøbs- og udbudspolitik
job og ledighed
kultur og fritid
læge og pleje
miljø og erhvervsaffald
miljø og spildevand
myndighed og social service
senior og pension
skat og økonomi
sundhed og sygdom
valg og afstemning
veje og trafik

adresser og telefonnumre
bryllup og vielse
børn og unge
dødsfald og begravelse
fakta og statistik
flytning og adresse
hjælp og støtte
indkøb og udbud
jobsøgning og ledighed
kunst og kultur
kurser og uddannelse
løntilskud og praktik
miljø- og naturområdet
pas og kørekort
regler og rettigheder
skole og fritidsinstitution
støtte og lån til bolig
sundhed og sygdom
sygesikring og læge
trafik og parkering
vuggestue og dagpleje

Das angeführte Material zeigt deutlich, dass bei der Erstellung von Themenbereichen und Sachgebieten eine ausdrückliche Tendenz die einzelnen Wörter durch Wortpaare bzw. tradische Strukturen zu ersetzen, die aus vielen Gründen effektiver sind.

Hinsichtlich der Informativität enthalten sie einen breiteren Referenzbereich als Einzellexeme und dadurch sind sie ökonomischer, denn sie ermöglichen die Liste der Kategorien wesentlich zu reduzieren und somit die Webseite übersichtlicher und benutzerfreundlicher zu gestalten.

Die angeführten Belege charakterisiert starker struktureller Schematismus. In semantischer Hinsicht bestehen sie aus Lexemen mit weit aufgefasster semantischer Zusammengehörigkeit, jedoch gibt es kein eindeutiges Selektionsprinzip der Partnerwörter, zwischen denen unterschiedliche Bedeutungsrelationen bestehen. Eindeutig dominiert im analysierten Material die paradigmatische

Relation der Inkompatibilität[265] z. B. *børn og unge, pas og kørekort, adresser og telefonnumre, kurser og uddannelse, valg og afstemning, veje og trafik.* Seltener bestehen zwischen den Komponenten der Koordination die Relation der Synonymie z. B. *hjælp og støtte, valg og afstemning.*

Als eine Selektionsbeschränkung wäre die Koordination von zwei antonymen Komponenten (einziges Beispiel *sundhed og sygdom*) sowie zwei Mitgliedern einer Wortfamilie zu nennen. Als übergeordnetes Prinzip gilt, dass die Bildung der paarformelartigen Ausdrücke sich nach der Strukturierung und der Verwandtschaft von bestimmten Lebensbereichen in der gesellschaftlichen Ordnung richtet z. B. *trafik og parkering, pas og kørekort.* In den Ausdrücken spiegelt sich dann die Struktur der funktionalen Bereiche sowie interne Organisation etc. in der Stadt- oder Gemeindeverwaltung wider.

Es ist somit die Wirklichkeit, die einen ausschlaggebenden Einfluss auf die Bildung, Gebrauch und Etablierung der diskutierten Konstruktionen hat. Dies gilt auch für Phraseologismen, die als Reproduktion der Wirklichkeit betrachtet werden:

> Vores virkelighedsopfattelse er struktureret og tegnenes indholdsformer er struktureret; problemet er i denne forbindelse relationen mellem de to. De sproglige indholdsformer udmærker sig ved at skære radikalt ned på træk og detaljer i forhold til et udsnit af f.eks. en situation i den ikke-sproglige virkelighed. (Jakobsen 2002: 102)

Szulc (1971: 68) betont, dass die Konventionalität syntagmatischer Wortverbindungen weitgehend durch die außersprachliche Realität bestimmt wird. Mit der sich ändernden Realität entstehen neue konventionelle Syntagmen. Szulc (1971) verweist damit auf die historischen Ursprünge traditioneller Syntagmata, die sich aus Kookkurrenzen in bestimmten Textzusammenhängen entwickelt haben. In der analysierten Situation wurde ein ähnlicher Prozess initiiert.

Die Wortpaare in der Sprache der Behörden sind nicht idiomatisch, ihre konstante semantische Interpretation, die sich aus der Summe der Bedeutungen der Partnerwörter ergeben, dienen der Eindeutigkeit und Verständlichkeit in der Informationsvermittlung und expressive oder stilistische Charakteristika sind eher eine Randerscheinung. Sie können nicht als phraseologische Einheiten sondern als okkasionelle freie Wortverbindungen kategorisiert werden.

---

265 Sie existiert zwischen zwei Wörtern, die zueinander kohyponym sind, d. h. inkompatible Wörter gehören zwei unterschiedlichen Kategorien an, zu denen es eine gemeinsame, allgemeinere, übergeordnete Kategorie („Oberbegriff") gibt (Glück / Rödel 2016: 295).

Die Gegenüberstellung von zwei Übersichten zeigt die Präsenz von einigen Kombinationen in beiden Sammlungen und Wiederholbarkeit einiger Konzepte, z. B. *job og ledighed* vs. *jobsøgning og ledighed, børn og unge, sundhed og sygdom, hjælp og støtte*. Man kann vermuten, dass die Konstruktionen auch auf anderen Startseiten von Stadtverwaltungen vorkommen und im Laufe der Zeit als einzige – feste und etablierte – Konstruktionen in dieser Funktion gebraucht werden.

Die dargestellten Fakten zeigen dänische ZF als eine phraseologische Kategorie von einem wesentlichen **Produktivitätspotenzial** und führen zur Formulierung einer Hypothese, dass einige der angeführten Bezeichnungen eine universelle Gültigkeit in der dänischen sprachlichen und gesellschaftlichen Realität im beschriebenen Kontext gewinnen können. Das diskutierte syntaktische Muster hat viele Vorteile und inspiriert die Sprachbenutzer zu Bildung und Gebrauch von ZF und Neubildungen.

Der Gebrauchskontext sowie andere Umstände wie hohe Erreichbarkeit der breiten Rezipientenkreise in der Massenkommunikation bilden eine günstige Grundlage für die Etablierung der psycholinguistischen Festigkeit, die Entwicklung erhöhter Gebräuchlichkeit sowie die steigende Reproduzierbarkeit. Die paarformelartigen Ausdrücke sind m.E. auf dem Weg zur Phraseologisierung und können als Kandidaten für neue nichtidiomatische ZF angesehen werden.

6. Terminologiebildende Potenz in der Fachsprache der Transport-Spedition-Logistik-Branche

6.1 Theoretische Grundlagen

6.1.1 Fachkommunikation und Fachphraseologie

Phraseologische Einheiten finden in allen Sprachregistern, allen diatopischen, diastratischen und diaphasischen Sprachvarietäten Anwendung. Demzufolge enthalten auch Fachsprachen in ihren lexikalischen Beständen ein Repertoire von phraseologischen Konstruktionen, die Kommunikation einer Disziplin bzw. eines entsprechenden Fachgebiets prägen. Obwohl ZF als Mehrworteinheiten nicht zu den häufigsten Phrasemen in der allgemeinsprachlichen Kommunikation gehören und trotz der Behauptung, ZF seien lexikalische Verbindungen, die „zum Grundwortschatz gehören" (Simeonova/Dimitrova 2014: 7), ist ihr Anwendungsbereich auch in Fachkommunikation linguistisch perzipierbar. Dies wird im Folgenden am Beispiel der Fachsprache der TSL-Branche (= Transport, Spedition und Logistik) näher untersucht.

Die Fachkommunikation bildet einen Teilbereich der gesellschaftlichen Kommunikation und vollzieht sich mündlich und schriftlich in Form von monologischen und dialogischen Fachtexten und Fachgesprächen, teilweise auch in Kommunikaten, die durch multimodale Texte oder (fast) ausschließlich visuelle Codes (Diagramme, Grafiken, Symbole, Schemata, Animationen) unterstützt wird. Die Entstehung und Entwicklung der Kommunikation in zahlreichen Fachbereichen ist „stets eine notwendige Folge- und Begleiterscheinung der arbeitsteiligen Gesellschaft. Aus dieser Spezialisierung im weitesten Sinne sind Fächer erwachsen als Wissensbestände, Kenntnissysteme und Handlungsanweisungen auf einem bestimmten Gebiet gesellschaftlicher Tätigkeit" (Gläser 2007: 482). Darauf aufbauend können kommunikative Handlungen in Fachbereichen wie folgt erfasst werden:

> Fachsprache, die traditionelle Bezeichnung für fachbezogenen Sprachgebrauch, hat einen systemlinguistischen und einen pragmalinguistischen Aspekt. Durch ihre enge Beziehung zur Allgemeinsprache hat sie lediglich den Status eines Subsystems und nur relative Selbständigkeit. Ebenso ist die Kommunikationsgemeinschaft der Fachleute einer bestimmten Disziplin stets ein fester Bestandteil der Sprachgemeinschaft. Das Verhältnis zwischen Allgemein- und Fachsprache wird in der modernen Angewandten Linguistik nicht mehr als Opposition, Antinomie oder Polarität aufgefasst, sondern als Beziehung der Inklusion oder einer Graduierung hinsichtlich des Anteils

fachsprachlicher Elemente in einem situationsabhängigen Text verstanden. Funktional richten sich Fachtexte nach den Anforderungen der Fachexperten, angehenden Fachleute sowie interessierten Nichtfachleute einer breiten Öffentlichkeit. (Gläser 2007: 482)

Als lexikalischer Kern der Fachsprache und als ihr hauptsächliches Unterscheidungsmerkmal gegenüber der Allgemeinsprache gilt traditionsgemäß, aber nicht ausschließlich, der Fachwortschatz. Er umfasst – analog zum Fachwortschatz der Allgemeinsprache – Fachwörter, die einfache oder komplexe Lexeme sein können, und Fachwendungen, d. h. Wortgruppenlexeme oder Phraseologismen/Fachphraseme (Gläser 2007: 482). „Der **Fachphraseologismus** bzw. die fachsprachliche Wendung wird definiert als eine in einem bestimmten Bereich der Fachkommunikation lexikalisierte, usuell verwendete, verfestigte und reproduzierbare Wortgruppe, die in der Regel nicht idiomatisiert ist und keine expressiven oder stilistischen Konnotationen trägt" (Gläser 2007: 487).

Zwischen Phraseologismen der Allgemeinsprache und der Fachsprache bestehen unterschiedliche Beziehungen. Dies ergibt sich aus der Tatsache, dass die Fachlexik keine homogene phraseologische Sammlung ist, sondern die einzelnen Phraseme Unterschiede im denotativen und konnotativen Bereich und dem Grad der Fachlichkeit aufweisen. In einer groben Einteilung lassen sie sich in zwei Mengen gliedern:

1. die Relation der Exklusion – fachsprachliche Phraseologismen werden nur in der Fachkommunikation verwendet, allgemeinsprachliche Phraseologismen dagegen nur außerhalb der Fachkommunikation. Dies gilt für hochspezialistische und umgangssprachliche Phraseme, die kaum Überlappungsbereiche haben, denn ihre Distribution ist jeweils auf bestimmte Kontexte und Kommunikationssituationen beschränkt.
2. Relation der Entlehnung-Überlappung bedeutet: Ausgewählte fachspezifische Phraseme werden in der alltäglichen Kommunikation verwendet, allgemeinsprachliche Phraseme dienen zur Beschreibung fachlicher Sachverhalte oder können eine weitere, fachspezifische Bedeutung annehmen.

6.1.2 Logistik als Wirtschaftsbereich

Logistik ist sowohl eine interdisziplinäre Wissenschaft als auch ein Wirtschaftszweig oder eine betriebliche Funktion. In der letzten Auffassung befasst sich Logistik mit Planung, Koordination, Durchführung, Optimierung und Kontrolle der Güter-, Informations- und Personenströme (oder -flüsse) in und zwischen Betrieben. Als logistische Kernleistungen gelten Transport-,

Lager- und Umschlagsvorgänge, zu Zusatzleistungen zählt man u.a. Kommissionierung, Palettierung von Gütern (zur Erleichterung von Verladung und Transport), zusätzliche Verpackung zum Schutz, zur Identifikation und zum leichteren Handling der Güter, Umverpackung von Gütern von Großmengen in kleinere Verpackungseinheiten usw. (Gleißner/ Femerling 2008: 9). Logistik ist im Produktionsbereich Teil der Materialwirtschaft bzw. im Handel Teil der Warenwirtschaft. Der 7-R-Definition zufolge sichert sie Verfügbarkeit (1) des richtigen Gutes, (2) in der richtigen Menge, (3) im richtigen Zustand, (4) am richtigen Ort, (5) zur richtigen Zeit, (6) für den richtigen Kunden und (7) zu den richtigen Kosten. Aus der Perspektive der betrieblichen Funktion spricht man von der Betriebslogistik, die aus weiteren Subsystemen besteht: (1) Distributionslogistik: Transport zu den Abnehmern, (2) Materiallogistik: Lagerhaltung (Beschaffungslogistik) sowie innerbetriebliche Logistik und die räumliche Anordnung der Produktionsanlagen (Produktionslogistik) (Piekenbrock/ Hasenbalg 2014: 354).

Demzufolge umfasst der logistische Wortschatz und Phraseologie Spracheinheiten, die zur Beschreibung und Abwicklung von logistischen Prozessen im Mikrobereich (bezogen auf ein vernetztes Unternehmen) sowie in Makrobereichen (bezogen auf Aufbau und Optimierung globaler Netzwerke).

6.1.3 Logistische Fachphraseologie – methodologische Probleme

Bei der Erstellung und Abgrenzung von Beständen fachsprachlicher Phraseme in der Sprache der Logistik ergeben sich einige methodologische Schwierigkeiten, die man in folgende Problembereiche erfassen kann:

a. Zuordnung der Fachphraseme als fachspezifische Lexik einem bestimmten Wirtschaftsbereich. Gemeinsamer Fachwortschatz vieler Wirtschaftszweige wie Handel, Verkehr und Lagerei, Gastgewerbe, Finanz- und Versicherungsdienstleistungen etc. erschwert eine eindeutige Zuordnung von zahlreichen Phraseologismen einem Fachbereich, weil sie in unterschiedlichen Bereichen Anwendung finden, z. B. *brutto og netto, import og eksport* u.a. Da es oft keine scharfen Grenzen gezogen werden können, sind (teilweise) arbiträre Entscheidungen bezüglich der Auswahlkriterien unentbehrlich.

b. Abgrenzung der festen von den okkasionellen Mehrwortverbindungen. Das Problem entsteht bei der Bestimmung des phraseologischen Status bestimmter Konstruktionen. Fachbücher, Lexika und Kompendien mit Fachterminologie lösen nur teilweise das Problem, denn nicht alle Fachlexika und Fachwörterbücher phraseologische Einheiten aller Art berücksichtigen. Andere denkbare Datenquellen wie Sprachkorpora umfassen

grundsätzlich den allgemeinsprachlichen Wortschatz, sodass in Einzelfällen Entscheidungen auf Kompetenzen des Forschers basieren.
c. eine zusätzliche Schwierigkeit bereiten Phraseme ohne fachsprachliche Konstituenten, die mit hoher Frequenz und nachweisbarer Relevanz in Fachtexten zur Bezeichnung der fachsprachlichen Sachverhalte verwendet werden.

6.1.4 ZF als Fachtermini

In der vorliegenden Arbeit wird davon ausgegangen, dass die phraseologische Kategorie ZF, die in vielen Sprachen eine kleine, aber etablierte Untergruppe des phraseologischen Systems ausmacht, auch innerhalb von Fachsprachen eine feste Stelle in der fachsprachlichen Phraseologie einnimmt. Damit werden grundsätzlich solche ZF gemeint, deren Komponenten Fachwörter (mit geringen Ausnahmen) sind und die gesamte Konstruktion auch den Status eines fachsprachlichen phraseologischen Terminus, bzw. Fachbegriffes hat. Ein Fachterminus sei – so Hoffmann (1988) – eine lexikalische Einheit, ein durch Definition festgelegter Fachausdruck, dessen „Bedeutung [...] sich aus den wesentlichen Merkmalen dieses Fachbegriffes und aus seinem Platz im Begriffssystem des jeweiligen Faches [konstituiert]" (Hoffmann 1988: 103). Fachtermini zeichnen sich durch ein Bündel von Eigenschaften aus, die bei der Korpuserstellung als Kriterien herangezogen wurden: Fachbezogenheit, Exaktheit, Eindeutigkeit, Selbstdeutigkeit, Knappheit, Systemhaftigkeit, Kontextunabhängigkeit und Definiertheit (Hoffmann 1988: 103).

Problematisch ist – wie bereits erwähnt – eine eindeutige Abgrenzung der fachlichen Phraseologie innerhalb der phraseologischen Bestände einer Sprache.

Die Ermittlung von charakteristischen Merkmalen der fachspezifischen Lexik und Phraseologie ist nicht nur sprachwissenschaftlich erkenntnisreich, sondern kann den Zwecken fachbezogener Sprachausbildung, Lexikologie und Lexikografie sowie der Translationsdidaktik dienen.

6.1.5 ZF im Dienst der Wirklichkeitsstrukturierung

Fachphraseme sind feste Mehrwortverbindungen, die auch als wichtige Mittel zur Wirklichkeitsstrukturierung durch Sprache dienen. Sie entstehen nicht zufällig und ohne Bedenken, sondern als sprachliche Einheiten, die die fachbezogene Kommunikation ermöglichen und erleichter sollen. Sie sind nämlich unentbehrlich zur Beschreibung und Vermittlung relevanter fachbezogener

Inhalte. Zu erwähnen ist, dass die Fachlexeme und -termini auf der Basis der menschlichen Erfahrungen und Wahrnehmung der Wirklichkeit und im Rahmen einer bestimmten sprachlich und kulturell tradierten Konvention in Kategorisierungsprozessen gebildet werden (vgl. Stefaniuk 2005: 237). Im Rahmen der Kategorisierungsprozesse werden die außersprachliche Wirklichkeit und die sprachlichen Zeichen in Beziehung gesetzt. Diese Beziehung ist weder einmalig noch willkürlich, sondern ordnet sich im Rahmen des ganzen Sprachsystems ein, das von den Sprechern im Prozess des Spracherwerbs angeeignet und gefestigt worden ist (vgl. Stefaniuk 2005: 238). Eine Kategorie kann als ein Rahmen aufgefasst werden, in den neue, unbekannte oder zum ersten Mal wahrgenommene Objekte eingeordnet werden. Diese Einordnung *Sprache* vs. *Wirklichkeit* und Bildung der Kategorien erfolgt aufgrund bestimmter Eigenschaften sowohl seitens der Kategorie als auch seitens des einzuordnenden Objekts. Die Erstellung einer neuen ZF in den Sprachressourcen der TSL-Branche steht beispielsweise mit der Anordnung und Kategorisierung der Waren- und Dienstleistungen im Zusammenhang, die aufgrund physikalischer, chemischer, formaler, funktionaler und sonstiger Merkmale üblicherweise bei Herstellung, Aufbewahrung, Transport oder Anwendung, nebeneinander auftreten, z. B. *sten og grus, køle- og fryseskibe.*

Es ist somit anzunehmen, dass die Bildung von ZF in der fachsprachlichen Kommunikation sich aus dem Bedarf an eine praktische Segmentierung der Wirklichkeit, semantische Präzision der paarformelartigen Konstruktionen und ihrer Sprachökonomie ergibt. Um diese Ziele zu erreichen, wird zu verschiedenen Kriterien und Strategien gegriffen, nach denen zwei Lexeme eine neue Einheit bilden. Dabei werden Prioritäten bei der sprachlichen Ausformung von fachbezogenen ZF anders als bei den standardsprachlichen gesetzt. Die Vorteile der ersteren liegen grundsätzlich in der denotativen Bedeutung, in sprachökonomischen und teilweise konnotativen Charakteristika. Phonologische Eigenschaften wie Alliteration, Assonanz, Endreime, Anzahl der Silben und Reihenfolge der Laute haben eine stark reduzierte Bedeutung und werden demzufolge kaum problematisiert.

Zur Erklärung der inhaltlichen Struktur, sowie der semantischen Verhältnisse zwischen den Komponenten und Mechanismen der Produktivität der fachsprachlichen ZF sind die in Kap. 3.7 beschriebenen Kriterien nicht vollständig anwendbar. Die fachsprachlichen ZF entstehen infolge anderer Mechanismen und erfüllen andere Funktionen. Dies resultiert in bestimmten wendungsinternen Beziehungen zwischen den Konstituenten. Demzufolge stellen hier die theoretische Grundlage semantische Theorien und Konzepte dar, die den Kognitionswissenschaften entnommen wurden und sich gut in der

Sprachwissenschaft etabliert haben: Wortfeldtheorie und Wortfamilie. Beide Ansätze sind sehr gut bekannt und vielerorts ausreichend beschrieben und eingesetzt. Aus diesem Grunde werden sie in aller Kürze in spärlichen definitorischen Beschreibungen erfasst:

- Wortfamilie ist als Gruppe von Wörtern zu verstehen, die etymologisch miteinander verwandt sind. Dabei ist der etymologische Zusammenhang einer Wortfamilie allerdings oft nicht immer durchsichtig,
- Wortfeld umfasst eine Menge von Lexemen, welchen einen gleichen bzw. ähnlichen Inhalt bzw. Bedeutungskern zugeschrieben wird, die einen bestimmten Sinnbereich lexikalisch abdecken (Glück/Rödel 2016: 773-774).

Lexeme, die zu einem Wortfeld gehören, verbinden immer unterschiedliche Relationen, die in Paarformeln aktiviert und oft verstärkt werden (z. B. *transport og logistik*). Da beide Kernglieder zur Bildung einer neuen Qualität und folglich eines neuen Fachterminus beitragen, kann die Beziehung zwischen den Komponenten als Synergieeffekt betrachtet werden.

6.2 Korpusbeschreibung

Den Ausführungen in Kap. 6 liegt ein separates Belegkorpus (Teilkorpus C) als materielle Basis zugrunde. Die erstellte Sammlung von 160 Einheiten wurde ausschließlich den Onlinequellen entnommen und stützt sich auf Homepages von logistischen Unternehmen und Websites mit logistischer Problematik (Weblogs, thematische Portale, Websites von logistischen Zeitschriften, Organisationen, Fachverbänden u.a.). Die Sammlung besteht somit aus einer Liste von Konstruktionen, die als Elemente der Fachlexik (fast) ausschließlich in der Kommunikation der Branche vorkommen. Es gibt auch einige, die als gemeinsames Sprachgut in unterschiedlichen Branchen der Wirtschaft gelten, aber in der fachsprachlichen Kommunikation von dänischen Logistikern besonders wichtig sind.

An dieser Stelle ist die Spezifik der fachlichen Phraseme zu erwähnen. Als selbstständige Fachphraseme werden auch die Paarformeln angesehen, die aus (mehrfach) zusammengesetzten Kerngliedern bestehen. Die ZF *passagerer og gods*, die logistische Objekte bezeichnet, gilt als Basisform zur Bildung anderer komplexer paarformelartiger Konstruktionen, wie *passager- og godstransport* u.a., die aus der Perspektive der Fachkommunikation fachrelevante Kategorien denotieren, und somit im Korpus als autonome Einheiten betrachtet werden[266].

---

266 Das Korpus erhebt keinen Anspruch auf Vollständigkeit.

Stellvertretend seien weitere Paare mit mehrfach zusammengesetzten Komponenten angeführt, die jeweils als Fachbezeichnungen angesehen werden:

logistik og transport – logistik- og transportomkostninger,
person og varer – person- og vareelevator,
pålæsning og aflæsning – pålæsnings- og aflæsningssted,
ankomst og afgang – ankomst- og afgangstider.

In Einzelfällen wurden in das Teilkorpus C auch solche Belege aufgenommen, die alltägliche Laienkommunikation prägen und in Fachtexten je nach Bedarf oder angesichts der thematischen Spezifik regelmäßig verwendet werden, wie es bei der ZF *til og fra*, die zur Bezeichnung der logistischen Prozesse in der Transportlogistik dient, der Fall ist. Derartige ZF werden demzufolge zwar nicht als fachliche sensu stricto, sondern als fachspezifische Phraseologismen eingestuft.

6.3 Strukturelle Typen und ihre Besonderheiten

Bei der Berücksichtigung der morphologischen Form der Komponenten unterscheidet man drei Typen von fachsprachlichen Paarformeln:

1. Komponenten in Vollform
1.1 mit Konnektor:
– Strukturtyp A kon B, z. B. *afsender og modtager,*
1.2 ohne Konnektor:
– Strukturtyp A/B, z. B. *pakker/kurér,*
– Strukturtyp A – B, z. B. *pick-pack,*
Bemerkenswert sind zwei schriftliche Erscheinungsformen der ZF ohne Konnektor, die als keine eigentlichen semantischen oder funktionalen Oppositionen, sondern schriftsprachliche Varianten zu betrachten sind.
1.3 ZF als Produkte der Univerbierung
Als eine separate strukturelle Klasse gelten univerbierte ZF, die infolge einer Zusammenziehung einer Phrase (Wortgruppe) entstanden sind, z. B. *mand-til-vare-plukning, vare-til-mand-plukning.*

2. Klammerform (mit Auslassung von wiederholten Elementen)
Als charakteristisches morphosyntaktisches Merkmal der untersuchten fachsprachlichen ZF ist eine hohe Frequenz der Wortteilellipse (Klammerform) zu nennen. Die standardsprachlichen ZF werden nur im sehr begrenzen Umfang elliptisch koordiniert. Sie entstehen aus sprachökonomischen und -stilistischen

Gründen bei der Koordinierung von zwei Komposita durch Auslassung des in beiden zusammengesetzten Komponenten vorkommenden Gliedes, um die Iteration eines Grund- oder Bestimmungswortes zu vermeiden, z. B. *ind- og udland*. Zahlreiche Klammerformen, d. h. elliptische Koordinierungen zweier Komposita signalisierten eine weitere Eigenschaft der Fachsprache – Anhäufung von zusammengesetzten Substantiven. Eine erhöhte Frequenz von Klammerformen ist nämlich ein Indiz dafür, dass die Determinativkomposita quantitativ eine führende Position in der Fachlexik haben, während Kopulativkomposita, sowie Possessivkomposita Randerscheinung sind. Der Gebrauch einer elliptischen Koordinierung kann auch kontextabhängig sein: Die Opposition *Vollform*: *Klammerform* kann dann als ein stilistischer Aspekt diskutiert werden (s. unten).

Klammerformen bilden nur ZF, deren Komponenten komplexe morphologische Formen haben:

– determinative Zusammensetzungen, z. B. *købs- og salgsaftaler*,
– nominale oder verbale Ableitungen, z. B. *ind- og udlagring, af- og pålæsning, for- og sluttransport*;

Elliptische Koordinierungen kommen hinsichtlich der sich wiederholenden Komponente in zwei Varianten vor:

– mit Auslassung des Grundwortes, z. B. *sundheds- og rejseforsikring, salgs- og leveringsbetingelser*;
– mit Auslassung des Bestimmungswortes, z. B. *afgangsdato og -tid*.

3. Kurzwörter als Komponenten
3.1 Buchstabenkurzwörter mit Konnektor: A kon B, z. B. *B2B*.
3.2 Buchstabenkurzwörter ohne Konnektor
a. mit dem Strukturmuster A/B, z. B. *RO/RO*,
b. mit dem Strukturmuster A B, z. B. *FiFo*.
Substantivische Kurzwörter als Komponenten der ZF bilden in der Sammlung von fachsprachlichen ZF eine beachtliche Menge mit wendungsinternen Unterschieden.

Die erste Gruppe bilden Buchstabenkurzwörter englischer Herkunft, die aus den ersten Buchstaben der Vollform bestehen und sich durch die auffällige Schreibweise des Konnektors *to*, die in der Schriftform durch die homofone Ziffer 2 ersetzt wurde, auszeichnen. Diese Gruppe besteht aus neun Belegen, die elektronische Geschäftsbeziehungen zwischen unterschiedlichen Akteuren der Wirtschaft abbilden. Ihre Bezeichnungen wurden auf Initialbuchstaben reduziert: Der Buchstabe B steht für Business, C für Customer, G für Government z. B. *B2C, C2B, B2B, C2C, G2C, C2G, B2G, G2B, G2G.*

Die oben angeführten Belege signalisieren eine weitere Eigenschaft des untersuchten fachsprachlichen Bestandes – die Präsenz von englischen Entlehnungen in Originalform. Wegen großer Verbreitung in vielen Sprachen haben sie den Status der Internationalismen gewonnen.

Eine weitere Quelle der multisegmentalen Buchstabenkurzwörter ist der Fachwortschatz aus dem Bereich der Transportlogistik. Die weit und breit im internationalen Güterverkehr verwendeteten Akronyme, bekannt als Incoterms (engl. International Commercial Terms)[267] sind internationale Handelsklauseln, die Lieferung und Abnahme der Ware, Gefahrenübergang (Preisgefahr), Haftung, Transportkonditionen, Transportkostenübernahme, Dokumentenerstellung im internationalen Warenverkehr regeln (Gleißner/Femerling 2008: 187). Dabei helfen sie, Missverständnisse und Rechtsstreitigkeiten durch eine international gebräuchliche einheitliche Auslegung der Rechte und Pflichten zu vermeiden. Sie haben zwar keinen Gesetzesstatus, trotzdem werden sie im Allgemeinen von den jeweiligen nationalen Gerichten anerkannt (Heiserich/Helbig/Ullmann 2011: 304). Sie werden jeweils als Kurzformen aus drei Großbuchstaben der englischen Wörter gebildet. In das Teilkorpus C wurden folgende Incoterms[268] aufgenommen:

CFR = *Cost And Freight* – Kosten und Fracht,
CIP = *Carriage and Insurance Paid to* – Frachtfrei Versichert,
CIF = *Cost, Insurance and Freight* – Kosten, Versicherung und Fracht.

Wegen der gebräuchlichen Kurzform der erwähnten Incotermsklauseln, die aus sprachökonomischen Gründen im Sprachgebrauch ausdrücklich dominieren, wird ihre paarformelartige Struktur kaum wahrgenommen.
Im Teilkorpus C fehlen Belege mit Komponenten, die aus Silben bestehen. Eine Zwischenform stellen die Lagerregeln dar, die zwar echte Akronyme sind, jedoch aus den Buchstaben wurden künstliche Silben zur besseren Artikulation und Ausformung von quasi Wörtern gebildet z. B. *FiFo*. In struktureller

---

267 Sie wurden 1936 erstmalig von der Internationalen Handelskammer in Paris aufgestellt und seitdem werden sie aktualisiert und den Bedürfnissen der internationalen Handelspraxis angepasst (Heiserich/Helbig/Ullmann 2011: 304).
268 Die Klauseln sind strukturell als Nominal- oder Präpositionalphrasen formuliert worden, z. B. *FOB* bedeutet *Free on Board* = Frei an Bord im benannten Verladehafen u.a. (Heiserich/Helbig/Ullmann 2011: 304–305).

Hinsicht sind sie multisegmentale Buchstabenkurzwörter, obwohl ihre äußere Erscheinungsform einer Kombination von zwei Silbenkurzwörtern ähnelt. Die Kurzform *FiFo* entstand aus der Kombination der Initialbuchstaben des Ausdrucks *First In – First Out* und gehört zur Gruppe der Fachtermini aus dem Bereich der Lagerlogistik, die als Lagerstrategien, Auslagerstrategien, Verbrauchsfolgeverfahren oder Prioritätsprinzipien bezeichnet werden. Ihre symmetrische Struktur, in der ein Bindeglied fehlt, wird von großgeschriebenen Anfangsbuchstaben der englischen Wörter konstituiert, die als reduzierte Sätze (Ellipsen), betrachtet werden können, in denen die satzkonstituierenden Glieder (Subjekt, finiter Prädikatsteil) ausgelassen worden sind[269]:

- *FIFO* (engl. first in – first out) bedeutet Auslagerung der zuerst eingelagerten Ladeeinheiten,
- *LIFO* (engl. last in – first out) bedeutet Auslagerung der zuletzt eingelagerten Ladeeinheiten,
- *FEFO* (engl. first expired – first out) bedeutet Auslagerung der Ladeeinheiten mit dem nächstgelegenen Verfallsdatum,
- *HIFO* (engl. highest in – first out) bedeutet Auslagerung der teuren Ladeeinheiten,
- *LOFO* (engl. lowest in – first out) bedeutet Auslagerung der günstigen Ladeeinheiten,
- *LOLO* (engl. lift on – lift off) bezeichnet ein Frachtschiff mit bordeigenen Kränen zum Be- und Entladen von Gütern, ohne dass externe Kräne erforderlich sind[270] (ausführlicher darüber s. Wannenwetsch 2014: 112–114).

Die genannten Prioritätsprinzipien sind syntaktisch kaum autonom und bilden die Struktur [AB]-Nomen, in der sie als Bezeichnungswort in einer substantivischen Wortzusammensetzung mit dem Grundwort *-metoden* (dt. die Methode) oder *-princippet* (dt. das Prinzip) gebraucht werden z. B. *FIFO-princippet, FIFO-metoden*. Die Distribution der Bezeichnungen für Lagerstrategien beschränkt sich wegen des hohen Grades der Fachlichkeit auf den Kommunikationsbereich der Lagerlogistik. Nach dem gleichen Vorbild wurden weitere, in der Transportlogistik geläufige ZF, gebildet, deren Kurzform sich ebenso als Akronym aus den ersten Buchstaben der englischen Wörter zusammensetzt[271]:

---

269 https://www.saloodo.com/de (06.05.2021).
270 https://www.saloodo.com/de (06.05.2021).
271 https://www.saloodo.com/de (06.05.2021).

- *RoRo-skib*[272] (engl. roll on – roll off) bezeichnet einen Schiffstyp und ein Verfahren, bei welchem sich die zu verladenden Fahrzeuge aus eigener Kraft auf das Schiff bewegen,
- *LoLo-skib* (engl. lift on – lift off) bezeichnet einen Schiffstyp und ein Verfahren, bei dem die Verladung auf das Schienenfahrzeug mittels eines Krans erfolgt.

Nach diesem Muster wurden weitere Bezeichnungen für Mischtypen von Schiffen gebildet:

- *Ro-Pax-skib* – bezeichnet eine Kombination von RoRo- und Passagierschiff,
- *Lo-Pax-skib* – steht für eine Kombination von LoLo- und Passagierschiff,
- *Con-Ro-skib* – steht für eine Kombination von Container- und RoRo-Schiff,
- *LoRo-skib* (= *Ro-Lo-skib*) – bezeichnet eine Kombination von LoLo- und RoRo-Schiff.

Die oben besprochenen Gruppen bilden Peripherie des logistischen fachphraseologischen Bestandes, denn die Konstruktionen weisen einen hybriden Charakter auf, indem sie Eigenschaften von ZF und einer komplexen Wortbildung verbinden. Zu sprachlichen Eigenschaften von den Formeln der Lagerstrategien und Bezeichnungen von Schiffstypen zählen:

- die symmetrische Struktur,
- semantische Gleichwertigkeit der vollsemantischen Komponenten,
- sowie Akzentuierungsmuster, nach dem beide Komponenten in Vollform Akzentträger sind, vgl. engl. ʹlast in – ʹfirst out, dän. ʹsidste ind – ʹførst ud.

Auf die Zugehörigkeit der diskutierten Konstruktionen zu Wortbildungsmitteln verweisen folgende Charakteristika:

- konjunktionslose Aneinandung und dadurch Ähnlichkeit der Struktur von Komposita,
- beschränkte Distribution; gebraucht als Glied mit syntaktischer Abhängigkeit in einer Zusammensetzung nach dem Muster [AB]-Nomen, autonome Verwendung ohne Grundwort nur bedingt möglich,
- Schreibweise mit Bindestrich.

---

272 Möglich sind auch Vollformen, z.B. roll-on-roll-off-skib (DDO).

Die Frequenz der einzelnen Erscheinungsformen illustriert die Tab. 22:

Tab. 22 Strukturelle Typen der fachsprachlichen ZF und ihre Frequenz im Untersuchungskorpus

Nr.	Typ	Anteil in %
1.	Vollform	59,29
2.	Klammerform	25,00
3.	Kurzwörter	15,71
Gesamt		100,00

6.3.1 Wortklassenzugehörigkeit der Komponenten

Den überwiegenden Teil der Autosemantika bilden appellativische **Nomina**, die aus unterschiedlichen semantischen Subklassen stammen und in unterschiedlichen Kombinationen vorkommen :

- Konkretum + Konkretum z. B. *havn til havn,*
- Konkretum + Abstraktum z. B. *varer og tjenesteydelser,*
- Abstraktum + Abstraktum z. B. *kvalitet og garanti.*

Eindeutig seltener kommen Komponenten aus anderen Wortklassen vor:

Verb z. B. *indlagre og udlagre,*
Partizip z. B. *ind- og udgående,*
Adjektiv z. B. *privat og offentlig,*
Adverb z. B. *forud eller bagud betalt,*
Präposition z. B. *til ... og fra ... .*

Die Distribution einzelner Wortklassen in der untersuchten Sammlung illustriert die Tab. 23:

Tab. 23 Wortklassenzugehörigkeit der Komponenten in fachlichen ZF

Nr.	Wortklasse	Anzahl	Anteil in %
1.	Nomen	127	79,37
2.	Verb	20	12,50
3.	Adjektiv	6	3,75
4.	Adverb	6	3,75
5.	Präposition	1	0,63

6.3.2 Typologie von Konnektoren

Ein Überblick über das Spektrum der möglichen Konnektoren in den untersuchten Fachphrasemen ergibt folgendes Bild:

a. Konjunktionen
   og z. B. *en gros og en detail,*
   & z. B. *pick & pack,*
   eller z. B. *forud eller bagud,*
   and z. B. *power-and-free-transportører;*

b. Präpositionen
   til z. B. *dør-til-dør,*
   fra – til z. B. *fra udgangspunkt til bestemmelsessted,*
   to z. B. *end-to-end,*

c. Zahlwörter (nur in der Schriftform) z. B. *G2G.*

Die Übersicht von vorkommenden Konnektoren und ihre Frequenz sind der Tab. 24 zu entnehmen.

Tab. 24 Vorkommenshäufigkeit der Konnektoren in fachlichen ZF

Nr.	Konnektor	Anzahl	Anteil in %
1.	Konjunktion		
	og (&, and)	128	80,00
	eller	3	1,87
	gesamt	131	81,87
2.	Präposition		
	to	10	6,25
	til	8	5,00
	fra – til	2	1,25
	gesamt	20	12,50
3.	ohne Konnektor	9	5,63

6.3.3 Stabilität der Struktur

Wie es in Kap. 3.2.2.4.1 nachgewiesen worden ist, ist das Merkmal der Irreversibilität in der Sammlung von ZF graduierbar. Von dieser Annahme wird auch bei der Beschreibung von fachsprachlichen ZF ausgegangen. Die Untersuchung des fachsprachlichen Korpus hat ergeben, dass die Belege nach dem Kriterium der Stabilität in zwei Teilmengen gliedert werden können:

a. irreversible ZF mit fester Abfolge der Komponenten, die für die Gesamtbedeutung der ZF konstitutiv ist. Diese Gruppe umfasst vor allem ZF, die eine zielgerichtete Handlung zwischen den denotierten Größen kommunizieren. Die Komponenten sind als Ausgangspunkt und Zielpunkt einer Bewegung zu verstehen, ihre Abfolge veranschaulicht nämlich die Richtung der Güterflüsse (179) sowie der Informations- und Geldflüsse (z. B. B2C, C2B usw.) bzw. temporale Beziehung zwischen zwei Geschehen (180). Die Komponenten denotieren logistische Akteure, zwischen denen geschäftliche Beziehungen bestehen.

(179) *Vare-til-mand-plukning Varen transporteres her direkte hen til lagermedarbejderen ved hjælp af et transportanlæg. [...] Mand-til-vare-plukning Lagermedarbejderen bevæger sig hen til lagerstedet og plukker den pågældende vare.*[273]
(180) *Vælg click & collect som den ønskede leveringsmetode.*[274]

Die Umkehrung der Reihenfolge würde zur Entstehung einer neuen ZF mit einem unterschiedlichen Referenzbereich führen.

b. reversible ZF – die Reihenfolge der Komponenten hat keinen so wesentlichen Einfluss auf die Bedeutung der Gesamtstruktur und somit ist nicht bedingungslos fest. Deswegen werden sie – außer bestimmten Kontexten, in denen die zeitliche Abfolge von Tätigkeiten oder Prozessen für den Inhalt der Aussage oder Textsorte ausschlaggebend ist[275] – in beiden Varianten verwendet, allerdings mit unterschiedlicher Häufigkeit. Die Frequenz von den beiden Varianten ausgewählter ZF enthält die Tab. 25:

Tab. 25 Ausgewählte ZF mit Frequenzangaben (nach KorpusDK) ihrer strukturellen Varianten

Nr.	Variante A og B	Frequenz	Variante B og A	Frequenz
1.	transport og logistik	11	logistik og transport	-
2.	import og eksport	26	eksport og import	23
3.	indbetaling og udbetaling	4	udbetaling og indbetaling	1
4.	indlagring og udlagring	-	udlagring og indlagring	-
5.	indland og udland	7	udland og indland	4
6.	produkter og ydelser	6	ydelser og produkter	1
7.	ankomst og afgang	3	afgang og ankomst	3
8.	brutto og netto	2	netto og brutto	-

---

273 https://www.bito.com/ (10.05.2021).
274 https://www.kingsqueens.dk/click-and-collect (10.05.2021).
275 Dafür können beispielsweise didaktische Gründe (z.B. Beschreibung der logistischen Prozesse in einem Schullehrbuch) sprechen.

Diese bescheidene Übersicht zeigt zusätzlich, dass die Frequenz von fachsprachlichen ZF in den Korpusbeständen von KorpusDK sehr niedrig ist, weil fachliche Quellentexte nur gering vertreten sind. Demzufolge lassen sich aufgrund der Ergebnisse keine bindenden und verallgemeinernden Behauptungen formulieren. Die zweite Beobachtung resultiert aus dem Vergleich der Häufigkeitsangaben. Nur eine ZF kommt als eine feste irreversible Struktur vor, bei allen anderen kann man den Gebrauch von strukturellen Konkurrenzformen feststellen. Allerdings dominiert (fast) immer eine Variante.

6.3.4 Abfolgeregeln der Komponenten

In den Untersuchungen zu allgemeinsprachlichen ZF wurden vier Gruppen von Faktoren identifiziert (vgl. Kap. 3.3), die einen Einfluss auf die lineare Abfolge von Bestandteilen der ZF haben. Die Feststellung der vollständigen Liste der eindeutig geltenden Einflussfaktoren, die alle fachsprachlichen Paarformeln umfassen würde, ist wegen der begrenzten Strukturstabilität problematisch oder kaum möglich. Aufgrund der empirisch erfassten Fakten kann man feststellen, dass die Reihenfolgebeziehungen der Konstituenten in fachsprachlichen ZF von zwei Grundprinzipien determiniert werden: ikonische und anthropozentrische Weltsicht.

1. Als einer der Faktoren von höchster Relevanz ist sicherlich die **Ikonizität**, die die Abfolge der Kernglieder determiniert: Die vollsemantischen Komponenten der ZF bilden Sachverhalte der umgebenden Wirklichkeit ikonisch ab. Dies ergibt sich aus der Beobachtung logistischer Prozesse und deren Teilnehmer, d.h. der bestehenden Zusammenhänge zwischen Personen, Objekten sowie Abläufe von Vorgängen. Dies bestätigen folgende Fakten:
   - die zeitliche Abfolge von Ereignissen, Tätigkeiten in logistischen Prozessen oder Aktivitäten in der außersprachlichen Wirklichkeit, die sich in der Präferenz zur Voranstellung der sprachlichen Einheit, die auf zeitlich vorangehende Ereignisse Bezug nimmt, z. B. die ZF in *RoRo-skib* besteht aus den Komponenten *roll on* verstanden als Beladung vor dem Transport und *roll of* als Entladung nach dem Transport. Die inhaltliche Struktur der ZF entspricht somit der Abfolge der Vorgänge beim Schiffsbe- und Schiffsentladung.

Nach dem Prinzip der sprachlichen Ikonizität sind die Kernglieder weiterer ZF geordnet:

Cash & Carry	*HIFO*	*pick & pack*
Click-and-Collect	*LIFO*	*Pluk og pak*
FEFO	*LOFO*	*Print & Apply*
FIFO	*LoLo*	*salgs- og*
forud eller bagud	*Mand-til-vare-*	*leveringsbetingelser*
	plukning	*Vare-til-mand-plukning*

- die Abfolge der Bezeichnungen von logistischen Akteuren: von dem Ausgangspunkt der Aktivität zu deren Adressaten:

  B2C, C2B usw.

- Hierarchie: Ursache > Folge z. B. *Quick and dirty, click and collect.*

2. Als zweites Kriterium ist das First-Me-Prinzip, nach dem das Erstglied eines Wortpaars sich auf den Sprecher oder seine direkte Umgebung bezieht (s. Kap. 3.3.2). Zu unterscheiden sind folgende Mikrorelationen:

- die räumliche Verteilung der Orte und Objekte: direkte Umgebung > weit entfernte Standorte z. B.:

indenrigs- og udenrigs-	*intern og ekstern*
indland og udland	*lokal og global*
indre og ydre	*national og international*

Die spatialen Verhältnisse Nähe – Entfernung werden auf mehr abstrakte Relationen übertragen, wie z. B. Besitzverhältnisse, die auch nach dem First-Me-Prinzip geordnet werden z. B. *privat og offentlig.*

- direktionale Relationen: Bewegung von dem Sprecher weg > Bewegung auf den Sprecher zu z. B.:

afgang og ankomst	*indbetaling og udbetaling*
afhentning og levering	*indlagring og udlagring*
aflæsning og pålæsning	*push and pull*

- vertikale Bewegung: von oben nach unten z. B. *top- & bund-etikettering,*

- die Hierarchie der Transporttypen äußert sich in der Präferenz für die Voranstellung der sprachlichen Einheit, die auf die höhere Position in der Hierarchie verweist.

Die Bezeichnungen von Transporttypen (bzw. deren infrastrukturellen Anlagen) werden in ZF nach dem Prinzip geordnet: zuerst prototypische (meist verbreitete, mit längster Tradition), dann weniger prototypische Transportformen, d. h. Strassen > Bahn > See > Luft z. B.:

bus- og togdriften   *til lands og til vands*
land- og banetransport   *vej- og jernbane-transport*
sø- og luftfragt   *veje og broer*

- Hierarchie: wichtiger (größer) > von geringerer Bedeutung (oft auch kleiner) z. B. *en gros og en detail, messer og udstillinger;*
- Hierarchie: Menschen > Sachen z. B. *passager- og godstransport, passagerer og gods, person- og lastvogne;*
- Hierachie: Konkreta > Abstrakta z. B. *varer og tjenesteydelser, produkter og ydelser.*

Die Ausführungen belegen, dass einige Regeln, die die Abfolge in den alten, seit langem tradierten ZF des Dänischen steuern, scheinen demnach auch heute noch gültig zu sein. Dies trifft grundsätzlich auf die ikonische Anordnung der Informationen in Wortpaaren zu.

6.4 Graphematische und morphosyntaktische Spezifik der fachsprachlichen ZF

Das Untersuchungskorpus wurde aufgrund authentischer Internettexte zusammengestellt, in denen grafische Form einiger ZF gewisse Besonderheiten aufweisen, die man als graphematische bzw. morphosyntaktische Variation zusammenfassen kann.

Die festgestellte alternative Schreibweise von einigen ZF ist als Folge der mangelnden Sprachnormierung im Bereich der Fachlexik zu betrachten, die kaum lexikografisch codifiziert wurde, oder auch als Ausdruck fehlender Sprachkompetenz. Die Konkurrenzformen unterscheiden sich zwar nur im Bereich der grafischen Gestalt, aber die alternative Schreibweise betrifft unterschiedliche Aspekte. Die vorkommenden Oppositionen werden im Folgenden systematisiert und kommentiert.

a. Konkurrenzformen: Vollform vs. Abkürzung

Der alternative Gebrauch der ZF mit Komponenten in Vollform bzw. ihrer Akronyme trifft auf wenige Belege zu, z. B. *B2B* vs. *business to business*, *P&F* vs. *power and free*. Die Opposition hat stilistischen Charakter und den Beobachtungen zufolge kann man feststellen, dass die voll ausgeschriebenen Komponenten äußerst selten gebraucht werden z. B. in offiziellen Publikationen wie wissenschaftliche Fachbücher, Lexikonartikel oder aus didaktischen Gründen in Lehrbüchern.

Die Asymmetrie in der Vorkommenshäufigkeit beider Schreibweisen illustriert die Tab. 26:

Tab. 26 Frequenz von Vollformen und ihren Akronymen zweier ZF im Vergleich (nach SkEn)

Nr.	Vollform	Frequenz	Akronym	Frequenz
1.	*Business to business*	492	*B2B*	8.534
2.	*First in First out*	58	*FiFo*	438

b. Konkurrenzformen: Vollform vs. Klammerform

Die elliptischen Konstruktionen sind zwar normgerecht und dazu sprach- und textökonomisch, aber sie sind nicht einzige Erscheinungsformen der ZF, die aus zusammengesetzten Komponenten bestehen: Volle Form funktioniert neben der Klammerform (181 – 182):

(181) *Hvad angår udgifterne til oplagring, navnlig udgifterne til* **indlagring og udlagring** *af de pågældende produkter, bør der tages hensyn til de daglige udgifter [...]*[276].

(182) **Ind- og udlagring** *af lavfrekvente dele styres på effektiv vis ved hjælp af dette innovative system [...]*[277].

Zwischen den Varianten (181, 182) bestehen geringe stilistische Unterschiede. Die Vollform wird in offiziellen, normgebenden juristischen Texten verwendet. Die ZF mit voll ausgeschriebenen Komponenten findet außerdem wegen der Sprachpflege und aus ästhetischen Gründen im offiziellen Sprachgebrauch in Titeln und Kapitelüberschriften Anwendung. In weiteren Textteilen bei der

---

276 https://eur-lex.europa.eu/LexUriServ/LexUriServ.do?uri=CELEX:32004R0224:DA:HTML (06.05.2021).
277 https://www.kardex-remstar.dk (06.05.2021).

erneuten Wiederaufnahme der ZF wird die kürzere und ökonomischere Variante bevorzugt und konsequent gebraucht. Die Vollformen treten auch in der Kommunikation Fachmann – Laie, d. h. in den empfängerorientierten Texten auf, in denen die Fachbezeichnungen definiert, erläutert oder als neue eingeführt werden.

c. Konkurrenzformen: Vollform vs. ZF ohne Konnektor

Morphosyntaktische Besonderheiten der fachsprachlichen ZF in logistischen Texten betreffen auch den Gebrauch des Konnektors. Die Auslassung der synsemantischen Komponente kommt gelegentlich vor und ergibt Oppositionen and/og - & - / (183 – 187):

(183) **Pick and pack** *er en total outsourcet lagerløsning, hvor virksomheden opbevarer, pakker, sender og tager varer retur*[278].
(184) *Vi tilbyder Lagerhotel med* **Pick & Pack** *(ordrehåndtering)*[279].
(185) *Vores service: Lagerhotel, Handling ind/ud,* **Pick / pack**, *Labelling, Ad-hoc opgaver*[280].
(186) *Ergonomisk designede løftebøjler gør det nemmere manuelt at* **læsse og aflæsse** *ved transport*[281].
(187) *Der findes flere former for hjælpemidler til at* **læse/aflæsse** *bilen*[282].

Der Gebrauch der Schreibvarianten hat keinen Einfluss auf die Semantik der Paarformel und hängt mit dem stilistischen Aspekt des Textes zusammen. Die Distribution der konjunktionslosen Reihung von Komponenten weist eine gewisse Korrelation mit der Textsorte und dem Textbaustein auf, in denen die ZF eingesetzt wird. Den Beobachtungen zufolge kommen reduzierte Formen häufiger in den Texten vor, in denen Gebrauch von Kurzformen, Abkürzungen ihre Textsortenspezifik ausmachen wie z. B. verschiedene Typen von Anzeigen oder Kurzfinformationen. Der Telegrammstil der Stellenanzeigen (188) spiegelt sich in der Auslassung der Konnektoren in ZF wider.

(188) *Her har du:*
- *[…] Lager til plukning fra dag-til-dag samt* **pick/pack**
- *[…]* **Losning/Læsning** *af Import samt export biler*[283].

---

278 https://www.amino.dk/ordbog/faq/hvad-er-pick-and-pack.aspx (06.05.2021).
279 https://topvirk.dk/services/lagerhotel.html (06.05.2021).
280 https://sanddistribution.dk/lagerhotel/ (06.05.2021).
281 https://www.wackerneuson-mseries.com/ (06.05.2021).
282 http://under-hjelmene.dk/wp (06.05.2021).
283 https://www.sftlogistics.dk/lager/ (06.05.2021).

In Bedienungsanleitungen oder Gebrauchsanweisungen, in denen Angaben technischer Parameter von Maschinen und Geräten, erfolgreiche Textrezeption, sowie -verständnis von höchster Relevanz sind, können eher Vollformen erwartet werden (189):

(189) *Ergonomisk designede løftebøjler gør det nemmere manuelt at læsse og aflæsse ved transport*[284].

Nicht normalisierte Schreibweise ergibt sich aus der Tatsache, dass es viele der fachsprachlichen Termini und Begriffe wegen schneller Entwicklung der Technik und der Fachlexik nicht in die Wörterbücher aufgenommen worden sind, die eine normbildende Wirkung hätten. Außerdem kann der Gebrauch bestimmter Form als Ausdruck des gepflegten oder nachlässigen Sprachgebrauchs angesehen werden.

d. Konkurrenzformen: & vs. *og/and* (= Konnektor in Vollform)

Der Gebrauch des &-Zeichens, das als eine Konkurrenzform die nebenordnende Konjunktion *og* oder *and* ersetzt, ist im Dänischen vor allem in Eigennamen üblich (s. Kap. 5.4) und gilt als typografische Markierung der zusammenhängenden Sprachelemente, die eine funktionale Einheit bilden. Die derartige Verknüpfung der koordinierten Lexeme in Wortgruppen kann man teilweise auf die einheimische Tradition, teilweise auf den Einfluss des Englischen zurückführen. Aus diesem Grund ist die Häufigkeit des et-Zeichens in den dänischen Texten der Logistik auffallend. Den Gebrauch der Konkurrenzformen illustrieren Belege (190-192):

(190) *Med* **Track & Trace** *kan du følge dine breve og pakker hele vejen [...]*[285].
(191) *Uanset om det er UPS* **track and trace**, *DHL* **track and trace**, *FedEx* **track and trace**, *så er det samme princip der anvendes*[286].
(192) *Som udgangspunkt koster* **Pick & Pack** *af en ordre (ekskl. porto) fra: 15 DKK pr. ordre*[287].

Der Gebrauch des &-Zeichens kann als Stilmerkmal mancher Internetseiten betrachtet werden. In allen Texten auf der Webseite *dansk-e-logistik.dk* wird konsequent, was nicht immer auf anderen Webseiten der Fall ist (!)[288], diese Schreibung bevorzugt:

---

284 https://www.wackerneuson-mseries.com (06.05.2021).
285 https://da.leman.com/transport/express-kurer/ (08.05.2021).
286 https://www.pakke.dk/spordinpakke (08.05.2021).
287 https://dansk-e-logistik.dk/priser/ (08.05.2021).
288 Als Extremfall kann eine ZF in drei Schreibvarianten gelten *Pakker & kurér, Pakker/kurér, Pakker og kurér*.

(193) *I. Vi **plukker & pakker** kundens ordre. [...]*
*Vi opdaterer din webshop med **ordre- & lagerstatus**.*

*[...] Herefter opdateres ordrens status, lagerantallet og pakkens **Track & Trace** nummer automatisk i din webshop.*

*Vi sender **Track & Trace** info til din kunde.*

*Hvis du ønsker det, sender vi automatisk pakkens **Track & Trace** nummer til din kunde*[289].

e. Gebrauch von Bindestrichen zwischen den Komponenten

Die alternative Anwendung von Bindestrichen zwischen den Komponenten einer Paarformel ist im Dänischen nicht normgerecht und resultiert aus fehlender Sprachkompetenz. Auf der anderen Seite kann das Verfahren auch eine positive Wirkung haben. Die Trennzeichen wie z. B. in der Konstruktion **dør-til-dør** markieren die funktionale Einheit, die als ein Mehrwortlexem zu betrachten ist, und signalisieren, dass es sich um eine feste Konstruktion mit eigener Bedeutung handelt und nicht um eine okkasionelle Wortgruppe, wie etwa Beleg (194) irrtümlicherweise suggerieren könnte:

(194) *Så bliver din forsendelse leveret **fra dør til dør** om få timer*[290].

Auf diese Weise erleichtert diese Schreibweise die Textrezeption (195) und trägt zur Etablierung der festen Mehrwortverbindungen im Bewusstsein der Textproduzenten und -rezipienten und folglich in der Sprache bei.

(195) ***Dør til dør** levering*[291].

*Afhentning og levering kan arrangeres **dør-til-dør**, dør-til-lufthavn, lufthavn-til-lufthavn eller lufthavn-til-dør. Det er en ideel prioritetsforsendelsesservice til business-to-business afsendere af alle størrelser*[292].

Zu den Besonderheiten der fachsprachlichen ZF auf der morphosyntaktischen Ebene gehören folgende Phänomene:

– Starke Distributionsbeschränkungen hinsichtlich syntaktischer Autonomie und Kombinierbarkeit. Einige Paarformeln kommen nie als selbstständige

---

289 https://dansk-e-logistik.dk/procedure/ (08.05.2021).
290 https://www.pakke.dk/bring (08.05.2021).
291 https://www.fragtopgaver.dk (08.05.2021).
292 http://www.fedex.com/dk (08.05.2021).

Satzkomponenten vor, ihre einzige Funktion beschränkt sich auf die Rolle des Bezeichnungsgliedes in einer Zusammensetzung (196):

(196) *Ro-ro-systemet kræver ramper som ved bilfærger. De fleste **ro-ro-skibe** har egen bevægelig rampe, som lægges ned på kajen [...]*[293].

Wie die Beispiele (197-199) belegen, können auch die monofunktionellen Paarformeln in anderen syntaktischen Funktionen gebraucht werden, z. B. als Teil einer Zusammensetzung oder als ein vorangestelltes Attribut:

(197) *Der er **B2B-virksomheder** i enhver branche, fra produktion til detailhandel. Uanset hvor forretningen foregår, kan du være sikker på, at en række **B2B-leverandører** og rådgivningsfirmaer er aktive*[294].

(198) *En af de klare fordele ved en **B2B** auktion er, at byderen ikke skal være fysisk til stede ved auktionen*[295].

(199) *Pakken sendes med GLS, der ifølge deres egen kvalitetskontrol leverer mindst 97% af alle pakker på én hverdag (**dag-til-dag levering**)*[296].

– artikelloser Gebrauch, starke Beschränkungen im Flexionsbereich. Dies ist besonders im Gebrauch der englischen ZF erkennbar. Als ein Extremfall ist die ZF *Track and Trace* zu nennen, die fast wie ein Eigenname funktioniert (200):

(200) *Med **Track & Trace** får du detaljerede oplysninger om din pakke [...]. Hvis der mod forventning opstår en fejl i forbindelse med leveringen, gør **Track and Trace** det muligt at se, hvor fejlen er opstået*[297].

6.5 Anglizismen

In den bisherigen Ausführungen wurde schon das häufige Vorkommen der Fachtermini englischer Herkunft angedeutet. Die Liste der englischen Wortpaare enthält 37 Belege z. B:

---

293 https://denstoredanske.lex.dk (08.05.2021).
294 https://inboundcph.dk (08.05.2021).
295 https://www.campenauktioner.dk (08.05.2021).
296 https://bagetid.dk/kundeservice/ (08.05.2021).
297 https://coolrunner.dk (08.05.2021).

Cash & Carry
Click-and-Collect
end-to-end
onshore & offshore
P&F-transportører
park and ride
part- og full load

Pick og put
power-and-free-transportører
Print & Apply
push and pull
Quick and dirty
Track & Trace (und weitere 24 ZF)

Der Auflistung ist zu entnehmen, dass logistische ZF englischer Herkunft zahlenmäßig einen wesentlichen Bestandteil (23 %) des untersuchten Teilkorpus C ausmacht. Dies gilt auch für andere europäische Sprachen, in denen oft die gleichen Termini und Bezeichnungen in englischer Originalform gebraucht werden. Die Hegemonie der Fachterminologie englischer Herkunft ist auf die Globalisierungsprozesse und internationalen Charakter der Transport- und Lagerlogistik zurückzuführen. Als ein weiterer Faktor, der der englischen Fachlexik den Weg in andere Sprachen erleichtert, gelten Übersetzungen von Fachtexten im Rahmen der EU aus verschiedenen Wirtschaftsgebieten aus dem Englischen in Nationalsprachen. Bei der mangelnden zielsprachlichen Lexik bedienen sich die Übersetzer der Technik der Reproduktion oder der Reproduktion mit Anpassung an die Regeln der Zielsprache, bzw. Wort-für-Wort-Übersetzung, was zur Bereicherung der Sprache führt, indem neue lexikalische Einheiten gebildet oder entlehnt werden. Bei der sich im schnellen Tempo entwickelten Technik und Elektronik kann man damit rechnen, dass sich diese Tendenz in den kommenden Jahren anhalten wird. Als Beispiel für den Transfer von Fachtermini aus dem Englischen ins Dänische infolge der Übersetzung seien folgende Textabschnitte (201 – 202) angeführt:

> (201) *The ecodesign together with the energy labelling legislative framework establish a **push and pull marketmechanism** aiming at reducing carbon emissions by determining a major impact on the choices that consumers make when purchasing energy consuming products*[298].
>
> [Dänische Übersetzung=] *Ved lovgivningsrammen for såvel miljøvenligt design som energimærkning oprettes en **„push and pull"-markedsmekanisme** til at reducere emissionen af CO2, idet den har betydelig indflydelse på forbrugernes beslutninger, når de køber energiforbrugende produkter*[299].

---

298 https://eur-lex.europa.eu (08.05.2021).
299 https://data.consilium.europa.eu/doc/document/ST-7431-2019-INIT/da/pdf (08.05.2021).

Den Gebrauch der Entlehnung bestätigt der Eintrag im dänischen Online-Marketing-Lexikon (202):

> (202) *Hvad er* **Push og Pull** *Marketing? Push Marketing handler om at reklamere varen ud til kunden – modsat Pull Marketing, der har til formål at trække kunden hen til produktet*[300].

Manche englischen Entlehnungen haben ihre dänischen Entsprechungen. Da ihr Status in der Sprache noch nicht stabil ist, werden beide Konkurrenzformen als phraseologische Dubletten verwendet. Dies ist eine übliche Situation in der Sprache, bis einer der Ausdrücke den anderen verdrängt. Manchmal bleiben beide Phraseme im Gebrauch als stilistische Varianten, wie z. B. bei den Paarformeln **pick and pack** und **pluk og pak** der Fall ist. Von ihrer Gleichberechtigung im logistischen Vokabular zeugt wohl die Tatsache, dass beide Konstruktionen im gleichen Text (203) abwechselnd verwendet werden:

> (203) *At tage hånd om lagerstyring, pluk og pakning kan være tungt og tidskrævende, at lade et lagerhotel håndtere jeres* **pick and pack***, gør at i slipper besværet, samtidig med at du sparer både tid og penge! […]* **Pluk og pak** *er som det lyder – vores dygtige lagermedarbejdere plukker og pakker dine ordrer, så de kan sendes til dine kunder. […] Det er både tidsbesparende og sikrer effektiv* **pluk og pak** *af dine ordrer. […] En af fordelene ved at lade en logistik virksomhed tage hånd om jeres* **Pick and Pack** *er også at vi har et bredt udvalg af emballage […]*[301].

6.6 Fachsprachliche ZF als onymische Textkomponenten

Bemerkenswert sind weitere Kommunikationsbereiche, in denen untersuchte Phraseme Verwendung finden. Es geht nämlich um Bildung der onymischen Einheiten, deren Komponenten fachsprachliche ZF sind. Sie konstituieren den Eigennamen selbstständig oder mit anderen Komponenten.

Das phraseologische Wortpaar *Pick & Pack* dient in einer durch Expansion modifizierten Form als Titel einer Unterseite (204):

> (204) *Pick & Pack & Lager*[302].

Zwei weitere Belege (205) funktionieren als Namen der Unternehmen, was sich auch in der Zusammenschreibung der ganzen Phrase manifestiert:

---

300 https://www.greenclick.dk/online-marketing-leksikon/push-og-pull-marketing/ (08.05.2021).
301 https://webshoplageret.dk/services/pick-and-pack/ (08.05.2021).
302 https://www.jmcas.dk/pickpacklager/ (08.05.2021).

(205) **Pickandpack** løser en væsentlig opgave for os [...] Det er væsentligt for os at **Pickandpack** er i stand til hurtigt at modtage vare på lageret [...]. Vi lægger vægt på at alt data overføres elektronisk mellem vores og **Pickandpack's** systemer[303].

In dem Firmonym *PickNpack* wird die onymische Spracheinheit appellativischer Herkunft typografisch durch Großschreibung des Initialbuchstabens sowie des nach dem englischen Muster reduzierten Konnektors signalisiert (206):

(206) **Hos PickNpack.dk** tilbyder vi alle løsninger indenfor lagerhotel, ompakning, omlæsning og transport [...][304].

6.7 Zur Semantik von fachsprachlichen ZF

Die in der Charakteristik der allgemeinsprachlichen ZF erwähnten Kriterien wie Festigkeit, semantische Opazität, Irreversibilität u.a, gelten eigentlich nur für ihren Kernbereich und können kaum auf alle Paarformeln und gar nicht auf alle fachsprachlichen Phraseme bezogen werden. Die vorliegenden Ausführungen stützen sich auf folgenden Prämissen:

1. allgemeinsprachliche ZF (aus dem Kernbereich mit prototypischen Exemplaren) sind in ihrer heutigen Form im Mittelalter entstanden und seit dieser Zeit haben sich ihre ursprüngliche Bedeutung oft verwischt und/oder die Struktur verfestigt. Die logistischen Paarformeln fanden mit der Entwicklung der Zivilisation der letzten 80 Jahre Eingang in die Sprache, daher sind ihre Merkmale noch nicht so stark ausgeprägt. Mit dem Gesagten hängt die Frage der Frequenz zusammen: Während die allgemeinsprachlichen ZF von allen Sprachbenutzern in beliebigen, manchmal fast uneingeschränkten Kontexten (besonders in der spontanen mündlichen Kommunikation) verwendet werden, beschränkt sich die Häufigkeit der fachsprachlichen ZF auf die Fachkommunikation, manchmal nur in schriftlicher Form. Dies hat einen Einfluss auf den Verlauf des Phraseologisierungsprozesses, d. h. die Festigung der Struktur und Etablierung in der Sprache.
2. der Definition von Fachphraseologismen zufolge, bestehen Fachphraseme aus Fachlexik und ihre Metaphorik ist konsequenterweise stark oder vollständig, zugunsten semantischer Transparenz der Einzelglieder, reduziert.

---

303 http://www.pickandpack.dk/kunderne-siger (09.05.2021).
304 https://picknpack.dk (09.05.2021).

Die Darstellung der semantischen Charakteristik von den untersuchten ZF umfasst vier separate Aspekte:

a) interne semantische Beziehungen zwischen den vollsemantischen Komponenten und die daraus resultierenden semantischen Funktionen von ZF,
b) semantische Beziehungen zwischen den ZF und anderen lexikalischen Einheiten,
c) semantische Referenzen (Kategorien) in Bezug auf die Branchenspezifik,
d) Metaphorik in fachsprachlichen ZF.

6.7.1 Besonderheiten auf der semantischen Ebene

Semantische Funktionen in Texten, die der Fachlexik und -phraseologie zukommen, werden – so Hoffmann (1985, 1988) – von einer Reihe ihrer Eigenschaften determiniert. Diese ergeben sich aus den der Fachkommunikation gestellten Anforderungen, die optimale Informationsübermittlung im Fachbereich sichern soll. Die semantischen Merkmale der dänischen ZF, die von ihrer Zugehörigkeit zum Fachwortschatz zeugen, werden in Anlehnung an die Ausführungen von Hoffmann (1988: 103, vgl. auch Hoffmann 1985: 163–164) näher beleuchtet. Die **Fachbezogenheit** der ZF ergibt sich aus zwei Fakten. Zum einen bestehen die untersuchten Paarformeln aus Komponenten, die der Fachlexik entnommen wurden z. B. *indlagre og udlagre*. Zum anderen verliert die Gesamtbedeutung der Paarformel den Status einer Fachbezeichnung nicht, auch wenn der Komponentenbestand sich teilweise aus allgemeinsprachlichen Lexemen zusammensetzt z. B. *dag-til-dag-levering*. Somit gelten beide Typen von Paarformeln als eine besondere Art der Repräsentation des Fachwissens und dienen in der Kommunikation zur Lösung branchenspezifischer Aufgaben. Die Eigenschaft der **Exaktheit** trifft auf die Fachtermini zu und kommt dann vor, wenn ein Terminus eine exakte, bestimmte Definition im Vergleich zu den anderen Termini hat. Das Merkmal hängt mit der Eigenschaft der **Eindeutigkeit** zusammen, die auch nur auf Fachtermini bezogen werden kann und bedeutet, dass ein Terminus einen ganz besonderen Begriff bzw. eine ganz besondere Erscheinung in der Fachsprache bezeichnet (z. B. *ekspres- og kurértransport*). Fachtermini zeichnen sich in der Regel durch Monoreferenz aus, und dienen somit zur Bezeichnung nur eines Referenzobjekts. Das Objekt hat auch nur die eine Benennung. Auf einige der untersuchten ZF, die als synonyme in gewissen Kontexten austauschbar sind, trifft die Regel nicht zu (s. 6.7.3). Die **Knappheit** der fachsprachlichen ZF äußert sich in der kurzen und kompakten Erscheinungsform, die nur zwei koordinierte Lexeme, ohne begleitende Satzkomponenten wie obligatorische

Objekte oder Attribute, umfasst. Das Merkmal der **Selbstdeutigkeit** kommt dann vor, wenn keine Erklärung im Kontext der Fachsprache für den jeweiligen Terminus erforderlich ist, damit er verstanden werden kann. Unter **Kontextunabhängigkeit** ist zu verstehen, dass die Bedeutung eines Fachausdrucks in jedem Kontext eine konstante Bedeutung hat. Schließlich ist die Tatsache zu erwähnen, dass die Struktur der fachsprachlichen ZF aus Lexemen mit einer klaren Referenz besteht, was auch in der Regel für die ganze phraseologische Konstruktion dieser Art gilt.

Die Verknüpfung von den genannten Eigenschaften soll der Optimierung der Kommunikation „Fachmann – Fachmann" sowie „Fachmann – Laie" in einem Fachbereich dienen.

Zwischen beider Vollsemantika in fachsprachlichen ZF bestehen nicht so viele semantische Relationen, wie es in den allgemeinsprachlichen ZF der Fall ist. Die Begründung liegt im Status der fachsprachlichen ZF und ihrer Natur. Der Bildung von fachsprachlichen ZF liegen andere Mechanismen, die sich aus besonderen kommunikativen Bedürfnissen der Sprachbenutzer ergeben, zugrunde. Als Fachbezeichnungen und -termini tragen sie der Präzision und Eindeutigkeit des Inhalts die Rechnung. Demzufolge gilt die Referenzfunktion als dominierende Funktion, während Expressivität, Emotionalität, ästhetische Merkmale von niedriger Relevanz oder völlig ohne Bedeutung sind und die Funktion der Verstärkung ist nicht erforderlich und nicht vorhanden. Demzufolge bilden die ZF kaum Strukturen, die aus synonymen Komponenten bestehen, denn semantische Redundanz der synonymischen Komponenten steht im Widerspruch mit der Präzision und Eindeutigkeit. Diese Tatsache beeinflusst auch die formale Struktur von fachsprachlichen ZF und resultiert in der qualitativen Charakteristik von Konnektoren. Dies manifestiert sich in einem erhöhten Anteil von Präpositionen (im Vergleich zu ihrer Häufigkeit im Teilkorpus A) und einer deutlichen Dominanz der Konjuntion mit kopulativer Bedeutung *og*. Konjunktionen mit disjunktiver, alternativer oder negativer Bedeutung finden in den fachsprachlichen ZF kaum Anwendung. Alternative als eine semantische Relation ist wenig eindeutig, Negation dagegen ist in der wirtschaftlichen Fachterminologie und Kommunikation wenig produktiv, denn in der Fachsprache ist die Frage nach tatsächlichen Eigenschaften von X (Wie-Frage) oder nach dem Status von X in einer Hierarchie (Was-Frage) relevanter als die Frage, ob X existiert oder wie X **nicht** ist.

6.7.2 Semantische Relationen zwischen den Komponenten

Die wendungsinternen semantischen Beziehungen zwischen den Kerngliedern umfassen sechs Relationen, die auch einen Einfluss auf die Funktion der Konstruktion haben. Aus diesem Grund werden die beiden Aspekte in den folgenden Ausführungen verknüpft.

- **Relation der Identität** (A= B), z. B. *dør til dør, dag-til-dag-levering, havn til havn, B2B*. Zwei identische Komponenten von ZF werden vorwiegend mit einer Präposition verbunden und kommunizieren räumliche, temporale oder abstrakte Beziehungen. ZF mit Substantiven, die Elemente logistischer Infrastruktur nennen (Standorte), bezeichnen explizite den Ausgangsort (*havn X*) und den Zielort (*havn Y*), implizit den Transporttyp (hier: Seetransport) und den Weg der Güterflüsse. Wortpaare, die aus Bezeichnungen von Zeiteinheiten bestehen (z. B. *dag*), bezeichnen ein Lieferungsprinzip und zugleich die Dauer des Transports (ca. 24 Stunden). ZF mit Bezeichnungen logistischer Akteure (*Business*, d. h. Unternehmen) signalisieren die Grenzpunkte, zwischen denen infolge Anknüpfung von Geschäftsbeziehungen Personen-, Güter- Geld-, und/oder Informationsflüsse stattfinden;
- Relation **der Reversivität** besteht zwischen zwei Lexemen, wenn der Anfangszustand des ersten Geschehens der Endzustand des zweiten Geschehens und der Endzustand des ersten Geschehens der Anfangszustand des zweiten Geschehens ist (vgl. Glück/Rödel 2016: 45, Levin-Steinmann 1992). Diese semantische Beziehung kommt in einigen ZF vor, in denen Komponenten Grenzpunkte (Anfangs- und Endphase) von Tätigkeiten, Handlungen oder Prozesse (bzw. deren Phasen) bezeichnen, z. B. *læsning og losning, køb og salg*.
- der Relation der **Komplementarität** drückt eine scheinbare Opposition aus, tatsächlich verbindet sie Lexeme, deren Semantik in einem komplementären Verhältnis verbleiben und somit decken derartige ZF einen Bereich vollständig bzw. dessen wesentliche Teile ab:

privat og offentlig   *intern og ekstern*
handle en gros og en detail *national og international*

ZF mit komplementären Komponenten drücken zugleich Totalität, allgemeine Gültigkeit oder unbegrenzten Geltungsbereich aus. Eine weitere semantische Funktion dieser Gruppe ist **Bedeutungsspezifizierung,** was folgendes Beispiel (207) veranschaulicht:

(207) *Statistikken indeholder månedlige og årlige opgørelser om **person- og godstransporten** med færger og passagerskibe [...]*[305].

Durch den Gebrauch der Paarformel *person- og godstransporten* anstelle eines Einwortlexems (Oberbegriffs) *transport* wird der Satzinhalt (207) spezifiziert, d. h. es treten neue Informationen explizit hinzu, die bei Verwendung anderer Sprachmittel mit allgemeiner Bedeutung nur implizit kommuniziert werden. Dieses Merkmal hat eine besondere Bedeutung, denn in der Fachkommunikation sind Präzision und Eindeutigkeit ein höchst erforderliches Merkmal bei der Formulierung des Satz- und Textinhalts.

- **als Bestandteile eines semantischen Feldes** haben die Komponenten der ZF keine direkten semantischen Berührungspunkte und stellen eine aufzählerische Nennung von zwei Größen dar, die nur eine lockere semantische Verwandtschaft aufweisen. Dies ensteht aufgrund der Referenz auf Objekte, die zwei Aspekte eines Sachverhalts bzw. zwei von mehreren Elementen eines Systems, eines Konzepts, eines Ganzen sind und somit mit einem gemeinsamen Merkmal, oft funktional, verbunden werden. Als ein Ganzes kann ein logistischer Prozess sein, dessen Grenzpunkte, relevante oder charakteristische Phasen in ikonischer Abfolge ihre Reflexe im Komponentenbestand von ZF hinterlassen. Durch eine Paraphrase einzelner Bestandteile der fachlichen ZF kann man das gemeinsame Merkmal ermitteln und folglich mithilfe eines Oberbegriffes bzw. einer Umschreibung die Gesamtbedeutung subsumieren. Dies illustriert eine kurze Analyse der Paarformel *fragt og told*:
fragt – Gebühr für den Transport,
told – Gebühr für Waren beim Überschreiten der Zollgrenze.

Die Verknüpfung beider Komponenten ergibt eine Aufzählung von bestimmten Gebühren, die bei der Ausführung einer logistischen Dienstleistung erforderlich und zu entrichten sind. Die ZF *told og fragt* kann man folgendermaßen paraphrasieren: ‚Kosten, die bei der Abwicklung eines Transportauftrags über eine Zollgrenze entstehen'. Diesem Gedankengang folgend kann man die ZF *længde og bredde* – als ‚physikalische Eigenschaften von Ladungen' paraphrasieren, die Konstruktion *breve og pakker* als ‚Gegenstände, die durch Kurierdienstleistungen zugestellt werden' verstehen, oder das Wortpaar *Cash & Carry* als ‚Handlungen in einem Selbstbedienungsgeschäft des Großhandels' umschreiben usw. In Einzelfällen lassen sich zeitliche Zusammenhänge zwischen den Komponenten rekonstruieren, die zwei nacheinander folgende Tätigkeiten nennen.

---

305 https://www.dst.dk (08.05.2021).

Die ZF *plukke og pakke* bezeichnet den Prozess der Kommissionierung. Der Vorgang verläuft in zwei Phasen: (zuerst) *plukke og* (dann) *pakke*.

An semantischer und struktureller Transparenz gewinnen die Paarformeln *mand-til-vare, vare-til-mand* erst bei der Berücksichtigung der Spezifik von Kommissionierungstechniken in der Analyse der semantischen Beziehungen. Der Ausdruck *mand-til-vare* (dt. Mann-zur-Ware) bezeichnet die statische Bereitstellung der Ware, d. h. ein Mitarbeiter begibt sich zur benötigen Ware und entnimmt sie vor Ort.[306] Die Konstruktion *vare-til-mand* (dt. Ware-zum-Mann) bedeutet die dynamische Bereitstellung der Ware, d. h. sie erfolgt automatisiert mittels der Fördertechnik.[307] Die Substantive verbindet die Teilnahme am Vorgang ‚Auslagerung' und die zwischen ihnen bestehende Relation kommuniziert die Präposition. Die infolge Univerbierung gebildeten ZF sind ein Beispiel für **Informationsverdichtung**.

Die Informativität dieser Gruppe von ZF besteht in der Aufzählung der Objekte, Eigenschaften oder Tätigkeiten, die als zusammenhängende Größen und Bestandteile von semantischen Mikrofeldern für Abwicklung der Aufträge in der TSL-Branche erforderlich sind.

Die besprochenen Beispiele führen zu einer Konklusion, dass im Konzept des semantischen Feldes müssen bei der Analyse der semantischen Beziehungen zwischen den Kerngliedern einer ZF auch Vorgänge und Prozesse des Fachbereiches berücksichtigt werden.

- **Relation Teil-Ganzes** wird von kontrastierenden Komponenten gebildet, zwischen denen die Beziehung der Inklusion besteht, z. B. *part- og full load*.
- **Bestandteile der Wortfamilie** kommen in verbalen und substantivischen ZF vor, deren Kernglieder Ableitungen sind: *indlagring og udlagring, ind- og udgående varer, indlagre og udlagre*.

In allen Typen von semantischen Beziehungen zwischen den Komponenten manifestiert sich in den analysierten Fachphrasemen das Prinzip der Strukturierung der Wirklichkeit. Die Zusammenstellung von zwei sprachlichen Zeichen in einer Paarformel ist somit möglich und begründet, wenn die Mehrworteinheiten die Wirklichkeit angemessen abbilden und als Träger der begrifflichen fachbezogenen Information eine effektive Kommunikation in einem Fachbereich gewährleisten.

---

306 https://logistikknowhow.com (08.05.2021).
307 https://logistikknowhow.com (08.05.2021).

6.7.3 Semantische Beziehungen zwischen den ZF und anderen lexikalischen Einheiten

Allgemeinsprachliche TF funktionieren im lexikalischen System wie einzelne Lexeme, d. h. sie bilden semantische Relationen zwischen anderen ZF und zwischen anderen Wörtern. Viel seltener kommen semantische Relationen dieser Art zwischen fachsprachlichen ZF vor, deren denotative Bedeutung oft monoreferenziell und streng spezialistisch ist, für die selten eine andere ZF mit synonymer Bedeutung vorliegt, weil sie im System der Fachlexik nicht notwendig ist.

Trotzdem lassen sich einige wenige Belege finden, die als Beispiele für sinnverwandte ZF mit weitgehender semantischer Übereinstimmung gelten:

- *lastning og losning* und *læsning og losning*,
- *varer og tjenesteydelser* und *produkter og ydelser*,
- *pick & pack* und *pluk og pak*,
- *passager- og godstransport* und *person- og godstransport*.

Allerdings sind die synonymen Pendants nicht in allen Kontexten austauschbar. Eine stilistische Variation kann außerdem mit anderen Mitteln erreicht werden. Die aus zusammengesetzten Komponenten bestehenden ZF können nämlich durch eine Präpositionalphrase umschrieben werden, z. B. *passagerer- og godstransport* vs. *transport af passagerer og gods*, um Wiederholungen zu vermeiden (208):

> (208) *Formålet med statistikken over passager- og færgefart er at belyse* **transport af personer og gods** *med færger og passagerskibe mellem to danske havne [...]. De tre statistikker komplementerer hinanden og giver et samlet billede* **af passager- og godstransport** *med skibe i Danmark*[308].

Als nächster Aspekt wird die Nutzung der allgemeinsprachlichen ZF in Fachtexten aufgegriffen, die als Ausdruck des fließenden Übergangs zwischen den beiden Funktionsbereichen gilt. Die Bereicherung des Fachwortschatzes erfolgt nämlich durch die Kombination der Fachlexik mit den allgemeinsprachlichen Lexemen. Sie werden in der ursprünglichen Bedeutung, aber in einem neuen Kontext in mehrgliedrigen Zusammensetzungen zur Beschreibung der fachlichen Sachverhalte verwendet.

Die ZF *indgang og udgang* wird im Kontext der alltäglichen Kommunikation kaum als ein Fachphraseologismus empfunden. Diese Funktion entsteht in Zusammensetzungen, die mit fachsprachlichen Nomina gebildet werden,

---

308 https://www.dst.dk (08.05.2021).

in denen sie attributive Funktion erfüllen z. B. *indgangs- udgangsdokumenter, indgangs- og udgangsdata.* Die allgemeinsprachliche ZF *at gå fra dør til dør* mit der Bedeutung *hausieren* dient als ein Fachterminus zur Bezeichnung eines Lieferungsservices (dt. Tür-zu-Tür-System), dessen Aufgabe darin besteht, eine Sendung (Paket, Gepäck usw.) an einer Adresse (*fra dør*) abzuholen und an die Zieladresse (*til dør*) zuzustellen. Ein anderes Beispiel für semantische und syntaktische Umfunktionierung ist die ZF *fra dag til dag*, die im logistischen Fachwortschatz als Komponente mit attributiver Funktion im Ausdruck *dag-til-dag-levering* gebraucht wird. Als weitere Berührungspunkte zwischen dem allgemeinsprachlichen und fachsprachlichen Wortschatz, die sich in der Übernahme einer lexikalischen Einheit und Gebrauch in einer neuen Bedeutung im Fachwortschatz manifestiert, können genannt werden: *[kort- og lang]tids-kontrakt, [top og bund]-ettikering.*

6.7.4 Semantische Referenzen in Bezug auf Branchenspezifik

Als eine weitere Frage der semantischen Leistung der ZF in der Fachkommunikation wird ihr Referenzbereich vor dem Hintergrund der internen fachlichen Gliederung der logistischen Branche in Teilbereiche diskutiert. In sprachlicher Hinsicht zählen zu den umfangreichsten **Sachgruppen** zwei semantische Komplexe, die logistische Kernbereiche ausmachen: Transportlogistik und Lagerlogistik (Abb. 12). Beide können in weitere kleinere Teilgebiete gegliedert werden, z. B.:

Sachgruppe: TRANSPORT		Sachgruppe: LAGERN	
Teilgebiet 1 Transportmittel, Geräte und Maschinen	*Con-Ro-skib Lo-Pax-skib LoRo-skib Ro-Pax-skib RoRo-skib*	Teilgebiet 1 Lagergut	*vægt og mål længde og bredde brutto- og nettovægt kvalitet og garanti små og store*
Teilgebiet 2 Transporttyp	*til lands og til vands land- og banetransport sø- og luftfragt passager- og godstransport*	Teilgebiet 2 Lagerprozesse	*indlagre og udlagre ind- og udgående pick og put pluk & pak*
Teilgebiet 3 Ladung	*laste og losse lastning og losning levere og hente part- og full load*	Teilgebiet 3 Lager- und Kommissionierungsprinzipien	*vare-til-mand-plukning, mand-til-vare-plukning* FIFO LIFO

Abb. 12 ZF geordnet nach logistischen Hauptgebieten

Die Gruppierung der ZF nach funktionalen Bereichen der Branche ergibt phraseologische Sachgruppen (oder branchenspezifische semantische Felder), verschafft einen Einblick in ihre thematische Orientierung und verweist auf die Kommunikationsbereiche, in denen sie gebraucht werden. Aus der Tabelle wird ersichtlich, dass beide Kernbereiche sowie ihre Teilbereiche ungefähr gleichmäßig belegt sind. Als weitere fachbereichsspezifische Kategorien, denen ZF zugeordnet werden können, umfassen:

logistische Objekte: *olie & gas, passager- og gods(transport), sten og grus, breve og pakker, kurér- og ekspresforsendelser;*
logistische Akteure: *afsender og modtager, B2B, B2C, Cash & Carry, håndværk og industri, industri og handel, køber og sælger;*
Organisation und Verlauf logistischer Prozesse: *afgangs- og ankomsttider, afgang og ankomst, dato og tid, navn og adresse, tid og sted, til og fra, nav-og-eger-systemet;*
logistische Infrastruktur: *veje og broer, park and ride;*
Standortsbezeichnung: *onshore & offshore, indenrigs- og udenrigs-, indland og udland,*
City-Logistik: *kys og kør, park and ride;*
Kurierdienst: *click og collect, klik og bestil, klik og betal (bei Bestellung online);*
rechtliche Regulierungen: *CFR, CIF, CIP, salgs- og leveringsbetingelser* u.a.

6.7.5 Fachsprachliche ZF und Metaphorik

Metaphern kommen in allen Sprachvarietäten vor, dabei variieren ihre Frequenz und Funktion von Kommunikationsbereich zu Kommunikationsbereich und von Textsorte zu Textsorte. In der Fachsprache gelten zwar Präzision und Eindeutigkeit der Ausdrucksweise als bevorzugtes Merkmal und Ziel der Kommunikation, trotzdem findet man in Fachsprachen vieler Disziplinen zahlreiche Beispiele für den Einsatz von Mitteln der uneigentlichen Ausdrucksweise und somit für Abweichung des Begriffsinhalts von dem des gebrauchten Ausdrucks. Je nach dem Grad der Unterschiede zwischen der Bedeutung des Gemeinten und dem Gebrauchten entsteht bei einer starken Abweichung metaphorischer Ausdruck, bei geringer eine Metonymie, bei leichter eine Synekdoche (vgl. Glück/Rödel 2016: 430).

In den metaphorischen ZF, die auf einer Ähnlichkeit zweier Begriffe basiert (Glück Rödel 2016: 428), werden zur Bezeichnung der wirtschaftsökonomischen Phänomene folgende Konzepte angewendet:

- in der ZF *nav-og-eger-system* (engl. *hub and spoke*, dt. *Nabe-Speiche-System*) werden logistische Netze wegen ihrer strukturellen Ähnlichkeit mit einem Speichenrad verglichen, in dem alle Speichen zur Mitte des Rades, zur Nabe, führen;
- *push and pull-marketing* ist eine Bezeichnung für Mechanismen der Marketinginstrumente, deren Wirkung wegen Ähnlichkeit der Interaktionen zwischen den Akteuren auf dem Markt mit der Handlung ‚Drücken' (im Sinne Anstoß, Motivierung) und ‚Ziehen' (im Sinne Anziehen, Interesse wecken) verglichen wird.

Viel öfter finden metonymisch codierte Fachausdrücke Anwendung, in denen das eigentliche gemeinte Wort durch ein anderes, das in einer Beziehung der Kontiguität zu ihm steht, ersetzt wird (vgl. Glück/Rödel 2016: 430). Besonders verbreitet ist die Variante der metonymischen Ausdrucksweise **pars pro toto**, die folgenden ZF zugrunde liegt:

- *dør-til-dør levering* (dt. Haus-zu-Haus-Service) ist Lieferungsservice, bei dem Waren vom Absender an den Kunden geliefert werden[309]. Die Komponente ‚dør' bezeichnet hier metonymisch den Sitz des Absenders und Empfängers;
- die Paarformel *cash & carry* folgt auch dem Prinzip pars pro toto, indem die Kernglieder, die nur zwei Handlungen bei der Beschaffung von Gütern nennen (Bezahlen und Abholen), das ganze Konzept und den ganzen Handelsbetrieb bezeichnen;
- mit dem Fachterminus *pakker og kurér* wird der logistische Teilbereich der komplexen Paket-, Express- und Kurierdienstleistungen mithilfe von Bezeichnungen eines logistischen Objekts und eines logistischen Akteurs bezeichnet;
- in der ZF *pick & pack* und *pluk og pak* dienen zwei Tätigkeiten zur Bezeichnung des komplexen Kommissionierungsprozesses;
- die ZF *end-to-end*, die einen vollständigen logistischen Zyklus bezeichnet (von der Beschaffung und Distribution über den Transport bis hin zur Ablieferung beim Kunden und endet bei der Rückführungslogistik), bestehet aus den Konstituenten, die nur den finalen Teil der Prozesse denotieren[310].

Der metonymische Gebrauch von Substantiven nach dem Prinzip **totum pro parte** liegt einigen ZF zugrunde, die Relationen unter unterschiedlichen Marktakteuren zum Thema haben, wie z. B. *bussines to bussines*. Dabei werden

---

309 https://www.saloodo.com/de/logistik-lexikon/door-to-door/ (08.05.2021).
310 https://www.saloodo.com/de/logistik-lexikon/end-to-end/ (08.05.2021).

sie teilweise direkt (*consumer*), teilweise metonymisch ausgedrückt. Unternehmen werden mit einem semantisch umfangreicheren Lexem, einem Sammelbegriff *bussines*, bezeichnet. Nach diesem Muster wurden Ämter, Behörden und Verwaltung unter der Sammelbezeichnung *government* zusammengefasst, z.B. *government to government*.

6.8 Produktivität des syntaktischen Musters

Der Aspekt der Produktivität des syntaktischen Musters von fachsprachlichen ZF wird vor dem Hintergrund der morphologischen Eigenschaften der Komponenten und Möglichkeiten des dänischen Wortbildungssystems auf der einer Seite und der Beziehungen zwischen den Phrasemen aus phraseologischer Sicht auf der anderen Seite betrachtet. Es geht nämlich um die phraseologischen Reihen und Sachgruppen, die zu Kategorien paradigmatischer Beziehungen zählen und infolge der Wortbildungsoperationen an fachsprachlichen ZF entstehen und den Bestand von (festen) Mehrwortverbindungen bereichern. Eine **phraseologische Reihe** bilden die Phraseme mit einer gemeinsamen Basiskomponente. Je nach dem Bestand sind Phraseologismen an nur zwei oder sogar an vier und mehr phraseologischen Reihen beteiligt (vgl. Fleischer [2]1997: 173).

Im Folgenden werden phraseologische Reihen, d. h. ZF mit den gleichen (wiederkehrenden) fachbezogenen Basiskomponenten näher betrachtet. Dabei liegt hier der Schwerpunkt auf der Darstellung des Potenzials und nicht auf der Auflistung aller möglichen Reihen im untersuchten Korpus.

Die reihenhafte Verflechtung von einigen fachsprachlichen ZF im dänischen Wortschatz der Logistik kann man als Vernetzung von verwandten Konstruktionen darstellen, die infolge zweier Verfahren gebildet werden: durch Konversion oder Affigierung der Komponenten (a) oder durch Bildung neuer Paarformeln im Rahmen der wortbildenden Fähigkeiten von Basiskomponenten (b):

a. Wortartwechsel: Im Prozess der Konversion wird aus einem verbalen Vorbild eine neue nominale ZF gebildet. z. B. *købe og sælge* und *køb og salg*. Infolge der Affigierung entsteht eine substantivische ZF, z. B. *køb og salg* > *køber og sælger*.

Die Bildung neuer ZF aus den bereits bestehenden ist mit dem komunikativen Bedürfnis der Sprachbenutzer begründet und ergibt sich aus der Potenz der Komponenten andere Wortbildungsformen wie Derivate, Rückbildungen, Konversionen zu bilden. In Einzelfällen bilden ZF zweigliedrige oder sogar triadische phraseologische Reihen (manchmal mit einer

Vokalalternation) mit einer verbalen ZF und zwei substantivischen ZF mit eindeutigem semantischem Unterschied (s. Abb. 13). Die aus zwei Nomen bestehenden ZF bezeichnen Tätigkeiten, Personen bzw. Geräte (Einrichtungen, Maschinen, Anlagen).

Nr.	$N_{Person, Gerät}$	$N_{Nicht-Person}$	V	Komposita (Auswahl)
1.	afsender og modtager	afsendelse og modtagelse	afsende og modtage	
2		indgang og udgang[a]	ind- og udgaende ind- og udgået	ind- og udgangsgebyr
3		ind- og udlagring	ind- og udlagre	ind- og udlagringsomkostninger
4		klipning og bukning	klippe og bukke	klippe- og bukkeudstyr klippe- og bukkemaskine
		klip og buk		
5	køber og sælger	køb og salg	købe og sælge	købs- og salgsaftale
6.	læssere og aflæssere	læsning og aflæsning	læsse og aflæsse	læsse – og aflæssemaskiner
		lastning og losning	laste og losse	
			lastende og lossende	
7.		plukning og pakning	plukke og pakke	
		pluk og pak		
8.	sælger og leverandør*	salg og levering*	sælge og levere*	salgs- og leveringsbetingelser

Abb. 13 Terminologiebildende Potenz ausgewählter ZF (mit * wurden Konstruktionen markiert, die aus sprachstruktureller Sicht möglich, aber nicht gebraucht werden)

a Die ZF wird hier zwar wegen Verwandtschaft angeführt, aber ihre Verwendungskontexte umfassen vor allem nichtfachliche Texte.

b. verwandte ZF entstehen infolge der Zusammensetzung aus den vorhandenen ZF, indem beide Komponenten durch die von ihnen gebildeten zusammengesetzten Nomina ersetzt werden. Die neue Konstruktion behält ihren Status als ZF und als fachsprachliche Bezeichnung, z. B.: **logistik og transport** vs. **logistik- og transportkoncepter**. Die Bedeutung der ursprünglichen ZF bildet eine attributive Beziehung mit dem Grundwort.

Dies resultiert in der Entstehung eines Dependenzverhältnisses mit einer binären Struktur (s. Abb. 14). Die neue Konstruktion behält ihre Zugehörigkeit zur Klasse der Nomina allerdings mit einer neuen erweiterten Bedeutung.

Erscheinungsform	Beispiel	Funktion
autonome ZF	logistik og transport	selbstständige Denotation
ZF als ein Glied in einem Kompositum	[[logistik- og transport] [koncepter]] Bestimmungswort + Grundwort	attributive Funktion

Abb. 14 Funktionenwechsel der ZF bei der Bildung neuer Paarformeln

Die Produktivität der einzelnen ZF ist u.a. durch ihre Gesamtbedeutung sowie Semantik der einzelnen Komponenten bedingt: je allgemeiner ihre Bedeutung ist, desto höher ist das Potenzial der ZF weitere Komposita zu bilden. Zur Veranschaulichung des Gesagten seien folgende Beispiele angeführt (Tab. 27), in denen als Ausgangspunkt drei ZF von unterschiedlichem Begriffsumfang (Extension) dienen:

transport og logistik hat eine allgemeine Bedeutung (bezeichnet die ganze Branche),

ind- og udlagring – bezeichnet Kernprozesse der Lagerlogistik,

netto og brutto – bezeichnet eine Eigenschaft von unterschiedlichen Größen (Gewicht, Einkommen u.a.).

Tab. 27 Zusammenhang zwischen dem Begriffsumfang der ZF und ihrer Produktivität

transport og logistik	netto og brutto	ind- og udlagring
transport- og logistikbranche Transport- og Logistikforbund Transport- og Logistikforening transport- og logistikforløb transport- og logistikkapacitet transport- og logistikløsninger transport- og logistikområde transport- og logistikopgaver transport- og logistikoptimering transport- og logistikoverenskomst transport- og logistiksektor transport- og logistikstrategi transport- og logistiksystemer transport- og logistiktilbud transport- og logistikudstyr transport- og logistikvirksomhed	netto og brutto netto- og bruttoareal netto- og bruttobeløb netto- og bruttogevinst netto- og bruttoindkomst netto- og bruttoindtægt netto- og bruttoløn netto- og bruttoomsætning netto- og bruttovægt netto- og bruttoværdi netto- og bruttoydelse	ind- og udlagringsomkostninger ind- og udlagringsproces ind- og udlagringssteder ind- og udlagringsstrategier

Denkbar sind natürlich weitere Zusammensetzungen, deren Entstehung und Etablierung im Fachwortschatz durch Entwicklung des Fachbereichs und kommunikative Bedürfnisse von Sprachbenutzern gesteuert werden.

Die bisherigen Ausführungen haben veranschaulicht, dass das Potenzial für Bildung neuer fachsprachlichen Konstruktionen von den bereits vorhandenen ZF besteht und genutzt wird. Allerdings variiert die Fähigkeit von einer ZF zu einer anderen und ihre Grenzen werden durch semantische Selektionsbedingungen der Komponenten sowie außersprachliche Faktoren, wie das infolge der Branchenentwicklung entstandene kommunikative Bedürfnis, bedingt.

Die folgenden Beispiele illustrieren den Zusammenhang zwischen der semantischen Verbindlichkeit der einzelnen Komponenten (hier: *transport* und *logistik* mit *branche* und *typer*) und die daraus resultierende Potenz zur Bildung fachsprachlicher ZF aus zusammengesetzten Substantiven:

transport		> transportbranche
	+ branche	> transport- og logistikbranche (1)
logistik		> logistikbranche
transport		> transporttyper
	+ typer	> transport- og logistiktyper* (2)
logistik		> logistiktyper?

Die Übersicht zeigt, dass beide Kernglieder im gewissen Umfang die gleiche semantische Verbindlichkeit aufweisen müssen (1), andernfalls ist die Koordination von Zusammensetzungen nicht möglich (2).

Problematisch ist manchmal die Ermittlung der semantischen Abhängigkeit der koordinierten Komponenten in der Konstruktion, wenn sie in einem Internettext, der nicht immer auf die normgerechte Schreibweise geprüft wurde, vorkommen. Gemeint ist hier die Schreibung ohne obligatorisches Trennzeichen nach der ersten Komponente der ZF, was eine weit und breit übliche Praxis in der Internetkommunikation ist (208-210):

> (208) **Transport og logistikområdet** hos Tradium udbyder [...] en lang række kompetencegivende kurser og efteruddannelser målrettet dels chauffører og dels lager- og logistikområdet[311].
> (209) **Transport- og logistikområdet** er i en rivende udvikling, hvor evnen til at digitalisere, effektivisere og integrere kunder, samarbejdspartnere og endda nye opkøb definerer fremtidens vindere[312].
> (210) Og det var glade elever, der tog hjem – rustet med ny viden om DSV og **transport og logistikområdet**[313].

Die Opposition **transport og logistikområdet** vs. **transport- og logistikområdet** besteht nicht nur in der grafischen Form der Wortgruppen, sondern hat semantischen Charakter. Das fehlende Trennzeichen in der ersten Konstruktion kann bei der Textrezeption aufgrund der semantischen Zusammenhänge im Satz rekonstruiert werden. Es gibt auch Kontexte, die zwei Lesarten erlauben und die endgültige Bedeutung kann nicht ermittelt werden.

---

311 https://tradium.dk (08.05.2021).
312 https://www.netcompany.com/da/Privat-sektor/Transport-og-Logistik (08.05.2021).
313 https://www.dk.dsv.com (08.05.2021).

Die Gesamtheit der verwandten Wortpaare, die infolge Wortbildungsoperationen entstanden sind, bilden ein phraseologisches Netz (Abb. 15):

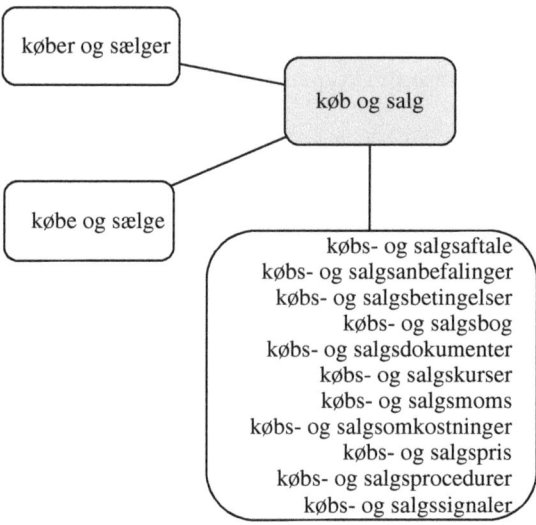

Abb. 15 Phraseologische Vernetzung am Beispiel der ZF *køb og salg* und ihrer Reihenbildung

Dies veranschaulicht, dass das syntaktische Muster der ZF sich als produktiv erwiesen hat und durch die im Sprachsystem bestehenden Wortbildungsregeln Bildung neuer verwandten Paarformeln auch in der Fachsprache ermöglichen.

Die phraseologische Aktivität der einzelnen Fachlexeme im logistischen Wortschatz hängt sowohl mit der Rolle der durch das betreffende Wort bezeichneten Größe in der kommunikativen Praxis der Branche als auch mit innersprachlichen Faktoren, der Stellung des Wortes innerhalb des Wortschatzes zusammen (vgl. Fleischer [2]1997: 177).

7. Schlussteil

7.1 Zusammenfassung

Die vorliegende Arbeit war als eine linguistisch fundierte Studie innerhalb der dänischen Phraseologieforschung konzipiert mit dem Ziel etablierte ZF sowie paarformelartige Mehrworteinheiten hinsichtlich ihrer strukturellen, semantischen, syntaktischen, rhetorischen und stilistisch-pragmatischen Eigentümlichkeiten zu erforschen. Um das Spektrum der Betrachtung möglich breit zu halten, wurde der Gebrauch von ZF im modernen Dänisch in der Onlinekommunikation in verschiedenen Kommunikationszusammenhängen näher betrachtet. Neben den Anwendungsmöglichkeiten der ZF in Pressetexten wurde in der Untersuchung ihr Beitrag zur Bildung von Eigennamen und ihr Potenzial in der Fachsprache der Logistik berücksichtigt.

Die durchgeführte Untersuchung zeigt ein komplexes Bild und einen Anwendungsbereich der diskutierten phraseologischen Kategorie, die man hinsichtlich der untersuchten Aspekte als inhomogen bezeichnen kann. Die formal-semantische Untersuchung beleuchtete die Beziehungen im Rahmen des intra- und interphrastischen Kontextes von ZF. Die strukturelle Analyse der Korpusbelege hat gezeigt, dass die Komponenten aus 9 Wortklassen stammen und die höchste Häufigkeit den Substantiven zukommt (über 70 %). Die Rolle der Verbindungsglieder erfüllen 6 Konjunktionen (über 90,5 % der Sammlung) und 15 Präpositionen (fast 9,5 % der Belege) mit deutlicher Dominanz der Konjunktion *og* (83,6 %) und der Präposition *fra-til* (3,25 %). 3,57 % der Korpusbelege bilden Phraseoschablonen mit syntaktischem Muster A kon A.

Strukturelle Variation, die usuellen Charakter hat und lexikografisch dokumentiert ist, umfasst substituierbare Kernglieder, Konnektoren und umkehrbare Abfolge der Komponenten und betrifft eine sehr niedrige Anzahl der Belege.

Die Untersuchung der Häufigkeit phonologischer Repetition hat ergeben, dass Konsonantenalliteration die häufigste phonologische Eigentümlichkeit von ZF ist (19,5 % der Belege), darauf folgen Assonanz (13,5 %), Endreim (11,5 %), Kombination von Assonanz und Endreim (6,75 %). Wiederholung ganzer Wörter (3,57 %) und vokalische Alliteration (0,5 %).

Die Eigenschaft der Idiomatizität äußert sich in der nichtkompositionellen Bedeutungskonstitution, an der öfter Metonymien als Metaphern beteiligt sind. Die semantischen Beziehungen zwischen den beiden Komponenten umfassen 8 Relationstypen: Identität, Synonymie, Antonymie, Komplementarität, dasselbe semantische Feld, Relation Teil-Ganzes, eine logische Konsequenz oder ohne eindeutigen semantischen Zusammenhang. Das untersuchte Korpus enthält Belege mit insgesamt 25 **unikalen** Lexemen sowie ZF mit **kulturspezifischer Prägung**, die sich im Gebrauch der onymischen Spracheinheiten und durch intertextuelle Bezüge der Phraseme manifestiert. Die Untersuchung der lexikografischen Einträge von ZF und deren stilistischen Markierungen haben die Zugehörigkeit der Korpusbelege zu allen Stilschichten und zahlreichen Stilfärbungen nachgewiesen.

Syntaktische Fügungspotenz von ZF, die sich in der Variabilität des textuellen Umfelds äußert, kann man auf einer Skala zwischen relativ freier Distribution ohne Kookkurrenzeinschränkungen und dem Gebrauch in einem festen, vorgeschriebenen Kontext in einer Wortgruppe (z. B. verbaler Phraseologismus) oder einer satzwertigen Aussage (z. B. Sprichwort) situieren. Das größte Kombinationspotenzial in der Satzstruktur kennzeichnet substantivische ZF, die auch die höchste Anzahl von syntaktischen Funktionen erfüllen können.

Die Analyse der Einflussfaktoren auf die Abfolge der Komponenten bestätigte die Ergebnisse der Untersuchungen, die seit den 50er Jahren am deutschen und englischen Material geführt wurden, nach denen die Kriterien eine Hierarchie bilden, im Rahmen deren die semantisch-pragmatischen Faktoren (sprachliche Ikonizität und Me-First-Prinzip) eine privilegierte Rolle und metrische Regeln sowie Einschränkungen der Silbenprominenz und Wortfrequenz einen geringeren Einfluss auf die interne Organisation der ZF haben.

In dem pragmatisch ausgerichteten Teil der Arbeit konnten anhand der erhobenen **Textbelege** und deren Auswertung folgende Fakten ermittelt werden. Wegen der textbildenden Fähigkeit, Expressivität, Bildhaftigkeit, der Zugehörigkeit der ZF zu verschiedenen Stilschichten kommen ZF in dänischen Pressetexten relativ häufig vor, was die Zusammenstellung eines repräsentativen Illustrationsmaterials ermöglichte. Bildhaftigkeit und Verstärkung der Ausdrucksweise, Potenz zum Ausdruck emotional-evaluativen Einstellungen, der Selbstdarstellung und Rezipientenbeeinflussung seitens des Textproduzenten sind Charakteristika und Gründe für den Gebrauch der ZF in Pressetexten. Die Analyse des Belegmaterials führte zur Ermittlung semantischer Funktionen der Unschärfe, Totalität, Bewertung, Spezifizierung der Bedeutung, Emphase u.a. Das Modifizierungspotenzial wurde am Beispiel der Verfahren der Substitution, Reduktion, Expansion, Spaltung, Negation und der auffälligen Reihung demonstriert.

Ein weiterer Erkenntniskomplex widmete sich der Untersuchung der textbildenden Potenz und Funktionen von ZF in onymischen Spracheinheiten, die eine Sammlung von 217 Firmenamen, Titeln und Überschriften umfasste. Bei der Materialauswertung haben sich etablierte ZF sowie das syntaktische Muster als eines der oft gebrauchten Ausdrucksmittel erwiesen, die in der Gestaltung des wirksamen Außenauftritts von Unternehmen sowie bei der Formulierung von vielen Buch-, Film-, Song- und CD-Titeln eine Schlüsselrolle spielen.

Die Untersuchung, in der 217 Namen auf den Prüfstand kamen, hat zur Einsicht geführt, dass strukturelle, semantische und phonologische Vorteile von etablierten ZF sowie Neubildungen in Marketing und Corporate Identity erfolgreich genutzt werden, denn ein Name mit rhythmischer Struktur und lautlichen Auffälligkeiten schneller und länger in Erinnerung behalten wird, sich von dem der Konkurrenz abhebt und das Unternehmen möglichst positiv nach außen repräsentiert.

Dabei werden die ZF als Textbaustein der Firmonyme unterschiedlich genutzt. Von den stark schematischen, wenig ausgesuchten Wortpaaren, über wenig ausgesuchte Neubildungen, kanonische ZF bis hin zum sprachspielerischen Einsatz klangvoller und intransparenter, gelegentlich auch modifizierter, beide Lesarten aktivierender ZF mit deutlicher unterhaltender und persuasiver Funktion.

Der Grad der Informativität variiert von Namen zu Namen und die einzelnen Informationen werden unterschiedlich formuliert und verteilt – die Bedeutungszerlegung erfolgt in der Regel asymmetrisch: Einen Teil der Informationsfunktion übernimmt die ZF (oder eine paarformelartige Konstruktion) als eine feste Komponente des Firmonyms, übrige Informationen sind in den begleitenden Komponenten enthalten (voran- oder nachgestelltes Nomen, Abkürzung), falls sie vorhanden sind.

Die Analyse der Wahl und Organisation der Informationen in den paarformelartigen Firmonymen ermöglichte Feststellung der unterschiedlichen Praktiken bei der Formulierung der Firmennamen ausgewählter Branchen. In den Namen von Werbeagenturen und Verlagen dominieren beispielsweise die Namen der Gründer (Personalfirmen), während im Bereich der Dienstleistungen und in der Unterhaltungsbranche häufiger Fantasienamen vorkommen. Die Unterschiede ergeben sich auf der einen Seite aus der Tradition und Konvention, die sich im Laufe der Zeit in der dänischen Sprachgemeinschaft etabliert haben. Auf der anderen Seite indiziert die sprachliche Gestaltung der Firmonyme ihre Funktion: Die Namen von Verlagen sollen Vertrauen wecken, die Namen von Klubs und Diskotheken sollen durch eine kreative sprachliche Gestaltung die Aufmerksamkeit des Rezipienten erregen, ihn unterhalten, überraschen, verführen und dadurch auch eine persuasive Wirkung entfalten. Eine weitere Gruppe bilden Onyme mit einer stark ausgeprägten informativen Funktion

(z. B. Namen von Fitnesscentern), aus denen der Rezipient auf bestimmte Branche, Sortiment oder Typ der angebotenen Dienstleistungen des Unternehmens schließen kann.

In der Untersuchung ist es gelungen den Umfang, den Kommunikationskontext und funktionale Nutzung der ZF sowie Verbreitung des syntaktischen Musters zu erfassen. Nach groben Schätzungen sind etablierte ZF und Neubildungen in ca. 8 bis 14 % der Firmennamen ihr konstitutives Element. Der Gebrauch von Neubildungen schafft außerdem einen Nährboden für die Entstehung, Entwicklung neuer Wortpaare, deren Status noch nicht klar ist.

In den untersuchten Gruppen von Titeln kann man anhand der Distribution unterschiedlicher Konstruktionen auch von gewissen Präferenzen sprechen. In den Titeln von literarischen Texten, Filmen, Songs und CDs dominieren eindeutig etablierte ZF mit ihren Konnotationen, die sofort erkennbar und schnell memorisierbar sind. In den Titeln von Fachpublikationen kommen abwechselnd sachliche paarformelartige Termini und Neubildungen vor. Bei der sprachlichen Gestaltung von Pressetiteln wurden im gleichen Masse etablierte ZF wie Neubildungen genutzt. In inhaltlicher Hinsicht tritt die Informationsfunktion in den Vordergrund, was aus der Beziehung zwischen der Phrasenbedeutung und der Thematik der Zeitschriften und Zeitungen ersichtlich ist.

Mit der Thematisierung der Überschriften auf den Seiten der Stadt- und Kommunenverwaltung wurde ein stark peripherer Bereich der Phraseologie betreten. Das Kapitel macht auf gewisse sprachliche Praxis aufmerksam, die von der Produktivität der Struktur zeugt und m.E. den Mechanismen der Phraseologisierung zugrunde liegt. Die beobachtete Tendenz zur Formulierung der paarformelartigen Wortgruppen, die auf den Startseiten den Inhalt einer Informationstafel ausmachen, kann zur Entstehung fester Ausdrücke führen, die dann in der Sprache der Verwaltung als etablierte fachsprachliche Wortpaare funktionieren können.

Der Beschreibung der fachsprachlichen ZF liegt die Annahme zugrunde, dass sie ein separates, relativ autonomes Subsystem des phraseologischen Systems einer Sprache darstellt.

Die Untersuchung der sprachlichen Eigenschaften der **fachsprachlichen ZF** erfolgte in Anlehnung an ein Korpus von 160 Belegen. Ihre Spezifik äußert sich auf allen Sprachebenen. Die Komponenten sind streng an Fachbereich gekoppelt und spiegeln logistische Prozesse, deren Teilnehmer oder begleitende Umstände wider. Das Vorkommen von unterschiedlichen grafischen Varianten (mit Konjunktion, mit &-Zeichen, mit Bindestrich oder Schrägstrich) kann als Ausdruck der mangelnden Sprachnormierung im fachsprachlichen Bereich interpretiert werden. Im strukturellen Bereich kann man eine niedrigere

Anzahl von Konnektoren und Wortklassen im Vergleich zu allgemeinsprachlichen ZF feststellen. Fachsprachliche ZF kennzeichnet die Dominanz der nominalen Glieder, der Konjunktion *og* und ein großer Anteil von Zusammensetzungen und Ableitungen unter Komponenten. Die Abfolge der Komponenten wird nach zwei dominierenden Regeln geordnet: Ikonische Abbildung der Realität und Me-First-Prinzip, die auch eine führende Rolle bei der Organisation der inhaltlichen Struktur in allgemeinsprachlichen ZF ausüben. Varianten und modifizierte Formen sind kaum präsent.

Fachsprachliche ZF funktionieren als selbstständige Satzglieder oder als Komponenten von Zusammensetzungen, was Bildung von zahlreichen komplexen paarformelartigen Wortgruppen zur Folge hat.

Die semantisch-pragmatische Ebene ist durch eine Reduktion von Funktionen und Relationen gekennzeichnet. Semantische Beziehungen zwischen anderen ZF sind kaum vorhanden, was auch für Wortäquivalenz, phonologische Repetitionen (Reime, Assonanz und Alliterationen) und unikale Lexik gilt. Metaphorische Bedeutung kommt selten vor, verbreitet ist metonymischer Gebrauch, was auf ihre Rolle in der Kommunikation zurückzuführen ist: ZF dienen primär der Schließung einer Benennungslücke im lexikalischen System und nicht zur Bildung expressiver Ausdrücke.

In der analysierten Menge tauchte deutlich der Aspekt der Wechselbeziehungen von nationalen und internationalen Fachlexemen im Prozess terminologischer Nomination, was sich in einer beachtlichen Menge englischer Entlehnungen manifestiert. Ein besonderes Augenmerk galt der phraseologischen **Produktivität**, d. h. der begriffsbildenden Potenz der Paarformeln, die als Mittel zur Bildung neuer Fachbezeichnungen und -begriffe aus den bestehenden Konstruktionen infolge der Wortbildungsprozesse genutzt werden. Auch andere Gebrauchskontexte machten deutlich, dass untersuchte Phraseme aus rhythmisch-rhetorischen Gründen attraktiv sind und ihre symmetrische Struktur ein produktives syntaktisches Muster ist.

7.2 Schlussbetrachtung und Ausblick

Die angenommene **Methode** (S. 20) hat sich ergiebig und das Gesamtkorpus, das drei Teilkorpora umfasst, repräsentativ erwiesen, wodurch die vorgenommenen Erkenntniskomplexe erforscht wurden und die Formulierung der objektiv vorhandenen sprachlichen Verallgemeinerungen innerhalb des untersuchten sprachlichen Rahmens möglich war.

In der Arbeit wurden viele Aspekte aufgegriffen, aber nicht alle konnten ausführlich besprochen werden. Umfassender kann – in Anlehnung an die digitalen Korpusbestände (z. B. Sketch Engine sowie KorpusDK) – der Aspekt der Frequenz von Komponenten A und B sowie der reversiblen Varianten und Einzelbedeutungen der polysemen ZF untersucht werden. Als lohnend kann sich eine umfassendere Untersuchung im Bereich des Metaphern- und Metonymievorkommens erweisen. Ein neues Licht würde ein intrasprachlicher kategorienübergreifender Vergleich der figurativen Bedeutung der ZF und anderer phraseologischen Kategorien auf das ganze phraseologische System des Dänischen werfen.

Vor dem Hintergrund der Aktualisierung von zwei Lesarten in verschiedenen Textzusammenhängen können in einer Folgeuntersuchung ZF als diskursmarkierende Sprachmittel und folglich ihr **diskursstiftendes Potenzial** beleuchtet werden. Lexikografische und phraseodidaktische Aspekte wurden in die Analyse nicht aufgenommen, deswegen kann es von Belang sein, sie in breiter angelegten Folgeuntersuchungen aufzugreifen, die eine Analyse der lexikografischen Beschreibung in einsprachigen und zweisprachigen Wörterbüchern umfassen würden, die folglich eine Grundlage für Fremdsprachenunterricht und Übersetzungspraxis bilden. Übersetzungswissenschaftliche Fragen, die hier auch außer Betracht blieben, würden eine andere Untersuchungsperspektive der dänischen ZF im interlingualen Vergleich eröffnen, die zu neuen Erkenntnissen bezüglich der ZF in der Ausgangs- und Zielsprache führen könnte.

Die Untersuchung von Firmonymen zeigte Anwendungsmöglichkeiten und -bereiche der Wortpaare im heutigen Dänisch. Ob die dargestellte Benennungspraxis als tatsächlich ein aktueller Trend vorliegt, müsste noch einer diachronen Untersuchung unterzogen werden. Das diskutierte hier onomastische Material bildet nur eine bescheidene Auswahl von Belegen und Charakteristik des Sprachgebrauchs in ausgewählten Kommunikationsbereichen und kann zu weiteren Untersuchungen anderer Kategorien und Textgenres inspirieren wie Werbeslogans, Titel von Bildern, Gemälden, Kunstwerken, Gedichten u.a.

Ein anderer Aspekt, der bis jetzt nicht problematisiert wurde, ist eine multimodale Analyse von Sprache-Bild-Beziehungen, die zwischen den paarformelartigen Firmonymen und visuellen Elementen in Firmenlogos oder anderen Formen der visuellen Unternehmensidentifikation (Corporate Identity) bestehen.

Die Berücksichtigung der Postulate in künftigen Folgeuntersuchen würde den im Motto der vorliegenden Studie enthaltenen Wunsch erfüllen, den Einfluss von Sprachhandlungen auf menschliches Denken und Fühlen (und folglich Kommunizieren) zu ergründen.

Literaturliste

Akar, Yaşar (1991): Die deutschen Zwillingsformeln (oder Paarformeln) und ihre semantisch- pragmatischen Funktionen. In: Iwasako, Eijiro (Hg.): Begegnungen mit dem „Fremden": Grenzen – Traditionen – Vergleichen. München, S. 354–361.

Allen, Keith (1987): Hierarchies and the choice of left conjuncts (with particular attention to English). In: Journal of Linguistics 23, S. 51–77.

Andersen, Stig Toftgaard (1998): Talemåder i dansk. Ordbog over idiomer. København.

Arboe, Torben (2011): Jysk fraseologi og idiomatik: faste ordforbindelser, talemåder mv. i Jysk Ordbog. In: Arboe, Torben/Hansen, Schoonderbeek Inger (Hg.): Jysk, ømål, rigsdansk mv. Studier i dansk sprog med sideblik til nordisk og tysk. Århus, S. 257–275.

Basbøll, Hans/Wagner, Johannes (1985): Kontrastive Phonologie des Deutschen und Dänischen. Tübingen.

Bendz, Gerhard (1967): Ordpar. Stockholm.

Bergenholz, Henning (2018): Får alle tvillingeformler selv tvillinger? In: Hansen, Inger Schoonderbeek/Lyshøj, Kirsten/Sørensen, Viggo (red.): Fraseologi – genveje og omveje. Aarhus, S. 23–26.

Berthelsen, Anders W. (2007): Sprogets tvillinger. I: https://www.fyens.dk/bagsiden/Sprogets-tvillinger/artikel/786238 (13.12.2020).

Biberauer Theresa/Vikner Sten (2017): Having the edge: a new perspective on pseudo-coordination in Danish and Afrikaans. In: LaCara, Nicholas/Moulton, Keir/Tessier, Anne-Michelle (ed.): A Schrit to Fest Kyle Johnson. Linguistics Open Access Publications. 1.http://scholarworks.umass.edu/linguistoapubs/1, S. 77–90.

Biel, Łucja (2009): Corpus-Based Studies of Legal Language for Translation Purposes: Methodological and Practical Potential. In: Heine, Carmen/Engberg, Jan (eds.): Reconceptualizing LSP. Online Proceedings of the XVII European LSP Symposium. Aarhus, S. 1–15.

Bjerre Anne/Bjerre Tavs (2007): Pseudocoordination in Danish. In: Müller, Stefan (ed.), Proceedings of the HPSG07 Conference. Stanford, S. 6–24.

Blensenius, Kristian (2015): Progressive Constructions in Swedish. Dissertation. University of Gothenburgh.

Bock, J. Kathryn/Warren, Richard K. (1985): Conceptual accessibility and syntactic structure in sentence formulation. In: Cognition 21, S. 47-67.

Bolinger, Dwight L. (1962): Binomials and pitch accent. In: Lingua Vol. 11/1962, S. 34-44.

Bönnemark, Margit (2003): Danska och svenska binomiala uttryck – en jämförelse. In: Nordiske Studier i Leksikografi 6, S. 59-74.

Bönnemark, Margit (2005): Om binomiala uttryck, stærke ordpar, i danskan. In: Widell, Peter/Kunøe, Mette (red.): 10. Møde om Udforskningen af Dansk Sprog Aarhus Universitet 7.-8.10.2004. Aarhus, S. 100-112.

Brandes, Georg (2005 [1899]): H. C. Andersen som Æventyrdigter. In: Knudsen, Jørgen (Hg.): Georg Brandes – den mangfoldige. En antologi. København. S. 71-114.

Brasch, Anna (2005): Kollokationer som fraseologisk kategori set fra forskellige synsvinker. In: Hermes 35/2005, S. 97-117.

Brink, Lars (2006): Den fraseologiske terminologi. I: Nordiska Studier i Leksikografi 8, 2006, S. 39-52.

Bruun, Erik (1999): Dansk Sprogbrug. En stil- og konstruktionsordbog. København.

Burger, Harald (^{2}2003): Phraseologie. Eine Einführung am Beispiel des Deutschen. Berlin.

Burger, Harald (^{3}2005): Mediensprache. Berlin.

Burger, Harald (^{3}2007): Phraseologie. Eine Einführung am Beispiel des Deutschen. Berlin /New York.

Burger, Harald/Buhofer, Annelies/Sialm, Ambros (1982): Handbuch der Phraseologie. Berlin/New York.

Busse, Dieter (2002): Wortkombinationen. In: Cruse, Alan et al. (Hg.): Lexikologie. Ein internationales Handbuch zur Natur und Struktur von Wörtern und Wortschätzen. Berlin /New York, S. 408-415.

Cardinaletti, Anna/Giusti, Giuliana (2001): Semi-lexical motion verbs in Romance and Germanic. In: Corver, Norbert/van Riemsdijk, Henk (eds.): Semi-lexical categories. Berlin, S. 371-414.

Christiani, Brigitte (1938): Zwillingsverbindungen in der altenglischen Dichtung. Würzburg.

Christiansen, Torben (2018): Hr. og fru Jensen. In: Hansen, Inger Schoonderbeek/Lyshøj, Kirsten/Sørensen, Viggo (red.): Fraseologi – genveje og omveje. Aarhus, S. 41-66.

Cooper, William/Ross, John (1975): Word order. In: Grossman, Robin E. et al. (red.): Papers from the Parasession on Functionalism. Chicago, S. 63–111.

Darnell, Kvist Ulrika (2008): Pseudosamordningar i svenska särskilt sådana med verben *sitta, ligga och stå*. Stockholm.

DDO=Den Danske Ordbog: https://ordnet.dk/ddo (09.07.2021).

Debus, Friedhelm (2012): Namenkunde und Namensgeschichte. Eine Einführung. Berlin.

Dietz, Hans-Ulrich (1999): Rhetorik in der Phraseologie. Tübingen.

Dilcher, Gerhard (1961): Paarformeln in der Rechtssprache des frühen Mittelalters. Doktorarbeit, J.W.Goethe-Universität, Frankfurt/M.

Dobrovol'skij, Dmitrij/Piirainen, Elisabeth (1996): Symbole in Sprache und Kultur: Studien zur Phraseologie aus kultursemiotischer Perspektive. Bochum.

Donnalies, Elke (2009): Basiswissen. Deutsche Phraseologie. Tübingen/Basel.

Donnalies, Elke (2015): Kurz und bündig – über Mehrlingsformeln. In: Sprachreport Jg. 31 (2015) H. 3, S. 28–33.

Drachmann, Holger (1911): Osten for Sol og Vesten for Maane. Digte 1880–1906. København.

Duden 2006=Dudenredaktion (Hg.) (2006): Duden. Die Grammatik. Unentbehrlich für richtiges Deutsch. Bd. 4, 7. Auflage. Mannheim.

Ejstrup, Michael Kjær/Elsig, Anders (2015): Hvad tiden er fuld af, flyder munden over med. Faste vendinger i forandring. København.

Elbro, Carsten (1998): Valte, se skalte. Om stærke ordpar. In: Mål og Mæle 4, S. 28–31.

Elbro, Carsten (1999): Stærke ordpar. In: Mål og Mæle 2, S. 14–16.

Ertel, Suitbert (1977): Where do the subjects of sentences come from? In: Rosenberg, Sheldon (eds.): Sentence Production: Developments in Research and Theory. Hillsdale, N.J, S. 141–168.

Farø, Ken Hundewadt (2000): Idiomatik i moderne dansk-tysk leksikografi. In: Hermes 25/2000, S. 171–202.

Farø, Ken (2003a): Det ligger lige på tungen. Den danske fraseologi. In: Mål og Mæle 3, 2003, S. 19–27.

Farø, Ken (2003b): Ordsprog i nutidsdansk: funktioner og problemer. In: Danske Studier No. 98, 2003, S. 34–68.

Farø, Ken (2004): Idiomer på nettet: *Den danske idiomordbog* og fraseografien. In: Hermes 17(32), S. 201–235.

Farø, Ken (2005): Én gang vind og skæv terrorist... Fraseoskabeloner og fraseologisk reduplikation. In: Danske Studier No. 100, 2005, S. 44–69.

Farø, Ken (2007a): Dødbringende eller dødssyge filmtitler? In: Mål og Mæle 1, 2007, S. 26–32.

Farø, Ken (2007b): Ikke kun idiomer. Om oversættelse af fraseologi. MDTnyt 1/07, S. 4–10.

Farø, Ken/Lorentzen, Henrik (2009): De oversete og mishandlede ordforbindelser – hvilke, hvor og hvorfor? In: LexicoNordica 16, 2009, S. 75–102.

Fenk-Oczlon, Gertraud (1989): Word frequency and word order in freezes. I: Linguistics 27 (1989), S. 517–556.

Fleischer, Wolfgang (1982): Phraseologie der deutschen Gegenwartssprache. Leipzig.

Fleischer, Wolfgang (²1997): Phraseologie der deutschen Gegenwartssprache. Tübingen.

Fleischer, Wolfgang/Michel, Georg/Starke, Georg (1993): Stilistik der deutschen Gegenwartssprache. Leipzig.

Fix, Ulla (1985): Wortpaare im heutigen Deutsch. In: Sprachpflege, 34. Jg., H. 8, 1985, S. 112–113.

Földes, Csaba (1996): Deutsche Phraseologie kontrastiv: intra- und interlinguale Zugänge. Heidelberg.

Földes, Csaba (2005): Kulturgeschichte, Kulturwissenschaft und Phraseologie: Deutsch-Ungarische Beziehungen. In: Hausner, Isolde et al. (Hg.): Deutsche Wortforschung als Kulturgeschichte. Wien, S. 323–345.

Forssman, Berthold (2003): Das baltische Adverb Morphosemantik und Diachronie. Heidelberg.

Gaweł, Agnieszka (2017): Zur Ikonizität deutscher Zwillingsformeln. In: Linguistik online Bd. 81, Nr. 2 (2017), S. 25–43.

Gläser, Rosemarie (1998): The Stylistic Potential of Phraseological Units in the Light of Genre Analysis. In: Cowie, Anthony Paul (red.): Phraseology. Theory, Analysis, and Applications. Oxford, S. 125–143.

Gläser, Rosemarie (2007): Fachphraseologie. In: Burger, Harald/Dobrovol'skij, Dmitrij/ Kühn, Peter/Norrick, Neal R. (Hg.): Phraseologie: Ein internationales Handbuch zeitgenössischer Forschung. Berlin/New York, S. 482–505.

Gleißner, Harald/Femerling, J. Christian (2008): Logistik. Grundlagen – Übungen – Fallbeispiele. Wiesbaden.

Glück, Helmut/Rödel, Michael (Hg.) (2016): Metzler Lexikon Sprache. Stuttgart.

Grimm, Jakob (1816): Von der Poesie im Recht. In: Zeitschrift für geschichtliche Rechtswissenschaft 2: S. 25–99. [Reprinted in: Kleinere Schriften, vol. 6, Berlin 1882: 152–191].

Grønnum, Nina (2005): Fonetik og Fonologi. København.

Grün, Karl (2013): Der Geschäftsbrief: Gestaltung von Schriftstücken nach DIN 5008, DIN 5009 u. a. Berlin et al.

Gustafsson, Marita (1975): Binomial expressions in present-day English: a syntactic and semantic study. Turku.

Hallsteinsdóttir, Erla (2009): Forholdet mellem grammatik og fraseologi. In: Farø, Ken et al. (red.): Moderne sprogvidenskab i glimt. Odense, S. 99–104.

Hamdan, Jihad M. (2005): Interacting with binomials: Evidence from Jordanian EFL learners. Poznan Studies of Contemporary Linguistics 40, S. 135–156.

Hamdan, Jihad M./Guba, Mohammad (2007): The Treatment of Binomials in Monolingual and Bilingual Dictionaries. In: International Journal of Arabic-English Studies, Vol. 8, 2007, S. 105–122.

Hammer, Françoise (1993): Phraseologie und Parallelismus. I: Zeitschrift für Germanistik, Neue Folge, Vol. 3, No. 3 (1993), S. 571–583.

Hansen, Gyde (1995): Übersetzen. København.

Heiserich, Otto-Ernst/Helbig, Klaus/Ullmann, Werner (2011): Logistik. Eine praxisorientierte Einführung. Wiesbaden.

Hejazi, Shima (2015): Translation of Binomials in Hard News: A Contrastive Study of English and Persian. In: Mediterranean Journal of Social Sciences MCSER Publishing, Rome-Italy Vol. 6, No 2 S1, S. 512–516.

Held, Gudrun (1998): Der Titel als Leseerlebnis. Journalistische Spielarten in den Schlagzeilen italienischer Nachrichtenmagazine. In: Kettemann, Bernhard/Stegu, Martin/Stöckl, Hartmut (Hg.): Mediendiskurse. Verbal-Workshop Graz 1996. Frankfurt/M. et al. S. 121–132.

Hesse, Andrea (2009): Zur Grammatikalisierung der Pseudokoordination. Tübingen/Basel.

Heycock, Caroline/Petersen, Hjalmar P. (2012): Pseudo-coordinations in Faroese. In: Braunmüller, Kurt/Gabriel, Christoph (eds.): Multilingual Individuals and Multilingual Societies. Amsterdam, S. 259–280.

Hoffmann, Lothar (1985): Kommunikationsmittel Fachsprache. Eine Einführung. Tübingen.

Hoffmann, Lothar (1988): Vom Fachwort zum Fachtext. Beiträge zur Angewandten Linguistik. Tübingen.

Hofmeister, Wernfried (2009): Zwillingsformel. In: Ueding, Gert (Hg.): Historisches Lexikon der Rhetorik. Bd. 9: St-Z. Tübingen, Sp. 1584–1586.

Hofmeister, Wernfried (2010): Sammlung der gebräuchlichen Zwillingsformeln in der deutschen Gegenwartssprache: http://zwillingsformeln.unigraz.at (09.09.2021).

Holzinger, Herbert J. (2018): Unikale Elemente oder phraseologisch gebundene Wörter? Antworten aus korpuslinguistischer Sicht. In: Revista de filologia alemana 26, S. 199–213.

Hovmark, Henrik (2018): After og frem – og tilbage igen. I: Hansen, Inger Schoonderbeek/ Lyshøj, Kirsten/Sørensen, Viggo (red.): Fraseologi – genveje og omveje. Aarhus, S. 91–97.

Ipsen, Henning (1978): Østen for sol og vesten for måne: seks folkeeventyr fra Norden. København.

Ivanetić, Nada (2005): Frazemska intertekstualnost i njezina recepcija In: Granić, Jagoda (Hg.): Semantika prirodnog jezika i metajezik semantike. Zagreb/Split, S. 345–355.

Jakobsen, Lisbeth Falster (2002): Sproglig modellering af den ikke-sproglige event. In: Ny Forskning i Grammatik 9, 2002, S. 101–120.

Jacobsen, Henrik Galberg (1988): Og eller &. In: Nyt fra sprognævn 1988/4, S. 1–4.

Jacobsen, Lis (1912): Kvinde og mand. En sprogstudie fra dansk middelalder. København/Kristiania.

Janich, Nina (^{5}2010): Werbesprache. Ein Arbeitsbuch. Tübingen.

Jarosz, József (2009a): Deutsche und dänische Zwillingsformeln im Vergleich. In: Bartoszewicz, Iwona et al. (Hg.): Germanistische Linguistik extra muros – Aufgaben. Wrocław, S. 47–56.

Jarosz, József (2009b): Zu strukturellen Eigenschaften der deutschen Zwillingsformeln, In: Acta Facultatis Philosophicae Universitatis Ostraviensis. Studia Germanistica 4/2009, Ostrava 2009, S. 17–25.

Kantola, Markku (1987): Zum phraseologischen Wortpaar in der deutschen Gegenwartssprache. In: Korhonen, Jarmo (Hg.): Beiträge zur allgemeinen und germanistischen Phraseologieforschung. Oulu, S. 111–128.

Khatibzadeh, Parisa/Sameri, Motahareh (2013): Translation of Binomials in Political Speeches and Reports: A Contrastive Study of English and Persian. SKASE Journal of Translation and Interpretation, 6(1), S. 18–33.

Kelih, Emmerich (2014): Paarformeln und Binomiale im Slowenischen: Ein korpusbasierter Ansatz. In: Jesenšek, Vida/Grzybek, Peter (ed.): Phraseologie im Wörterbuch und Korpus. Phraseology in Dictionaries and Corpora. Maribor et al., S. 141–154.

Kinn, Torodd (2018): Pseudocoordination in Norwegian. Degrees of grammaticalization and con-structional variants. In: Coussé, Evie/Andersson, Peter/Olofsson, Joel (ed.): Grammaticalization meets Construction Grammar. Opportunities, challenges and potential incompatibilities. Amsterdam/Philadelphia, S. 75–106.

Kiryakova-Dineva, Teodora (2013): Hand in Hand: Die Steigerung der idiomatischen und interkulturellen Kompetenz am Beispiel von Zwillingsformeln des Deutschen, Englischen und Bulgarischen. In: Sava, Doris/Scheuringer, Hermann (Hg.): Im Dienste des Wortes. Lexikologische und Lexikografische Streifzüge. Passau, S. 379–386.

Kjeldahl, Anne (2008): Semi-leksikalske verber og selektion. In: Hansen, Schoonderbeek Inger/Widell Peter (udg.): 12. Møde om Udforskningen af Dansk Sprog. Århus, S. 203–214.

Klann-Delius, Gisela (2008): Modelle des kindlichen Wortschatzerwerbs. In: Spektrum Patholinguistik 1 (2008), S. 1–18.

Klégr, Aleš/Čermák, Jan (2008): Binomials in an Historical English Literary Perspective: Shakespeare, Chaucer, Beowulf. In: Procházka, Martin/Čermák, Jan (eds.): Shakespeare between the Middle Ages and Modernity: From Translator's Art to Academic Discourse. Prague, S. 40–62.

Krause, Hermann (1974): Mittelalterliche Anschauungen vom Gericht im Lichte der Formel: iustitiam facere et recipere, Recht geben und nehmen. München.

Krogh, Steffen/Thisted Petersen, Kathrine (2018): Kløe, kridt eller kors? Overvejelser om forhistorien bag den danske ed død og kritte. In: Hansen, Inger Schoonderbeek/Lyshøj, Kirsten/Sørensen, Viggo (red.): Fraseologi – genveje og omveje. Aarhus, S. 137–141.

Koller, Werner (1977): Redensarten. Linguistische Aspekte, Vorkommensanalyse, Sprachspiel. Tübingen.

KorpusDK= https://ordnet.dk/korpusdk (10.09.2021).

Lambrecht, Knud (1984): Formulaicity, Frame Semantics, and Pragmatics in German Binomial Expressions. In: Language, Vol. 60, No. 4, S. 753–796.

Langer, Gudrun (1995): Textkohärenz und Textspezifität. Textgrammatische Untersuchung zu den Gebrauchstextsorten Klappentext, Patienteninformation, Garantieerklärung und Kochrezept. Frankfurt/M. et al.

Laskowski, Marek/Tadeusz, Elżbieta (1994): Stereotype Zwillingsformeln im Deutschen. Stereotypowe formy bliźniacze w języku niemieckim. Warszawa.

Lenz, Barbara (2001): „Bilder, die brutzeln, brennen nicht". Modifizierte sprachliche Formeln in Zeitungsüberschriften und die grammatischen Bedingungen ihrer Rekonstruktion. In: Hartmann, Dietrich (Hg.): „Das geht auf keine Kuhhaut". Arbeitsfelder der Phraseologie. Bochum, S. 199–214.

Lenz, Barbara (2002): Reihenfolge-Präferenzen in Zwillingsformeln. In: Hartmann, Dietrich/Wirrer, Jan (eds.): Wer A sägt, muss auch B sägen. Beiträge zur Phraseologie und Sprichwortforschung aus dem Westfälischen Arbeitskreis. Baltmannsweiler, S. 191–204.

Levin-Steinmann, Anke (1992): Antonymische Beziehungen zwischen Phraseologismen in der russischen Gegenwartssprache. München.

Lie, Svein (1982): Likt og ulikt om ditt og datt. Parategmer med fast rekkefølge. In: Maal og Minne (3–4), S. 185–205.

Lorentzen, Henrik (2014): Krig og fest – og andre ordpar. In: https://www.magisterbladet.dk/blogogdebat/krigogfestogandreordpar af 13.08.2014 (05.01.2020).

Lyons, John ([8]1995): Einführung in die moderne Linguistik. München.

Lødrup, Helge (2002): The syntactic structures of Norwegian pseudocoordinations. In: Studia Linguistica 56(2), S. 121–143.

Madsen, Peter (2017): Østen for solen og vesten for månen. København.

Malkiel, Yakov (1959): Studies in Irreversible Binomials. In: Lingua 8, S. 113–160.

Marchand, Hans (1952): Alliteration, Ablaut und Reim in den türkischen Zwillingsformen. In: Oriens, Vol. 5, No. 1 (Jul. 31, 1952), S. 60–69.

Mattfolk, Leila/Östman, Jan-Ola (2015): Fonologiska konstruktioner i företagsnamn. Helsingfors.

Mayerthaler, Willi (1981): Morphologische Natürlichkeit. Wiesbaden.

Mees, Ulrich (2006): Zum Forschungsstand der Emotionspsychologie – eine Skizze. In: Schützeichel, Rainer (Hg.): Emotionen und Sozialtheorie. Disziplinäre Ansätze. Frankfurt/M., S. 104–124.

Mellado Blanco, Carmen (1998): Historische Entwicklung der deutschen Paarformeln mit somatischen Komponenten. In: Neuphilologische Mitteilungen, Vol. 99, No. 3 (1998), S. 285–295.

Meyer, Richard Moritz (1889): Die altgermanische Poesie nach ihren formelhaften Elementen beschrieben. Berlin.

Michelsen, Christian (1993): Idiomordbog. 1000 talemåder. København.

Morgan, Emily/Levy, Roger (2016): Abstract knowledge versus direct experience in processing of binomial expressions. In: Cognition 157, S. 384–402.

Motschenbacher, Heiko (2013): Gentlemen before Ladies? A Corpus-Based Study of Conjunct Order in Personal Binomials. In: Journal of English Linguistics 41(3), S. 212–242.

Müller, Gereon (1997): Beschränkungen für Binomialbildung im Deutschen. Ein Beitrag zur Interaktion von Phraseologie und Grammatik. In: Zeitschrift für Sprachwissenschaft 16.1/2 (1997), S. 5–51.

Müller, Gereon (2000): Elemente der optimalitätstheoretischen Syntax.Tübingen.

Müller, Hans-Georg (2009): Adleraug und Luchsenohr. Deutsche Zwillingsformeln und ihr Gebrauch. Frankfurt M. et al.

Naumann, Hans-Peter (2000): Lågtysk fraseologitransfer: Strukturer och modeller. In: Jahr, Ernst Håkon (Hg.): Språkkontakt – Innverknaden frå nedertysk på andre nordeuropeiska språk. København, S. 95–110.

Nieminen, Hanna (2014): "Det krävs lite knep och knåp". Om användning av fasta fraser i två finlandssvenska tidningar. Avhandling pro gradu, Tammerfors universitet.

Nord, Christiane (1993): Einführung in das funktionale Übersetzen. Am Beispiel von Titeln und Überschriften. Tübingen.

Nübling, Damaris (2004): Die prototypische Interjektion: Ein Definitionsvorschlag. In: Zeitschrift für Semiotik, Band 26, Heft 1–2 (2004), S. 11–46.

Nübling, Damaris/Fahlbusch, Fabian/Heuser, Rita (2015): Namen. Eine Einführung in die Onomastik. Tübingen.

ODS= Ordbog over den danske Sprog: https://ordnet.dk/ods (30.09.2021).

Palm, Christine (1995): Phraseologie. Eine Einführung. Tübingen.

PNO= Becker-Christensen, Christian (2005): Politikens Nudansk Ordbog. København.

Piekenbrock, Dirk/Hasenbalg, Claudia (Hg.) (2014): Kompakt-Lexikon Wirtschaft. Wiesbaden.

Rehling, Erik (1965): Det danske sprog. København.

Renner, Vincent (2014): A Study of Element Ordering in English Coordinate Lexical Items. English Studies 95 (4), S. 441- 458.

Ruus, Hanne (2018): Med liv og lyst. In: Hansen, Inger Schoonderbeek/Lyshøj, Kirsten/Sørensen, Viggo (red.): Fraseologi – genveje og omveje. Aarhus, S. 171–174.

Rytel-Kuc, Danuta (2003): Phraseologische Wortpaare in der polnischen Gegenwartssprache im Vergleich zum Tschechischen und Deutschen. In: ZfSl 48 (2003) 4, S. 458–464.

Rzeszotnik, Jacek/Toporowska Beata (1994): Kleines Wörterbuch der deutschen Zwillingsformeln: Wortpaare, Redewendungen. Wrocław.

Røder, Allan (1998): Danske talemåder. København.

Sabban, Annete (2004): Zur Rolle der Phraseme für die Konstitution und Funktion des Textes. Ein Beitrag zum Konzept der textbildenden Potenzen. In: Steyer, Kathrin (Hg.), Wortverbindungen – mehr oder weniger fest. Berlin/New York, S. 238–260.

Sabban, Annette (2007): Textbildende Potenzen von Phrasemen. In: Burger, Harald et al. (Hg.): Phraseologie. Ein internationales Handbuch zeitgenössischer Forschung. HSK 28.1. Berlin/New/York, S. 237–253.

Sandig, Barbara (1989): Stilistische Funktionen verbaler Idiome am Beispiel von Zeitungsglossen und anderen Verwendungen. In: Gréciano, Gertrud (Hg.): Europhras 88. Strasbourg, S. 387–400.

Sandig, Barbara (2007): Stilistische Funktionen von Phrasemen. In: Burger, Harald et al. (Hg.): Phraseologie. Ein internationales Handbuch zeitgenössischer Forschung. HSK 28.1. Berlin/New/York, S. 158–175.

Sandst, Line (2016): Urbane stednavne – storbyens sproglige dimension. København.

Sauer, Hans/Schwan, Birgit (2017): Heaven and Earth, Good and Bad, Answered and Said: A Survey of English Binomials and Multinomials. In: Studia Linguistica Universitatis Iagellonicae Cracoviensis 134/2017, Part I: S. 83–96, Part II: S. 185–204.

Schiffmann-Seelos, Kristine (2013): Zwillingsformeln und komparative Phraseologismen – Thematisierung und didaktische Möglichkeiten im Fremdsprachenunterricht. Innsbruck.

Schilling, Uta (2001): Zur Bildung Bedeutung von Paarformeln im Alttürkischen. In: Türk Dilleri Araştırmaları 11 (2001), S. 153–170.

Schlegel, Jana/Egger, Sophie/Braun, Bettina (2014): Representation of German binomials: Evidence from speech production. In: Fuchs, Susanne et al. (Hg.): Proceedings of the 10th International Seminar on Speech Production (ISSP). Cologne, S. 387–390.

Schröter, Ulrich (1980): Paarformeln in Gegenwart und Geschichte der deutschen Sprache (Struktur, Semantik, Funktion). I: Sprachpflege, Heft 10 (1980), S. 193–195.

Seitz, Elisabeth (1998): Primus Trüber – Schöpfer der slovenischen Schriftsprache? Versuch einer Antwort unter besonderer Berücksichtigung seines Satzbaus. München.

Simeonova, Ruska/Dimitrova, Canna (2014): Deutsch-bulgarisches Lexikon der Zwillingsformeln. Plovdiv.

SkEn= Sketch Engine: www.sketchengine.eu (10.09.2021).

Sköldberg, Emma (2004): Korten på bordet. Innehålls- och uttrycksmässig variation hos svenska idiom. Göteborg.

Skyum-Nielsen, Peder (1992): Med fynd og klem. In: Mål og Mæle 15. årgang 1992, S. 6–8.

Sowinski, Bernhard (^{2}1991): Stilistik. Stiltheorien und Stilanalysen. Stuttgart.

Stefaniuk, Marcela (2005): Prototypentheorie und Theorie des semantischen Feldes als Mittel zur Beschreibung von Kategorienstruktur. In: Glottodidactica 30 (2005), S. 237–245.

Sternkopf, Jochen (1991): Paarformeln vs. verbaler Phraseologismus. In: Beiträge zur Erforschung der deutschen Sprache 10 (1991), S. 124–132.

Stumpf, Sören (2015): Formelhafte (Ir-)Regularitäten Korpuslinguistische Befunde und sprachtheoretische Überlegungen. Frankfurt/M.

Sütterlinová, Luboslava (1987/1988): Phraseologische Paarformeln im Slowakischen und Deutschen. In: *brücken*. Germanistisches Jahrbuch Tschechien–Slowakei N. F. Jahr: 4/1987–1988, S. 366–373.

Sydorenko, Olga M. (2017): Untersuchung der Nominationsprozesse in der multilingualen Ergonymie in den verschiedenen europäischen Ländern. In: Науковий вісник Дрогобицького державного педагогічного університету імені Івана Франка. Сер.: Філологічні науки (мовознавство) 2017, № 8(2), S. 87–91.

Suzuki, Masako (2017): Ordsprog og idiomer. In: Hermes 19 (36), S. 77–89.

Szulc, Aleksander (1971): Lingwistyczne podstawy programowania języka. Warszawa.

Thielert, Frauke (2016): Paarformeln in mittelalterlichen Stadtrechttexten. Bedeutung und Funktion. Frankfurt/M.

Urban, Anna (2009): „Zwischen den Zeilen gelesen". Funktionen von Phraseologismen in Feuilletons der »Frankfurter Allgemeinen Zeitung«. Poznań.

Vos de, Mark Andrew (2005): The syntax of verbal pseudo-coordination in English and Afrikaans. Doktoravhandling, Universitet Leiden.

Wannenwetsch, Helmut (2014): Integrierte Materialwirtschaft, Logistik und Beschaffung. Berlin.

Wode, Henning (1988): Einführung in die Psycholinguistik. Theorien – Methoden – Ergebnisse. Ismaning.

Wotjak, Barbara (1992): Verbale Phraseolexeme in System und Text. Tübingen.

Äikäs, Monica (2015): Varken huvud eller fötter – om idiomatiska ordpar. In: Språkbruk 4/2015, https://www.sprakbruk.fi (18.01.2020).

Östberg, Urban (2002): Fasta fraser i svenskan. In: Språkbruk 1/2002. https://www.sprakbruk.fi/-/fasta-fraser-i-svenskan (18.01.2020).

Östberg, Urban (2015): Att vara på sin mammas gata. In: Språkbruk 1/2002. https://www.sprakbruk.fi (18.01.2020).

Östergren, Olof (1905): Inkongruenser af typen "i sin helhet och sammanhang". In: Språk och Stil. V, S. 1–49.

Liste der Abbildungen

Abb. 1   Grafische Darstellung des Forschungsdesigns und dessen Komponenten 20
Abb. 2   Sköldbergs Typologie der Wortverbindungen (Sköldberg 2004: 32) 32
Abb. 3   Differenzierung des Strukturmusters A kon B auf formaler Ebene (Thielert 2016: 134) 40
Abb. 4   ZF unter anderen paarformelartigen Konstruktionen 43
Abb. 5   Symmetrie und Parallelismus in ZF (vgl. Hammer 1993: 577) 47
Abb. 6   Typologie von Bindegliedern in dänischen ZF 57
Abb. 7   Silbenstruktur am Beispiel des Wortes *straks* (vgl. Grønnum 2005: 177) 72
Abb. 8   Steigender Aufwand bei den Komponenten von ZF als Aufbauprinzip 88
Abb. 9   Morphosyntaktische Klassen von ZF und ihre syntaktischen Funktionen 106
Abb. 10 Klassifizierung von ZF aufgrund ihrer Beziehung zur Polysemie   116
Abb. 11 Beispielhafte Situierung ausgewählter ZF im Schriftlichkeit-Oralität-Kontinuum 147
Abb. 12 ZF geordnet nach logistischen Hauptgebieten 260
Abb. 13 Terminologiebildende Potenz ausgewählter ZF 264
Abb. 14 Funktionenwechsel der ZF bei der Bildung neuer Paarformeln ... 265
Abb. 15 Phraseologische Vernetzung am Beispiel der ZF *køb og salg* und ihrer Reihenbildung 268

Liste der Tabellen

Tab. 1   Komponenten der dänischen ZF nach Wortklassen 50
Tab. 2   Alphabetische Liste der Phraseoschablonen im untersuchten Korpus 55
Tab. 3   Komponenten von Phraseoschablonen nach Wortklassen 56
Tab. 4   Konnektoren und ihre Häufigkeit 58
Tab. 5   Konnektoren und ihre Häufigkeit in Phraseoschablonen 60
Tab. 6   Konkurrenzformen und ihre Häufigkeit im Vergleich (nach KorpusDK und Sketch Engine) 67
Tab. 7   Bedeutung und Frequenz der ZF *med saft og kraft* und *uden saft og kraft* im Vergleich 68
Tab. 8   Korpusbelege gruppiert nach der Silbenanzahl der Komponenten ... 75
Tab. 9   Dänische ZF geordnet nach salienzrelevanten Kategorien 77
Tab. 10 Frequenz der Komponenten ausgewählter ZF im Vergleich (Angaben nach KorpusDK) 86
Tab. 11 Formen der lautlichen Übereinstimmung und ihre Frequenz 91
Tab. 12 Mögliche Deklinationsformen der ZF in der gleichen syntaktischen Funktion anhand Belege (26–32) 99
Tab. 13 Verbale ZF mit syntaktischen Restriktionen, als Teil eines verbalen Phraseologismus 108
Tab. 14 Verbale ZF mit syntaktischen Restriktionen, als Teil eines Nebensatzes 108
Tab. 15 Beispiele für synonyme ZF 127
Tab. 16 Ausgewählte ZF und ihre antonymen Gegenstücke 129
Tab. 17 Stilistische Markierungen von ZF in DDO 137
Tab. 18 Dänische ZF mit unikalen Komponenten und ihre lexikografischen Erklärungen (nach DDO) 140
Tab. 19 Ausgewählte ZF und ihr beispielhaftes Gebrauchskontext 148
Tab. 20 Emotionsklassen von Mess (2006) und beispielhafte dänische ZF als Emotionsindikatoren 182
Tab. 21 Funktionen von Produktnamen (vgl. Janich ^{5}2010: 65) 195
Tab. 22 Strukturelle Typen der fachsprachlichen ZF und ihre Frequenz im Untersuchungskorpus 240
Tab. 23 Wortklassenzugehörigkeit der Komponenten in fachlichen ZF 240
Tab. 24 Vorkommenshäufigkeit der Konnektoren in fachlichen ZF 241
Tab. 25 Ausgewählte ZF mit Frequenzangaben ihrer strukturellen Varianten 242

Tab. 26 Frequenz von Vollformen und ihren Akronymen zweier ZF im Vergleich (nach SkEn) 246
Tab. 27 Zusammenhang zwischen dem Begriffsumfang der ZF und ihrer Produktivität 266

Personenregister

Aamund Asger 169
Adenauer Konrad 157
Ardern Jacinda 173
Azad-Ahmad Rabih 105

Černyševa Irina I. 152
Clinton Bill 157

Damon Matt 98
De Gaulle Charles 157

Ebb Fred 176

Falch Michael 153
Friis Christina 200, 202

Halsboe-Jørgensen Ane 170

Jeltsin Boris 157
Jelved Marianne 180

Kander John 176
Kofod Peter 180
Kohl Helmut 157
Kristensen Tom 186, 220

Laudrup Michael 159
Lindahl Laura 175
Lyhne Amalie 175

Madsen Harald 142, 181
Masteroff Joe 176
Miller Henry 186
Mitterrand Francois 157
Møllehave Johannes 159

Nielsen Holger K. 27, 174, 220

Peel John 167

Rimpler Elisa 155
Rønn Rørby Maria 102

Schenstrøm Carl 142
Sheldrake Merlin 102
Stauning Thorvald 51, 78, 142
Støjberg Inger 179

Trump Donald 173

www.ingramcontent.com/pod-product-compliance
Ingram Content Group UK Ltd.
Pitfield, Milton Keynes, MK11 3LW, UK
UKHW041924210426
5322IPUK00002B/37